Hilde Wagner (Hrsg.)
»Rentier' ich mich noch?«

*Volker Döhl* ist Mitarbeiter am Institut für Sozialwissenschaftliche Forschung, München.

*Antonius Engberding* ist Gewerkschaftssekretär beim Vorstand der IG Metall, Funktionsbereich Tarifpolitik, Frankfurt a.M.

*Wilfried Glißmann* ist Vorsitzender des Betriebsrats IBM Düsseldorf, Mitglied im Aufsichtsrat der IBM Deutschland, Cogito Institut für Autonomieforschung.

*Thomas Haipeter* ist Mitarbeiter am Institut für Arbeit und Technik, Gelsenkirchen.

*Berthold Huber* ist 2. Vorsitzender der IG Metall, Frankfurt a.M.

*Dieter Lehmann* ist Betriebsrat bei VW Braunschweig.

*Mathias Möreke* ist stellvertretender Betriebsratsvorsitzender bei VW Braunschweig.

*Gerd Nickel* ist Gewerkschaftssekretär beim Vorstand der IG Metall, Funktionsbereich Betriebspolitik, Frankfurt a.M.

*Klaus Peters* ist Philosoph, Cogito Institut für Autonomieforschung, Köln.

*Klaus Pickshaus* ist Gewerkschaftssekretär beim Vorstand der IG Metall, Bereich Arbeits- und Gesundheitsschutz, Frankfurt a.M.

*Thomas Sablowski* ist Mitarbeiter am Wissenschaftszentrum Berlin.

*Dieter Sauer* ist Mitarbeiter am Institut für Sozialwissenschaftliche Forschung, München und Professor für Soziologie an der Friedrich-Schiller-Universität Jena.

*Angela Schmidt* ist Amerikanistin in München und Mitarbeiterin im Cogito Institut für Autonomieforschung.

*Jörg Sülflow* ist Betriebsrat bei VW Braunschweig.

*Uwe Vormbusch* ist Mitarbeiter am Institut für Sozialforschung, Frankfurt a.M.

*Hilde Wagner* ist Gewerkschaftssekretärin beim Vorstand der IG Metall, Funktionsbereich Tarifpolitik, Frankfurt a.M.

*Uwe Werner* ist stellvertretender Betriebsratsvorsitzender bei DaimlerChrysler Bremen.

Hilde Wagner (Hrsg.)
## »Rentier' ich mich noch?«
Neue Steuerungskonzepte
im Betrieb

VSA-Verlag Hamburg

www.vsa-verlag.de

Umschlagabbildung: Logo der Aktion »Survival in a High Performance Culture«, eine Initiative des Betriebsrats IBM Düsseldorf mit Unterstützung der IG Metall von November 2001. Gestaltung: kus-design – Bernd Köhler und Barbara Straube, Mannheim

© VSA-Verlag 2005, St. Georgs Kirchhof 6, 20099 Hamburg
Alle Rechte vorbehalten
Druck- und Buchbindearbeiten: Druckerei Runge, Cloppenburg
ISBN 3-89965-046-8

# Inhalt

**Vorwort** .................................................................... 7
von Berthold Huber

Hilde Wagner
**Die »Macht der Zahlen«: Neue Steuerung im Betrieb** ................ 9
Einleitung

> **Entwicklungstendenzen im Prozess kapitalistischer Restrukturierung und neue Steuerungskonzepte**

Klaus Peters/Dieter Sauer
**Indirekte Steuerung – eine neue Herrschaftsform** ..................... 23
Zur revolutionären Qualität des gegenwärtigen Umbruchprozesses

Thomas Sablowski
**Shareholder Value, neue Geschäftsmodelle und die Fragmentierung von Wertschöpfungsketten** ................ 59

Uwe Vormbusch
**Das neue Alphabet des Kapitalismus: von A wie Audit bis Z wie Zertifizierung** ........................... 87

Antonius Engberding
**Genese und Lebenszyklus betriebswirtschaftlicher Steuerungskonzepte** ............................................... 113

> **Neue Steuerungssysteme – ihre Logik und ihre Wirksamkeit**

Angela Schmidt
**Rentiere ich mich noch?** ............................................... 131
Activity Based Costing und seine Wirksamkeit
im Tun der Beschäftigten

Wilfried Glißmann
**Womit finde ich mich konfrontiert?** .................................. 155
Indirekte Steuerung im Konzern
aus der Perspektive der Beschäftigten

## Neue Steuerungs- und Kostenrechnungssysteme in der Praxis

**Vorbemerkung** .................................................................. 205
von Volker Döhl und Dieter Sauer

**Auswertung der Erfahrungen bei Volkswagen –
Werk Braunschweig** ......................................................... 207
Bericht: Mathias Möreke/Dieter Lehmann/Jörg Sülflow

**Neue Steuerungssysteme bei DaimlerChrysler
aus der Sicht von Betriebsräten** ..................................... 229
Bericht: Uwe Werner

**Neue Steuerungssysteme bei IBM** ................................. 245
Bericht: Gerd Nickel

Thomas Haipeter
**Fallstudie Airbus** ............................................................ 265

Thomas Haipeter
**Neue Steuerungsformen der Arbeit
und ihre kollektivvertragliche Regulierung** ................... 285
Ansatzpunkte einer neuen Arena der industriellen Beziehungen?

**Neue Steuerungsformen der Arbeit
und gewerkschaftliche Handlungsperspektiven** ........... 307
Eine Diskussion

# Vorwort

»Rentier ich mich noch?« – diese Frage klingt paradox und bringt doch die Umwälzung der Verhältnisse auf den Punkt. Beschäftigte machen die Wettbewerbsfähigkeit »ihres« Betriebes zu ihrer Sache. Unternehmen versuchen ihre Verwertung zu optimieren – und dies in einer Zeit, in der das Wirtschaftswachstum spürbar gebremst ist. Wie verwertet sich Kapital überdurchschnittlich in kaum noch expandierenden oder gar stagnierenden Märkten? Indem den Konkurrenten Marktanteile abgenommen, die Kosten gesenkt und die Beschäftigten noch stärker unter Leistungsdruck gesetzt werden. So denken und handeln gegenwärtig jedenfalls viele Geschäftsleitungen. »Können wir uns das noch leisten?«, ist in der Folge eine Frage, mit der die Beschäftigten immer stärker konfrontiert werden. Hinzu kommt, dass in immer mehr Unternehmen die Shareholder, die Aktionäre also, die Entwicklung bestimmen. Ihr Interesse ist nicht langfristig an zukunftsweisenden Branchen- oder Unternehmensentwicklungen oder gar an gesamtwirtschaftlichen Kennziffern ausgerichtet. Sie orientieren sich an kurzfristigen Dividendenausschüttungen oder an den Renditen der Finanzmärkte, die aus den Unternehmen herauszuholen sind, um auf den Finanzmärkten nicht abgestraft zu werden.

In den Unternehmen führt dies zu einer »neuen Unmittelbarkeit« des Marktes. Marktsteuerung herrscht nicht mehr nur zwischen, sondern auch innerhalb der Betriebe. Die Funktionen eines aufwändigen Systems von Befehl und Gehorsam übernimmt eine »indirekte« Steuerung, die dadurch funktioniert, dass sie die Beschäftigten unmittelbar »dem Markt« bzw. »den Kunden« aussetzt.

Die Wirkungen sind höchst ambivalent. Selbststeuerung lautet das Versprechen. Und aus einem System extremer Arbeitsteilung, kurzzyklischen und häufig monotonen Arbeitstakten freigesetzt zu werden, wird nicht zu Unrecht als ein Akt der Befreiung erfahren. Doch das nunmehr aufgestoßene Tor führt nicht einfach in eine Welt, die das Ende der Arbeitsteilung und Fremdbestimmung verheißt. Die neue Arbeitswelt bringt vieles zugleich: Eine Flexibilisierung der Arbeit bei gleichzeitiger Verdichtung und Verlängerung, Selbststeuerung unter dem übergeordneten Ziel der Marktsteuerung, Aufwertung von lebendiger Arbeit und mehr Verantwortung der Beschäftigten im Zweifelsfall auch auf Kosten der Gesundheit. Neue Kennziffernsysteme bilden dabei das Scharnier zwischen den Arbeits- und Leistungsbedingungen und dem betrieblichen Controlling.

Mit diesen Ambivalenzen und neuen Herausforderungen müssen Betriebsräte und IG Metall umgehen, aus ihnen sind neue Ansatzpunkte für die zukünftige Politik zu gewinnen. Die Beiträge in dem hier vorliegenden Buch können in sehr praktischem Sinn dabei helfen. Um nur zwei wesentliche Punkte herauszugreifen:

- In mehreren Beiträgen werden die Funktionsweisen und Wirkungsmechanismen der neuen Kostenrechnungssysteme in den Unternehmen offen gelegt. Dies ist umso notwendiger und verdienstvoller, als es hierzu bislang keine breite Debatte und Literatur in Deutschland gibt – ganz im Unterschied zur Situation in den USA und Großbritannien. Nicht nur Betriebsräte werden die Auseinandersetzung mit den neuen betriebswirtschaftlichen Steuerungskonzepten zu schätzen wissen.
- In vier Fallstudien aus unterschiedlichen Betrieben der Metall- und Elektroindustrie werden die Erfahrungen von Betriebsräten mit den neuen Konzepten der Unternehmenssteuerung aufbereitet. Für die einen soll das Licht in eine nach wie vor unbekannte Welt bringen, für die anderen Anregungen und praktische Ansatzpunkte, Betriebsratsarbeit und gewerkschaftliche Betriebspolitik neu zu durchdenken.

Schließlich: Die wesentliche Schlussfolgerung dieses Buches besteht nicht nur darin, in der Auseinandersetzung mit den neuen unternehmerischen Steuerungskonzepten eine Neujustierung des Verhältnisses von Betriebs- und Tarifpolitik nahe zu legen. Ausgewiesen wird auch, dass gewerkschaftliche Betriebs- und Tarifpolitik in übergeordnete Entwicklungen eingebettet sind. Nachhaltige Innovationsleistungen wird der gegenwärtige Kapitalismus nur hervorbringen, wenn mit strategischer Arbeits- und Investitionspolitik in Betrieben, Regionen, Branchen und gesamtwirtschaftlicher Steuerung flankierend Zukunftspfade beschritten werden, die aus den Sackgassen des Shareholder-Denkens herausführen.

Frankfurt a.M., Januar 2005                                    *Berthold Huber*

## Hilde Wagner
## Die »Macht der Zahlen«:
## Neue Steuerung im Betrieb
## Einleitung

Ökonomisierung und Konkurrenzorientierung durchdringen gegenwärtig alle gesellschaftlichen Handlungsbereiche in einem bislang unbekannten Maß. Sie entfalten ihre Wirksamkeit ebenso im industriellen wie im gesellschaftlichen Raum. Die Auseinandersetzung mit der neuen »Macht der Zahlen« verspricht spannende Aufschlüsse über die Entwicklung der Arbeit und der industriellen Beziehungen und ist gleichzeitig ein Stück gesellschaftlicher Zeitdiagnose.

In den Unternehmen ist die Steuerung ökonomischer Aktivitäten über neue kalkulative Prozesse und Kennziffern zentraler Bestandteil einer neuen, »indirekten« Steuerung, die sich auch in Deutschland in den letzten Jahrzehnten – mit einem deutlichen Durchbruch seit der Krise Anfang der 1990er Jahre – immer stärker etablierte. Mit indirekter Steuerung verbindet sich dabei nicht etwa eine Aufhebung, sehr wohl aber eine radikale Veränderung von Herrschaft.

Indirekte Steuerung ist eine Form der Fremdbestimmung von Handeln, die sich vermittelt über ihr eigenes Gegenteil, nämlich die (weitgehende oder verstärkte) Selbstbestimmung oder Autonomie der Beschäftigten umsetzt (vgl. den Beitrag von Peters/Sauer in diesem Band). Flexibilisierung und »Entgrenzung« von Arbeit sind weitere Merkmale dieser Entwicklung.

Ausgehend von den Vereinigten Staaten wurden neue Steuerungssysteme in Deutschland zunächst in Großunternehmen sowie in Tochterfirmen von amerikanischen Unternehmen eingeführt. Angekoppelt an das betriebswirtschaftliche Controlling und teilweise verbunden mit betriebswirtschaftlichen Rechnungslegungsvorschriften wie GAAP (Generally Accepted Accounting Principles) bzw. IAS (International Accounting Standards) bedienen sich Unternehmen seit Beginn der 1990er Jahre auch hierzulande zunehmend neuer Organisations- und Steuerungstechnologien wie »Target-Costing«, »Activity Based Costing« und »Balanced Scorecard«.

Die neuen Kennziffern-Systeme als Bestandteile der neuen indirekten Steuerung sind Antworten auf veränderte und verschärfte Wettbewerbsbedingungen und den strukturellen Wandel in der Produktionsweise. War der Aufstieg des Accountings[1] ab Anfang des 20. Jahrhunderts eng verknüpft mit der Entwicklung von tayloristischen bzw. fordistischen Großunternehmen und ihren spezifischen Kontroll- und Steuerungsanforderungen (in den Vereinigten Staaten in der ersten Hälfte des 20. Jahrhunderts, in Deutschland verstärkt nach dem Zweiten Weltkrieg), so gründen die *neuen* Formen des Accountings in der Krise des fordistischen Akkumulationsregimes seit den 1970er Jahren.[2] Die etablierten Formen der Steuerung und Kontrolle der Produktionsprozesse gerieten durch veränderte Produktions- und Marktbedingungen infolge des verschärften Konkurrenz- und Verwertungsdrucks an ihre Grenzen.

Prägend für die gegenwärtige Situation ist, dass zwei Entwicklungen zusammenwirken, die beide ihren Ursprung in der verschärften globalisierten Konkurrenzsituation haben: die Shareholder Value-Orientierung der Unternehmen und die Vermarktlichung aller unternehmerischen und betrieblichen Prozesse auch im Inneren der Unternehmen. Hinzu kommt der industrielle Strukturwandel, der ebenfalls neue Steuerungsformen auf die Tagesordnung setzt.

Die prioritäre Ausrichtung in den Unternehmen am *Shareholder Value*, also an der Wertsteigerung für die Anteilseigner, führt zu Renditevorgaben, die über eine Mindestverzinsung einer vergleichbaren Finanzanlage hinauszugehen haben. Im Vordergrund steht dabei weniger die Orientierung an den mittel- und langfristigen Potentialen der Unternehmen, sondern vielmehr kurzfristig eine möglichst hohe Rendite. Diese Strategie begünstigt Unternehmensaufspaltungen, schnelle Verkäufe und Zukäufe von Unternehmensteilen. Nach innen ist sie mit einem erhöhten Druck in Richtung Kostensenkung, in erster Linie mit Senkung der Arbeitskosten, verbunden.

Auch die zweite Entwicklung bildet eine Basis für die neue indirekte Steuerung: die tendenzielle Verkehrung des Verhältnisses von Produktion und Markt, die so genannte *Vermarktlichung*. Galt früher die Wirkungskette vom Betrieb über den Absatzmarkt zum Konsum, so hat sich dies umgekehrt. Ausgangspunkt ist nicht mehr die Produktion, sondern sind die auf dem Markt herrschenden Bedingungen, die Kundenerwartungen und insbesondere die zu erzielenden Preise – und dann der Gewinn.

---

[1] Eine »technische« Definition des Accounting könnte so lauten: »Das Accounting umfasst all jene Aktivitäten der Identifizierung, Sammlung, Ordnung, Aufzeichnung, Auswertung und Kommunikation von Daten, die für die Koordination, Steuerung und Kontrolle (ökonomischer) Aktivitäten benötigt werden« (Vormbusch 2004: 33).

[2] Zur Krise des Fordismus vgl. Hirsch/Roth (1986). Und in Auseinandersetzung damit: Stahn/Wagner (1987: 29-44) sowie: Hübner (1990) und als Beitrag aus der jüngeren Zeit: Bechtle/Sauer 2001: 86-98 und 2003: 35-54 sowie den Beitrag von Peters/Sauer in diesem Band, S. 23-58.

Der Herstellungsprozess selbst wird zur abhängigen Variablen. Dies gilt auch für seine Kostenbestandteile und damit für den Kostenfaktor Arbeit, der sich variabel anpassen soll. Durch die Öffnung der Grenzen der Unternehmen zu den Märkten werden die Beschäftigten in zweifacher Weise mit den Anforderungen der Märkte konfrontiert: Einmal dadurch, dass das Management Teile seiner klassischen Funktion, nämlich Marktanforderungen und notwendige Ressourcen aufeinander abzustimmen, direkt an die Beschäftigten überträgt. Zum anderen dadurch, dass die Beziehungen in den Betrieben selbst marktförmig werden, d.h. Belegschaften und Beschäftigte anderer Einheiten werden zu Konkurrenten oder Kunden. Auf unternehmerische Steuerung wird dabei nicht verzichtet, sondern es handelt sich eben um indirekte Steuerung, bei der die oft widersprüchlichen Anforderungen des Marktes und der Produktion möglichst weitgehend an die Beschäftigten durchgegeben werden.

Zu nennen ist ferner eine dritte Entwicklung: der strukturelle Wandel mit einem Bedeutungsverlust unmittelbarer Produktionstätigkeiten und einem Bedeutungszuwachs von immateriellen und Dienstleistungstätigkeiten auch in der industriellen Produktion (*Tertiarisierung*). In der Produktion selbst vollzog sich in Kernbereichen ein Wandel von massenhafter Fertigung weniger standardisierter Produkte hin zu mehr diversifizierten, dienstleistungsunterstützten Produkten und Kundenlösungen. Es entwickelte sich ein steigender Bedarf an markt- und finanzorientierten (Beratungs)Dienstleistungen. Insgesamt nahmen die indirekten Bereiche quantitativ an Bedeutung zu.[3] Die traditionellen Steuerungs- und Accounting-Systeme waren bislang jedoch nicht darauf ausgerichtet, die Strukturen und Prozesse dieser indirekten und immateriellen Bereiche zu erfassen.

Weil die neuen Steuerungs- und Kennzahlensysteme in die gegenwärtige tiefgreifende Umwälzung von Ökonomie und Arbeit eingebettet sind, weil sie Bestandteile dieser Umwälzung sind, widmet sich der erste Beitrag im vorliegenden Band der neuen Qualität dieses Umbruchprozesses. *Klaus Peters* und *Dieter Sauer* gehen davon aus, dass es sich bei der indirekten Steuerung um eine neue Herrschaftsform mit »revolutionärem Charakter« handelt. Sie nähern sich dieser Herrschaftsform, indem sie ihre historische Bestimmung mit ihrer logischen Bestimmung zu »kreuzen« versuchen. Bei der historischen Bestimmung greifen sie die Ergebnisse der Fordismus- bzw. Postfordismusdebatte auf, sie beschreiben den Bruch mit dem Fordismus seit Mitte der 1970er

---

[3] Zur quantitativen Entwicklung von Dienstleistungstätigkeiten auch in der Metallindustrie vgl. Schmidt 2000, zu den gewerkschaftspolitischen Konsequenzen vgl. Wagner 2000.

Jahre und die 1990er Jahre als Umschlagphase. Ökonomische Restrukturierungsansätze, betriebliche Rationalisierungsleitbilder und kulturelle Legitimationsmuster verdichten sich in den 1990er Jahren den Autoren zufolge zu einem ineinandergreifenden Muster der Anpassung an die Krise des Fordismus, dessen innerer Kern eine »forcierte Vermarktlichung« der gesellschaftlichen Organisation von Arbeit ist. Das Neue an der Vermarktlichung, ihre Radikalisierung, verbindet sich dabei mit einer weiteren prägenden Entwicklung der aktuellen Umbruchphase: der Rückkehr des Subjektes in die Ökonomie. »Subjektivierung von Arbeit« heißt einerseits, dass subjektive Potentiale und Ressourcen in erweiterter Weise vom Betrieb gefordert und vereinnahmt werden. Andererseits bedeutet es aber auch den Anspruch der Individuen auf mehr Entwicklungschancen, mehr Partizipationsmöglichkeiten und mehr Selbstverwirklichung auch in der Arbeitswelt.

In dem Kapitel über die logische Bestimmung der neuen Herrschaftsform wird »indirekte« Steuerung nicht als weitere Perfektionierung des Kommandoverhältnisses gefasst, sondern als Entwicklung, die das herkömmliche System von Befehl und Gehorsam durch ein neues Organisationsprinzip ersetzt: Bei indirekte Steuerung erreicht die Unternehmensführung ihre Ziele dadurch, dass sie die »Handlungsbedingungen im Unternehmen so anordnet, dass genau dann, wenn die abhängig beschäftigten Mitarbeiter tun, was sie selber wollen, das herauskommt, was die Unternehmensführung will. Dadurch wird der Wille des einzelnen in den Dienst des Unternehmens gestellt.« (S. 37). Während die Einbindung von Selbständigkeit in unselbständige Beschäftigungsverhältnisse früher mit hoher Entlohnung, hoher Arbeitsplatzsicherheit und ausgedehnten Entscheidungsspielräumen verbunden war, handelt es sich den Autoren zufolge jetzt um eine »Funktionalisierung der Selbständigkeit für die Unselbständigkeit«, die auch mit sinkenden Entgelten, abnehmender Arbeitsplatzsicherheit und schrumpfenden Entscheidungsspielräumen einhergehen kann. In ihrem abschließenden Kapitel über die Schlüsselrolle von Selbstverständigungsprozessen im Betrieb beleuchten die Autoren die politischen Handlungsperspektiven, die sich daraus in dem gegenwärtigen Umbruchprozess ergeben.

Auch die weiteren drei Beiträge im ersten Abschnitt dieses Buches beschäftigen sich mit prägenden Entwicklungstendenzen im Prozess kapitalistischer Restrukturierung, in die einzelne unternehmerische Steuerungs- und Kennzahlenkonzepte, wie Business Reengineering, Activity Based Costing oder Target Costing, eingeordnet sind. In dem Beitrag von *Thomas Sablowski* stehen die Auswirkungen des Shareholder Value Konzepts im Mittelpunkt, das in den 1980er Jahren in den USA aufkam und sich in den 1990er Jahren sukzessive in deutschen Großunternehmen durchsetzte. Mit diesem Konzept war in den führenden Großunternehmen ein Formwandel der finanziellen Unternehmenskontrolle und eine stärker am Kapitalmarkt orientierte Unternehmensführung verbunden. Es handelt sich dabei also nicht um ein Rationalisierungskonzept, das konkrete Vorschläge zur Steuerung von Arbeitsprozessen beinhaltet, sondern um ein Konzept, das dem unmittelbaren Produktionsprozess gewissermaßen vorgelagert ist. Erst durch die Kombination mit unternehmerischen Steuerungskonzepten wie Activity Based Costing und Target Costing ergeben sich in der Folge unmittelbare Wirkungen in Bezug auf die Rationalisierung von Arbeit. Das Shareholder Value-Konzept zielt auf die Steuerung der Investitionen im Zusammenhang mit einer sich rechnenden (Neu)Zusammensetzung von Wertschöpfungsketten. Es schließt höhere Renditeziele, die Verlagerung von Kapital aus weniger rentablen in rentablere Geschäftsfelder und eine stärkere Konzentration auf so genannte Kernkompetenzen ein. Es ist damit auch eine Triebfeder für den Neuzuschnitt von Unternehmen. Beschäftigtenabbau und materielle Einschnitte in »Besitzstände« der Beschäftigten sind häufige Begleiterscheinungen. Um gegenüber den »Sachzwängen« der Standortkonkurrenz und den Fetischen des Shareholder Value nicht zu unterliegen, müssen die Beschäftigten und ihre Interessenvertretungen, so die Folgerung am Schluss des Beitrages, ihre eigenen Interessen an menschenwürdigen Arbeits- und Lebensbedingungen als »Sachzwänge« geltend machen.

»Wenn der Neoliberalismus und die Ökonomisierung weiter Teile der Gesellschaft einen Namen und ein Gesicht bräuchten, dann ist es das des Accounting«, so beschreibt *Uwe Vormbusch* in seinem Beitrag den Tatbestand, dass immer mehr gesellschaftliche Problemlagen einer ökonomischen Sprache und Form zugänglich gemacht werden und dass die Durchsetzung ökonomischer Effizienzkriterien das Maß aller Dinge zu werden droht. Bisherige Grenzlinien zwischen dem »Gesellschaftlichen« und dem »Ökonomischen« werden verwischt. Weil die Spielregeln dafür auch von den institutionalisierten Akteuren und ihrer Rolle abhängen, die diesen im Ergebnis politischer Aushandlungsprozesse zugestanden wird, widmet sich der Beitrag u.a. der neuen Bedeutung professioneller Dienstleistungs- und Beratungsfirmen in diesem Feld, also Firmen wie PricewaterhouseCoopers, Ernst & Young, KPMG und Deloitte & Touch. Um die quantitative Dimension zu verdeutlichen, die dieses globale Geschäft mittlerweile einnimmt, seien hier nur einige Daten beispielhaft genannt: Allein PricewaterhouseCoopers (PWC) beschäftigte 2003 etwa 125.000 Angestellte in 142 Ländern, dabei waren ca. 9.400 Mitarbeiter bei der »PWC Deutsche Revision« Aktiengesellschaft in Deutschland angestellt. Diese erzielten 2002 in den Bereichen Wirtschaftsprüfung, prüfungsnahe Dienstleistungen, Steuer- und Finanzberatung sowie Corporate Finance einen Umsatz von rund 1,1 Mrd. Euro. Uwe Vormbusch beschreibt die beiden Hauptformen des Accounting: das Financial Accounting, das in erster Linie der Information externer Akteursgruppen wie Anteilseignern, Regulierungsbehörden etc. dient, und das Management Accounting, das den Bereich des Controllings umfasst und z.B. bekannte betriebliche Steuerungsinstrumente wie operative Kennzahlen, Zielvereinbarungen, Budgetierung etc. Als prägende Entwicklung zeichnet er die »Kommerzialisierung des Accounting« im Zusammenhang mit der Ausbildung des Finanzkapitalismus nach. Anders als im angelsächsischen Sprachraum gibt es in Deutschland weder eine Debatte noch eine übergreifende wissenschaftliche Disziplin, die sich mit den gegenwärtigen Entwicklungen des Accounting ausführlich und kritisch auseinandersetzt. Der Beitrag von Uwe Vormbusch in diesem Band mit seiner Systematisierung der verschiedenen Phasen des Accountings und seinem Blick auf die kritische Accounting-Forschung, insbesondere im angelsächsischen Sprachraum, versucht diese Lücke in ersten Ansätzen zu schließen.

In einer dritten, eher ideengeschichtlichen Abhandlung stellt *Antonius Engberding* die Genese betriebswirtschaftlicher Steuerungskonzepte am Beispiel des Shareholder Value-Ansatzes und die entsprechende Bearbeitung in der betriebswirtschaftlichen Disziplin dar. Er kommt zu dem Ergebnis, dass dieser Ansatz seine Funktion erfüllte, dem Shareholder-Kapitalismus den Weg zu bereiten, als betriebswirtschaftliche Methode zur Unternehmenssteuerung allerdings keine langfristigen Überlebenschancen hat.

Um die Wirksamkeit neuer Steuerungs- und Kennziffernsysteme wirklich zu verstehen, ist eine vertiefende Beschäftigung mit diesen Systemen und ihrer Logik notwendig, ja unerlässlich. Im Zentrum steht dabei zunächst exemplarisch das Konzept Activity Based Costing, wie es von Kaplan und Cooper (1999) – und in analysierender, erläuternder und kritischer Auseinandersetzung mit diesem Ansatz – von *Angela Schmidt* beschrieben wird. Ausgehend von den USA erlangte dieses neue Accounting-System Anfang der 1990er Jahre auch in Deutschland Bedeutung. Mit dem Activity Based Costing-Konzept werden unternehmerische Ursache-Wirkungs-Zusammenhänge im Betrieb modelliert und betriebliche Prozesse im Detail abgebildet. Auch die Aufwände und Kosten der indirekten Bereiche – Planung und Design, Marketing, Vertrieb, Service und Verwaltung – können damit erfasst und anschließend den Produkten und Kunden zugeordnet werden. Dadurch, dass die Aufwände aller genutzten und ungenutzten Kapazitäten in Bezug auf Produkte und Kunden transparent werden, entsteht im Ergebnis eine umfassende Vergleichbarkeit. Durch Daten belegt, kann überprüft werden: Welche Abteilung führt eine bestimmte Tätigkeit am kostengünstigsten durch? Sind andere Standorte im Unternehmen oder Konkurrenzunternehmen gegebenenfalls besser? Wäre es ratsam, eine bestimmte Tätigkeit an externe, günstigere Anbieter zu vergeben? Damit bietet Activity Based Costing eine Basis für internes und externes Benchmarking. Und oft genug wird dies zur Grundlage von Entscheidungen über Outsourcing. Auch intern bringt dieses neue Accounting-System neue Bewegung in herkömmliche Prozesse und Abläufe. Dadurch, dass alle Tätigkeiten und Abläufe auf ihre Wirkungszusammenhänge und Ergebnisse hin überprüft werden können, wird ein Vergleich der Kostenintensitäten möglich. Zu kostenintensive Aktivitäten und Teilprozesse werden Ziel von Restrukturierungsmaßnahmen, die Umgestaltung wird zum Dauerzustand.

War früher die Sammlung von Unternehmensdaten die Angelegenheit von Experten und standen die Auswertungen oft nach Monaten erst und dann auch nur diesen zur Verfügung, so können die Daten heute in großer Zeitnähe zum laufenden Prozess und dezentral gewonnen werden und sind auch dezentral verfügbar. Der Betrieb wird transparent, er wird zum Informations- und Wissenssystem auch für die Beschäftigten selbst. Arbeitsgruppen, Teams und einzelnen Beschäftigten dienen diese Daten häufig als Feedback, sie werden zur Grundlage der (eigenen) Einsatz- und Leistungssteuerung. Dies verändert die Rolle der Beschäftigten im Produktionsprozess und ihr eigenes Selbstverständnis grundlegend. Sie werden zu Akteuren, die die Marktanforderungen und die Anforderungen des Herstellungsprozesses selbst harmonisieren und eine aktive Rolle im kalkulativen Prozess einnehmen (müssen).

Dadurch dass die Daten aller Einheiten und alle einzelnen Tätigkeiten einem Benchmarking innerhalb des Unternehmens, der Standorte, der Abteilungen und zwischen den Kollegen unterzogen werden können, werden vormals ungekannte Steigerungsprozesse in Gang gesetzt. Was unter den allergünstigsten Rahmenbedingungen hervorgebracht und geleistet wird, wird zum Maßstab. Die Konkurrenz wird zusätzlich noch dadurch geschürt, dass die Profitabilität von oft völlig unterschiedlichen Produkten und Dienstleistungen verglichen wird. Beschäftigte, die für weniger profitable Produkte oder Dienstleistungen verantwortlich sind, geraten unter Druck, weil die Gefahr besteht, dass ihre Arbeitsergebnisse vom Markt genommen und sie dadurch überflüssig werden.

»Auf der Grundlage firmenweiter Informations-Systeme kann ABC jedem jederzeit zugänglich gemacht werden. Und so sind es nicht länger nur Controlling-Spezialisten, sondern zunehmend Beschäftigte aller Hierarchiestufen und Bereiche, zusätzlich ihre Betriebsräte und die zuständigen Gewerkschafter, die sich die neue Perspektive aneignen müssen. Wer mit ABC arbeitet, gerät in eine Denkbewegung hinein, die kein Ende mehr findet: Gefühle des Ungenügens, der ›Allzuständigkeit‹ und der Ruhelosigkeit stellen sich ein. Die Logik des ABC macht Beschäftigte zu Getriebenen: Arbeite ich gut genug? Leiste ich meinen Beitrag? Ist meine Tätigkeit überhaupt noch notwendig? Ist sie noch rentabel?« Diese Beschreibung der Wirksamkeit des Activity Based Costing von Angela Schmidt wurde von den betrieblichen Kollegen im IG Metall Arbeitskreis nachdrücklich bestätigt, sie führte zum Titel dieses Buches: »*Rentier' ich mich noch?*«

Mit der Wirkung neuer Steuerungssysteme im Denken und Tun der Beschäftigten befasst sich *Wilfried Glißmann*. Was ist das qualitativ Neue bei der neuen Form unternehmerischer Führung? Womit sehen sich Beschäftigte in der Arbeit konfrontiert? Welche Wirkungen entfalten Konzepte wie Activity Based Costing für die Beschäftigten? Wilfried Glißmann betrachtet die neue Steuerung bewusst und ausdrücklich aus der Perspektive der Beschäftigten. Leiten lässt er sich dabei auch von »paradoxen« Erfahrungen, die er als Betriebsrat eines IT-Unternehmens gemacht hat. So wurden die von Angela Schmidt beschriebenen Phänomene im Betrieb bereits durch die ständige Frage »Können wir uns das noch leisten?« ausgelöst. Erst später erfolgte die Einführung von Activity Based Costing, und dies dann nahezu unbemerkt von den Beschäftigten und auch ohne gründliches Wissen des Managements. Dennoch entfaltete das Konzept seine Wirksamkeit. Der Beitrag von Wilfried Glißmann beleuchtet wesentliche Elemente der indirekten Steuerung und ihre Wechselwirkungen. Er zielt darauf ab, die neuen Dynamiken zu erfassen, die sich unter den Vorzeichen der neuen Steuerung entfalten. Im Mittelpunkt stehen dabei Prozesse der Selbstorganisation im Handeln der Beschäftigten, die vom Unternehmen auf indirekte Weise gleichwohl gesteuert werden können.

Im Anschluss an die konzeptionellen Analysen des Activity Based Costing und vor dem Hintergrund der einschneidenden Umwälzungen und Strukturveränderungen in der Wirtschaft und in den Unternehmen lag es nahe, den Blick vertiefend auf das konkrete Geschehen in den Betrieben zu richten. Dieser Schritt erschien auch deshalb notwendig, weil nur so die Wirkungsweise der neuen Steuerungs- und Kennziffernsysteme für die konkrete Arbeits- und Leistungssituation der Beschäftigten nachvollzogen und Ansatzpunkte des betrieblichen Handelns und ggf. der Grenzziehung bzw. der Gegenwehr ausgelotet werden können. Die Auseinandersetzung mit der konkreten betrieblichen Situation erfolgte anhand betrieblicher Beispiele von *DaimlerChrysler*, *Volkswagen*, IBM und *Airbus*. Die betrieblichen Kolleginnen und Kollegen brachten ihre reichhaltigen Erfahrungen mit betrieblichen Restrukturierungsprozessen und Mechanismen neuer Steuerung aus den letzten Jahren in den Arbeitskreis ein. Um die hochspannenden Informationen über die realen Prozesse neuer Steuerung festhalten zu können, wurden die »Erfahrungsgespräche« bei DaimlerChrysler, VW und IBM protokolliert und systematisiert. Bei der Fallstudie über Airbus handelt es sich um eine sozialwissenschaftliche Erhebung und Auswertung. Die so entstandenen exemplarischen Studien stellen den empirischen Kern des vorliegenden Bandes dar.

Die Fallbeispiele aus der Automobil-, Luftfahrt- und ITK-Industrie eröffnen nicht nur interessante und wichtige Einblicke in die Prozesse und Wirkmechanismen indirekter Steuerung, sie offenbaren darüber hinaus wesentliche Rahmenbedingungen industrieller Fertigung und Dienstleistung in der globalen Konkurrenz, die wiederum die Prozesse der betrieblichen Steuerung prägen. Die Reichweite der Umwälzungen in den Unternehmen und Betrieben ist durchaus unterschiedlich. In den kundenorientierten Dienstleistungsbereichen, z.B. der ITK-Industrie, sind indirekte Steuerungssysteme stärker verbreitet und entfalten eine massivere Durchschlagskraft auf die einzelnen Beschäftigten als in einigen hochkomplexen Produktionsbereichen, z.B von DaimlerChrysler oder VW, in denen noch Grenzen auch technisch-organisatorischer Art vorhanden sind, die den Markt- und Renditedruck abfedern. In den klassischen Leistungslohnbereichen ist die marktorientierte Leistungssteuerung weniger verbreitet als in den indirekten Zeitlohn- und Gehaltsbereichen. In den niedriger qualifizierten Tätigkeitsbereichen herrschen immer noch (oder wieder) standardisierte Arbeitsvollzüge vor, während bei eher hochqualifizierten Beschäftigtengruppen Formen der Selbstorganisation stärker verbreitet sind. Diese Unterschiede prägen die Ausgangsbedingungen für das Interessenhandeln im Betrieb, sie dürfen deshalb nicht vernachlässigt werden. Dennoch sind durchgängig Tendenzen der Vermarktlichung und der Entgrenzung von Arbeit festzustellen, je deregulierter und marktabhängiger die Bereiche gestaltet sind, desto stärker werden sie von Unternehmensseite zum Vorbild erklärt.

Die betrieblichen Beispiele zeigen eindrucksvoll, wie stark die neuen Steuerungsmodelle in dem Spannungsfeld von zentralisierten strategischen Unternehmensentscheidungen und dezentralen Verantwortlichkeiten verortet sind. Auch hier gibt es große Unterschiede zwischen den Betrieben. Das Interesse der Beschäftigten und Betriebsräte an aktiver Mitwirkung ist umso größer, je höher die Entscheidungskompetenzen vor Ort wirklich sind. Werden den Akteuren auf der betrieblichen Ebene Ressourcen und Kompetenzen vorenthalten, schmälert dies offenbar nicht nur die Motivation bei der Arbeit, sondern auch die Motivation für betriebliche und gewerkschaftliche Interessenvertretung. Einige Betriebsräte thematisieren auch, dass ihnen in dem neuen Entscheidungsgeflecht die herkömmlichen Ansprechpartner verloren gehen, die zuvor für die betrieblichen Abläufe zur Verantwortung gezogen werden konnten.

Die Drohung, dass die Produktion und Dienstleistung auch an anderen Orten stattfinden kann, ist in den Betrieben allgegenwärtig. Standort- und Beschäftigungssicherung tritt als Handlungsfeld auch für Betriebsräte immer mehr in den Vordergrund. Um am Standort konkurrenzfähig zu bleiben, sehen sich Beschäftigte und Betriebsräte herausgefordert, selbst an Prozessoptimierungen mitzuarbeiten, die Produktion zu verschlanken, intelligente Vorschläge zu Kosteneinsparungen zu unterbreiten. Gleichzeitig thematisieren die Betriebsräte durchweg, dass der Wettbewerb nicht in erster Linie über Kostensenkungen organisiert werden darf, sondern Investitionen in neue Produkte und Technologien sowie Innovationen notwendig sind, um Zukunftsfähigkeit zu erhalten. Um Standorte und Beschäftigung zu sichern, schultern sie als Interessenvertreter der Beschäftigten immer größere Aufgabenpakete, für die sie unterschiedlich gut gewappnet sind. Dies reicht in einigen Unternehmen von der Mitwirkung bei der Investitionsplanung über die Erstellung wettbewerbsfähiger Angebote bis zur Entscheidung über betriebliche Strukturveränderungen und Reorganisationsprozesse, »die sich rechnen müssen«.

Wie sich angesichts der neuen Anforderungen die Rollen- und Arbeitsteilung zwischen den Beschäftigten, den Betriebsräten und den Gewerkschaften verändert und verschiebt, analysiert *Thomas Haipeter* in seinem Beitrag über neue Formen kollektiver Regulierung unter den Vorzeichen neuer Steuerungsformen der Arbeit. Im Ergebnis zeigt sich, dass die Nutzung der neuen Aushandlungsarenen, die mit den neuen Steuerungsformen einhergehen, kein Selbstläufer ist. Sie hängt vielmehr entscheidend von der tatsächlichen Möglichkeit zur Mitbestimmung und der Stärke der Position des Betriebsrates ab. Diese Stärke gründet unter den neuen Bedingungen nach Thomas Haipeter auf einer Politik, die den Betriebsrat nicht mehr als klassischen »Stellvertreter« der Belegschaftsinteressen, sondern »als Moderator für die individuellen Probleme der Beschäftigten« sieht. Auf dieser Grundlage könnten sich Prozesse der Politisierung auch in klassischen Handlungsfeldern wie Arbeitszeit und Leistung entwickeln, die ein wirkungsvolles Gegengewicht zu den scheinbaren Sachzwängen einer marktgesteuerten Organisation bilden.

Die Betriebsberichte zeigen, dass und wie Beschäftigte und Betriebsräte in den neuen marktförmigen Integrationsmodus eingebunden werden. Zur Sicherung von Beschäftigung am Standort praktizieren sie eine wettbewerbsorientierte Betriebspolitik. Die Betriebsberichte zeigen aber auch, dass sie – indem sie sich in die Auseinandersetzungen um die Wettbewerbsbedingungen einschalten – gleichzeitig Impulsgeber für Zukunftskonzepte und Beschäftigungsscherung werden. Diese neue Rolle stärkt ihr Selbstbewusstsein, nicht zuletzt auch bei der Interessenvertretung.

Interessant ist, dass der vertiefende Blick in den Betrieb gleichzeitig eine Perspektivenerweiterung mit sich bringt. Die Betriebe sind konkurrierende Einheiten in häufig übernationalen Wertschöpfungsketten, ihre potentiellen Positionen in der Wertschöpfungskette entscheiden über ihre Zukunftschancen mit. Um das Überleben der betrieblichen Einheit in der zunehmend globalen Konkurrenz nicht zu gefährden und die Handlungsfähigkeit auch in der Interessenvertretung nicht zu verlieren, können die Akteure auch auf Arbeitnehmerseite von den Handlungsbedingungen in diesen Wertschöpfungsketten ebenso wenig absehen wie von übernationalen Entwicklungen z.B. der Wirtschafts- und Steuerpolitik. Diese Komplexität muss auch bei der Entwicklung alternativer gewerkschaftlicher Politikansätze, bei der anstehenden betriebs- und tarifpolitischen Strategiebildung, berücksichtigt werden.

Dieser knappe Umriss mag die Komplexität verdeutlichen, mit der die Autorinnen und Autoren dieses Buches sich konfrontiert sahen, als sie begannen, sich mit dem Thema näher zu beschäftigen. Die Anregung, einen *Diskussions- und Arbeitskreis der IG Metall* zum Thema »Neue Steuerung im Betrieb/neue Kostenrechnungssysteme« einzurichten, kam von betrieblichen Kolleginnen und Kollegen, die sich im Zusammenhang mit den Initiativen »Arbeiten ohne Ende?« und »Meine Zeit ist mein Leben« bereits seit geraumer Zeit mit der Wirkungsweise neuer Steuerung im Betrieb auseinander setzten. Gemeinsam mit interessierten und betroffenen Kolleginnen und Kollegen aus anderen Betrieben, mit Wissenschaftler/innen und hauptamtlichen IG Metaller/innen sollten die bisherigen Erfahrungen mit neuen betrieblichen Steuerungssystemen und die Erkenntnisse daraus ausgetauscht und bewertet werden.

Die Zusammensetzung des Kreises stellte sich als sehr fruchtbar heraus, weil bereits durch die unterschiedlichen Perspektiven der Beteiligten eine Engführung des Themas von vornherein vermieden und im »Kleinen« ein Verständigungsforum geschaffen werden konnte, in dem betrieblich, gewerkschaftlich und wissenschaftlich arbeitende Kolleginnen und Kollegen sich interdiziplinär und gemeinsam einem neuen Gegenstand, einer neuen Wirklichkeit näherten, die vielleicht nur in einer solchen Zusammensetzung tatsächlich zu erschließen ist.

Obgleich Kontroll- und Steuerungstechniken in den Betrieben der Metall- und Elektroindustrie keinesfalls neue Erscheinungen waren, vielmehr ausgehend vom übergeordneten »Controlling« seit Jahren dezentrale Steuerungsinstrumente wie Budgetierung aller Einheiten, Kennziffernsysteme, Zielvereinbarungen, erfolgsabhängige Bonuszahlungen u.ä. verstärkt eingeführt werden, konnte zum Beginn der Arbeit des Diskussionskreises weder auf empirische Studien noch auf systematisch aufbereitete betriebliche Fallbeispiele, die über die Betrachtung einzelner Instrumente hinausgingen, zurückgegriffen werden. Abgesehen von einigen Arbeiten, die im Zusammenhang mit den Thesen zum Arbeitskraft-Unternehmer und zur »Subjektivierung von Arbeit« (Moldaschl/Voß 2002) sowie im Zusammenhang mit den IG Metall Initiativen »Arbeiten ohne Ende?« und »Meine Zeit ist mein Leben« konzipiert wurden (Gließmann/Peters 2001), und weiteren Arbeiten, die im industriesoziologischen Umfeld und zum Phänomen der »Entgrenzung von Arbeit« entstanden (Döhl/Kratzer/Sauer 2000, Kocyba/Vormbusch 2000), musste weitgehend Neuland betreten werden – sowohl was die wissenschaftliche und empirische Bearbeitung als auch was die gewerkschaftliche Debatte in Deutschland angeht.

Dies schien umso erstaunlicher, als die »Macht der Zahlen« in den Industriebetrieben, aber auch darüber hinaus in vielen gesellschaftlichen Bereichen, insbesondere auch in Bereichen öffentlicher Dienstleistungen wie z.B. Krankenhäusern, Hochschulen u.a. seit Jahren erkennbar zunimmt. In der Berichterstattung der Medien und der öffentlichen Debatte spielte die Ökonomisierung dieser Bereiche in den letzten Jahren durchaus eine prominente Rolle, sie wurde unter den Überschriften notwendige Effektivierung und Kostenersparnis meist sogar positiv begleitet. Anders als im angelsächsischen Sprachraum blieb in Deutschland die wissenschaftliche und politisch-gewerkschaftliche Aufarbeitung hinter diesen aktuellen Entwicklungen weit zurück. Die Arbeit in dem Arbeitskreis der IG Metall gestaltete sich angesichts dieser Ausgangsbedingungen als »work in progress«.

Weder in dem IG Metall-Arbeitskreis noch in diesem Buch, das gewissermaßen den bisherigen Arbeitsprozess abbildet, konnte zum Schluss eine zusammenfassende, geschlossene Antwort auf die neuen Entwicklungen, ein fertiges betriebliches oder gewerkschaftliches Handlungskonzept »geliefert« werden. Wie eine zukunftsfähige betriebliche und gewerkschaftliche Interessenvertretung unter den Bedingungen zugespitzter globaler Konkurrenz auszusehen hat, ob und wie die Pole des interessenbezogenen Handels im Wettbewerb auf der einen Seite und der notwendigen Grenz- und Widerstandslinien auf der anderen Seite austariert oder gegeneinander ins Feld geführt werden können, darüber muss weiter gestritten werden. Die neue Steuerung eröffnet und verweigert den Beschäftigten Entwicklungschancen und -perspektiven. Wie kann die Auseinandersetzung darum fruchtbar geführt werden? Wie können die sich dabei entwickelnden Ansprüche der Beschäftigten an Arbeit und Leben gestärkt werden? Wie können die enttäuschten Erwartungen und die auftretenden Widersprüche im Betrieb fruchtbar aufgegriffen werden? Wodurch entwickelt sich in neuer Weise solidarisches Handeln? Diese Fragen sind Thema der *Debattenrunde,* die den vorliegenden Band abschließt. Im Zentrum der Diskussion stand dabei auch das Spannungsverhältnis zwischen intensivierten Machtwirkungen und emanzipatorischen Elementen, das der neuen Steuerung immanent ist. Eine nicht zu unterschätzende Triebfeder für das Handeln der Beschäftigten ist gegenwärtig die verbreitete Angst vor Prekarisierung. Diese existentielle Angst vor Arbeitsplatz- und Einkommensverlust bildet auch den Hintergrund für massive Zugeständnisse, zu denen die Beschäftigten gegenwärtig in vielen Unternehmen gezwungen werden. Wie vermittelt sich diese Triebfeder des Handelns mit den emanzipatorischen Aspekten, die mit den neuen Steuerungssystemen einhergehen?

Dass die Ökonomisierung begrenzt werden muss, um die autonomen Ansprüche und Bedürfnisse der Menschen an ein gesundes Maß von Arbeit und Leben abzusichern, kann als Schlussfolgerung festgehalten werden. Gleichzeitig eröffnet die neue Steuerung neue Aushandlungsarenen, die zu nutzen sind.

Der mit den vorliegenden Beiträgen dokumentierte »work in progress« ist weiterzuführen, auch deshalb endet der vorliegende Band nicht mit einem Schlusskapitel, sondern mit einer Diskussionsrunde, in der künftig zu bearbeitende Fragestellungen sowie verschiedene Perspektiven und Positionen für die weitere Debatte formuliert werden.

Zum Schluss bleibt noch herzlicher Dank auszusprechen an die Autorinnen und Autoren für ihr Engagement bei der gemeinsamen Arbeit und an Richard Detje, VSA Verlag, der die Entstehung dieses Buches nicht nur redaktionell, sondern auch inhaltlich begleitet und die Debattenrunde kompetent moderiert hat.

**Literatur**
Bechtle, Günter/Sauer, Dieter (2001): Fordismus als Zwischenspiel? Zur heterogenen und ambivalenten Entwicklung des gegenwärtigen Kapitalismus. In: Wagner, Hilde: Interventionen wider den Zeitgeist. Hamburg.
Bechtle, Günter/Sauer, Dieter (2003): Postfordismus als Inkubationszeit einer neuen Herrschaftsform. In: Dörre, K./Röttger, B. (Hrsg.): Das neue Marktregime – Konturen eines nachfordistischen Produktionsmodells. Hamburg.
Döhl, Volker/Kratzer, Nick/Sauer, Dieter (2000): Entgrenzung von Arbeit, in: WSI-Mitteilungen 1/2000, S. 5-17.
Glißmann, Wilfried/Peters, Klaus (2001): Mehr Druck durch mehr Freiheit, Hamburg.

Hirsch, Joachim/Roth, Roland (1986): Das neue Gesicht des Kapitalismus. Vom Fordismus zum Postfordismus, Hamburg.
Hübner, Kurt (1990): Theorie der Regulation, Berlin.
Kaplan, Robert/Cooper, Robin (1999): Prozesskostenrechnung als Managementinstrument, Frankfurt a.m./New York.
Kocyba, Hermann/Vormbusch, Uwe (2000): Partizipation als Managementstrategie, Gruppenarbeit und flexible Steuerung in Automobilindustrie und Maschinenbau, Frankfurt a.M./New York.
Moldaschl, Manfred/Voß, G.Günter (Hrsg.) (2002): Subjektivierung von Arbeit, München und Mering.
Schmidt, Nikolaus (2000): Tertiarisierung – Ende der Industriegewerkschaften? In: Peters, Jürgen (Hrsg.): Dienstleistungsarbeit in der Industrie, S. 20-49, Hamburg.
Stahn, Peter/Wagner, Hilde (1987): Das neue Gesicht des Kapitalismus. Debatte des Theorieentwurfs von Joachim Hirsch und Roland Roth. In: Sozialismus 4/87, S. 29-44, Hamburg.
Vormbusch, Uwe: (2003): Management by Foucault? Betriebliches Controlling und Subjektivierung. Manuskript.
Vormbusch, Uwe (2004): Accounting. Die Macht der Zahlen im gegenwärtigen Kapitalismus, in: Berliner Journal für Soziologie 1/04, S. 33-50.
Wagner, Hilde (2000): Informations- und Dienstleistungsarbeit – Ein tarifpolitisches Gestaltungsfeld der IG Metall. In Peters, Jürgen (Hrsg.): Dienstleistungsarbeit in der Industrie, S. 81-109.

# Klaus Peters/Dieter Sauer
# Indirekte Steuerung –
# eine neue Herrschaftsform
# Zur revolutionären Qualität des
# gegenwärtigen Umbruchprozesses

In den Unternehmen vollziehen sich unserer Meinung nach seit einigen Jahren Veränderungen, die man *revolutionär* nennen muss – und zwar nicht in einem emphatischen, sondern in einem theoretisch exakten Sinn. Revolutionär sind sie aus wenigstens drei Gründen:
- erstens verändern sich dabei nicht nur die Formen der Unternehmensorganisation, sondern das *Prinzip von Unternehmensorganisation* selbst,
- zweitens verändern sich dadurch nicht nur die machtpolitischen Koordinaten für die Austragung von Interessenkonflikten zwischen Arbeit und Kapital, sondern die *Logik des Interessenkonflikts* selbst,
- und drittens werden durch diese Veränderungen in den Unternehmen implizite Voraussetzungen herkömmlicher Theorien der Unternehmensorganisation *praktisch widerlegt* – Voraussetzungen, die früher (und bei vielen noch immer) als unhinterfragbar angesehen wurden.

Während Karl Marx im Kommunistischen Manifest und danach immer wieder den revolutionären Charakter des Kapitals hervorgehoben, begrifflich bestimmt und in einem gewissen Sinn sogar zum Ausgangspunkt seiner Theorie gemacht hat, ist dieser Aspekt in der traditionellen linken Kritik inzwischen eigentümlich unterbelichtet. Die herkömmlichen Versuche, die Entwicklung des Kapitalismus zu beschreiben, zu kategorisieren und zu periodisieren, haben zwar die *Brüche* in dessen Entwicklung im Auge, fragen aber nicht nach deren *revolutionärer* Qualität.

Konzeptionell anders arbeiten Accountants und Consultants in der US-amerikanischen Managementliteratur. 1996 sprachen z.B. einige Accountants von Coopers & Lybrand von einer »quiet revolution ... in corporate finance and accounting« (Walther et al. 1996). Robert G. Eccles hatte für diese Revolution bereits 1991 im Harvard Business Review ein eigenes Manifest veröffentlicht (Eccles 1991/98).[1] Wir plädieren da-

---
[1] Dazu in diesem Buch Wilfried Glißmann (Abschnitt 6.7, S. 199ff.)

für, diese Selbstwahrnehmungen in der Managementliteratur ernst zu nehmen, auch wenn wir ihre Schlussfolgerungen nicht teilen.[2]

Es handelt sich – so unsere These – um nichts Geringeres als um die Einführung einer geschichtlich-neuen Form von Herrschaft: die indirekte-Steuerung. Unter *indirekter Steuerung* verstehen wir eine Form der Fremdbestimmung von Handeln, die sich vermittelt *über ihr eigenes Gegenteil*, nämlich die Selbstbestimmung oder Autonomie der Individuen, umsetzt, und zwar so, dass sie dabei nicht nur auf explizite, sondern auch auf implizite Anweisungen[3] sowie auf die Androhung von Sanktionen verzichten kann.

Eine solche Form von Herrschaft ist nicht nur historisch neu, sie wurde auch, weil sie einen Selbstwiderspruch enthält, aus logischen Gründen für unmöglich gehalten. Wir wollen uns darum dem revolutionären Charakter dieser neuen Herrschaftsform nähern, indem wir ihre historische Bestimmung mit ihrer logischen Bestimmung zu »kreuzen« versuchen.[4]

Historisch greifen wir Ergebnisse der Fordismus- bzw. Postfordismusdebatte auf und versuchen den darin analysierten historischen Umbruch in der gesellschaftlichen Organisation von Arbeit zu präzisieren. Logisch geht es um die grundlegend veränderte Stellung des menschlichen Willens zur Organisiertheit des Unternehmens und die sich daran anschließende, weitergehende Frage nach ihrer geschichtstheoretischen Bestimmung.

## 1. Historisches: die Krise des Fordismus

In der sozialwissenschaftlichen Auseinandersetzung mit Veränderungen in der gesellschaftlichen Organisation von Arbeit ging es immer um die Entdeckung des Neuen, um die Krise oder das Ende des Alten, ob es neue Formen der Arbeitsorganisation waren, die Krise des Lohnanreizes, das Ende der Arbeitsteilung u.v.a.m. In dieser Debatte gab es aber auch immer einen historischen Bezugspunkt, denn in ihrem Kern stand immer die Auseinandersetzung mit der tayloristisch-fordistischen Organisation von Arbeit. In einer weitergehenden Perspektive ging es deswe-

---

[2] Die hier erwähnten Fälle müssten von einer verbreiteten *Revolutionsrhetorik* unterschieden werden, die sich in der Managementliteratur *auch* findet, die aber eher einer Problemverdrängung (durch Inflationierung) Vorschub leistet.

[3] Vgl. in diesem Buch den Beitrag von Wilfried Glißmann (Abschnitt 2).

[4] Dieser Versuch bringt es mit sich, dass dabei sprachliche Konventionen aus unterschiedlichen Diskursen aufeinandertreffen. Wir haben die daraus resultierenden terminologischen Divergenzen nicht überall zu glätten versucht.

gen seit Mitte der 1970er Jahre immer auch um die Krise des Fordismus, um die Auflösung eines gesellschaftlichen Ausnahmezustands, einer 20-25jährigen historischen Prosperitätsphase, wie sie Burkart Lutz in seinem »kurzen Traum immerwährender Prosperität« Mitte der 80er Jahre beschrieben hat (Lutz 1984).

Spätestens zu Beginn der 1990er Jahre wurden jedoch den Kritikern des Taylorismus wesentliche Kriterien ihrer Analyse und vor allem ihrer Bewertung von Arbeit aus der Hand geschlagen. Vertraute Koordinaten der Organisation von Arbeit wie Hierarchie, Kontrolle, Fremdrationalisierung, eingeschränkte Subjektivität, Teilung von Arbeits- und Lebenswelt und die hieran gewonnenen Bewertungskriterien wie Belastung, Restriktivität, Distributionsspielräume und Ähnliches sind ins Wanken geraten. Was bislang Fluchtpunkte der Taylorismuskritiker waren, trat ihnen nun als Inhalt neuer Managementkonzepte, als unternehmerische Leitbilder moderner Arbeit entgegen. In den 1990er Jahren vermischten sich dann solche postfordistischen Elemente im Wandel von Arbeit mit Tendenzen einer Rekonventionalisierung von Arbeitsstrukturen und mit neotayloristischen Ansätzen. Viele der früheren Visionäre, die in der Krise des Fordismus klare Entwicklungsperspektiven von Arbeit ausgemacht hatten, sprechen deswegen heute von einer neuen Unübersichtlichkeit und verweisen damit auf den Tatbestand einer heterogenen und ambivalenten Entwicklung von Arbeit (so z.B. Michael Schumann 2003).

Offensichtlich entfaltet der gegenwärtige Strukturwandel von Arbeit eine vielgestaltige und uneinheitliche Dynamik. Darin das qualitativ Neue zu entdecken und in seiner Reichweite und Prägekraft für die zukünftige Entwicklung einzuschätzen, ist nicht leicht. Erst die historische Analyse eröffnet den Blick in die Zukunft, erlaubt es, das Neue vom Alten zu unterscheiden. In einer Phase des »Übergangs«, in der das Alte neben dem Neuen existiert und in der die Dynamik und die Permanenz des Wandels zum entscheidenden Merkmal zu werden scheint, sind solche Unterscheidungen dennoch schwierig und mit Risiko behaftet.

**Der Bruch mit dem Fordismus**
Unser historischer Bezugspunkt ist ein bestimmtes sozioökonomisches Entwicklungsmodell, für das sich, ausgehend von der Regulationstheorie, der Begriff Fordismus eingebürgert hat. Mit dem Fordismus wird der Begriff der gesellschaftlichen Formation eingeführt, der bestimmte historische Phasen im Verlauf kapitalistischer Entwicklung bezeichnet, in denen jeweils stabile Entsprechungen zwischen ökonomischen und gesellschaftlichen Strukturen, zwischen Makroebene der gesellschaftlichen Regulierung und der Mikroebene der tayloristischen Arbeitsorganisation bestehen. Fordismus ist also nicht nur ein technisch-ökonomisches

Paradigma (des Taylorismus), sondern eine Regulationsweise der Kapitalakkumulation, die eine Lohn-Profit-Entwicklung zuließ mit der Folge eines proportionalen Wachstums zwischen Investitions- und Konsumgüterindustrie. Dies wiederum wurde von einer Reihe von Institutionen ermöglicht, wie dem Produktivitätslohn, kollektiven Tarifverträgen, einem bestimmten sozialen Konsumstandard u.v.a.m. In Deutschland und Europa handelt es sich dabei um einen robusten Zusammenhang von industrieller Massenproduktion und Massenkonsum, sozial geschützten Normalarbeitsverhältnissen für Männer, geschlechtsspezifischer Arbeitsteilung in der Normalfamilie, niedriger Frauenerwerbsquote, kompromissorientierten Arbeitsbeziehungen sowie eines ausgebauten Wohlfahrtsstaates.

Betrachtet man die Entwicklung des deutschen Kapitalismus etwas differenzierter, so lassen sich zwei »Fordismen« unterscheiden (vgl. dazu Bechtle/Sauer 2002):

- zum einen einen historisch früheren *Betriebsfordismus*, der bereits nach dem Ersten Weltkrieg entstanden ist. Charakteristisch für ihn ist die Betriebsförmigkeit gesellschaftlicher Produktion: die Transformation des historisch vorgefundenen Fabriksystems in eine kalkulierbare, rechenhafte Organisation der gesellschaftlichen Produktion in Form des Betriebs und seines hierarchischen Herrschaftssystems. Hierarchie als fordistisch-kapitalistische Form organisierter Herrschaft wird kalkulierbar: als »Chance, für einen Befehl bestimmten Inhalts bei einem angebbaren Personenkreis Gehorsam zu finden«.

  Die Organisationsform Betrieb als geplante Produktion unterstellt die Entwicklung der gesellschaftlichen Reproduktion als abhängige Variable: Die Dominanz der Organisation über den Markt, das Verhältnis vom Betrieb zum Absatzmarkt als Einbahnstraße (das Lebenswerk von H. Ford). Als zentrales Mittel der Einbindung von Arbeitskraft in die rigiden technisch-organisatorischen Produktionsstrukturen und in das hierarchische Herrschaftssystem des Betriebs dient der Leistungslohn, der das Verhältnis zur Arbeit als Kostenfaktor und zum Markt als Konsumfaktor reguliert. Mit ihm wird der noch vorhandene Widerstand, die »dunkle Unkalkulierbarkeit«, der »Eigensinn« lebendiger Arbeit (Negt/Kluge1981) gebrochen.

- Das darauf basierende Verhältnis von Massenproduktion und Massenkonsum wird in der Nachkriegszeit durch einen kompensatorischen *Sozialfordismus* ergänzt. Dieser ist durch keynesianische Nachfragestabilisierung, Ressourcenbereitstellung und wohlfahrtsstaatliche Reparaturleistungen charakterisiert. Es gelang unter Wachstumsbedingungen, die Machtasymmetrie zwischen Kapital und Arbeit institutionell so weit abzufedern, dass diese Phase im Europa der Nachkriegszeit als Prosperitätsphase in die Geschichte eingegangen ist. Von manchen wird sie ja auch als Ausnahmezustand betrachtet. Es sind also spezifische historische Bedingungen, die in der Nachkriegszeit bis etwa Mitte der 1970er Jahre ein deutsches Produktions- und Sozialmodell entstehen ließen. Dieses Modell ist seitdem in der Krise, in den 1990er Jahren wird der Umbruch aber erst richtig deutlich. Wir gehen, wie viele andere Zeitdiagnosen, davon aus, dass Wirtschaft und Gesellschaft der Bundesrepublik wie anderer entwickelter kapitalistischer Staaten seit Mitte der 1970er Jahre die Entwicklungsrichtung geändert haben. »Erst in den unruhigen 70er Jahren, nach dem Ende des großen Booms, begannen die Experten und vor allem Ökonomen, zu erkennen, dass die ganze Welt, und daher auch die Welt des fortgeschrittenen Kapitalismus eine außergewöhnliche, ja vielleicht sogar einzigartige Phase ihrer Geschichte durchlaufen hatte. Sie hielten nach Bezeichnungen für diese Phase Ausschau: Die Franzosen nannten sie ›die glorreichen 30‹, und die Anglo-Amerikaner nannten das Vierteljahrhundert ›das goldene Zeitalter‹. Nach diesem Zusammenbruch konnte die Weltwirtschaft nie wieder zu ihrer alten Gangart zurückfinden, ein Zeitalter war zu Ende. 1973 sollte wieder einmal ein Krisenzeitalter einläuten. Das goldene Zeitalter hatte seinen Goldglanz verloren.« (Hobsbawm 1995)

Für diese goldenen Jahre wurden in der alten Bundesrepublik die politischen Schlagworte einer »sozialen Marktwirtschaft« oder des »Modell Deutschland« geprägt. Die Krise dieses Modells wird in den 1990er Jahren von einer Transformationskrise überlagert, die auf den Zusammenbruch des staatssozialistischen Systems folgte, und die mit der ökonomischen und institutionellen Eingliederung der neuen Bundesländer noch nicht beendet ist. Nur nebenbei: Auch in der DDR und in anderen staatssozialistischen Systemen gab es ein solches goldenes Zeitalter, und es gab auch viele Parallelen zum fordistischen Regulationsregime. Der Niedergang des Staatssozialismus hat demnach durchaus etwas mit dem Niedergang des Fordismus bzw. der Nichtbewältigung der fordistischen Krise zu tun.

In Übereinstimmung mit Hobsbawm gehen wir von einer Krise der fordistischen Formation aus. Wir behaupten gleichzeitig, dass es gegenwärtig keine historische Zäsur zwischen dem fordistischen und einem dessen Krise überwindenden neuen Entwicklungsmodell gibt. Es handelt sich immer noch um eine Anpassung an und nicht um eine Überwindung der Krise des Fordismus. Zu beobachten ist ein Nebeneinander von verschärfter fordistischer Akkumulationskrise, ökonomischer Stagnation, finanzkapitalistischer Risikomaximierung, sozialer Destabilisierung in Form wachsender sozialer Ungleichheiten zwischen Nationen und Völkern, zwischen den verschiedenen Segmenten auf den Arbeits-

märkten, in der Lebensqualität u.v.a.m. Der gegenwärtige Umbruch signalisiert das, was die Regulationstheoretiker als »große, strukturelle« Krise« und was A. Gramsci als »organische Krise« bezeichnet.
Die über ein Jahrhundert (wenn nicht länger) gereifte »fordistisch-organische Syndromatik (Bechtle, Lutz 1989) wird aufgebrochen. Gegen die Krise
- werden traditionelle Sicherheiten der fordistischen Formation konserviert,
- werden »ursprüngliche« Antriebskräfte der kapitalistischen Akkumulation in einem neoliberalen Projekt neu belebt (z.b. liberalistische Konkurrenzmechanismen und »individualistischer Deutungskonfigurationen«),
- wird die Tendenz des Fordismus zur systemisch-selbstreferentiellen Reproduktion auf die Spitze getrieben,
- entstehen Momente eines antifordistischen, postindustriellen Akkumulationsregimes, welches sich noch in der Inkubationsphase befindet, die möglicherweise so lange dauert, wie die Genese des Fordismus gedauert hat. Man hat sich vermutlich auf ein »langes 20. Jahrhundert« einzustellen.

Diese Reaktionen auf eine strukturelle Kapitalismuskrise sind symptomatisch für eine Umbruchphase der sozioökonomischen Basis des »fordistischen Kapitals«. In unserer Perspektive weisen die Elemente eines Postfordismus auch auf eine mögliche Transformation der kapitalistischen Produktionsweise als solcher hin. Postfordismus ist in dieser Perspektive die Inkubations- und Schwellenzeit einer nachkapitalistischen Formation. Postfordismus heißt in erster Linie die Aufhebung der fordistischen Herrschafts-, Kontroll- und Steuerungsform, in dessen Zentrum die Organisationsform Betrieb und dessen »Kommandosystem« standen. In dieser Aufhebung erhält das Subjekt einen qualitativ neuen Stellenwert, der aber wiederum ambivalent ist: Das Subjekt in der Form Person als Träger von Arbeitskraft indiziert eine strukturelle Krise kapitalistischer Herrschaft einerseits; die Subjektqualitäten der Person werden andererseits genutzt und gefördert, um die Rationalisierungsdefizite des Fordismus zu überwinden (vgl. dazu Bechtle/Sauer 2003).

### Die 1990er Jahre als »Umschlagphase«

Der Umbruchprozess lässt sich aus heutiger Sicht auch periodisieren: Nach einer ersten Phase der Entdeckung der Krise in den 1970ern und einer Inkubationszeit in den 1980ern, die von Suchprozessen und der partiellen Durchsetzung neuer Strategien gekennzeichnet ist, können die 1990er Jahre als »Umschlagphase« bezeichnet werden. Hier wird die Krise endgültig manifest und gleichzeitig setzen sich neue Strategien der Anpassung an die Krise, insbesondere neue Rationalisierungsleitbilder und -konzepte, flächendeckend durch. Beispiele dafür sind systemische bzw. prozess- und netzwerkorientierte Rationalisierungsansätze (Altmann u.a. 1986) oder die neuen Produktionskonzepte mit dem Leitbild der Aufwertung einer Produktionsarbeit (Stichwort Ende der Arbeitsteilung, Kern/Schumann 1984), die alle schon in den 1980er Jahren entdeckt und partiell umgesetzt wurden. Aber erst nach einem tiefen Kriseneinschnitt Anfang der 90er Jahre setzten sich sowohl Konzepte einer neuen Arbeitsteilung unter dem Stichwort flache Hierarchien, partizipatives Management, als auch Vernetzungskonzepte (meist auf der Basis weiterentwickelter Technologien) in breitem Umfang durch (Sauer u.a. 2004).

Ähnliches gilt für die Tendenz einer Flexibilisierung von Arbeit: Sowohl die Erosion des Normalarbeitsverhältnisses wie die Flexibilisierung der Arbeitszeiten wurden Mitte der 1980er Jahre entdeckt und breit debattiert (Mückenberger 1984), aber erst in den 1990er Jahren forciert vorangetrieben. Historisch ebenso zuortbar sind die so genannten Megatrends wie Globalisierung, Informatisierung und Tertiarisierung, die zwar säkularen Charakter haben, sich aber in den 1990er Jahren mit dem institutionellen Umbruch eines Produktions- und Sozialmodells verbinden und auf diese Weise einen qualitativen Schub erfahren. Und schließlich lässt sich auch auf der Ebene der gesellschaftlichen Legitimationsmuster ein Umschlag feststellen: Mit der Durchsetzung eines »Kulturellen Neoliberalismus« erhalten Maßnahmen einer politischen Deregulierung ebenso wie die Restrukturierung von Unternehmen und Arbeitsformen ein legitimatorisches Fundament. Dem entspricht die These der Alternativlosigkeit des in den 1990er Jahren eingeschlagenen Weges, die die Rückkehr zum Alten diskreditiert (das sind die »Betonköpfe« und »Blockierer«) und mit Reform- und Innovationsmetaphern die weitergehende Anpassung an die Krise als unausweichlich darstellt.

Ende der 1990er Jahre schien in der blendenden Gestalt einer New Economy der radikale Bruch mit fordistischen Organisations- und Rationalisierungsmodellen endgültig eine Form gefunden zu haben. Die New Economy wurde zur Chiffre einer weitgehenden Entgrenzung von Unternehmen, Beschäftigungsverhältnissen, Arbeit und Leben. Ihr Niedergang wurde von vielen Beobachtern auch als Beleg gegen die Entgrenzungsthese interpretiert. Nur war diese keine Erfindung der New Economy und hat deswegen auch mit ihrem Ende weiterhin Bestand. Deutlich wird jedoch, dass die sich in den 1990er Jahren durchsetzenden Formen einer institutionellen Entgrenzung von Ökonomie und Arbeit Momente ihrer Begrenzung in sich aufgenommen haben, d.h. sich in Formen durchsetzen, die der Beharrlichkeit der Strukturen und auch der Widerstände der Akteure Rechnung trägt. Aber es findet keine Rückkehr zum Alten statt.

Der »Megatrend Globalisierung« bildet ohne jeden Zweifel einen der wichtigsten Einflussgrößen auf den Umbruch in Ökonomie und Arbeit und überlagert bzw. durchdringt alle hier genannten Prozesse eines Umschlags. Auch hier zeigt sich eine »besondere Qualität« der Entwicklung in den 1990er Jahren, weil nun – sicher nicht zuletzt auch durch den Wegfall der Systemkonkurrenz einerseits und der Öffnung der Märkte andererseits im Zuge des Zusammenbruchs der Ostblockstaaten – Globalisierungs*prozess* und *-diskurs* in eine neue Phase treten. Diese ist gekennzeichnet durch einen neuen Internationalisierungsschub, einen »qualitativen Entgrenzungsschub« (Beck 1998), und durch eine nochmals verschärft in Stellung gebrachte »Standortfrage«, die nicht nur endgültig die »Krise des deutschen Produktionsmodells« zum Thema machte (vgl. dazu Schumann u.a. 1994), sondern auch den impliziten oder expliziten Widerstand politischer Akteure von der staatlichen bis hin zur betrieblichen Ebene entscheidend schwächte.

Die 1990er Jahre zeichnen sich auch dadurch aus, dass es zu einem immer rascheren Wechsel von Managementkonzepten, so genannten Moden der Reorganisation, kommt, dass wir arbeitspolitische Fortschritte und Rücknahmen erleben, und dass zwischen Boom und Krise kaum noch zu unterscheiden ist (Kratzer 2003; Deutschmann 2003; Sauer u.a. 2005). Klaus Dörre hat das Bild der »Pendelschläge« in die Debatte über Restrukturierung eingebracht, mit dem er die Instabilität und Widersprüchlichkeit des neuen Rationalisierungsparadigmas zum Ausdruck bringen will (Dörre 2001). Auch der Begriff des »Rollbacks« gehört gerade heute wieder zum häufig verwendeten Vokabular, wenn die aktuelle Entwicklung charakterisiert werden soll. Entscheidend ist jedoch, dass all diese Bewegungen um einen Trend oszillieren, der trotz partieller Rücknahmen und Rückschlägen anhält. Das Pendel schwingt zwar hin und her, es kehrt aber nicht zum Ausgangspunkt zurück.

Ökonomische Restrukturierungsansätze, betriebliche Rationalisierungsleitbilder und kulturelle Legitimationsmuster verdichten sich in den 1990er Jahren zu einem ineinander greifenden Muster der Anpassung an die Krise des Fordismus, dessen innerer Kern eine »forcierte Vermarktlichung« der gesellschaftlichen Organisation von Arbeit ist (vgl. dazu auch die Beiträge in Dörre/Röttger 2003).

Auch wenn es zur Charakterisierung des gegenwärtigen Umbruchprozesses als Übergangsphase und auch zu den einzelnen Merkmalen unterschiedliche Bewertungen gibt, so ist die Übereinstimmung relativ groß, wenn es um ein übergreifendes Entwicklungsmerkmal geht: Eine weitergehende *Vermarktlichung* scheint generell die Entwicklung moderner kapitalistischer Gesellschaften zu bestimmen. Markt als generelles Steuerungs-, Organisations- und Allokationsprinzip gehört natürlich schon immer zu den zentralen Konstituanten kapitalistischer Gesellschaften. Was neu ist und die gegenwärtige Entwicklung charakterisiert, ist eine neue Stufe der Vermarktlichung, ihre *Radikalisierung*. Markt wird dabei oft nur als Metapher verwendet, die etwas anderes meint, nämlich eine weitergehende Durchsetzung der kapitalistischen Verwertungslogik und des Konkurrenzprinzips oder ganz generell eine weitergehende Ökonomisierung aller gesellschaftlichen Bereiche.

Etwas präziser lässt sich die Vermarktlichung in ihrem Kern fassen, im Verhältnis von *Markt und Betrieb* und *Markt und Organisation*. Hier kehrt sich das fordistische Verhältnis um: An die Stelle einer Abschottung der Produktions- gegenüber der Marktökonomie wird nun der Markt zum Bezugspunkt aller unternehmensinternen Prozesse. Auf den Absatzmärkten sind dies die Kunden, die Spezifika des Produkts und der Preis. Auf den Kapital- und Finanzmärkten sind das die Erwartungen der Investoren, ihre Renditemargen und der Kurswert auf den Aktienmärkten.

Die Herstellungsprozesse in den Unternehmen werden zur abhängigen Variablen. Das produktive Kapital wird zum Anlageobjekt des zinstragenden oder spekulativen Kapitals. Auch die Ressource Arbeitskraft wird in Herstellungsprozessen als Kostenbestandteil zur abhängigen Variable. Das Einkommen wird, je marktabhängiger der Lohn wird, zu einer Restgröße, der Gewinn als Renditemarge zum Ausgangspunkt.

Vermarktlichung als Radikalisierung der Marktökonomie sprengt das fordistische Verhältnis von Betrieb und Markt und von Organisation und Markt auf. Es überwindet die in der fordistischen Produktionsökonomie gesetzten Grenzen der Verwertung von Kapital, revolutioniert die technischen und organisatorischen Grundlagen (Informatisierung) und löst die Nutzung von Arbeitskraft aus ihren institutionellen und motivationalen Grenzen (Subjektivierung). Die in den technischen und organisatorischen Grundlagen der fordistischen Produktionsökonomie gesetzten Grenzen – und damit auch die Grenzen der Nutzung von Arbeitskraft – werden als Schranken definiert, die es zu überwinden gilt (Sauer 2004).

Auf der Seite von Arbeitskraft bedeutet dies nicht nur die Tendenz einer schrankenlosen Nutzung, wie dies in den diversen Analysen zur Entgrenzung von Arbeit oder zu ihrer Re-Kommodifizierung empirisch belegt wird, sondern auch die *Rückkehr des Subjekts in die Ökonomie*. Die im Fordismus auf der Basis ökonomischer und wohlfahrtsstaatlicher Absicherung hervortretende Tendenz einer Individualisierung im lebensweltlichen Bereich, wird jetzt zur Voraussetzung für die Bewältigung von Anforderungen, die sich aus der Unmittelbarkeit des Marktes für die Arbeit ergeben (Kratzer 2004).

## 2. Logisches: Die Krise des Kommandosystems

Der Markt kann aber nicht von der gesellschaftlichen auf die betriebliche Produktion übergreifen, ohne dass ein Grundverhältnis kapitalistischer Produktion in Bewegung kommt, nämlich der Gegensatz zwischen der *Planmäßigkeit* der Produktion im Betrieb und der *Planlosigkeit* der gesellschaftlichen Produktion. Karl Marx hat diesen Gegensatz als erster beobachtet: »Die bei der Teilung der Arbeit im Innern der Werkstatt a priori und planmäßig befolgte Regel wirkt bei der Teilung der Arbeit im Innern der Gesellschaft nur a posteriori als innre, stumme, im Barometerwechsel der Marktpreise wahrnehmbare, die regellose Willkür der Warenproduzenten überwältigende Naturnotwendigkeit. Die manufakturmäßige Teilung der Arbeit unterstellt die unbedingte Autorität des Kapitalisten über Menschen, die bloße Glieder eines ihm gehörigen Gesamtmechanismus bilden; die gesellschaftliche Teilung der Arbeit stellt unabhängige Warenproduzenten einander gegenüber, die keine andre Autorität anerkennen als die Konkurrenz, den Zwang, den der Druck ihrer wechselseitigen Interessen auf sie ausübt, wie auch im Tierreich das *bellum omnium contra omnes* die Existenzbedingungen aller Arten mehr oder minder erhält.« (Marx 1873: 377)[5]

Oberflächlich betrachtet könnte man im heutigen Kapitalismus die spiegelbildliche Gegenbewegung zur staatssozialistischen Auflösung dieses Gegensatzes erkennen: Während der Staatssozialismus die Form der betrieblichen Planmäßigkeit auf die gesellschaftliche Produktion ausdehnen wollte, verlangt der Kapitalismus jetzt von den bisherigen »bloßen Gliedern des dem Kapitalisten gehörenden Gesamtmechanismus«, dass sie sich *wie* unabhängige Warenproduzenten zueinander verhalten, nämlich wie Teilnehmer eines Marktes, z.B. »Servicenehmer« und »Servicegeber«, Anbietende und Nachfragende.

Auffälligerweise verhält sich die Plausibilität dieser beiden Versuche umgekehrt proportional zu ihrer Aktualität:

- Für den Versuch, die gesellschaftliche Produktion der betrieblichen Rationalität zu unterwerfen, schien zu sprechen, dass das Problem im Prinzip innerhalb des Betriebs schon gelöst war, sodass es so aussehen konnte, als handelte es sich nur noch um eine quantitative Ausdehnung einer im Übrigen fertigen Form von Planmäßigkeit.
- Demgegenüber musste der umgekehrte Versuch, die Marktförmigkeit in die betriebliche Produktion vordringen zu lassen, aus gleich zwei Gründen absurd erscheinen: Es sah so aus, als würde er zwangsläu-

---

[5] Zur geschichtstheoretischen Interpretation dieses Marx'schen Gedankens vgl. Engels 1882: 216.

fig die Organisiertheit der Produktionsabläufe innerhalb des Betriebs ruinieren, damit zugleich aber auch die Fähigkeit des Kapitalisten, die Prozesse im Unternehmen mit »unbedingter Autorität« zu dirigieren.

Die Vermutung, dass ein Verzicht auf Kommandoformen schlechterdings »nicht machbar« sei, hat die Durchsetzung der indirekten Steuerung auf Arbeitgeberseite lange Zeit gebremst. Die Pioniere der modernen Managementtheorien sind seit den dreißiger Jahren des vergangenen Jahrhunderts gegen den starken Strom dieser Unmöglichkeitsvermutung angerudert (vgl. dazu Stadlinger 2003). Die Arbeitgeber fürchteten um ihren Einfluss auf das Unternehmen und um die Ordnung und Effizienz im Betrieb. Inzwischen haben sie aus der Erfahrung – weniger aus der Theorie – gelernt, dass sich mit den neuen Methoden viel Geld verdienen lässt, und dass zunehmende Autonomie von abhängig Beschäftigten unter bestimmten Voraussetzungen eine Bedingung für *zunehmende* Arbeitgebermacht sein kann.

Eine Unmöglichkeitsvermutung gab es aber nicht nur bei den Arbeitgebern, sondern auch auf der Gegenseite. Das berühmteste Beispiel findet sich interessanterweise in einer Polemik von Friedrich Engels gegen die Anarchisten. Ohne »Überordnung eines fremden Willens über den unseren« – von Engels »Autorität« genannt – sei nämlich gar keine Organisation von »kombinierter Tätigkeit« möglich. Das heißt: Selbst wenn die Arbeitgeber auf die Ausübung eines Kommandos hätten verzichten *wollen*, hätten sie es nicht *können*, weil sie damit die Organisiertheit des Produktionsprozesses in den Unternehmen unterminiert hätten.[6] Hinter *command and control* steckt also, wenn man Engels folgt, nicht erst der Eigennutz von Kapitalisten, sondern vorher schon ein vom Organisationsprinzip der Unternehmen ausgehender Sachzwang, der durch die Anwendung von Maschinen in der Fabrik vollends offenkundig werde: »Der mechanische Automat einer großen Fabrik ist um vieles tyrannischer, als es jemals die kleinen Kapitalisten gewesen sind, die Arbeiter beschäftigen. Wenigstens was die Arbeitsstunden betrifft, kann man über die Tore dieser Fabriken schreiben: *Lasst alle Autonomie fahren, die Ihr eintretet!*« (Engels 1873: 306)

Notabene: Damit wollte Engels die Fabriken nicht an den Pranger stellen, sondern er wollte sich auf sie berufen, um klarzustellen, dass es

---

[6] Vgl. auch Marx in *Das Kapital*: »Mit der Kooperation vieler Lohnarbeiter entwickelt sich das Kommando des Kapitals zum Erheischnis für die Ausführung des Arbeitsprozesses selbst, zu einer wirklichen Produktionsbedingung. Der Befehl des Kapitalisten auf dem Produktionsfeld wird jetzt so unentbehrlich wie der Befehl des Generals auf dem Schlachtfeld.« Marx 1873: 350.

anders nicht geht! Schließlich, schreibt Engels, brauche die Eisenbahn einen Fahrplan, und »was geschähe mit dem ersten abgehenden Zuge, wenn die Autorität der Bahnangestellten über die Herren Reisenden abgeschafft wäre?« (ebd.)

Solche rhetorischen Fragen stellt man, wenn man glaubt, bei den letzten selbstverständlichen Grundlagen der eigenen Argumentationslinie angekommen zu sein – dort, wo sich schlechterdings keine Einwände mehr vorbringen lassen, gesetzt, das Gegenüber ließe sich am gesunden Menschenverstand und der alltäglichen Erfahrung festhalten.

Daran ist der revolutionäre Charakter der gegenwärtigen Veränderungen zu messen. Man hat diese Veränderungen früher nicht nur für unwahrscheinlich, sondern für unmöglich gehalten. Heute wollen viele das, was ihnen vor kurzem noch unmöglich schien, für mehr oder weniger selbstverständlich halten. Wir vertreten dagegen die Auffassung, dass *erst eine Theorie, die erklären kann, warum die gegenwärtige Entwicklung früher unmöglich schien und warum dieser Eindruck falsch war, diese Entwicklung erklären kann.* Ein bruchloser Übergang vom Für-Unmöglich-Halten zum Für-Nicht-Weiter-Aufregend-Halten fördert die Erkenntnis jedenfalls nicht. Hier geht es um nichts Geringeres als um die Widerlegung früherer theoretischer Selbstverständlichkeiten durch die Praxis. Daran darf kein Versuch, die gegenwärtigen Entwicklungen wissenschaftlich zu bestimmen, vorbeigehen.

Wenn die Arbeitgeber den Markt in die Betriebe hereinlassen und marktförmige Strukturen zur Steuerung des Unternehmens verwenden wollen, müssen sie eine Voraussetzung der betrieblichen Organisation aus den Angeln heben, die historisch sehr viel weiter zurückreicht als der Kapitalismus selbst, nämlich das Verhältnis von Befehl und Gehorsam – von Weisungsbefugnis und Weisungsgebundenheit – als Organisationsprinzip. Wir stellen darum die *These* auf, *dass der revolutionäre Charakter des gegenwärtigen Entwicklungsbruchs darin liegt, dass die Krise des Fordismus zu einer Krise des Kommandosystems als »wirklicher Produktionsbedingung« (Marx) führt.*

Man wird fragen können, ob diese These richtig ist oder nicht. Die Hauptschwierigkeit liegt unserer Meinung nach aber schon ein paar Schritte davor. Das Kommandosystem ist nämlich nicht nur seit Jahrtausenden die selbstverständlich gewordene Form gewesen, in der sich Machtverhältnisse im organisierten Zusammenwirken von Individuen dargestellt haben, sondern es ist deswegen und darüber hinaus zum Modell, Paradigma[7] oder Referenzrahmen für alle menschlichen Ver-

---

[7] Mit dem Terminus »Paradigma« wollen wir uns an den herrschenden Sprachgebrauch anpassen – in der Hoffnung auf bessere Verständlichkeit.

ständigungen über Herrschaft und Organisation geworden. Daher ist mit einer Krise des Kommandosystems zugleich eine Krise unserer Verständigungsgewohnheiten verbunden – gleichsam eine Krise der Sprache, in der wir uns über das Bestehen oder Nicht-Bestehen sowie den genauen Charakter einer solchen Krise zu streiten und zu orientieren versuchen.[8] Dies schlägt übrigens auf die Krise des Fordismus und die Krise der am Fordismus »geschulten« Arbeitsforscher durch. Auch hier sind die traditionellen Konzepte und Methoden der Arbeitsforschung nicht mehr geeignet, das qualitativ Neue im Umbruch des Fordismus zu erfassen. Daraus resultiert die Begriffs- und Hilflosigkeit der Arbeitsforschung angesichts radikaler Veränderungen in der betrieblichen und gesellschaftlichen Organisation von Arbeit.

Machtverhältnisse und organisierte Strukturen werden gewöhnlich interpretiert und zur Sprache gebracht, indem sie in Analogie zu Kommandoverhältnissen gefasst werden (ein Beispiel folgt weiter unten). Eine am Kommandosystem als Maßstab orientierte Theorie steht aber vor einer unlösbaren Aufgabe, wenn sie dessen Aushebelung diagnostizieren soll. Um ein Bild zu gebrauchen: Es fällt uns nicht schwer, mit einem Zollstock Längenveränderungen irgendeines Gegenstandes zu messen. Aber was tun wir, wenn wir herausfinden wollen, ob der Zollstock selbst seine Länge verändert? (Man wird jedenfalls der naiven Versuchung widerstehen müssen, das Problem einfach mit einem zweiten Zollstock lösen zu wollen.)

Aufgaben dieser Art sind allerdings nicht unlösbar. Sie fordern nur einen größeren logischen Aufwand als die alltäglichen Fälle, in denen wir uns auf unsere Maßstäbe bzw. auf die orientierenden Paradigmen unserer Interpretationen durchaus verlassen können. Eine am Kommandosystem orientierte, wenn nicht sogar von ihm hypnotisierte Begrifflichkeit wird immer dahin tendieren, die Formen, die an die Stelle von Kommandostrukturen treten, als bloße Spielarten derselben aufzufassen. Man glaubt dann, das Neue genau dann erklärt zu haben, wenn man es erfolgreich ins Alte zurückübersetzt hat – ein Verfahren, bei dem das Neue am Neuen allerdings verloren geht.

Wenn man sich gegen solche Gefahren schützen will, muss man vor allem eins tun, nämlich die impliziten Selbstverständlichkeiten, die dem eigenen Paradigma geschuldet sind, explizit zu machen und nach den Bedingungen ihrer Veränderbarkeit zu fragen. Ein solcher Versuch hat es in erster Linie – wie die zitierten Ausführungen von Engels gezeigt haben – mit der Stellung des menschlichen *Willens* zur Organisation

---

[8] Zum Zusammenhang von Inhalt und Methode einer Theorie der neuen Autonomie in der Arbeit vgl. auch Peters 2003b.

(zur Organisation überhaupt – nicht nur der eines Unternehmens) zu tun.

Wir fassen zunächst unsere begrifflichen Bestimmungen des Kommandosystems in vier Thesen zusammen:

1. *Der unorganisierte Haufen:* Organisation von Menschen wirft ein qualitativ anderes Problem auf als die Organisation von Leben oder die Organisation toter Materie. Der Unterschied liegt darin, dass menschliche Individuen mit Bewusstsein und mit einem eigenen Willen ausgestattet sind. Eine Ansammlung von Menschen, von denen jeder tut, was er selber will, macht – eben deswegen! – das aus, was man einen *unorganisierten Haufen* nennt.[9]

2. *Befehl und Gehorsam:* Aus diesem Haufen entsteht eine Organisation, wenn die Vielen ihren Willen unterordnen unter den Willen eines Einzelnen, der seinerseits seinen eigenen Willen durchsetzt. Es handelt sich um das Prinzip von Befehl und Gehorsam. Das auf diese Weise entstehende Kommandosystem hat also den Sinn, das Organisationsproblem zu lösen. Es ist so alt wie diese Lösung – viel älter als der Kapitalismus. Entstanden ist es irgendwann während des Übergangs von der Jungsteinzeit zu den frühen Hochkulturen. Die Wirtschaftsunternehmen der Neuzeit haben es allerdings zu vorher ungeahnten Höhen und Perfektionsgraden weiterentwickelt.

3. *Lob und Belohnung:* Die Unterordnung des eigenen Willens wird im Kommandosystem durch eine mehr oder weniger latente Strafandrohung durchgesetzt, die so genannte Peitsche. Sobald die *Peitsche* durch das *Zuckerbrot* ergänzt wird – nämlich durch eine Verheißung von Lob und Belohnung –, wird die Unterordnung des eigenen Willens durch eine Verinnerlichung (Internalisierung) des fremden Willens, nämlich des Kommandantenwillens, ergänzt. Im Idealfall entsteht hier der Typus des Musterschülers, der im voraus weiß, was sein Kommandant von ihm will, und sich in der Bewegungsform des vorauseilenden Gehorsams Lob und Belohnung zu sichern versteht. Unternehmen – oder Abteilungen von Unternehmen –, in denen dieser Typus vorherrschte, waren einer Arbeitnehmeraristokratie vorbehalten. Sie sahen schon früher so aus, als wäre das Kommandosystem eines frühen Todes gestorben. Es hatte sich aber in Wahrheit nur

---

[9] Wir wollen damit die Bestimmung der Unorganisiertheit unabhängig machen von einer vorhandenen Unübersichtlichkeit oder einem Eindruck von Durcheinander (um möglichen Einwänden von systemtheoretischer Seite zuvorzukommen). Anders als reduktionistische Theorieansätze zielen wir nicht auf die Entstehung von *order out of chaos*, sondern auf die künstliche, *menschengemachte* Verwandlung eines unorganisierten Haufens *von Menschen* in einen organisierten Zusammenhang (Vgl. Peters 2001a, 2001b).

perfektioniert, indem es sich in ein Versteck zurückgezogen hatte, aus dem es bei Bedarf jederzeit wieder hervorbrechen konnte.
4. *Handlungs- und Entscheidungsspielräume:* Mittels der Internalisierung des fremden Willens ist das Kommandosystem auch in der Lage, selbständiges Handeln von Weisungsgebundenen zu integrieren und zur Steigerung seiner eigenen Effizienz zu nutzen. Dies geschieht durch die Gewährung von Handlungs- und Entscheidungsspielräumen, in denen der Gehorchende – in fremdbestimmten Grenzen – »eigenverantwortlich« agieren kann und muss, die ihn aber ebenso wie Lob und Belohnung vor die Aufgabe stellen, den Willen seines Kommandanten richtig vorwegzunehmen, damit ihm die gewährten Spielräume nicht wieder entzogen werden.[10]

Heute geht es – unserer Meinung nach – nicht mehr nur um eine weitere Perfektionierung des Kommandoverhältnisses, sondern es geht um dessen Abschaffung und die Ersetzung von Befehl und Gehorsam durch ein neues Organisationsprinzip, die *indirekte Steuerung*. Organisation soll nicht mehr dadurch entstehen, dass Mitarbeiter tun, was ihre Chefs anordnen, sondern dadurch, dass sie selbständig reagieren auf das, was ihre Chefs tun. Indirekte Steuerung heißt, dass die Unternehmensführung ihre Ziele dadurch erreicht, dass sie die Handlungsbedingungen im Unternehmen so anordnet, dass genau dann, wenn die abhängig beschäftigten Mitarbeiter tun, was sie – daraufhin – selber wollen, etwas herauskommt, was die Unternehmensführung will. Dadurch wird der Wille des Einzelnen in den Dienst des Unternehmenszwecks gestellt (siehe Kasten auf der folgenden Seite).

Die indirekte Steuerung lässt sich darum nicht hinreichend begreifen, wenn man dabei lediglich die »neue Selbständigkeit« von der alten Unselbständigkeit unterscheidet; es kommt vielmehr darauf an, die neue Autonomie in der Arbeit zu unterscheiden von alten Formen der Autonomie in der Arbeit (vgl. Glißmann in diesem Buch, Abschnitt 2.1, 2.2). Früher ging es um die Gewährung von Handlungs- und Entscheidungsspielräumen, heute geht es um eine Konfrontation mit den Rahmenbedingungen des eigenen Handelns, nämlich um unternehmerische Herausforderungen an die Adresse von Arbeitnehmern.

Während die Einbindung von Selbständigkeit in Unselbständigkeit früher nur mit besonders hoher Entlohnung, hoher Arbeitsplatzsicherheit und ausgedehnten Handlungs- und Entscheidungsspielräumen zu haben war, handelt es sich jetzt um eine Funktionalisierung der Selbständigkeit für die Unselbständigkeit, die auch mit sinkenden Löhnen, ab-

---

[10] Eine detailliertere Darstellung dieser Zusammenhänge findet sich in Peters 1997/2001 sowie in Peters 2003a.

> **Kommandosystem**
> (Alte Welt)
> Die Unterordnung des eigenen Willens als Organisationsprinzip
> wird *ergänzt* durch
> die Internalisierung des fremden Willens
>
> ---
>
> **Indirekte Steuerung**
> (Neue Welt)
> Die Unterordnung unter den fremden Willen
> wird *ersetzt* durch
> die Instrumentalisierung des eigenen Willens
> als Organisationsprinzip

nehmender Arbeitsplatzsicherheit sowie schrumpfenden Handlungs- und Entscheidungsspielräumen zusammengehen kann.

Wolfgang Reitzle hat schon 1994, als er noch Vorstandsmitglied bei BMW war, auf die hier für die Arbeitgeber liegende Chance zu *Lohnminderungen* hingewiesen. Wie sonst ist es zu verstehen, wenn er sagt: »Die Marktbeziehung zwischen Arbeitgeber und Arbeitnehmer definiert sich nicht mehr allein aus der Höhe der Bezahlung und schon gar nicht aus der Kürze der Arbeitszeit, sondern zunehmend auch aus den Entfaltungsmöglichkeiten, Entwicklungsangeboten und dem Grad an Selbstverwirklichung und Flexibilität, die ein Beschäftigungsverhältnis ermöglicht.« (Reitzle 1994: 216).

Um diesen Gedanken würdigen zu können, muss man sich daran erinnern, dass in der herkömmlichen Unternehmensform galt: Je mehr Autonomie, desto höher die Bezahlung! Unter den neuen Bedingungen gilt umgekehrt, dass eine Verringerung der Bezahlung mit der Zunahme von Autonomie ausgeglichen werden kann. Mehr muss man über diesen Übergang gar nicht wissen, um erkennen zu können, dass es dabei nicht um eine *Perfektionierung* überlieferter Strukturen geht, sondern um deren *Revolutionierung*.

Während also das Kommandosystem Menschen auf mehr oder weniger raffinierte Weise dazu bringt, etwas zu tun, was ein anderer Mensch will, macht sich die indirekte Steuerung zunutze, dass der menschliche Wille von Bedingungen abhängt, in die man eingreifen kann, sodass man durch ein geeignetes Arrangement von Rahmenbedingungen einen hinreichend großen Einfluss auf den eigenen Willen abhängig Beschäftigter gewinnt. Der Arbeitgeber verlässt dabei die Rolle eines Kommandanten von Untergebenen und verwandelt sich in eine Art Biotechniker des Humankapitals. Man öffnet sich den eigenen Blick für die Logik dieses Rollenwechsels, wenn man nach dem Schicksal von Zuckerbrot und Peitsche beim Übergang zur indirekten Steuerung fragt.

Im Kommandosystem vertritt die Strafe die Stelle der eigenen Niederlage und die Belohnung die Stelle des eigenen Erfolgs; diese Substitutionen sind nichts als zwei Seiten der mit jedem Kommandosystem verbundenen Entmündigung der Kommandierten. Unter den Bedingungen der indirekten Steuerung wird dieses Verhältnis wieder umgedreht: *Der eigene Misserfolg tritt an die Stelle einer Bestrafung, der eigene Erfolg ersetzt die Belohnung, und die Macht des Arbeitgebers realisiert sich über seinen Einfluss auf die Erfolgsbedingungen.* (Weil die Belohnung im eigentlichen Sinn verschwindet, kann die *Ent*lohnung absolut geringer ausfallen; »leistungsabhängige Bezahlung« zielt nicht auf eine lobende Anerkennung von Leistung, sondern auf eine Darstellung des eigenen unternehmerischen Erfolgs und Misserfolgs des abhängig Beschäftigten in Geldform).

Dabei macht sich nun aber das oben genannte Problem einer vom Kommandosystem hypnotisierten Optik im Selbstverständnis der Akteure im Unternehmen geltend. Ein Beispiel muss hier genügen:

Es ist umgangsprachlich üblich, im Zusammenhang mit Unfällen, Niederlagen, unglücklichen Zufällen von »Strafen« zu sprechen,[11] so etwa in der berühmt gewordenen Formulierung: »Wer zu spät kommt, den bestraft das Leben!« Das ist eine metaphorische Redeweise, die unschuldig genug ist. Sie verliert aber ihre Unschuld, wenn sie auf Kontexte übertragen wird, in denen es gerade darauf ankommt, eine Niederlage oder einen Misserfolg von einer Strafe zu unterscheiden.

Anweisungen müssen von offenen oder latenten Strafandrohungen begleitet sein; sie verlieren sonst ihren Zwangscharakter und verwandeln sich in Bitten oder Wünsche. Mit Bitten und Wünschen können Unternehmen aber nicht gesteuert werden. Die Strafandrohung hat also den Sinn, den Weisungsgebundenen zu disziplinieren. Die Bestrafung ist ein Mittel zum Zweck: Der Kommandant fügt dem Kommandierten einen Schaden zu, wodurch die Glaubhaftigkeit der Strafandrohung unter Beweis gestellt und zukünftiger Gehorsam erzwungen werden soll.

»Das Leben« will niemanden disziplinieren, es »bestraft« deswegen auch niemanden. Man muss allerdings die Konsequenzen tragen, wenn

---

[11] Diese Redeweise ließe sich auf ihre religiöse Bedeutung hin ausloten: sie unterstellt hinter dem Zufall oder dem Schicksal einen strafenden Akteur, der aus meinem Pech oder meiner Dummheit einen Verstoß gegen ein Gebot oder ein Verbot macht – einen Verstoß, für den ich die Konsequenzen *als Strafe* verdient hätte.

man etwa zu spät auf Veränderungen reagiert. Solche Konsequenzen unterscheiden sich von Strafen dadurch, dass sie kein Mittel zum Zweck sind, das willentlich eingesetzt wird, um ein bestimmtes zukünftiges Verhalten des Bestraften zu erzwingen.

Eine Androhung von Konsequenzen kann darum etwas ganz anderes sein als eine Androhung von Strafen. Wobei sich gut beobachten lässt, wie der Sprachgebrauch die Bestimmung der logischen Differenz erschwert. So wie Konsequenzen meines Handelns als Strafen interpretiert werden können, kann umgekehrt eine Strafandrohung als Androhung von Konsequenzen ausgesprochen werden: »Das wird Konsequenzen für dich haben!« Der Kommandant hat ein mit der Psychologie der Strafe zusammenhängendes Interesse daran, diese Differenz zu verwischen. Deutlich wird sie, wenn mir etwa eine Bank androht, mein Haus wegzunehmen, falls ich Kredite nicht rechtzeitig zurückbezahle. Sie droht mir diese Konsequenz nicht an, um mich zu disziplinieren, d.h. um mich zu zwingen, mich an ihre Anweisungen zu halten (sie kann mir nichts befehlen). Sie bestraft mich also nicht im eigentlichen Sinne, sondern sie nimmt, wenn sie sich mein Haus aneignet, ihr eigenes Interesse an Gewinnvermehrung oder Schadensminderung wahr. Ob das irgendeinen disziplinierenden Einfluss auf mein zukünftiges Verhalten als Kreditnehmer hat oder nicht, gehört nicht zum Zweck der Kreditkündigung durch die Bank.

Der Unterschied wird noch dadurch vergrößert, dass umgekehrt der Kommandant *gegen* sein Interesse an Gewinnvermehrung und Schadensminderung *verstoßen* muss, wenn er mich bestraft: Strafen sind Friktionen im Betriebsablauf, sie halten den Betrieb auf und sind also auch aus der Perspektive des Kommandanten nur ein notwendiges Übel – notwendig, weil sie die Glaubhaftigkeit der Strafandrohung gewährleisten, ohne die der organisierte Zusammenhalt des Unternehmens sich in einen unorganisierten Haufen zurückverwandelte.

Unter den Bedingungen der indirekten Steuerung wird die Androhung von Strafen ersetzt durch eine Androhung von Konsequenzen für den Fall, dass im Unternehmen etwas geschieht, was der Unternehmensführung nicht passt. Die Unternehmensführung droht zum Beispiel eine Abteilung zu schließen (Desinvestmentdrohung), wenn es den dort arbeitenden Mitarbeitern nicht gelingt, mit ihrem Produkt oder ihrer Dienstleistung eine führende Stellung am Markt zu erobern. Die Abteilung wird aber nicht zum Zweck einer Bestrafung der Mitarbeiter geschlossen, sondern um die Verluste des Unternehmens zu begrenzen und seine Gewinne zu mehren, d.h. die Leitung des Unternehmens verhält sich in dieser Hinsicht wie eine kreditgebende Bank, nicht wie ein strafender Vorgesetzter.

## 3. Empirisches: Vermarktlichung und Subjektivierung

Die Krise des Kommandosystems und der Übergang zur indirekten Steuerung stellt einen historischen Umbruch in der gesellschaftlichen Organisation von Arbeit dar, der sich in vielfältigen empirischen Erscheinungsformen in den Unternehmen zeigt:
- in den marktorientierten Kennziffern zur Steuerung und Bewertung von Unternehmen (Acounting- und Controlling-Systeme);
- in der Ausrichtung der unternehmensinternen Prozesse am Kunden;
- in einer flexiblen Beschäftigungsorganisation mit wachsenden oder schrumpfenden Belegschaften (bedarfsgerechte Personalanpassung) oder auch in virtuellen Belegschaften;
- in einer flexiblen Arbeitszeitorganisation, in der die individuellen Arbeitszeiten in Lage, Dauer und Verteilung variieren, Stichwort »atmende Fabrik«;
- in einer ergebnis- und erfolgsorientierten Leistungspolitik, in der Leistung und Lohn zunehmend vom menschlichen Aufwand abgelöst und mit dem am Markt erzielten Ergebnis verkoppelt werden (Instrumente dazu sind Zielvereinbarungen, Entgeltvariabilisierungen, Leistungsdifferenzierungen u.a.);
- in einer Arbeitsorganisation, die in gegebenem Rahmen von Zielvorgaben, Personalbemessung, Budgets etc. die Selbstorganisation der Beschäftigten zum Prinzip macht (unternehmerisches Handeln in dezentralen Organisationsformen [Projektorganisation]).

**Vermarktlichung**
Es ist eine neue *marktzentrierte Produktionsweise* entstanden, die die hierarchische Kernstruktur des fordistischen Unternehmens radikal verändert: Während es in der Perspektive fordistischer Unternehmen darum ging, die konkreten Produktionsabläufe gegenüber den Unwägbarkeiten des Marktes abzuschotten, setzen neue Konzepte darauf, den Markt zum Motor der permanenten Reorganisation der Binnenstrukturen zu machen.

Mit der organisatorischen Umsetzung neuer Reorganisationsansätze der *Dezentralisierung* und *Vermarktlichung* werden die Grenzen zwischen Betrieb und Markt, zwischen Markt- und Produktionsökonomie durchlässiger (vgl. dazu auch Sauer/Döhl 1997; Moldaschl/Sauer 2000; Dörre 2001). Was als unternehmenskulturelles Leitbild der »Kundenorientierung« propagiert wird, erfährt in der organisatorischen Umsetzung der »Internalisierung des Marktes« in den Unternehmen jeweils seine Konkretisierung auf verschiedenen Ebenen der Organisation: Etwa als Segmentierung von Fertigungsbetrieben in dezentrale Einheiten mit jeweils eigener Marktzuständigkeit und neugeschaffenen dezentralen Kundenschnittstellen, als Implementation von kapitalmarktorientierten Reportingsystemen, als wachsender Kooperationsbedarf zwischen marktnahen und marktfernen internen Dienstleistern, als unmittelbare Zusammenarbeit mit dem Kunden in beratungsintensiven Dienstleistungsunternehmen oder als marktförmige Beziehungen der Beschäftigten untereinander (»der Kollege wird zum Kunden und zum Konkurrenten«). Damit wird – und das ist strategisches Ziel – die Abschottung der Organisation gegenüber dem Markt partiell aufgehoben, zugleich – und dies ist eine nur teilweise intendierte Folge – »öffnen« sich die Unternehmen damit in neuer Weise gegenüber ihrer Umwelt, die Grenzen zwischen »Innen« und »Außen« erodieren bzw. werden neu gezogen. Die wachsende Dynamik in der Veränderung der Außenbedingungen wird für die Unternehmen damit unmittelbarer wirksam und bestimmt in zunehmendem Maße die Art und Weise, wie sie strategisch darauf mit der Gestaltung ihrer Organisation reagieren. Reorganisation stellt nun nicht mehr – wie in der fordistischen Phase – die Ausnahme von der Regel dar, sondern sie wird zu einer permanenten Anforderung.

Dieses neue Muster der Restrukturierung von Produktions- und Arbeitsprozessen basiert in weiten Bereichen der Wirtschaft wesentlich auf dem neuen Produktivkraftpotenzial der *Informatisierung*, das insbesondere in der Nutzung des Internets zum Ausdruck kommt (Boes 2003). Damit entwickelten sich qualitativ neuartige Nutzungsmöglichkeiten, welche ihrerseits ein zentrales Moment der Reorganisationsstrategien von Unternehmen darstellen. Die neuen Organisationskonzepte drücken sich in neuen Formen modularisierter, teilweise virtualisierter Unternehmungen aus, die sich innovativer technischer Potenziale wie z.B. der zwischenbetrieblichen Systemintegration und Vernetzung, Electronic Commerce-Anwendungen oder Telekooperationslösungen bedienen. Zusammengefasst bedeutet dies: Die Variabilität organisatorischer Strukturen moderner Unternehmen basiert wesentlich auf der Veränderungsflexibilität der zu deren Steuerung eingesetzten Informationssysteme (Baukrowitz u.a. 2001). Moderne Informationssysteme ermöglichen es, Organisationsstrukturen zu dezentralisieren und gleichzeitig zentrale Entscheidungsstrukturen aufrechtzuerhalten. Die Ausdifferenzierung organisatorischer Strukturen und die Bildung von »horizontalen Netzwerkunternehmen« (Castells) ermöglichen ein kurzfristiges Revirement der Wertschöpfungsketten; die Reorganisation der Unternehmensstrukturen wird unter diesen Bedingungen zu einem Dauerzustand, zu einem konstitutiven Moment moderner Produktionsstrukturen.

Produktions- oder Dienstleistungsprozesse werden nun zunehmend »vom Markt her« gedacht, organisiert und bewertet. Mit seiner Internalisierung wird der Markt in seiner Kontingenz und Dynamik zum Strukturierungs- und Entwicklungsmoment der betrieblichen Organisation. Umgekehrt wird im Zuge dieser Prozesse jedoch auch der Markt selbst organisatorisch gestaltet. Marktprozesse werden instrumentalisiert, seine Unbestimmtheit und Dynamik wird auf diese Weise strategisch genutzt.

Mit der Vermarktlichung wird ein neuer *Steuerungsmodus* implementiert, der als *empirischer Kern der indirekten Steuerung* bezeichnet werden kann. Gemeint sind Steuerungsformen und Instrumente, mit denen der Markt, in mehr oder weniger abstrakte Zielvorgaben oder Wertgrößen übersetzt, zur »Naturbedingung« von Arbeit wird.

Das Neue an dieser Steuerungsform besteht konkret darin, dass sich das Management darauf »beschränkt«, den weiteren Rahmen festzulegen (d.h. »Kopf-Zahlen« als Begrenzung der Gesamtbelegschaft, die technische Ausstattung, strategische Prioritäten etc.), spezifische Ziele vorzugeben (Umsatzziele, Erträge, Kosten, Termine u.a.) und die konkrete Bearbeitung weitgehend dezentralen Einheiten und in letzter Konsequenz den Beschäftigten selbst zu überlassen.

Sie lässt sich damit auch gegenüber klassischen Formen der Steuerung abgrenzen, die man als kapazitätsorientierte Steuerung bezeichnen könnte und bei der die Abstimmung von Anforderungen und Kapazitäten (Ressourcen) eine zentrale Managementaufgabe ist. Demgegenüber »verzichtet« das Management nun sozusagen auf die konkrete Abstimmung und überlässt diese Funktion mehr und mehr den Beschäftigten selbst – setzt aber zugleich mit der Personalbemessung einen äußeren, knappen Rahmen und bindet die Steuerung und Kontrolle des Abstimmungsprozesses an mehr oder weniger abstrakte Kennziffern zurück.

Das Komplement zum neuen Steuerungsmodus ist die *Selbstorganisation* als Modus der Organisation dezentraler Einheiten und individueller Arbeit. Dem Beschäftigten wird die Transformation seines Arbeitsvermögens in Arbeitsleistung selbst überlassen, d.h. er muss seine Verfügbarkeit, seine Leistungserbringung und auch die Rationalisierung seines Arbeitsprozesses selbst steuern. Dies ist entscheidende Voraussetzung für die Bewältigung von kontingenten und variablen Anforderungen. Dies wiederum setzt spezifische Veränderungen der Arbeitsorganisation und der betrieblichen Personal- und Leistungspolitik voraus: Den Abbau von Hierarchiestufen, die Übertragung von Gestaltungs- und Entscheidungsfreiheiten auf Gruppen oder Individuen, die Implementation von Arbeitsformen, die offener und flexibler gegenüber variablen Anforderungen sind und Selbstorganisation explizit ermöglichen (Projektarbeit, Gruppenarbeit),die organisatorische Flexibilisierung des Arbeitseinsatzes (flexible Beschäftigung, neue Arbeitszeitmodelle, räumliche

Flexibilisierung etc.), eine ergebnisorientierte Leistungs- und Entgeltpolitik (z.B. mit Hilfe von Zielvereinbarungen).

**Subjektivierung**
Die fordistischen Organisationsprinzipien transformierten die Unbestimmtheit von Marktanforderungen in eine organisationsinterne Bestimmtheit von Aufgaben, die über ein bürokratisches Anweisungssystem an die Beschäftigten weitergegeben wurden. Jetzt wird die *Unbestimmtheit marktlicher Anforderungen* im Unternehmen nicht nur zugelassen, sondern geradezu zum Organisationsprinzip von Arbeit (vgl. Kratzer 2003). Dies verändert die Rolle von Arbeitskraft im Unternehmen radikal: Vermittelt über neue Formen der Unternehmenssteuerung und einer Arbeitsorganisation, die zunehmend auf die Selbstorganisation der Beschäftigten setzt (Gruppen- und Projektarbeit), werden die Beschäftigten in ganz anderer Weise als früher mit der Unbestimmtheit von Marktanforderungen konfrontiert.

Selbstorganisation, Ergebnisorientierung, flexible Arbeitszeiten u.a. bauen die bisherigen institutionellen Puffer zwischen Individuum und Markt ab. Entscheidend wird der individuelle Umgang mit der wachsenden Dynamik von Markt- und Kundenanforderungen. Damit wird auch die Wahrnehmung von Chancen und der Umgang mit sich daraus ergebenden Risiken in stärkerem Maße von den jeweils vorhandenen individuellen Ressourcen abhängig.

Zwar war Arbeitskraft auch früher schon mit der Bewältigung von Unbestimmtheiten im Arbeitsprozess befasst – darauf verweist z.B. die Rolle von Arbeitskraft als elastisches Potenzial neben Technik und Organisation (vgl. Altmann/Bechtle 1970). Neu ist aber, dass über das elastische Potenzial, d.h. über das qualifikatorische und physische Arbeitsvermögen hinaus jetzt *das Subjekt quasi hinter der Arbeitskraft oder präziser die Person als Träger der Ware Arbeitskraft »In-Betrieb genommen wird«.*

Damit löst sich die für die fordistisch-tayloristische Nutzung von Arbeitskraft konstitutive Trennung von Arbeitskraft und Person partiell auf. Die *Subjektivität* der Beschäftigten, ehemals Störfaktor und oft illegale Kompensationsfunktion, wird jetzt zu einem zentralen produktiven Faktor. Und das in einer doppelten Weise:

Zum einen wird dem Beschäftigten die Transformation seines Arbeitsvermögens in Arbeitsleistung selbst überlassen, d.h. er muss seine Verfügbarkeit, seine Leistungserbringung und auch die Rationalisierung seines Arbeitsprozesses *selbst steuern.* Dies ist die entscheidende Voraussetzung für die Bewältigung von kontingenten und variablen Anforderungen. Dies gelingt nur, wenn er selbst als *aktives Subjekt* der Prozesse erscheint.

Zum anderen erhalten die *subjektiven Potenziale und Ressourcen* der Beschäftigten, d.h. ihre kreativen, problemlösenden kommunikativen Fähigkeiten, ihre Motivation, ihr Engagement, ihr Gefühl, eine höhere Bedeutung. Bei der Bewältigung von unbestimmten Anforderungen erweisen sich diese Fähigkeiten und Eigenschaften gegenüber den rein formalen beruflichen Kompetenzen als besonders wichtig. Damit werden Potenziale und Ressourcen ins Visier genommen, die traditionellerweise gerade außerhalb des betrieblichen Gestaltungsbereichs liegen und die jetzt einer intensiveren und expliziten ökonomischen Nutzung unterworfen werden sollen. Es kommt mit der *Person als Ganzes auch ihr Leben* ins betriebliche Spiel und damit die aus betrieblicher Sicht terra incognita des inner self, die private Lebenssphäre.

Subjektivierung von Arbeit bedeutet zum einen, dass subjektive Potenziale und Ressourcen in erweiterter Weise vom Betrieb gefordert und vereinnahmt werden. Andererseits bedeutet es aber auch, den Anspruch der Individuen nach mehr Entwicklungschancen, mehr Partizipationsmöglichkeiten, mehr Selbstverwirklichung auch und gerade in der Arbeitswelt. Die Voraussetzung und Folge dieser neuen Rolle von Arbeitskraft ist ihre Entgrenzung, d.h. ihre Herauslösung aus den institutionellen und normativen Regulierungen, die sich in Deutschland in den letzten 50 Jahren herausgebildet haben. Entgrenzungsprozesse, die in der öffentlichen Debatte bislang die meiste Aufmerksamkeit erhalten haben, beziehen sich vor allem auf die *Flexibilisierung* von *Beschäftigung und Beschäftigungsverhältnissen* und die *Flexibilisierung von Arbeitszeiten*. Das hat mehrere Gründe: Zum einen liegen sie im Brennpunkt betrieblicher Einsatz- und Nutzungsstrategien von Arbeitskraft, zum anderen sind sie zentrale Elemente einer früheren *Dekommodifizierung von Arbeitskraft*. Mit Dekommodifizierung ist ein historischer Prozess gemeint, in dem durch Regulierung von Beschäftigung und Arbeitszeit anerkannt wird, dass die Arbeitskraft eine besondere Ware ist, die an den Menschen als natürliches und soziales Wesen gebunden ist und von daher auch besonderen Schutzes bedarf. Das wird jetzt sukzessive zurückgenommen. Eine derartige Flexibilisierung von Arbeit und Leben verbindet sich deswegen mit einer Entsicherung nicht nur der Arbeits-, sondern auch der Lebensverhältnisse.

Flexibilisierung von Beschäftigung und Arbeitszeit sind zwar keine neuen Phänomene, sie erhalten gegenwärtig jedoch als Komplementärstrategien zu einer forcierten Vermarktlichung der Organisation und der Übertragung von Steuerungsfunktionen auf die Beschäftigten einen neuen Stellenwert (Kratzer/Sauer 2005).

Dagegen muss die Herrschaftsform Hierarchie im Postfordismus gesprengt werden, um auf der Basis der neuen Produktivkraftkonstellation

– Informations- und Kommunikationstechnologie – eine neue Konstellation globalisierter Kontingenz zu bewältigen. An die Stelle der Herrschaftsform Hierarchie tritt die Herrschaftsform »Person«. Diese besteht in der Institutionalisierung des Subjekts. Dadurch wird die Chance krisenhafter Kontingenzbewältigung ungleich größer und ungleich riskanter als durch die Form der Hierarchie.

In der Person als Bearbeitungsinstanz von Marktkontingenzen wird hierarchische Herrschaft zur Herrschaft der Person »zu sich selbst«. Sie tritt an die Stelle oder wird zumindest zur zentralen Ergänzung der kollektiv-institutionalisierten Konfliktverarbeitung. Die heutige Form der Subjekt-Objekt-Spaltung findet in der Arbeitskraft als Person statt. Es geht um die Herstellung und Entwicklung eines inneren Produktionsverhältnisses der eigenen Arbeitskraft als Ware durch das Individuum »zu sich als Lebewesen«, also um die Selbstobjektivierung des Subjekts. Das heißt, alle Kriterien der Warenproduktion müssen auch auf die Produktion der Ware Arbeitskraft selbst bezogen werden. (Bechtle/Sauer: 57)

Wenn Hierarchien wegfallen oder sich verflüssigen, entsteht ein Machtvakuum. Die Person mit ihren Subjektqualitäten im Umgang mit Unbestimmtheiten muss damit zurechtkommen. Subjektivität in direkter Konfrontation mit dem Markt als »neue Naturgewalt« wird zur umkämpften Produktivkraftressource. Bei diesem Kampf wird entschieden, wieviel Subjektivität zu Verwertungszwecken in welchen sachlichen, zeitlichen und sozialen Formen genutzt wird und wie sich die Besonderheit des Individuums unter diesen Bedingungen behaupten kann.

## 4. Politisches: Widerstand und Aneignung

### Die Erosion herkömmlicher Politikformen

Die indirekte Steuerung macht die abhängig Beschäftigten selbst zum Motor für die Steigerung des Leistungsdrucks, dem sie genügen müssen. Wer über zu lange Arbeitszeiten oder die immer weiter fortschreitende Verdichtung der Arbeit klagt, kann dafür nicht mehr allein einen Vorgesetzten und dessen Anweisungen verantwortlich machen, sondern er findet die Ursache in einer anonymen Dynamik wieder, zu der er selber beiträgt (vgl. den Beitrag von Angela Schmidt in diesem Band).

Die indirekte Steuerung führt aber nicht nur zu einer Eigendynamik bei der Steigerung des Leistungsdrucks, sondern auch zu einer Erosion der bisherigen Formen, sich gegen eine Verschlechterung der eigenen Lage zu wehren und die eigenen Interessen als abhängig Beschäftigter wahrzunehmen.

Sie bringt die abhängig Beschäftigten in eine Lage, in der sie, um ihre Arbeitsanforderungen zu erfüllen, selbst, d.h. von sich aus auf ihnen zustehende Rechte verzichten. So macht indirekte Steuerung die abhängig Beschäftigten nicht nur zum Subjekt der Verschlechterung ihrer eigenen Lage, sondern auch zum Subjekt der Unterlaufung von erkämpften Regeln, erkämpften Institutionen der Gegenmacht. Den Tarifverträgen z.B. droht nicht nur Gefahr von Arbeitgebern, die sie ausheben wollen, sondern auch von Arbeitnehmern, die sie von sich aus unterlaufen, weil sie ihre Arbeit anders nicht schaffen oder Angst haben, andernfalls ihre Arbeitsplätze zu verlieren. Gewerkschaften und Betriebsräte, die unter diesen Bedingungen für die Einhaltung von Tarifverträgen, Betriebsvereinbarungen und Schutzgesetzen zu sorgen versuchen, kommen heute in einen Gegensatz zu den Menschen, deren Interessen sie wahrnehmen wollen. Und wenn dann die Arbeitgeber sich als Befürworter der Autonomie der Beschäftigten präsentieren, erscheinen die Institutionen der Mitbestimmung als die letzten Bastionen der Fremdbestimmung im Betrieb.

Durch die indirekte Steuerung erodiert auch die Solidarität vor Ort. Die indirekte Steuerung setzt planmäßig auf die Konkurrenzverhältnisse unter Arbeitnehmern. Aber nicht nur das. Es verlagern sich auch Kontroll- und Aufsichts-Funktionen, die früher beim (gemeinsamen) Vorgesetzten lagen, auf die Teams und Projektgruppen. Beschäftigte, die leistungsabhängig bezahlt werden und in Teams arbeiten, die bestimmte Ziele erreichen müssen, entwickeln ein Interesse an der Leistungssteigerung ihrer Kolleginnen und Kollegen und das ganz ohne ein zusätzliches Zutun von Seiten des Managements. Nicht ohne Grund vermehren sich gegenwärtig Erscheinungen des Mobbings u.ä., und auch das schlechte Gewissen der Mitarbeiter wird für die Steigerung des Leistungsdrucks funktionalisiert.

Traditionelle Arbeitspolitik hatte früher einen einigermaßen stabilen Bezugsrahmen in der technisch-organisatorischen Gestaltung von Arbeitsprozessen. Darin hatte auch die Leistungsfähigkeit menschlicher Arbeitskraft, als technische Größe, ihren Platz. Unter den Bedingungen indirekter Steuerung tritt dieser Bezugsrahmen in den Hintergrund. Dies wird z.B. sichtbar in einer betrieblichen Leistungspolitik, die auf den Markt orientiert ist und sich von den im Leistungsbegriff und in den Zeitstrukturen liegenden Begrenzungen weitgehend gelöst hat. Wenn menschliche Leistung nur das ist, was der Markt anerkennt, gibt es keine Maßstäbe mehr, die Bezugspunkte von Verhandlungen sein könnten. Verhandlungen und Kompromisse enden dann immer in einer Anpassung an den Markt. Und da der Markt seinem Begriff nach maßlos ist, enden sie immer in einer Anpassungsspirale. Diese ist gegenwärtig überall dort zu beobachten, wo die Wettbewerbsfähigkeit der einzelnen Unternehmen zum zentralen Kriterium von betrieblichen oder tariflichen Verhandlungen geworden ist. Fazit: *Mit dem Markt kann man nicht verhandeln.* Eine Arbeitspolitik, die auf eine Anpassung an Marktzwänge setzt, hat von vornherein verloren.

### Die Dialektik des Übergangs

Wenn man die bis hierher dargestellten Folgen der indirekten Steuerung zusammennimmt, *scheint* sich als klares Resultat für die politische Bewertung zu ergeben, dass es sich bei der indirekten Steuerung um eine dramatische Verschlechterung der Lage der abhängig Beschäftigten handelt – und um sonst gar nichts.

Wenn dieser Schluss richtig wäre, würde die zwangsläufige Folgerung lauten, dass die alten Formen fordistischer Arbeitsverhältnisse die humanere Alternative darstellten zu den Formen indirekter Steuerung. Die Aufgabe von Beschäftigten, Betriebsräten und Gewerkschaften bestünde dann darin, diese alten Formen gegen die neuen zu verteidigen bzw. zurückzuerobern. Man würde gleichsam nachträglich auf Arbeitnehmerseite den diskreten Charme des Kommandosystems entdecken.

Unserer Meinung nach wäre das ein fataler Irrtum. Gewerkschaften haben immer mehr Selbständigkeit am Arbeitsplatz für abhängig Beschäftigte gefordert. Gerade in der Diskussion über die Humanisierung der Arbeitswelt sind die Folgen des Kommandosystems angeprangert worden: die Stumpfsinnigkeit, die Erstickung von Kreativität und Eigenverantwortung der abhängig Beschäftigten, die Eintönigkeit der Arbeit und die Gleichgültigkeit gegenüber der Individualität der Beschäftigten u.v.a.m. Mit der Entwicklung von Eigenverantwortung und Kreativität sollte nicht nur die Lage am Arbeitsplatz, sondern auch das Potenzial zur Wahrnehmung der eigenen Interessen verbessert werden.

Heute finden sich die Menschen im Betrieb in einer Lage, in der in Gestalt von Flexibilität und Selbstorganisation Gefährdungen und Verschlechterungen gerade von den Faktoren ausgehen, die damals gefordert wurden. Die Unternehmen konfrontieren die Mitarbeiter mit einem *Übermaß* an Abwechslung (Flexibilität) und einem *Übermaß* an Eigenverantwortung, und die Menschen sollen bis in die Besonderheiten ihrer Individualität hinein für das Unternehmen produktiv gemacht werden. In jeder noch so trivialen Arbeitssituation und auf allen Qualifikationsstufen wird von ihnen Kreativität verlangt. Eine Selbstverteidigung durch den Rückzug auf Rollenidentifikation und Zuständigkeitsbereiche wird zu verbauen versucht.

Werden also die klassischen Forderungen nach einer Humanisierung der Arbeitswelt durch die indirekte Steuerung praktisch widerlegt? Nein!

Dass mehr Selbständigkeit für Arbeitnehmer die Arbeitgeberposition stärken kann, ist kein Argument gegen mehr Selbständigkeit für Arbeitnehmer. Die alten Forderungen waren und bleiben richtig. Durch die indirekte Steuerung wird nicht widerlegt, dass mehr Selbständigkeit für abhängig Beschäftigte gut ist. Widerlegt wird etwas anders, nämlich die – wie sich jetzt zeigt – naive Vermutung, dass mehr Selbständigkeit *automatisch* zu besseren Arbeitsbedingungen für abhängig Beschäftigte und zu einer Stärkung ihrer politischen Position führe.[12]

Dass hier in der Tat »mehr Druck durch mehr Freiheit« entsteht, spricht nicht gegen die Freiheit, sondern öffnet die Augen für das wahre Problem, die Frage nämlich, wie das Mehr an Freiheit dazu genutzt werden kann, die eigene Position zu stärken und sie nicht schwächen zu lassen.

Der Hebel- und Ansatzpunkt für eine zukünftige Politik zur Wahrnehmung von Arbeitnehmerinteressen scheint uns gerade darin zu liegen, das die Unternehmen die mit der indirekten Steuerung angestebten Produktivitätsfortschritte und Profitsteigerungen nur dadurch erreichen können, dass sie klassische Forderungen nach mehr Arbeitsnehmerselbständigkeit erfüllen müssen als einer – wie Marx es für das Kommandosystem formulierte – »wirklichen Produktionsbedingung« (vgl. Fußnote 6). Durch eine bloße »Scheinselbständigkeit« oder nur eine Implantation von neoliberalem Gedankengut in Arbeitnehmerhirne sind diese Effekte nicht zu erreichen. Kommandostrukturen müssen *realiter* demontiert werden, und das ist gut so. Darum stehen wir heute nicht vor der Aufgabe eines bloßen Abwehrkampfes, sondern wir sind herausgefordert, die Erfüllung der Forderung nach mehr Selbständigkeit für abhängig Beschäftigte am Arbeitsplatz in eine Stärkung ihrer politischen Position umzusetzen.

Wir schlagen also vor, die Hoffnung nicht darauf zu setzen, dass die indirekte Steuerung und damit die Einbindung der abhängig Beschäftigten ins Unternehmen nie vollständig oder hinreichend schlecht funktioniert, oder darauf, dass auch unter den neuen Bedingungen immer noch genug Luft und genügend Verhandlungsspielräume übrig bleiben. Das mag ja alles richtig sein; wir halten es nur nicht für entscheidend. Wir sehen gerade im Totalitarismus der indirekten Steuerung, in der Notwendigkeit, das Gegenteil ihrer selbst in Betrieb nehmen zu müssen, ihre schwache Stelle und ihre Achillesferse. Bei der indirekten Steue-

---

[12] Unser Denken ist so durch das Kommandosystem geprägt, dass wir meinen, die Probleme der Kommandierten würden sich sofort in Wohlgefallen auflösen, wenn nur erst der Kommandant und seine Zwangsinstitutionen (wie die Stempeluhr) verschwänden. Genau diese Illusion wird durch die indirekte Steuerung praktisch widerlegt. Wenn der Kommandant verschwunden ist, geht es mit dem Problem der menschlichen Freiheit erst richtig los!

rung handelt es sich unserer Meinung nach um einen Grenzfall von Herrschaft, in dem sich positive und negative Seiten nicht mehr so auseinander sortieren lassen, dass man sich etwa das Positive herauspicken und das Negative verwerfen könnte.

Für verwirrende Resultate wie dieses ist in der politischen und wissenschaftlichen Diskussion das Schlagwort »paradox« in Mode gekommen, und paradox sind die Erscheinungen, mit denen wir es hier zu tun haben allemal. Wir würden aber dafür plädieren, solche Widersprüchlichkeiten im Sinne der klassischen Dialektik zu interpretieren,[13] nämlich als Ausdruck dafür, dass im Zuge einer Entwicklung ein Übergang stattfindet (Bechtle/Sauer 2002), in dem Momente des Alten und Momente des Neuen so zusammenkommen, dass sie sich wechselseitig auszuschließen scheinen. Aus der wechselseitigen Ausschließung folgt, dialektisch gefasst, nicht die Unmöglichkeit solcher Übergänge, sondern deren Unhaltbarkeit, also die Unmöglichkeit, dass es sich bei Übergängen um bleibende, stabile Zustände handeln könnte. Die Widersprüchlichkeit ist dann nur ein anderer Ausdruck für die in der Situation liegende objektive Dynamik, die über den gegenwärtigen Zustand hinaustreibt.

**Die politische Antwort – Arbeitspolitik im Übergang**
Die politische Antwort muss der Dialektik des Problems entsprechen und wird selbst widersprüchlich sein. Sie muss sowohl die sich entwickelnden Formen der Verweigerung und des Widerstandes der Beschäftigten aufgreifen als auch die Ansätze ihrer Einmischung in die neuen Steuerungssysteme und die sich dabei entwickelnden Formen der Aneignung des Unternehmerischen. Und – das ist entscheidend – sie darf die beiden widersprüchlich erscheinenden Seiten des Übergangs nicht gegeneinander isolieren und ausspielen. Es müssen Räume und Formen gefunden werden, in denen diese Widersprüche von den Individuen selbst reflektiert, auf ihre Interessen bezogen und gemeinsam Handlungsperspektiven entwickelt werden.

**Widerstand leisten – Grenzen setzen**
In einer historischen Phase, in der die sozialen Errungenschaften des so genannten deutschen Produktions- und Sozialmodells, wie z.B. die Arbeitszeitverkürzung, existenzsichernde Einkommen, aber auch das Institut des Tarifvertrages, brüchig werden und sich in ihr Gegenteil verkehren, steht Arbeitspolitik natürlich im Zeichen eines Abwehrkampfes.

---

[13] Bemerkenswert in diesem Zusammenhang: Cunha/Clegg/Cunha (2002): »Management, Paradox and Permanent Dialectics«, in: Clegg (ed.), Management and Organization Paradoxes. Amsterdam/Philadelphia, S. 11-40.

Gegenwärtig sind eine Reihe relativ unverbundener und teilweise gegeneinander stehender Konflikt- und Widerstandslinien erkennbar:
- Widerstand und Proteste gegen eine zunehmende existenzielle Unsicherheit sowohl der Arbeitslosen, der davon Bedrohten, den prekär Beschäftigen und die wachsende Gruppe derer, die mit ihrem Einkommen ihren Lebensunterhalt nicht mehr bestreiten können.
- Widerstand gegen eine zunehmende Überforderung in der Arbeit, die sich aus einer maßlosen Ausdehnung der Arbeitszeit und einer zunehmenden Intensivierung der Arbeit ergibt.
- Konfliktpotenzial bei denjenigen Beschäftigten (z.B. in modernen Dienstleistungsbereichen oder der IT-Industrie), deren Versprechen an Sinnperspektiven in der Arbeit immer weniger eingelöst werden und bei denen ein neues Arbeitnehmerbewusstsein heranzuwachsen scheint.

Da es heute bereits aussichtslos erscheint, alles Erreichte zu sichern, gilt es jetzt Widerstands- oder Rückfalllinien aufzubauen. Das betrifft insbesondere die traditionellen Felder Arbeitszeit, Leistung, Gesundheit und Einkommen.

Wenn Anpassung an einzelwirtschaftliche Wettbewerbsfähigkeit in Anpassungsspiralen endet (das zeigen die unternehmerischen Erpressungsversuche in den Bündnissen zur Standort- und Beschäftigungssicherung), wird die gesamte Ausrichtung und Begründung traditioneller Arbeitspolitik infrage gestellt. Arbeitspolitische Forderungen lassen sich dann nicht mehr funktionalistisch aus dem Beitrag ableiten, den die Arbeit für die Ökonomie, für das Unternehmen, für das Wachstum leistet. Die Begründung arbeitspolitischer Forderungen gilt es dann aus den autonomen Interessen der Arbeitskraft zu entwickeln, die -- gegen die Forderung des Marktes -- die Reproduktion von Arbeitskraft, die individuelle Existenzsicherung und die Entfaltung des Individuums ins Zentrum setzen. Dies gilt nicht nur für die Formulierung von Mindeststandards (wie z.B. Mindesteinkommen) und Widerstandslinien (z.B. in der Frage der Begrenzung von Arbeitszeiten), sondern tendenziell für die gesamte Arbeitspolitik. Die einer Vermarktlichung immanente Maßlosigkeit erzwingt diese grundsätzliche Umorientierung von Arbeitspolitik.

## Sich einmischen – das Unternehmerische besetzen

Die internen betrieblichen organisatorisch-technischen Strukturen, früher Parameter betrieblicher Steuerung und Bezugspunkte arbeitspolitischer Gestaltung, verlieren tendenziell ihren Stellenwert als Filter oder Puffer zwischen Marktanforderungen und Arbeit. Arbeitsgestaltung im klassischen Sinn, als Einflussnahme auf die Gestaltung von Organisationsformen und Technikeinsatz, den Aktionsfeldern der betrieblichen Gestaltungspolitik in den 1970er und 80er Jahren, verliert an Bedeutung. Die traditionellen arbeitspolitischen Instrumente, auf die der Betriebsrat Einfluss hat, sind vielfach kapazitätsorientiert und auf die technischen Bedingungen von Arbeitssystemen bezogen. Sie greifen zunehmend ins Leere, da neue Parameter in Form markt- und konkurrenzbezogener Kennziffern und Benchmarks die neuen Steuerungsformen prägen. Diese Parameter liegen bislang weitgehend außerhalb des Gestaltungsbereichs betrieblicher Interessenvertretung, aber auch der Beschäftigten selbst. Der Druck von außen erhält den Charakter von Naturgesetzen: Kundenanforderungen, Marktentwicklung, Kurswert des Unternehmens, Kosten-Ertrags-Relation, Benchmark-Ergebnisse u.ä. erscheinen als objektive Daten, auf die niemand Einfluss hat. Sie sind gleichzeitig die Parameter der indirekten Steuerung. Andere Stellschrauben verlieren an Bedeutung.

Meist ist jedoch nicht transparent, wie die jeweiligen Kennziffern zustande kommen und was sie im Einzelnen bedeuten. Da ihre Interpretation entscheidende Bedeutung gewinnt, stellt sich die Frage, wer konkret die Interpretationsmacht besitzt. Es lohnt sich auf alle Fälle zu prüfen, wie mit objektiven Kennziffern – auch mit arbeitsbezogenen Kennziffern – im Betrieb Politik gemacht wird, um herauszufinden, ob und wie damit eventuell auch Gegenpolitik gemacht werden kann. Dazu müssen die tatsächlichen Spielräume und alternativen Handlungsmöglichkeiten geklärt werden, die hinter dem zunehmenden Marktdruck vorhanden sind. Hier die Einfluss- und Mitbestimmungsmöglichkeiten auszuweiten bleibt sicher schwierig, aber es ist zumindest eine Perspektive, die es lohnt auszutesten, insbesondere in Betrieben, in denen die betriebliche Interessenvertretung stark ist.

Bei indirekter Steuerung ist der Autonomiegewinn auf Seiten der Beschäftigten verbunden mit der für sie unabweisbaren Anforderung, selbständig auf unternehmerische Probleme reagieren zu können. Die Bewältigung dieser Aufgabe verlangt von allen »unselbständigen Selbständigen« die Aneignung betriebswirtschaftlichen Wissens, Kenntnisse über Projektorganisation, über die zeitliche und räumliche Organisation der Arbeit, Verhandlungskompetenzen etc. Die Qualifizierung für die unternehmerische Herausforderung erscheint als Voraussetzung für die Erweiterung des unternehmerischen Zugriffs auf die Potenzen und die Lebenszeit der Beschäftigten. Sie sollen lernen, sich im Interesse der Unternehmen selbst zu optimieren.

Die Frage wäre allerdings, ob sich der gewerkschaftliche Umgang mit der Qualifizierung für das Unternehmerische darauf beschränken kann, sich von letzterer als einer herrschaftsfunktionalen Veranstaltung bloß zu distanzieren. Gegen eine solche Form der Auseinandersetzung ließe sich jedenfalls einwenden, dass sie die Lage der »unselbständigen Selbständigen« (Peters 1997) nicht ernst nimmt und die Befriedigung ihrer Qualifizierungsinteressen der Gegenseite überlässt. Auf diese Weise werden die Gewerkschaften einen großen Teil der Beschäftigten mit ihrer Kritik gar nicht erst erreichen.

Wir schlagen demgegenüber vor, nach einem Weg zu suchen, wie die Aneignung des Unternehmerischen durch die Beschäftigten der Vereinnahmung durch die Unternehmensinteressen entzogen und zu einem Moment der Entfaltung gewerkschaftlicher Gegenmacht entwickelt werden kann. Unsere Überlegungen zielen auf die Möglichkeit, Professionalisierungsprozesse für »unselbständige Selbständige« dadurch zu politisieren, dass man sie mit Selbstverständigungsprozessen zusammenbringt, in denen es um die Identifizierung der eigenen Interessen geht. Wohlgemerkt: um die Interessen der Beschäftigten *als Individuen* und nicht *als Entrepreneure.*

**Die eigenen Interessen bestimmen –
Selbstverständigungsprozesse im Betrieb entwickeln**
Beide Varianten – Widerstand und Einmischung – sind unverzichtbar. Aber von beiden Varianten lässt sich leicht zeigen, dass sie sich zuletzt als unzulänglich erweisen werden:
- Der Widerstand hat schlechte Karten, wenn er es nicht mehr nur mit den Kapitalisten, sondern mit dem Kapitalismus selbst zu tun hat; wer der immanenten Logik, also den Gesetzmäßigkeiten eines ökonomischen Systems widerstehen will, ist von vornherein der Unterlegene.
- Und die Einmischung in die indirekte Steuerung, ebenso wie die Qualifizierung für unternehmerische Herausforderungen werden unvermeidlich zu einer immer weitergehenden Integration der Beschäftigten in die neuen Herrschaftsmechanismen führen; insbesondere lässt sich voraussagen, dass eine weitere Qualifizierung für unternehmerische Herausforderungen nicht zu einer Entlastung, sondern zu weiteren Steigerungen der Leistungsanforderungen führen wird (wer in kürzerer Zeit mehr schafft, muss in noch kürzerer Zeit noch mehr schaffen – es ist nie genug; vgl. den Beitrag von Angela Schmidt in diesem Buch).

Der politische wie logische Knackpunkt liegt im Verhältnis beider Bewegungsformen zur vermehrten Selbständigkeit des Einzelnen, bzw. zu der durch die indirekte Steuerung vereinnahmten Autonomie des Individuums. Ohnmächtig bleibt der Widerstand, solange er sich auf die Ablehnung dieser Vereinnahmung beschränkt. Und Einmischung und Qualifizierung werden von der indirekten Steuerung restlos assimiliert, solange sie bei der bloßen Identifikation mit der neuen Entrepreneur-Rolle stehen bleiben.

Eine wirkliche und wirksame Umfunktionalisierung der Neuen Selbständigkeit im Interesse der Arbeitnehmer setzt darum nicht nur voraus, dass Widerstand und Einmischung beide gleichzeitig ins Werk gesetzt werden, sondern dass darüber hinaus um die Autonomie der Individuen *gegenüber* der indirekten Steuerung gekämpft wird – als Basis und Bedingung für einen Widerstand und eine Einmischung, die nicht nach hinten losgehen.

Um ein Bild zu gebrauchen: Die indirekte Steuerung verhält sich zu den Menschen im Betrieb wie zu einer Biomasse (»Humankapital«), die in einem Reaktor durch interne Kettenreaktionen zum Hochkochen veranlasst wird, sodass in immer kürzerer Zeit immer mehr Output zustande kommt. Wahrnehmung der eigenen Interessen bedeutet unter solchen Bedingungen: den Beweis anzutreten, dass Menschen etwas anderes sind als eine bloße Biomasse – eine Anstrengung, bei der sie nicht nur die Moral, sondern auch die Vernunft auf ihrer Seite haben.

Der Unterschied liegt bekanntlich darin, dass Menschen nicht nur wie Chemikalien oder Hefepilze aufeinander reagieren und interagieren können, sondern dass sie sich ihre Reaktionen und Interaktionen auch bewusst machen und kritische Gedanken zu ihrem eigenen wechselseitigen Verhalten entwickeln können. Diese Aufgabe hat zwei Dimensionen:

- Im Kommandosystem hat der Einzelne ein eindeutiges Interesse daran, in möglichst großem Maße tun zu können, was er selber will, statt einfach nur gehorchen zu müssen. Das System der indirekten Steuerung konfrontiert ihn mit der unbequemen Frage, *was* er denn will, wenn er tun kann, was er *selber* will – ob er sich dabei nur von vorgefundenen Rahmenbedingungen bestimmen lässt, oder ob und in welchem Maße er zu einem selbstbestimmten Verhalten gegenüber diesen Rahmenbedingungen in der Lage ist. Die Bestimmung von Arbeitnehmerinteressen wird darum in Zukunft durch das Nadelöhr einer solchen Auseinandersetzung des Einzelnen mit sich selbst gehen müssen. Diese Auseinandersetzung kann von niemandem stellvertretend erledigt werden. Darum wird die erste Maxime zukünftiger Politikentwicklung heißen müssen: *Jeder muss selber wissen, was für ihn selber gut ist!*
- Aber das kann keiner alleine herausfinden! Die Lösung dieser Aufgabe setzt Verständigung mit anderen voraus. Aber eben diese Verständigungsprozesse werden von der indirekten Steuerung okkupiert. Ihr Zugriff auf den Willen des Einzelnen ist vermittelt über die Verständi-

gungsprozesse unter den Menschen im Betrieb – über die sozialen Interaktionen im Unternehmen, im Betrieb und im Team. Zum Beweis, dass Menschen keine bloße Biomasse sind, gehört darum in erster Linie, dass sie sich ihre Verständigungsprozesse zurückerobern und sich nicht nur als Funktionsträger im Unternehmen über Unternehmensprozesse miteinander verständigen, sondern auch über sich selbst, d.h. über das, was mit ihnen selbst unter diesen Bedingungen geschieht und darüber, wo unter diesen Bedingungen ihre eigenen Interessen liegen.

Gegen die negativen Folgen der indirekten Steuerung kann man sich nicht mit den Methoden wehren, die sich gegen das Kommandosystem bewährt haben. Im Kommandosystem kommt es darauf an, die Beschäftigten *vor anderen* zu schützen, den Inhabern oder Vertretern der Befehlsgewalt, und *gegen andere* die eigenen Interessen wahrzunehmen. Das ändert sich grundlegend, sobald sich die Ziele der Unternehmensführung über den eigenen Willen der Beschäftigten durchsetzen. Wenn man unter den neuen Bedingungen an den alten Formen der Interessenpolitik festhalten wollte, müsste man jetzt die Beschäftigten *vor sich selbst* schützen. Und das kann nicht gelingen.

Darum ist nicht etwa Vereinzelung und Rückzug auf sich selbst das Gebot der Stunde, sondern, genau umgekehrt, die Initiierung gemeinsamer Verständigungsprozesse an der Basis. Gegenüber den neuen Managementformen dienen sie nicht bloß der Vorbereitung von politischen Aktionen. Sie sind selbst politische Aktionen, weil sie die Eigendynamik der Prozesse im Betrieb unterbrechen und damit überhaupt erst die praktische Voraussetzung schaffen für eine selbständige Bestimmung der eigenen Interessen.

## Zwei Bemerkungen zum Schluss

Erstens: Wenn unsere Diagnose der Dialektik des Übergangs richtig ist, steht die Politik der Gewerkschaften vor der Aufgabe, diese Dialektik, d.h. die in den genannten Widersprüchen liegende Dynamik zu nutzen, sie zu besetzen und der Versuchung zu widerstehen, für das Alte und gegen das Neue Partei zu ergreifen, oder sich – umgekehrt – widerstandslos zum Parteigänger des Neuen zu machen. Nichts wäre fataler, als wenn die politische Orientierung von Gewerkschaftern der Widersprüchlichkeit dadurch aus dem Weg zu gehen versuchte, dass sie deren Momente auf zwei Parteien – »Traditionalisten« hier und »Modernisierer« da – verteilte. Sie hätten beide verloren – der »Traditionalist« den Blick für die emanzipatorische Tendenz der Entwicklung und der

»Modernisierer« den Blick für die Subsumtion des Emanzipatorischen unter die Irrationalität der globalisierten Finanzmärkte. Zweitens: Die Veränderungen, mit denen wir uns hier befassen, sind von einem Roll-Back in Sachen Soziale Sicherheit begleitet. Der Unterschied zwischen Arm und Reich wird wieder größer – aber nicht nur das: neoliberale Ideologen erklären sogar, dass er größer werden *solle*, weil das Wachstum sonst nicht steigen würde. Das kann den Impuls wecken, die Wahrnehmung der eigenen Interessen hauptsächlich in einer Gegenwehr gegen Sozialabbau und Verteidigung erkämpfter Positionen zu sehen. Beides ist notwendig. Aber wenn die hier vorgeschlagene Bestimmung des revolutionären Charakters der Veränderungen in der Organisationsform der Unternehmen richtig ist, dann wird die Gegenwehr gegen Sozialabbau und Verteilungsungerechtigkeit nur erfolgreich sein können, wenn sie als *abhängige* Seite eines Kampfes konzipiert wird, der sich in der Hauptsache *nicht* auf eine bloße Verteidigung, sondern auf die Wiedergewinnung der Offensive richtet. Es geht, verkürzt gesagt, nicht darum, der neoliberalen Individualisierungs- und Ich-AG-Propaganda moralische Werte und soziale Gerechtigkeit entgegenzusetzen, sondern darum, *ihr die Hegemonie bei der Gewichtung der Rolle des Individuums streitig zu machen*. Erst unter dieser Voraussetzung lässt sich dann auch eine Politik zur Durchsetzung moralischer Werte und sozialer Gerechtigkeit entwickeln, die nicht in einer unumkehrbaren Defensive verendet.

**Literatur**
Altmann, N./Deiß, M./Döhl, V./Sauer, D. (1986): Ein »Neuer Rationalisierungstyp« – neue Anforderungen an die Industriesoziologie. In: Soziale Welt, Heft 2,3/1986, S. 191-206.
Altmann, Norbert/Bechtle, Günter (1971): Betriebliche Herrschaftsstruktur und industrielle Gesellschaft, München.
Baukrowitz, A./Boes, A./Schmiede, R. (2001): Die Entwicklung der Arbeit aus der Perspektive ihrer Informatisierung. In: I. Matuschek u.a. (Hrsg.): Neue Medien im Arbeitsalltag, Wiesbaden, S. 217-235.
Bechtle, Günter (1980): Betrieb als Strategie – Theoretische Vorarbeiten zu einem industriesoziologischen Konzept, Frankfurt/New York.
Bechtle, Günter/Lutz, Burkart (1989): Die Unbestimmtheit post-tayloristischer Rationalisierungsstrategie und die ungewisse Zukunft industrieller Arbeit – Überlegungen zur Begründung eines Forschungsprogramms. In: K. Düll/B. Lutz (Hrsg.): Technikentwicklung und Arbeitsteilung im internationalen Vergleich, Frankfurt/New York 1989, S. 9-91.
Bechtle, Günter/Sauer, Dieter (2002): Kapitalismus als Übergang – Heterogenität und Ambivalenz. In: FiAB Jahrbuch Arbeit, Bildung, Kultur, Bochum.
Bechtle, Günter/Sauer, Dieter (2003): Postfordismus als Inkubationszeit einer

neuen Herrschaftsform. In: K. Dörre/B. Röttger (Hrsg.), Das neue Marktregime – Konturen eines nachfordistischen Produktionsmodells (S. 35-54). Hamburg.

Beck, U. (1998): Wie wird Demokratie im Zeitalter der Globalisierung möglich? – Eine Einleitung, In: U. Beck (Hrsg.): Politik der Globalisierung, Frankfurt/Main, S. 7-66.

Boes, Andreas (2003): Arbeit in der IT-Industrie – Durchbruch zu einem neuen Kontrollmodus? – Auf der Suche nach den Konturen eines postfordistischen Produktionsmodells. In: K. Dörre/B. Röttger (Hrsg.): Das neue Marktregime – Konturen eines nachfordistischen Produktionsmodells, Hamburg, S. 135-152.

Deutschmann, C. (2003): Industriesoziologie als Wirklichkeitswissenschaft. In: Berliner Journal für Soziologie, Heft 4/2003, S. 477-495.

Dörre, K./Röttger, B. (Hrsg.) (2003): Das neue Marktregime. Konturen eines nachfordistischen Produktionsmodells, Hamburg.

Dörre, Klaus (2001). Das deutsche Produktionsmodell unter dem Druck des Shareholder Value. Kölner Zeitschrift für Soziologie und Sozialpsychologie, 53 (4), 675-704.

Eccles, R. (1991/98): The Performance Measurement Manifesto. In: Harvard Business Review on Measuring Corporate Performance. Boston 1998, S. 25-45. Zuerst veröffentlicht in: Harvard Business Review, January-February 1991.

Engels, F. (1873): Von der Autorität. In: Marx/Engels: Werke, Bd. 18. Berlin, 1973.

Engels, F. (1882): Die Entwicklung des Sozialismus von der Utopie zur Wissenschaft. In: Marx/Engels: Werke, Bd. 19. Berlin, 1973.

Glißmann, W./Peters, K. (2001): Mehr Druck durch mehr Freiheit – Die neue Autonomie in der Arbeit und ihre paradoxen Folgen, Hamburg.

Hobsbawm, E. (1995): Das Zeitalter der Extreme. Weltgeschichte des 20. Jahrhunderts, München.

Kern, H./Schumann, M. (1984): Das Ende der Arbeitsteilung? – Rationalisierung in der industriellen Produktion, München.

Kratzer, N. (2003): Arbeitskraft in Entgrenzung – Grenzenlose Anforderungen, erweiterte Spielräume, begrenzte Ressourcen, Berlin.

Kratzer, Nick (2004): Vermarktlichung und Individualisierung. Zur Produktion Sozialer Ungleichheit in der Zweiten Moderne. Plenarvortrag beim 32. DGS-Kongreß (Plenum 7) am 6.10.04 in München.

Kratzer, N./Sauer, D. (2005): Flexibilisierung und Subjektivierung von Arbeit. In: SOFI u.a. (Hrsg.): Berichterstattung zur sozio-ökonomischen Entwicklung in Deutschland – Arbeit und Lebensweisen. Erster Bericht. Wiesbaden, im Erscheinen.

Lutz, Burkart (1984): Der kurze Traum immerwährender Prosperität – Eine Neuinterpretation der industriell-kapitalistischen Entwicklung in Europa des 20. Jahrhunderts, Frankfurt/New York (2. Auflage 1989).

Marx, K. (1873): Das Kapital. Kritik der politischen Ökonomie. Band 1. 2. Auflage. In: Marx/Engels: Werke, Bd. 23. Berlin, 1968.

Moldaschl, M./Sauer, D. (2000): Internalisierung des Marktes – Zur neuen Dialektik von Kooperation und Herrschaft. In: H. Minssen (Hrsg.), Begrenzte Entgrenzungen (S. 205-224). Berlin.

Mückenberger, U. (1986): Zur Rolle des Normalarbeitsverhältnisses bei der sozialstaatlichen Umverteilung von Risiken. In: Prokla 64, Heft 3/1986, S. 31-45.

Negt, O./Kluge, A. (1981): Geschichte und Eigensinn, Frankfurt/Main.

Peters, K. (1997/2001): Die neue Autonomie in der Arbeit. In: Glißmann/Peters (2001): Mehr Druck durch mehr Freiheit, Hamburg, S. 18-40.

Peters, K. (2001a): Woher weiß ich, was ich selber will? In: Glißmann/Peters: Mehr Druck durch mehr Freiheit, Hamburg, S. 99-111.

Peters, K. (2001b): Thesen zur Selbstorganisation. In: Glißmann/Peters: Mehr Druck durch mehr Freiheit, Hamburg, S. 159-172.

Peters, K. (2003a): Individuelle Autonomie von abhängig Beschäftigten. Selbsttäuschung und Selbstverständigung unter den Bedingungen indirekter Unternehmenssteuerung. In: M. Kastner (Hrsg.): Neue Selbständigkeit in Organisationen: Selbstbestimmung, Selbsttäuschung, Selbstausbeutung? München und Mering, S. 77-106.

Peters, K. (2003b): Selbsttäuschung und Selbstverständigung. Über den Zusammenhang von Inhalt und Methode einer Theorie der neuen Autonomie in der Arbeit. In: Franz, Howaldt u.a. (Hrsg.): Forschen – lernen – begreifen. Der Wandel von Wissensproduktion und -transfer in den Sozialwissenschaften. Berlin 2003, S. 175-190.

Reitzle, W. (1994): Die neue Rolle der Arbeitgeber, in: Arbeit der Zukunft – Zukunft der Arbeit. 2. Jahreskolloquium der Alfred Herrhausen Gesellschaft. Stuttgart.

Sauer, D. (2001): Unternehmensreorganisation und Entgrenzung von Arbeit – Thesen zum Umbruch. In: H. Martens u.a. (Hrsg.): Zwischen Selbstbestimmung und Selbstausbeutung, Frankfurt/New York, S. 27-38.

Sauer, D. (2004): Arbeit unter Marktdruck: Ist noch Raum für innovative Arbeitspolitik? Beitrag zum WSI-Herbstforum am 25. Nov. 2004 in Berlin (erscheint in WSI-Mitteilungen 4/04)

Sauer, D./Boes, A./Kratzer, N. (2005): Reorganisation des Unternehmens. In: SOFI u.a. (Hrsg.): Berichterstattung zur sozio-ökonomischen Entwicklung in Deutschland – Arbeit und Lebensweisen. Erster Bericht. Wiesbaden, im Erscheinen.

Sauer, D./Döhl, V. (1997): Die Auflösung des Unternehmens? – Entwicklungstendenzen der Unternehmensreorganisation in den 90er Jahren. In: ISF-München u.a. (Hrsg.): Jahrbuch Sozialwissenschaftliche Technikberichterstattung 1996 – Schwerpunkt: Reorganisation, Berlin, S. 19-76.

Schumann, M./Baethge-Kinsky, V./Kuhlmann, M./Kurz, C./Neumann, U. (1994): Trendreport Rationalisierung, Berlin.

Schumann, M. (2003): Kritische Industriesoziologie – theoretische Anknüpfungspunkte, exemplarische Befunde, neue Aufgaben. In: M. Schumann: Metamorphosen von Industriearbeit und Arbeiterbewusstsein, Hamburg, S. 136-156.

Stadlinger, Jörg (2003): Bestimmungen der Autonomie – Zur Thematisierung der »Neuen Selbständigkeit« in der Managementliteratur und in der soziologischen Systemtheorie. In: M. Kastner (Hrsg.): Neue Selbständigkeit in Organisationen: Selbstbestimmung, Selbsttäuschung, Selbstausbeutung?, München und Mering, S. 107-138.

Walther, Thomas et al. (1996): Reinventing the CFO. Moving from Financial Management to Strategic Managment. New York.

# Thomas Sablowski
# Shareholder Value, neue Geschäftsmodelle und die Fragmentierung von Wertschöpfungsketten

Die Wirkungsweise neuer Steuerungskonzepte und der Druck, der auf den lohnabhängig Beschäftigten lastet, können heute ebenso wenig wie die Chancen ihrer Gegenwehr begriffen werden, wenn man nur den einzelnen Betrieb in den Blick nimmt. Er ist häufig Bestandteil großer Konzerne, deren Grenzen sich durch den Kauf und Verkauf von Unternehmen permanent verändern; einzelne Arbeitsprozesse sind Segmente komplexer Wertschöpfungsketten, die durch Veränderungen der Eigentumsverhältnisse und die Internationalisierung der Produktion neu zusammengesetzt werden; einzelne Unternehmen bewegen sich in brancheninternen und branchenübergreifenden Konkurrenzbeziehungen, wobei sich auch die Grenzen der Branchen verschieben. Schließlich ist der Produktionsprozess eingebettet in gesellschaftliche Kräfteverhältnisse, wobei die Entwicklungen in den einzelnen Regionen, den Nationalstaaten, den Kontinenten nicht unabhängig voneinander sind. Dies wird insbesondere deutlich, wenn man die Auswirkungen des *Shareholder Value*-Konzepts analysiert, die im Mittelpunkt dieses Beitrags stehen.

Hermann Kocyba und Uwe Vormbusch (2000) konnten bei der Untersuchung der betrieblichen Steuerungsformen eines international führenden Automobilherstellers keinen unmittelbaren Einfluss des Shareholder Value-Konzepts auf den Arbeitsprozess feststellen. Das ist insofern nicht überraschend, als dieses Konzept kein Rationalisierungskonzept wie etwa der Taylorismus ist und keine konkreten Vorschläge zur Steuerung von Arbeitsprozessen beinhaltet, wie die beiden Autoren selbst deutlich machen. Das Shareholder Value-Konzept zielt vielmehr auf einen Eingriff in den Kapitalkreislauf an einem Punkt, der dem unmittelbaren Produktionsprozess vorgelagert ist: die Steuerung von Investitionen. Das Shareholder Value-Konzept wirkt sich in erster Linie auf den Neuzuschnitt von Unternehmen – und damit auf die Neuzusammensetzung von Wertschöpfungsketten – aus. Seine Wirkung im Hinblick auf die Rationalisierung von Arbeit entfaltet es somit indirekt in einer komplexen Konstellation, die auch durch das Zusammentreffen mit anderen Steuerungskonzepten wie *Lean Production*, *Business Reengineering*, *Activity Based Costing* oder *Target Costing* gekennzeichnet ist.

Spätestens seit den 1990er Jahren sind bei führenden Großunternehmen ein *Formwandel der finanziellen Unternehmenskontrolle* und eine stärker *am Kapitalmarkt orientierte Unternehmensführung* zu beobachten, die nicht zuletzt mit der Durchsetzung des Shareholder Value-Konzepts verbunden sind. Sie implizieren höhere Renditeziele, die Verlagerung von Kapital von weniger rentablen in rentablere Geschäftsfelder und eine stärkere Konzentration auf »Kernkompetenzen« oder »Kerngeschäfte«. Dies führt in der Tendenz zu einem Bruch in der Entwicklung des gesellschaftlichen Produktionsapparats. Diese war, wie Alfred Chandler (1962, 1977, 1990) und andere gezeigt haben, bis in die 1980er Jahre dadurch gekennzeichnet, dass mit der Akkumulation, der Konzentration und Zentralisation des Kapitals auch die zunehmende horizontale und vertikale Integration sowie Diversifikation der modernen Großunternehmen verbunden war. Zwar ist nun – sieht man von bestimmten Teilbereichen der gesellschaftlichen Produktion ab – nicht das Zeitalter der Netzwerke flexibel spezialisierter Kleinunternehmen angebrochen, das Michael Piore und Charles Sabel (1985) postuliert haben, oder gar das Zeitalter »virtueller« Unternehmen (vgl. Davidow/Malone 1992). Großunternehmen bilden nach wie vor den dominierenden Teil des gesellschaftlichen Produktionsapparats und bestimmen auch die Entwicklung einer Vielzahl von ihnen abhängiger Kleinunternehmen. Allerdings gibt es bei den fokalen Unternehmen eine starke Tendenz zur vertikalen Desintegration und zur Rücknahme der Diversifikation, auch wenn in einigen Bereichen ebenso Gegentendenzen wie die Entwicklung neuer Strategien der Diversifikation und der vertikalen Integration zu beobachten sind.

Die Verbreitung des Shareholder Value-Konzepts und die Durchsetzung einer stärker kapitalmarktorientierten Unternehmensführung sind keineswegs die einzige Triebkraft der Desintegration fokaler Unternehmen, diese hängt auch mit Veränderungen der Produktmärkte und der Produktionsprozesse zusammen. Durch die Sättigung der Massenmärkte für standardisierte Konsumgüter, den Rückgang der Wachstumsraten, die Verschärfung der Konkurrenz sowie die technologischen Umbrüche ist der Druck zur Verkürzung der Produktlebenszyklen und damit der Produktentwicklungs-, Produktions- und Zirkulationszeiten, der »*time to market*« in vielen Branchen gestiegen. Auch dies erhöht für fokale Unternehmen den Druck zu einer stärkeren Mobilisierung und Konzentration von Ressourcen, zum Outsourcing und zu einer intensiveren Kooperation mit Zulieferern. Die konkrete Reichweite der Tendenz zur Desintegration hängt ebenfalls stark von den Bedingungen einzelner Produktmärkte und Produktionsprozesse ab, wie der Branchen-, Länder- und Unternehmensvergleich zeigt.

Im Folgenden möchte ich zunächst auf den Inhalt des Shareholder Value-Konzepts eingehen, um dann die neuen Geschäftsmodelle und die damit zusammenhängenden Veränderungen der Wertschöpfungsketten anhand eines Vergleichs zwischen der aus der Verschmelzung von digitaler Datentechnik und Telekommunikation hervorgehenden InfoCom-Industrie und der Automobilindustrie zu skizzieren.[1] Der Vergleich zwischen diesen beiden Branchen ist insofern von besonderem Interesse, als die Automobilindustrie der führende, leitbildgenerierende Sektor des Fordismus war, während die InfoCom-Industrie einen zentralen Stellenwert für die »*New Economy*« hat.

## 1. Das Shareholder Value-Konzept[2]

Das Konzept des Shareholder Value besagt im Kern, dass ein Unternehmen vorrangig den Interessen seiner Eigentümer zu dienen habe. Mit der Privilegierung der Interessen der Aktionäre zielt das Shareholder Value-Konzept, das Alfred Rappaport, Professor an der *Northwestern University* in Chicago und Mitbegründer der Unternehmensberatung *The Alcar Group*, Mitte der 1980er Jahre erstmals systematisch ausgearbeitet hatte, auf die Zurückweisung oder zumindest Unterordnung der Ansprüche anderer möglicher Interessengruppen. In erster Linie müsse der Wert des Unternehmens für die Anteilseigner, der Shareholder Value, maximiert werden. Nur in dem Maße, in dem dies gelinge, könnten auch andere Ansprüche wie die der Konsumenten auf qualitativ hochwertige Produkte, der Beschäftigten auf sichere Arbeitsplätze oder des Staates auf Steuereinnahmen erfüllt werden. »In einer Marktwirtschaft, die die Rechte des Privateigentums anerkennt, besteht die einzige soziale Verantwortung der Unternehmen darin, Shareholder Value zu schaffen, und dies auf legale und integre Weise zu tun,« so Rappaport (1998, 5).

---

[1] Die folgenden Ausführungen zur InfoCom- und Automobilindustrie beruhen auf der Arbeit in dem von der DFG geförderten Projekt »Vom chandlerianischen Unternehmensmodell zum Wintelismus?«, das 2000-2002 unter der Leitung von Ulrich Jürgens am Wissenschaftszentrum Berlin für Sozialforschung durchgeführt wurde. An diesem Projekt waren außerdem Heinz-Rudolf Meißner, Leo Renneke und Christina Teipen beteiligt (vgl. Jürgens u.a. 2003, Jürgens 2003, Sablowski 2003, Jürgens/Sablowski 2003). An den hier zitierten Interviews waren Ulrich Jürgens, Heinz-Rudolf Meißner, Tim Sturgeon und Christina Teipen teilweise beteiligt.

[2] Die Darstellung in diesem Abschnitt greift zurück auf Sablowski/Rupp 2001 und Sablowski 2004.

Das Aufkommen des Shareholder Value-Konzepts steht in engem Zusammenhang mit der Krise des Fordismus. Deren erste Phase von den späten 1960er Jahren bis Mitte der 1970er Jahre war durch zunehmende Widerstände gegen die mit der tayloristischen Arbeitsorganisation einhergehende Intensivierung und Degradierung der Arbeit, eine Zunahme von sozialen Kämpfen, die Stärkung der Linken, den Ausbau des Sozialstaats und einen Anstieg der Lohnquote gekennzeichnet. Die Kehrseite dieses Prozesses war – in Verbindung mit einer zunehmenden Kapitalintensität der Produktion und einer Abnahme der Produktivitätszuwächse – ein Rückgang der Profitabilität industrieller Unternehmen. Gleichzeitig verschärfte sich die internationale Konkurrenz durch die nachholende Entwicklung in Westeuropa und Japan, die zum Aufbau von Überkapazitäten im globalen Maßstab führte. Die Verschiebung der Kräfteverhältnisse zugunsten der Lohnabhängigen konnte nicht durch den Übergang zu einem neuen Entwicklungsmodell stabilisiert werden, vielmehr kam es im Verlauf der Krise zu einem Umschlag der Kräfteverhältnisse, der dann zu der neoliberal geprägten Restrukturierung der kapitalistischen Verhältnisse führte, die die zweite Phase der Krise des Fordismus prägte.

Als Vehikel der Restrukturierung der Großunternehmen gewann dabei zunehmend der Kapitalmarkt an Bedeutung. In den USA war der Börsenwert einer Reihe von Unternehmen während der Krise des Fordismus unter ihren Buchwert gesunken, sodass eine »feindliche Übernahme« dieser Unternehmen mit dem Ziel ihres anschließenden Weiterverkaufs als Ganzes oder in Teilen insbesondere für Investmentbanken und einen neuen Typus von Finanzinvestoren als gewinnträchtiges Geschäft erschien. Es kam zu einer Welle des kreditfinanzierten Ausverkaufs (*leveraged buyout*) von Unternehmen und insbesondere zur Zerschlagung von Konglomeraten. War der Aktienmarkt für die Finanzierung der Unternehmen gegenüber der Finanzierung durch einbehaltene Gewinne oder Kredite auch weiterhin von untergeordneter Bedeutung, so gewann er in seiner Funktion als »Markt für Unternehmenskontrolle« doch an Bedeutung. Ein hoher Aktienkurs wurde für die Unternehmen essenziell, um einer feindlichen Übernahme zu entgehen und selbst eine aktive Rolle im Konzentrations- und Zentralisationsprozess des Kapitals spielen zu können.

Die Überakkumulation von Kapital führte auch dazu, dass immer größere Mengen von Kapital, die industriell nicht mehr gewinnbringend angelegt werden konnten, in den Finanzsektor verschoben wurden. Die Krise des Fordismus wurde so zum Ausgangspunkt für die Deregulierung und Liberalisierung der Finanzmärkte und die Entwicklung einer Vielzahl von Finanzinnovationen. Die industriellen Unternehmen profitierten einerseits von der Entwicklung der Finanzmärkte durch eine Erweiterung ihrer Finanzierungs- und Anlagemöglichkeiten, andererseits gerieten sie auch stärker unter den Druck institutioneller Investoren wie Versicherungen, Investment- und Pensionsfonds, die gleichzeitig an Bedeutung gewannen. Aus der Sicht der Finanzinvestoren handelt es sich bei der Investition in eine Aktie oder Unternehmensanleihe grundsätzlich um einen Vermögensgegenstand wie jeden anderen, der primär unter dem Gesichtspunkt der erzielbaren Rendite und der damit verbundenen Risiken betrachtet und verglichen werden muss.

Die Strukturveränderungen in Folge der Krise des Fordismus und der Entwicklung der Finanzmärkte fanden ihren theoretischen Ausdruck unter anderem in der Entwicklung der mikroökonomischen *Principal-Agent*-Theorie, die das Verhältnis von Eigentümer (*Principal*) und Manager (*Agent*) problematisiert (vgl. Jensen/Meckling 1976). Die Principal-Agent-Theorie griff damit nur das alte Thema der Corporate Governance, der Steuerung von Unternehmen unter den Bedingungen der Trennung von Eigentum und Kontrolle wieder auf, das die Wirtschaftswissenschaft schon seit der Verbreitung der Aktiengesellschaften beschäftigt hatte (vgl. z.B. Bearle/Means 1932/1991), das aber durch die Krise der 1970er Jahre und die relativ niedrigen Aktienkurse virulent geworden war. Aus der Sicht der Principal-Agent-Theorie waren die niedrigen Aktienkurse ein Indiz dafür, dass Manager nicht primär die Interessen der Kapitaleigner, sondern ihre eigenen Interessen verfolgten. Ihr zufolge mussten die Manager durch geeignete Anreizmechanismen gezwungen werden, die Aktionärsinteressen zu ihren eigenen Interessen zu machen.

Vor dem Hintergrund der Übernahmeschlachten und der von den Principal-Agent-Theoretikern angestoßenen Corporate-Governance-Diskussion entwickelten Managementtheoretiker US-amerikanischer *Business Schools* und Unternehmensberater in den 1980er und 1990er Jahren verschiedene Varianten des Shareholder Value-Konzepts, die versprachen, den (vermeintlichen) Gegensatz zwischen Eigentümern und Managern auflösen und mit der Entwicklung bestimmter Kennziffern und Methoden zur Messung des Shareholder Value auch Anleitungen zu seiner Maximierung geben zu können (vgl. Rappaport 1998, Stewart II 1991, Copeland u.a. 1998, Black u.a. 1998). Dabei wurde nicht einfach die sich aus den gezahlten Dividenden und Preisbewegungen einer Aktie ergebende Aktienrendite zum Maßstab des Shareholder Value gemacht. Vielmehr präsentierten die Unternehmensberater kompliziertere Kennziffern, die ihren Anspruch, ein spezifisches Managementwissen verkaufen zu können, begründeten. Der Unternehmensberatung Stern Stewart & Co. gelang es sogar, die von ihr in die Diskussion gebrachte Kenngröße des *Economic Value Added* (EVA) als Markenzeichen schützen zu lassen. Dabei war das von den Unternehmensberatern beanspruchte Wissen bezüglich des Shareholder Value im Grunde weder neu noch besonders originell, denn es handelte sich vor allem um die Popularisierung von bereits in den 1950er und 1960er Jahren von Harry M. Markowitz, Franco Modigliani, Merton H. Miller und anderen entwickelten Konzepten der mikroökonomischen Finanzierungs- und Kapitalmarkttheorie.

Das Shareholder Value-Konzept baut auf Konzepten finanzieller Unternehmenskontrolle auf, die in den USA bereits seit den 1960er Jahren dominant waren (vgl. Fligstein 1990), und modifiziert diese. Mit früheren Konzepten finanzieller Unternehmenskontrolle teilt das Shareholder Value-Konzept die Sichtweise des Unternehmens als eines Bündels von Vermögensgegenständen und Investitionen. Überkommene finanzielle Kennziffern wie der *Return on Investment* (RoI) oder der Gewinn pro Aktie werden jedoch nicht für aussagekräftig gehalten, da die ihnen zugrunde liegenden bilanziellen Größen nahezu beliebig manipulierbar seien. Ferner könnten Investitionsentscheidungen nicht auf eine Analyse historischer Daten gestützt werden, notwendig sei vielmehr eine zukunftsbezogene Betrachtung (vgl. Rappaport 1998, 13-31).

So soll *der für die Zukunft erwartete Cash-flow*, d.h. die Summe der Zahlungsströme eines Unternehmens, zur Grundlage von Investitionsentscheidungen gemacht werden. Der zur Verfügung stehende *Cash-flow*, der sich aus dem Überschuss der Einzahlungen über die Auszahlungen ergibt, ist in der Regel höher als der buchhalterische Gewinn, denn letzterer ist eine Restgröße, die sich ergibt, indem vom Cash-flow unter anderem die Abschreibungen für vorgenommene Investitionen abgezogen werden. Die Verschiebung vom Bilanzgewinn zum Cash-flow hat eine wichtige Implikation: Während beim Bilanzgewinn als Bezugsgröße und bei der Berücksichtigung von Abschreibungen immer schon mitgedacht ist, dass ein Unternehmen Ersatzinvestitionen vornehmen, also verbrauchte Maschinen und Anlagen ersetzen muss, um einen bestimmten Produktionsprozess fortzusetzen, wird mit dem Cash-flow jeweils der Gesamtbestand an flüssigen Mitteln des Unternehmens als Verfügungsmasse betrachtet, die in unterschiedlicher Weise reinvestiert oder auch an die Anteilseigner ausgeschüttet werden kann. Dies schließt prinzipiell auch die Möglichkeit der Auflösung existierender Produktionslinien oder Unternehmen ein.

Das Shareholder Value-Konzept berücksichtigt ferner den »Zeitwert« des Geldes, d.h. es unterstellt, dass Geld als Kapital fungiert und sich im Laufe der Zeit vermehrt. Die Verfügung über eine Million Euro heute ist insofern mehr wert als die Verfügung über eine Million Euro in einem Jahr, kann man doch das Geld heute investieren und bekommt es in einem Jahr mit Zinsen zurück. Dies bedeutet im Umkehrschluss, dass eine für die Zukunft erwartete Zahlung diskontiert, d.h. um den erwartbaren Zinssatz vermindert werden muss, wenn ihr »Barwert«, ihr Wert aus heutiger Sicht ermittelt werden soll. Wird ein Unternehmen als Vermögensgegenstand beurteilt oder werden verschiedene Investitionsmöglichkeiten verglichen, so muss jeweils der *diskontierte Cash-flow* zugrunde gelegt werden, den das investierte Kapital erbringt.

Aber welcher Zinssatz soll bei der Diskontierung verwendet werden? Für das Fremdkapital eines Unternehmens scheint die Sache einfach, da die an die Kreditgeber zu zahlenden Zinsen vertraglich festgelegt sind. Anders beim Eigenkapital: Hier werden kalkulatorische Zinsen verwendet, die dem spezifischen Risiko der jeweiligen Investition Rechnung tragen sollen. Herangezogen wird also der Zinssatz für vergleichbare, relativ risikolose Investitionen, etwa in bestimmte Staatsanleihen, und dieser wird um markt- und unternehmensspezifische Risikoaufschläge erhöht. Die kalkulatorischen Zinsen für das Eigenkapital fallen damit in der Regel erheblich höher aus als die Zinsen für das Fremdkapital. Die entsprechend der Kapitalzusammensetzung eines Unternehmens gewichteten Zinsen für das Eigen- und Fremdkapital stellen aus der Perspektive des Shareholder Value-Konzepts die »Kapitalkosten« dar, sie implizieren eine Mindestrendite, die erreicht werden muss. »Wert« wird aus der Sicht der Shareholder Value-Apostel nur dann produziert, wenn die realisierte Rendite über der Mindestrendite liegt, d.h. wenn eine überdurchschnittliche Rendite erwirtschaftet wird. Eine unterdurchschnittliche Rendite gilt bereits als »Wertvernichtung«. Stellte die Eigenkapitalrendite zuvor eine Restgröße dar, so zielt das Shareholder Value-Konzept darauf, den Eigenkapitalgebern gleichsam ein »garantiertes Mindesteinkommen« zuzusprechen (vgl. Lordon 2003, 59f.).

Neue Steuerungskonzepte und Leitbilder werden in der Regel in den Unternehmen nicht eins zu eins umgesetzt. Dies gilt auch für das Shareholder Value-Konzept im engeren Sinne, d.h. in den von den Unternehmensberatern propagierten Formen. In der Praxis finden wir z.B. auch bei den Unternehmen, die eine »wertorientierte Unternehmensführung« (so die deutsche Übersetzung der Shareholder Value-Orientierung) für sich beanspruchen, eine friedliche Koexistenz alter und neuer Finanzkennziffern, die relativ willkürlich herangezogen werden, um die eigene Performance zu evaluieren bzw. darzustellen. Insofern wäre es ein Fehler, die Bedeutung des Shareholder Value-Konzepts zu überschätzen. Es wäre aber auch ein Fehler, seine Bedeutung zu unterschätzen, denn seine Diffusion ist unbestreitbar, auch wenn es sich in einzelnen Fällen nur um eine neue Fassade handeln mag. Tatsächlich ist eine stärker am Kapitalmarkt orientierte Unternehmensführung seit den 1990er Jahren auch in Deutschland gerade bei führenden Großunternehmen zu verzeichnen.

Die am Kapitalmarkt bzw. am Shareholder Value orientierte Unternehmensführung hat eine Reihe von problematischen Implikationen:
- Die von den Verfechtern des Shareholder Value-Konzepts zu seiner Begründung vorgebrachte Kritik an den bilanziellen Manipulationsmöglichkeiten bei traditionellen Finanzkennziffern trifft in noch höherem Maße auf den Discounted Cash-flow selbst zu. Sowohl die zukünftig erwarteten Cash-flows als auch die in die Diskontierung eingehenden Risikoaufschläge können nahezu beliebig festgesetzt werden.
- Die geforderte überdurchschnittliche Rendite kann schon aus rein logischen Gründen nur von einer begrenzten Anzahl von Unternehmen erreicht werden. Daran kann auch ein Abzug von Kapital aus den Unternehmen, die angeblich Shareholder Value vernichten, nichts ändern. Allerdings werden die Unternehmen in eine selbstbezügliche Renditespirale getrieben: Mit jeder erfolgreichen Produktion von Shareholder Value wird die Messlatte wieder ein Stückchen höher gelegt.
- Eine Erhöhung der Rendite kann erreicht werden, indem entweder der Cash-flow bzw. der Gewinn gesteigert wird oder die Kapitalbasis vermindert wird. Letzteres kann zur Zurückstellung oder Vermeidung notwendiger Investitionen und zur Aushöhlung eines Unternehmens führen, die seine langfristige Überlebensfähigkeit infrage stellen kann.
- Insbesondere fixes Kapital gilt zunehmend als Ballast. Die kapitalmarktorientierte Unternehmensführung drängt zu einem vermehrten Outsourcing, um die mit einer schwankenden Kapazitätsauslastung verbundenen Risiken und Ertragsprobleme auf Lieferanten abzuwälzen und so die eigene Kapitalrendite zu erhöhen.
- Propagiert wird zwar die langfristige Steigerung des Shareholder Value, in der Praxis begünstigt das Konzept jedoch kurzfristig orientierte Strategien des *Downsizing* und der Ausschüttung von Kapitalerträgen, vor allem in Form von Aktienrückkäufen, die u.a. darauf zielen, den Aktienkurs in die Höhe zu treiben und so die Position des Unternehmens im »Markt für Unternehmenskontrolle« zu verbessern. Die Notwendigkeit der kurzfristigen Renditemaximierung wird den Unternehmen durch die Konkurrenz, der sie ebenso wie die institutionellen Investoren unterliegen, aufgeherrscht.
- Die von den Vertretern des Shareholder Value befürworteten aktienbasierten Anreizsysteme wie Aktienoptionsprogramme, die eigentlich dazu dienen sollten, das Managerinteresse mit dem Aktionärsinteresse zur Deckung zu bringen, haben sich inzwischen vielfach als

Instrumente einer gesteigerten Selbstbereicherung des Managements erwiesen. Dabei ging es letztlich mehr darum, den Aktienkurs des eigenen Unternehmens mit allen Mitteln in die Höhe zu treiben, als darum, das langfristige Überleben des Unternehmens zu sichern.

- Die extremen Konsequenzen der skizzierten Dynamiken wurden in den letzten Jahren in der Serie der Bilanzskandale und Bankrotte von Unternehmen wie Enron, Worldcom usw. deutlich, die zuvor gerade als vorbildliche Produzenten von Shareholder Value gegolten hatten (vgl. Sablowski 2003a).

Im Folgenden soll anhand des Vergleichs von InfoCom-Industrie und Automobilindustrie skizziert werden, wie die Shareholder Value- und Kapitalmarktorientierung mit anderen Triebkräften und Determinanten – den Konkurrenzverhältnissen der jeweiligen Produktmärkte und den Spezifika der Produktionsprozesse – konkret zusammenwirkt und sich in veränderten Unternehmens- und Branchenstrukturen niederschlägt.

## 2. Die InfoCom-Industrie[3]

Kapitalmarktorientierte Unternehmensführung bedeutete für viele Unternehmen der InfoCom-Industrie weit mehr als die Orientierung am Shareholder Value-Konzept. Die Entwicklung der InfoCom-Industrie ist wie vielleicht keine andere mit dem Kapitalmarkt verbunden. Der Venture Capital-Zyklus (Gompers/Lerner 1999), d.h. die Investition in Start-up-Unternehmen mit dem Ziel ihres späteren Börsengangs und der Realisierung eines hohen Gründergewinns, war eine wesentliche Grundlage für die Entwicklung vieler Unternehmen, insbesondere im Silicon Valley, dem wohl wichtigsten Zentrum dieser globalen Industrie (vgl. Kenney/Florida 2000). Die InfoCom-Industrie hat wesentlich von dem Börsenboom der 1990er Jahre profitiert, der umgekehrt stark von ihr angetrieben wurde. Führende Unternehmen der »New Economy« wie der Netzwerkausrüster Cisco Systems entwickelten neue, kapitalmarktorientierte Geschäftsmodelle. Sie nutzten Aktien zur Finanzierung, als Übernahmewährung bei Akquisitionen und als Mittel der Entlohnung und der Bindung von Beschäftigten.

So organisierte Cisco, das Unternehmen mit der auf dem Höhepunkt des »New Economy«-Booms im Frühjahr 2000 höchsten Börsenkapitalisierung der Welt, sein Wachstum im Wesentlichen auf der Basis von Akquisitionen, die zumeist mit eigenen Aktien bezahlt wurden. Von 1993 bis 2001 akquirierte Cisco 73 überwiegend im Silicon Valley angesiedel-

---

[3] Vgl. zu diesem Abschnitt ausführlicher Sablowski 2003.

te kleinere Unternehmen mit insgesamt etwa 7.000 Beschäftigten. Die Akquisitionen zielten primär auf die Aneignung neuer Technologien und Produktlinien. Cisco zehrte jedoch nicht nur von dem Innovationsmilieu des Silicon Valley, das Unternehmen agierte auch selbst als Venture Capitalist und trug so zu dessen Reproduktion bei. Im Laufe der Jahre beteiligte sich Cisco an etwa 100 Start-up-Unternehmen und förderte dabei vor allem die Entwicklung von Komponentenherstellern, die potenziell als Zulieferer für Cisco in Frage kamen. Durch die Minderheitsbeteiligungen war Cisco in der Lage, die Preispolitik dieser Komponentenhersteller zu beeinflussen und selbst niedrige Kosten zu realisieren. Die Kooperation mit Zulieferern wird bei Cisco als Alternative zur vertikalen Integration gesehen, die ausdrücklich abgelehnt wird (Interview Cisco, San José, 9.11.2001).

Die vertikale Desintegration betrifft nicht nur den Komponentenbereich. Cisco und andere Unternehmen der »New Economy« konzentrierten sich von vornherein auf die Produktentwicklung sowie Marketing und Vertrieb. Der gesamte Fertigungsprozess der Endprodukte wird dabei Kontraktfertigern überlassen, die auch den Einkauf der Komponenten, die Organisation der Zulieferkette und die Auslieferung der Produkte übernehmen. Nur zwei von etwa 30 Fabriken, in denen zu Beginn des neuen Jahrhunderts Cisco-Produkte gefertigt wurden, gehörten dem Unternehmen selbst. Cisco betreibt eigene Fertigungsstätten nur noch, um bestimmte High-End-Geräte zu fertigen und zu testen sowie aus Gründen der Qualitätssicherung von Materialien, Komponenten und Baugruppen. Dabei muss Cisco auf die Kontrolle der Wertschöpfungskette nicht verzichten. Das Internet ermöglicht eine »virtuelle Integration« mit Zulieferern und Kontraktfertigern. Daten über Aufträge, Lagerbestände und Auslieferungen sind tagesaktuell und auf einer weltweit aggregierten Basis verfügbar.

Der Vorteil dieser vertikal desintegrierten Produktion besteht zunächst in der radikalen Minimierung des fixen Kapitals auf Seiten der Markenhersteller, die durch ihre Kontrolle der Produktdefinition und der Kundenbeziehungen in der Regel auch die fokalen Unternehmen sind, die die Wertschöpfungskette beherrschen. Das Machtgefälle zwischen Markenherstellern und Kontraktfertigern zeigt sich u.a. an einem deutlichen Gefälle der Gewinnmargen. Die Markenhersteller können das Risiko der Auslastung der Produktionskapazitäten damit auf die Zulieferer und Kontraktfertiger abwälzen.

Die Kontraktfertiger wiederum können eine bessere Kapazitätsauslastung und größere Skaleneffekte erzielen, indem sie für verschiedene Markenhersteller und auch für verschiedene Branchen produzieren und so das Risiko von Auftragsschwankungen besser abpuffern können als die fordistischen vertikal integrierten Unternehmen. Für das dynamische Wachstum der Kontraktfertiger ist entscheidend, dass es sich bei dem Kernbereich ihrer Tätigkeit, der Leiterplattenbestückung, um einen standardisierten, generischen Prozess jeglicher Elektronikproduktion handelt, der nicht nur in der Computer- und InfoCom-Industrie, sondern auch in der Automobilindustrie, der Medizintechnik, der Unterhaltungselektronik usw. Anwendung findet. Größere *Economies of scale* erzielen die Kontraktfertiger nicht nur in der Fertigung selbst, sondern auch beim Einkauf von Standardbauteilen.

Ein weiterer Vorteil des vertikal desintegrierten Produktionsmodells besteht in den *Economies of speed* (Sturgeon), die in der Kooperation der desintegrierten Unternehmen realisiert werden können. Dies ist gerade angesichts der raschen technologischen Umbrüche in der noch jungen InfoCom-Industrie unabdingbar.

Die organisatorische Aufspaltung der Wertschöpfungskette auf verschiedene Unternehmen erleichtert außerdem die Segmentierung der Arbeitsverhältnisse, d.h. die Kombination unterschiedlicher Formen der Mehrwertproduktion, und damit ein insgesamt höheres Ausbeutungsniveau. Die Durchsetzung radikal unterschiedlicher Arbeitsbedingungen ist in einem integrierten Unternehmen viel schwieriger zu realisieren. Bei den Markenherstellern dominiert durch die Konzentration auf Produktentwicklung und Marketing eine *White-collar*-Belegschaft, bei den Kontraktfertigern dagegen eine *Blue-collar*-Belegschaft. Außerdem ist die Kontraktfertigung eine typische Niedriglohnproduktion, in der zum großen Teil Frauen beschäftigt werden und die zunehmend in den Ländern der kapitalistischen Peripherie stattfindet. Dass die Hardware-Fertigungsprozesse so leicht verlagert werden können, hängt wiederum mit ihrem hohen Standardisierungsgrad zusammen. An ihren US-amerikanischen Standorten beschäftigen die Kontraktfertiger vorzugsweise MigrantInnen, d.h. sie machen sich neben der sexistischen auch die im Staatensystem strukturell eingeschriebene rassistische Diskriminierung zunutze (vgl. Lüthje 2002, Lüthje/Sproll/Schumm 2002, Lüthje/Sproll 2003). Stefanie Hürtgen (2003) hat bei der Untersuchung osteuropäischer Kontraktfertigungsbetriebe festgestellt, dass deren Löhne noch unterhalb des regionalen Durchschnitts liegen.

Traditionelle, vertikal integrierte Telekommunikationsausrüster wie z.B. Siemens gerieten durch die Dynamik der Computer- und Internetunternehmen des Silicon Valley unter erheblichen Druck. Während des Börsenbooms der 1990er Jahre galt Siemens zunächst als schwerfälliges Konglomerat, das die sich bietenden Chancen der »New Economy« nicht nutzte. Investoren und Analysten verlangten ein strengeres Portfoliomanagement und eine stärkere Fokussierung auf den wachstumsträchtigen InfoCom-Bereich. Siemens reagierte darauf im Juli 1998 mit dem »Zehn-Punkte-Programm zur nachhaltigen Steigerung der Ertragskraft« (Siemens 2002). Dieses Programm sah die Optimierung des Geschäftsportfolios durch Desinvestitionen und Akquisitionen, die Reduzierung der Kapitalbindung und Maßnahmen zur Verbesserung der Kapitalstruktur und des Aktienkurses vor. Ähnlich wie General Electric verlangte der breit diversifizierte Elektro- und Elektronikkonzern von seinen Geschäftsbereichen fortan, sie sollten im Weltmarkt den ersten oder zweiten Platz einnehmen. Parallel führte Siemens konzernweit ein am Shareholder Value orientiertes Steuerungskonzept ein. Ab dem 1.10.1998 wurde von allen Bereichen ein positiver »Geschäftswertbeitrag«, d.h. ein über den Kapitalkosten liegender Gewinn erwartet. Siemens legte eine konzernweite Mindestrendite von 10% fest, die allerdings für die verschiedenen Bereiche differenziert wurde. So lag sie im Halbleiter- und Computerbereich höher, bei Osram dagegen niedriger (vgl. Handelsblatt, 1.12.1997; Börsen-Zeitung, 2.12.1997). Die Entlohnung der Führungskräfte wurde an das neue Zielsystem gekoppelt. Im November 1998 verkündete Siemens ein Desinvestitionsprogramm, um die Kapitalbindung wie angekündigt zu verringern. Der kapitalintensive und konjunkturanfällige Halbleiterbereich, die Bereiche Passive Bauelemente und Röhren, Elektromechanische Komponenten, Nachrichtenkabel und eine Reihe weiterer Geschäfte und Beteiligungen sollten abgestoßen werden. Dies führte u.a. zu den Börsengängen von Infineon und Epcos.

Hätte der »New Economy«-Boom noch länger angedauert, so hätte Siemens möglicherweise ähnlich wie Alcatel und Marconi die Diversifikation noch stärker zurückgenommen und sich weiter auf den InfoCom-Bereich konzentriert. Mit der Krise wurde diese Entwicklung vorerst gestoppt. Siemens konnte das während des Booms verfolgte Ziel, sich zum Komplettanbieter im InfoCom-Sektor zu entwickeln, also möglichst in allen Technologie- und Produktbereichen präsent zu sein, nicht realisieren, und engagiert sich jetzt nur noch in den Teilbereichen des InfoCom-Sektors, in denen eine Marktführerschaft erreichbar scheint. Das Unternehmen ist in dieser Hinsicht kein Einzelfall. Die Krise hat bei den schon zuvor stärker auf den InfoCom-Bereich konzentrierten Herstellern wie Lucent, Nortel, Ericsson und Nokia zu einer weiteren Spezialisierung und Konzentration der Ressourcen geführt. Die Aushöhlung der Unternehmen geht dabei so weit, dass langfristig die Innovationspotenziale reduziert werden. So äußerte ein ehemaliger Forschungsdirektor von Nortel im Interview, dass Nortel inzwischen zwar noch Produktentwicklung, doch keine Forschung im eigentlichen Sinne mehr betreiben würde. Nortel hofft offenbar, dies durch den stärkeren Zugriff auf öffentlich finanzierte Forschung kompensieren zu können – eine Strategie, die in einer Zeit verschärfter staatlicher Budgetrestriktionen besonders problematisch ist (Interview Nortel, Ottawa, 24.10.2001).

Die sektorale Arbeitsteilung ist durch die Krise noch stärker in Fluss geraten. Eine Gefahr des vertikal desintegrierten Produktionsmodells liegt für die Markenhersteller darin, dass sich die Machtverteilung zwischen den Akteuren entlang der Wertschöpfungskette zu ihren Ungunsten verschieben könnte, wie der Fall der PC-Produktion zeigt. Hier hat IBM mit der Öffnung der Produktarchitektur und dem Einkauf von Mikroprozessoren und Betriebssystemen auch die fokale Position in der PC-Produktion an Intel und Microsoft verloren. Andererseits wurden Hersteller von Mikrocomputern wie Apple, die ihre Produktarchitekturen nicht öffneten, auf abgeschlagene Positionen verdrängt, d.h. die Hersteller, die auf der Basis offener Produktstandards konkurrierten, erwiesen sich gegenüber den Herstellern, die auf der Basis geschlossener proprietärer Produktstandards konkurrierten, als überlegen. Der »Wintelismus« (Borrus/Zysman 1997), d.h. die Konkurrenz auf der Basis offener Produktstandards und modularer Produktarchitekturen mit der Verschiebung der fokalen Position von den Endherstellern zu den Komponentenherstellern, wie sie sich in der PC-Industrie findet, markiert jedoch einen Grenzfall der vertikal desintegrierten Produktion. Bei der Produktion von Netzwerk- und Telekommunikationsausrüstungen findet sich keine vergleichbar offene, modulare Produktarchitektur und auch keine vergleichbare Trennung von Hardware- und Softwareproduktion. Die Markenhersteller der InfoCom-Industrie behalten bisher vielmehr Schlüsselprozesse der Hardware- und Softwareentwicklung und damit die Kontrolle über die Produktarchitektur und die Innovations- und Verwertungszyklen in ihrer Hand.

Nach dem Börsencrash der Jahre 2000-2003 und den zahlreichen Bilanzskandalen und Bankrotten gerade auch im Internet- und Telekommunikationssektor haben die kapitalmarktorientierten Geschäftsmodelle, die in der InfoCom-Industrie zur höchsten Blüte gelangten, etwas von ihrem Glanz verloren. Börsengänge waren in dem durch Kapitalabzug und sinkende Kurse geprägten Umfeld nicht mehr attraktiv, dadurch wurde der Venture-Capital-Zyklus unterbrochen, auch die Zahl der Fusionen und Übernahmen nahm deutlich ab. Die Anreizfunktion von Aktienoptionsprogrammen wird inzwischen deutlich kritischer gesehen, führende Unternehmen wie Microsoft verzichten nun auf dieses Instrument. Das auf der Arbeitsteilung von Marken-, Komponentenherstellern und Kontraktfertigern beruhende, vertikal desintegrierte Produktionsmodell hat sich jedoch bisher als nachhaltig erwiesen. Die Krise hat die vertikale Desintegration der fokalen Unternehmen sogar noch beschleunigt.

## 3. Die Automobilindustrie

Im Gegensatz zum InfoCom-Sektor gilt die Automobilindustrie bei den Kapitalmarktakteuren gemeinhin nicht als Wachstumsbranche, sondern als reife Branche, die mit Problemen der Marktsättigung und sinkenden Wachstumsraten zu kämpfen hat. Tatsächlich ist es mit der Krise des Fordismus zu einer Verschiebung in dem widersprüchlichen Verhältnis von Produktions- und Marktökonomie gekommen: Während im Fordismus die Marktentwicklung weitgehend im Einklang mit der Produktionsökonomie erfolgte, hat sich nun die Produktion zunehmend den Erfordernissen des Marktes anzupassen.

Dies zeigt sich z.B. an der Verbreitung von Zielkostensystemen (*target costing*): Während früher die Preisbildung durch den Aufschlag einer bestimmten Gewinnspanne auf die Kosten erfolgte, wird heute zunächst festgesetzt, wie hoch der Preis eines Produkts maximal sein darf, und daraus ergeben sich dann nach Abzug der Gewinnspanne die maximal zulässigen Kosten. Aus der Shareholder Value-Perspektive heißt dies: Zielrenditen stellen sich nicht mehr gleichsam von selbst ein, gerade deswegen müssen Renditeziele explizit formuliert und gegenüber den Kalkülen der Produktion und des Marketings zur Geltung gebracht werden. Dass Renditeziele explizit forciert werden müssen, hängt also nicht nur mit der gewachsenen Bedeutung des Kapitalmarkts, sondern auch mit der veränderten Situation auf den Produktmärkten zusammen. Doch die Anwendung neuer Konzepte führt nicht unbedingt zur Aufhebung der Schranken der Kapitalverwertung. Die Profitabilität der Automobilhersteller ist nicht überdurchschnittlich, sie können keine spezifischen monopolistischen Vorteile geltend machen. Insofern ist es für die Automobilhersteller strukturell schwer, die Kriterien des Shareholder Value zu erfüllen (vgl. Froud u.a. 2002).

Neben der Steigerung der Gewinne ist die Begrenzung der Investitionen aus der Sicht von Finanzinvestoren ein probates Mittel, eine angemessene Rendite zu gewährleisten. Die Auseinandersetzung zwischen Kirk Kerkorian und der Chrysler Corporation in den Jahren 1994-96 zeigt, dass Finanzinvestoren aus kurzfristigem Renditeinteresse eine Erhöhung der Kapitalausschüttungen erzwingen können, die das langfristige Überleben eines Unternehmens infrage stellen können. Unter dem Druck des Großaktionärs Kerkorian, der mit der Kursentwicklung der Chrysler-Aktie unzufrieden war, verdreifachte Chrysler nahezu die Dividenden und führte außerdem milliardenschwere Aktienrückkaufprogramme durch. Die Rücklagen für den Ausgleich konjunktureller Schwankungen und für zukünftige Produktentwicklungsprogramme wurden dadurch aufgezehrt, schließlich sah sich das Management gezwungen, den damals profitabelsten Automobilhersteller zu verkaufen. Und schon bald nach der Fusion mit Daimler-Benz traten die Probleme Chryslers zutage.

Die Bedeutung des Shareholder Value ist in der Automobilindustrie jedoch nicht nur wegen der hohen Renditeerwartungen der Investoren im Zuge des Börsenbooms der 1990er Jahre gewachsen. Sie hängt auch mit den Expansionsstrategien der großen Automobilhersteller zusammen, mit denen diese auf die Sättigung der Massenmärkte reagiert haben. Verfolgten sie noch in den 1980er Jahren Diversifikationsstrategien in Bereichen wie der Elektronik und der Luft- und Raumfahrtindustrie, so rückte in den 1990er Jahren die Erweiterung der Modellpaletten und die internationale Expansion ins Zentrum ihrer Wachstumsstrategien. Um möglichst in allen wichtigen Märkten präsent zu sein, wurden kleinere Fahrzeughersteller aufgekauft. Mit der Beschleunigung des Konzentrationsprozesses gewann der Aktienmarkt als Markt für Unternehmenskontrolle an Bedeutung.

Eine feindliche Übernahme durch Konkurrenten droht denjenigen Automobilherstellern, deren Aktienkurs sich im Branchenvergleich stark unterdurchschnittlich entwickelt oder die in Zahlungsschwierigkeiten geraten. Bei der Marktkapitalisierung bestehen zwischen den Automobilherstellern große Unterschiede. Sie betrug beispielsweise im Dezember 2000 bei VW 14 Mrd. Euro, bei General Motors 39 Mrd., bei Ford 56 Mrd., bei DaimlerChrysler 57 Mrd. und bei Toyota 80 Mrd. Euro.[4] Die Übernahmegefahr mag bei Unternehmen in »Streubesitz« größer sein als bei denjenigen, die einen »harten Kern« von Großaktionären haben. Doch können sich auch die Präferenzen von Großaktionären schnell ändern, wenn sich die wirtschaftliche Lage ihres Unternehmens verschlechtert. Dies zeigen etwa die Auseinandersetzungen in der Familie Agnelli wegen der Zukunft von Fiat. Hinzu kommt, dass institutionelle Regelungen zur Verhinderung feindlicher Übernahmen in der neoliberal geprägten politischen Öffentlichkeit in Verruf geraten sind. So steht z.B. das aus dem Jahr 1960 stammende VW-Gesetz, das das Stimmrecht einzelner Aktionäre der Volkswagen AG auf 20% begrenzt, seitens der EU-Kommission stark unter Druck.

Die Neuausgabe von Aktien spielt zwar für die Finanzierung der Automobilhersteller eine untergeordnete Rolle, dennoch sind die internationalen Finanzmärkte für sie auch in ihrer Finanzierungsfunktion wichtiger geworden. Die Aufnahme von Fremdkapital erfolgt zunehmend über den Kapitalmarkt und nicht mehr nur über den traditionellen Bankkredit. In der Diskussion über die Globalisierung der Finanzmärkte wird oft nur

---

[4] Nach Automotive Intelligence (http://www.autointell.com/core/market-capa-2000.htm).

die Rolle von Investmentbanken und institutionellen Anlegern wie Investment- und Pensionsfonds thematisiert (vgl. z.B. Huffschmid 1999); dass Industrieunternehmen aber selbst ein Interesse an der Entwicklung der Finanzmärkte haben und dort zentrale Akteure sind, bleibt außer Betracht. Die Autohersteller zählten zu den Pionieren bei der Verbreitung neuer, für sie günstigerer Finanzierungsformen. So war die Volkswagen AG 1990 das erste deutsche Unternehmen, das die in den USA in den 1980er Jahren eingeführten *Asset Backed Securities* nutzte, indem sie eigene Autoleasing- und -kreditforderungen verbriefte (Interview VW, Wolfsburg, 26.3.01). Die Daimler-Benz AG war 1992 eins der ersten Unternehmen, das in Deutschland *Medium Term Notes* (Anleihen auf den Euromärkten mit einer Laufzeit zwischen ein und zehn Jahren) emittierte (vgl. Bea u.a. 1997, 103f.; Blenkinsop 1994, 71). Die Internationalisierung der Produktion und des Absatzes geht auch mit der Internationalisierung der Finanzierung einher. Kapital wird oft dort aufgenommen, wo Investitionen geplant sind, es sei denn, die Finanzierung in dem betreffenden Land wäre erheblich teurer. Im Übrigen verschulden sich Unternehmen wie Volkswagen oder PSA langfristig, wenn die Zinsen an den Anleihemärkten niedrig erscheinen, auch wenn sie das Kapital nicht unmittelbar brauchen (Interview VW, Wolfsburg, 26.3.01; Jürgens u.a. 2002, 75). Dies führt tendenziell zur Hortung liquider Mittel, die wiederum kurzfristig auf den Finanzmärkten angelegt werden. Durch die Nutzung der Kapitalmärkte zur Finanzierung sind die Automobilhersteller von den Banken ihres Herkunftslandes als Kreditgeber unabhängiger geworden, allerdings gewinnen nun die Bewertung der Unternehmen durch die »öffentliche Meinung« auf dem Kapitalmarkt, das Monitoring durch Analysten und Ratingagenturen und die Pflege der »Investor Relations« an Bedeutung.

Die Orientierung am Shareholder Value hat in der Automobilindustrie insgesamt an Bedeutung gewonnen, wenngleich die Entwicklung bei den einzelnen Unternehmen ungleichzeitig verlaufen ist – mit Vorreitern wie den US-amerikanischen Herstellern und der Daimler-Benz AG in Deutschland, mit Nachzüglern und Skeptikern wie der Volkswagen AG oder den japanischen Herstellern. Episoden wie etwa der Widerstand der Porsche AG gegen die Veröffentlichung von Quartalsberichten, eine Auflage der Deutschen Börse für die Berücksichtigung des Automobilherstellers im MDAX, dürfen nicht darüber hinwegtäuschen, dass der Shareholder Value allgemein Eingang in die Leitbilder der Unternehmen gefunden hat. Allerdings stehen die Anforderungen der Finanzinvestoren in einem widersprüchlichen Verhältnis zu anderen Anforderungen, die sich aus der Konkurrenz auf den Produktmärkten oder aus den Produktionsprozessen ergeben. Teilweise verstärkt die Shareholder Value-

Orientierung Trends, die sich aus anderen Triebkräften ergeben, teilweise liegt sie quer zu ihnen. Die hauptsächlichen Trends, die sich aus dem Zusammenwirken der Anforderungen der Kapitalmärkte, der Produktmärkte und der Produktion ergeben, lassen sich mit folgenden Stichworten umreißen: Konzentration auf Kernkompetenzen und Kerngeschäfte, Suche nach rentableren Geschäftsfeldern, vertikale Desintegration.

**Konzentration auf Kernkompetenzen und Kerngeschäfte**
Die Entwicklung der Automobilhersteller schien bis in die 1980er Jahre dem von Alfred Chandler beschriebenen Modell des Wachstums durch zunehmende Diversifikation zu entsprechen. Einige Unternehmen waren ursprünglich in anderen Branchen tätig gewesen und expandierten dann in die Automobilproduktion, bei anderen verlief die Entwicklung umgekehrt von der Automobilproduktion zur Expansion in andere Bereiche. Einige gehörten von Beginn an zu großen Konglomeraten, die typisch für bestimmte nachholende Industrialisierungspfade waren (etwa in Japan, Korea). Eine Welle der Diversifikation erfolgte im Zuge der Kriegsproduktion während des Zweiten Weltkriegs, eine weitere während der 1970er und 80er Jahre als Reaktion auf die Krise des Fordismus. Letztere war insgesamt wenig erfolgreich – zu erinnern ist etwa an die Übernahme von Triumph-Adler durch Volkswagen, die Übernahme von MTU, Dornier, AEG und MBB durch Daimler-Benz, die Übernahme von Electronic Data Systems und Hughes Electronics durch GM. Zum einen stellten sich Synergien zwischen so unterschiedlichen Geschäftsfeldern wie Luft- und Raumfahrtindustrie, Eisenbahnbau, Elektronik, Telekommunikation, Maschinenbau und Straßenfahrzeugbau nicht in dem erwarteten Maße ein. Zum anderen funktionierte die Diversifikation auch nur bedingt als Risiko- und Krisenabsicherung, da die anderen Sektoren zum Teil ebenso krisenhaft waren wie das Automobilgeschäft.

In den 1990er Jahren erfolgte angesichts des Scheiterns dieser Diversifikationsstrategien und bedingt durch die Entwicklung der Finanzmärkte und die Verbreitung des Shareholder Value-Konzepts, aber auch durch die Globalisierung der Produktion und der Absatzmärkte eine Refokussierung der Automobilhersteller auf »Kernkompetenzen« bzw. »Kerngeschäfte«. Aus der Shareholder Value-Perspektive waren Konglomerate – sieht man von General Electric unter Jack Welch als dem leuchtenden Gegenbeispiel ab – ohnehin negativ zu bewerten, da sie die Allokationsfunktion des Marktes usurpierten und zur Quersubventionierung unrentabler Geschäftsbereiche tendierten. Aus der Management-Perspektive mussten die Ressourcen konzentriert werden, um den mit der Globalisierung, dem erhöhten Renditedruck und der Verkürzung der Produktlebenszyklen verbundenen Anforderungen gerecht werden zu können. War das Shareholder Value-Konzept im Kontext der Welle von feindlichen Übernahmen und Unternehmenszerschlagungen in den USA in den 1980er Jahren aufgekommen, so erwies es sich ebenso als organische Ideologie bei der »Verschlankung« von Großunternehmen in Deutschland im Laufe der 1990er Jahre. Nicht zufällig war Daimler-Benz einer der Pioniere bei der Einführung des Shareholder Value-Konzepts in Deutschland, als es im Unternehmen darum ging, die Abkehr vom Konzept des »integrierten Technologiekonzerns« durchzusetzen und die umfangreichen Akquisitionen der 1980er Jahre wieder rückgängig zu machen.

**Vom Automobilhersteller zum Mobilitäts- und Finanzdienstleister?**
Nachdem einerseits die alten, produktions- und technologiezentrierten Diversifikationsstrategien gescheitert waren und andererseits in den 1990er Jahren aber auch deutlich wurde, dass es mit der Automobilproduktion alleine ebenso schwierig ist, die Renditeerwartungen der Finanzinvestoren zu erfüllen, befanden sich die Automobilhersteller in einem Dilemma. Auf der Suche nach neuen, rentableren Kapitalanlagesphären entdeckten sie schließlich die der Automobilproduktion nachgelagerten Dienstleistungen. Die McKinsey-Berater Lance Ealey und Luis Troyano-Bermúdez hatten in einem Artikel 1996 darauf hingewiesen, dass durchschnittlich 60% der Ausgaben für die Nutzung eines Fahrzeugs nicht als Umsatz bei den Autoherstellern anfallen, sondern bei anderen Unternehmen »downstream«: Diese umfassen die Finanzierung des Autoerwerbs per Kredit oder Leasing, Versicherungen, den Verkauf von Benzin, Ersatzteilen, Autozubehör, Reparaturen, die Instandhaltung bis hin zum Altautorecycling. Der Vorschlag der Unternehmensberater, die Automobilhersteller sollten in diesem Bereich der »After sales«-Dienstleistungen expandieren, blieb nicht ungehört.

Die Automobilhersteller waren vielfach bereits in der fordistischen Ära im Autofinanzierungsgeschäft tätig gewesen. Dies war notwendig gewesen, um den Autoabsatz zu fördern, zumal viele Banken ursprünglich nicht bereit waren, Konsumentenkredite für den Erwerb langlebiger Konsumgüter zu vergeben. In der Krise des Fordismus gewinnen nun die Finanzdienstleistungen bzw. die Mobilitätsdienstleistungen wieder verstärkt an Bedeutung, da die Autohersteller sich davon einerseits eine bessere Kundenbindung und andererseits auch höhere Renditen und ein stärkeres Wachstum versprechen. Jacques Nasser formulierte dies als neuer *Chief Executive Officer* (CEO) von Ford 1999 so: »... we have to grow. You don't make money by downsizing or shutting plants or reducing your product line. (...) we're in the process of reinventing Ford as a global organization with a single strategic focus on consumers and

### Shareholder Value und die Fragmentierung von Wertschöpfungsketten

shareholder value.« (Zit. nach Wetlaufer 1999, 80) Im Geschäftsbericht 2001 der Toyota Motor Corporation heißt es: »Toyota's goal is to become a Total Mobility Services Provider. That is why we are so keen to build and foster lifetime relationships with all our customers. We are embarking on entirely new businesses to achive this... Of these, financial services receive our most zealous efforts.« (S. 9) Auch im Geschäftsbericht 2001 der Volkswagen Financial Services AG wird das Leitbild des »Mobilitätsdienstleisters« bemüht (S. 10). Das Unternehmen, das diesen Weg jedoch Ende der 1990er Jahre am konsequentesten beschritt, war Ford. Im Fall Ford werden allerdings auch die Grenzen dieser *value migration* in den Dienstleistungsbereich deutlich.

Ford hatte sich im Laufe der 1990er Jahre von der Produktion von Flugzeugen, Landmaschinen und schweren Lkw getrennt, um »the world's leading consumer company for automotive products and services« zu werden – so die offizielle Sprachregelung nach Nassers Amtsantritt als CEO im Januar 1999. Während es in der Automobilproduktion kaum gelang, eine operative Gewinnmarge von mehr als fünf Prozent zu erwirtschaften, schienen in den Dienstleistungsbereichen wie Leasing, Versicherungen, Autovermietung und Autoreparatur Margen von 10 bis 15% möglich (The Economist, 5.8.1999, 55). In den Worten von Fords Marketingchef Jim Schroer: »Auto companies are seen as firms which invest a lot and get little return. Consumer companies are seen as investing little and earning a lot.« (ebd.) Der Anteil der Dienstleistungen am Konzernumsatz war bereits vor Nassers Amtsantritt von 10,6% in den Jahren 1985-89 auf 18,5% in den Jahren 1996-98 gestiegen. Ford war damit der Autohersteller mit dem umfangreichsten Dienstleistungsgeschäft. Der Beitrag des Dienstleistungsbereichs zum Konzerngewinn ist noch größer als der Beitrag zum Umsatz. Während des Booms 1995-98 entfiel auf die Dienstleistungen ein Drittel des Konzerngewinns. Während der Krise 1991-92 konnte Ford Verluste im Automobilgeschäft in Höhe von 3,186 bzw. 1,534 Mrd. Dollar durch Gewinne im Dienstleistungsbereich in Höhe von 0,928 bzw. 1,032 Mrd. Dollar wenigstens teilweise ausgleichen (Jetin o.J., 9f.).

Das Dienstleistungsgeschäft hat offenbar den Vorzug, Konjunktureinbrüche dämpfen zu können. Andererseits blieb es auch bei Ford in seiner quantitativen Bedeutung dem Automobilgeschäft untergeordnet und weitgehend abhängig von der Fähigkeit des Konzerns, attraktive Automodelle anzubieten (vgl. Froud u.a. 2001). Darüber konnten auch Fords Akquisitionen von Autoreparaturketten, Verschrottungs- und Recyclingunternehmen, Fahrschulen und Finanzdienstleistungsunternehmen nicht hinwegtäuschen. Sieht man von den Finanzdienstleistungen ab, so beruhten Fords Profite in den 1990er Jahren in erster Linie auf dem Verkauf von »light trucks« und »sport utility vehicles« (SUVs). Hier profitierte das Unternehmen wie General Motors und Chrysler von Veränderungen im Konsumverhalten der US-amerikanischen Autofahrer und verfügte über einen Vorsprung vor der ausländischen Konkurrenz, der freilich nicht von Dauer sein konnte. Ende der 1990er Jahre resultierte über ein Drittel des Umsatzes von Ford aus dem Verkauf eines einzigen Truck-Modells (The Economist, 5.8.1999). Fords Position im klassischen Pkw-Geschäft und speziell in Europa war relativ schwach. Mit der 2001 einsetzenden Konjunkturkrise spitzte sich die Lage des Unternehmens zu, der Bestand an flüssigen Mitteln sank dramatisch ab (Fortune 26.11. 2001). Im November 2001 wurde Nasser vom Posten des CEO entbunden und sein Nachfolger Bill Ford diagnostizierte, Ford habe sich zu weit von seinem Kern entfernt: »This business is about one thing and one thing only: great products«, so Bill Ford. Die neue Mission: »designing and building the best cars and trucks in the world« (zit. nach Financial Times, 4.12.2001). In den folgenden Monaten wurden etliche Beteiligungen im Dienstleistungsbereich wieder verkauft.

Obwohl das Beispiel Ford die Grenzen der *value migration* in den Dienstleistungsbereich aufzeigt, wäre es verfehlt, daraus zu schließen, dass die Bedeutung der Dienstleistungen und speziell der Finanzdienstleistungen nun wieder rückläufig wäre. Die Bedeutung dieses Bereichs für die Kundenbindung, die Abpufferung konjunktureller Schwankungen und die Erhöhung der Konzernrenditen ist so groß, dass dieses zweite Standbein der Autohersteller bestehen bleiben wird. So erklärte VW-Vorstandsvorsitzender Pischetsrieder im Hinblick auf die angestrebte Umsatzrendite von 6,5%, ohne die Beiträge aus dem Finanzdienstleistungsbereich, dem Flottenmanagement und dem Gebrauchtwagenhandel wären nur 3-4% möglich (Jürgens 2003, 19 nach Financial Times, 12.9.2001: »VW may expand financial arm«).

**Vertikale Desintegration der Automobilhersteller**
Bei den Automobilherstellern findet ähnlich wie bei den Markenherstellern der InfoCom-Industrie eine Abkehr von der vertikalen Integration statt, die für die fordistische Ära kennzeichnend war. Dies hat verschiedene Gründe. Einerseits können die Automobilhersteller den steigenden Aufwand für die Ausweitung ihrer Modellpaletten nicht mehr alleine tragen und versuchen, Investitionskosten auf die Zulieferer abzuwälzen. Auch ist die »*time-to-market*« hier wie in der InfoCom-Industrie ein entscheidender Wettbewerbsfaktor, sie kann durch die Kooperation mit den Zulieferern verkürzt werden. Andererseits können die Automobilhersteller so die Kapitalbindung verringern, das Problem der Kapazitätsauslastung entschärfen, ihre Gesamtkapitalrendite erhöhen und den Anforde-

rungen des Shareholder Value besser gerecht werden. Auch das erfolgreiche Beispiel der japanischen Hersteller, die schon länger mit einer geringeren Fertigungstiefe arbeiteten, spielt hier eine Rolle.

Einen großen Schritt der vertikalen Desintegration machten General Motors und Ford mit dem Spin-off ihrer konzerninternen Zulieferbereiche, die unter den Namen Delphi und Visteon in den Jahren 1999 und 2000 an die Börse gebracht wurden. Auch Fiat ist unter dem Druck der Krise des Unternehmens dabei, die konzerninternen Zulieferer zu verkaufen, um den eigenen Schuldenberg abzutragen. Während Renault, VW und Daimler-Benz bzw. DaimlerChrysler ihre vertikale Integration ebenfalls, wenn auch weniger drastisch, reduziert haben, ist bei PSA insofern eine gegenläufige Bewegung festzustellen, als der Konzern durch die Übernahme des Zulieferers Bertrand Faure 1997/98 sein Engagement im Komponentenbereich noch ausgedehnt hat und an dem neu formierten Tochterunternehmen Faurecia, das im Jahr 2001 durch die Übernahme von Sommer-Allibert weiter gestärkt wurde, eine Mehrheitsbeteiligung hält (vgl. Jürgens u.a. 2002, 68). Der durchschnittliche Zulieferanteil am Gesamtwert eines Automobils wird sich nach Ansicht von Unternehmensberatern weiter von 60-70% im Jahr 2002 auf 70-80% im Jahr 2010 erhöhen (Jürgens 2003, 23).

Könnten die Automobilhersteller gar dem Vorbild der Elektronikindustrie folgen und die Fertigung ganz markenunabhängigen Kontraktfertigern überlassen? Die Unternehmensberatung McKinsey zumindest plädiert für den Aufbau markenunabhängiger Fertigungskapazitäten, um zyklische Nachfragespitzen abdecken zu können. Dies könne für alle Markenhersteller ein Weg sein, eine stabile Kapazitätsauslastung zu erreichen und den Shareholder Value zu steigern. Bereits heute gebe es verschiedene Unternehmen, die die Kompetenzen hätten, sich zu flexiblen Fertigungsspezialisten zu entwickeln, allerdings mangele es noch an der Entwicklung nachhaltiger Geschäftsmodelle für derartige Unternehmen (Zielke 2002). Bisher handelt es sich bei dieser Überlegung nur um ein Denkspiel. In der Tat gibt es bereits Auftragsfertiger für Nischenmodelle wie Cabrios oder Fahrzeuge mit Allradantrieb, Unternehmen wie Magna, Karmann, Bertone oder Valmet, die im Prinzip über die Kompetenz der Entwicklung und Produktion ganzer Fahrzeuge verfügen. Bei Magna wird allerdings nicht damit gerechnet, dass die Markenhersteller die Produktion ihrer Volumenmodelle abgeben werden (Interview Magna, Aurora, 26.10.2001).

Eine Voraussetzung für die weitere Durchsetzung der Kontraktfertigung ganzer Automobile wäre sicherlich eine stärkere Standardisierung der Produktion. Zwar bemühen sich verschiedene Automobilhersteller um eine Kodifizierung von Produktionssystemen, doch ist der Standardisierungsgrad der Automobilmontage weit entfernt von dem der Montage elektronischer Baugruppen, wo sich die Kontraktfertigung in großem Maßstab durchgesetzt hat. Die komplette eigentumsmäßige Aufspaltung von Produktentwicklung und Fertigung wird z.b. bei VW sehr skeptisch gesehen (Interview VW, Wolfsburg, 7.2.2001). Bis heute gilt eine enge Rückkopplung von Entwicklung, Engineering und Produktion als unumgänglich. Darüber hinaus droht den Automobilherstellern ein Imageverlust ihrer Marken, wenn sie die Produktion ganz aufgeben würden. Auch müssten sie dafür angesichts gewerkschaftlich organisierter Belegschaften vermutlich einen hohen Preis zahlen. Ein Finanzanalyst schätzte die Entwicklungsperspektiven der Kontraktfertigung in der Automobilindustrie folgendermaßen ein: »It is very small today but starting to happen. Magna produces the body for the BMW Z3 that is built in South Carolina. We will probably see more of that over time but it will be slow. The reason is because of the unions. It is very difficult for an auto maker to close a plant and to transfer vehicle production to an outside firm. That is very difficult and very expensive for them to do. What we do see is more focus on suppliers developing more expertise in a particular area and the auto makers may depend on them more.« (Interview Raymond James & Associates, Detroit, 27.7.2001)

Wahrscheinlicher als der komplette Rückzug der Markenhersteller aus der Fertigung ist demnach die stärkere Einbindung von Zulieferern bei der Entwicklung und Fertigung von Fahrzeugkomponenten und -modulen, ein Trend, der sich in den 1990er Jahren stark entwickelt hat (vgl. Jürgens 2003). Dabei sind im Zusammenhang mit der Just-in-time-Produktion »Zulieferparks« entstanden, teilweise montieren die Zulieferer ihre Module sogar unter dem Dach des Markenherstellers mit eigenem Personal bzw. sie sind an modularen Fabrikkonsortien beteiligt (z.B. im neuen Ford-Werk in Nordostbrasilien, im Volkswagen-Nutzfahrzeugwerk in Resende/Brasilien, bei der Smart-Produktion in Hambach/Frankreich, im Mercedes-A-Klasse-Werk in Juiz de Fora/Brasilien). Bei den zuletzt genannten Fällen handelt es sich bisher noch um Ausnahmen, doch verweisen sie auf eine mögliche Zukunft der Pkw-Produktion. Mit der Modularisierung der Produktarchitektur und der Reduzierung der Anzahl der Module bzw. Komponenten gelingt es den Markenherstellern insbesondere, den Aufwand im Bereich der Endmontage zu senken, dem Bereich, der bis heute nicht im gleichen Maße wie etwa der Karosserierohbau automatisiert werden konnte und in dem sich die Kontrolle des Arbeitsprozesses immer wieder als besonders schwierig erwiesen hat. Zum Teil wird das Problem jedoch nur auf die Zulieferer verschoben, und die gesamte Wertschöpfungskette bleibt mindestens genauso verletzlich.

## 4. Schlussfolgerungen

Die Analyse der Automobil- und der InfoCom-Industrie zeigt, dass die Beziehungen zum Kapitalmarkt in beiden Branchen seit den 1990er Jahren an Bedeutung gewonnen haben. Dafür sind branchenübergreifende Entwicklungen wie der Übergang zu einem stärker marktdominierten Finanzsystem und die Globalisierung der Finanzmärkte ausschlaggebend, in deren Folge sich die Finanzierungsbedingungen der Unternehmen drastisch verändert haben. Die führenden industriellen Unternehmen sind selbst bedeutende Akteure der Finanzmärkte und haben wesentlich zu ihrer Expansion beigetragen. Gleichzeitig hat sich der Konzentrations- und Zentralisationsprozess des Kapitals beschleunigt, dabei ist der Kapitalmarkt als Markt für Unternehmenskontrolle wichtiger geworden. Die Konkurrenz um Finanzierungsmöglichkeiten auf den internationalen Finanzmärkten und der Kampf um Unternehmenskontrolle haben branchenübergreifend eine stärker am Kapitalmarkt orientierte Unternehmensentwicklung begünstigt.

Sowohl die Automobil- als auch die InfoCom-Industrie sind zunehmend von der Beurteilung ihrer Aktivitäten durch die relevanten Kapitalmarktakteure abhängig. Dabei hat die InfoCom-Industrie während des »New Economy«-Booms besonders von dem durch die Internet-Spekulation bedingten, enormen Kapitalzufluss profitiert und neue, kapitalmarktorientierte Geschäftsmodelle entwickelt. Andererseits war sie in der Krise auch besonders von der drastischen Kapitalverknappung und Kapitalvernichtung betroffen. Die Entwicklung der Automobilindustrie ist vergleichsweise stetiger verlaufen, doch gerade wegen ihrer geringeren Wachstumsaussichten stand auch sie während des »New Economy«-Booms sehr stark unter Restrukturierungsdruck. Die Suche nach neuen Geschäftsmodellen wie die Profilierung als Mobilitäts- und Finanzdienstleister erwies sich dabei nur teilweise als erfolgreich. In der Krise konnte die Automobilindustrie von dem Kapitalabzug in der InfoCom-Industrie nicht recht profitieren, da dieser mit einem allgemeinen Konjunkturrückgang einherging. Der Einbruch an den Aktienmärkten und die zahlreichen Bilanzskandale haben der Verbreitung des »Shareholder Value«-Konzepts zweifellos einen Rückschlag versetzt, eine grundsätzliche Abkehr der Unternehmen davon ist jedoch nicht festzustellen.

Die Orientierung am Kapitalmarkt und am Shareholder Value ist jedoch nur eine Triebkraft für die Restrukturierung der fokalen Großunternehmen, sie steht mit den Anforderungen, die aus der Konkurrenz auf den Produktmärkten und aus den Produktionsprozessen selbst resultieren, in einem widersprüchlichen, teils gegenläufigen, teils sich wechselseitig verstärkenden Verhältnis. So werden die Fokussierung auf »Kernkompetenzen« oder »Kerngeschäfte« und die vertikale Desintegration der Markenhersteller nicht nur durch die stärkere Kapitalmarktorientierung, sondern auch durch den verschärften Zeitwettbewerb auf den Produktmärkten begünstigt. Durch die Kooperation mit Zulieferern und Kontraktfertigern wird versucht, die Kapitalbindung zu senken bzw. den Hebeleffekt des eigenen Kapitals zu vergrößern, die »time-to-market« zu verkürzen und höhere Kapitalrenditen durchzusetzen. Die vertikale Desintegration der Markenhersteller geht zum Teil mit einer zunehmenden vertikalen Integration auf Seiten der Zulieferer bzw. Kontraktfertiger einher. Der drohende Kompetenzverlust bzw. die zu große Abhängigkeit der Markenhersteller von einzelnen Zulieferern könnte zu einer gegenläufigen Bewegung führen, doch bisher weist die Haupttendenz weiterhin in Richtung einer zunehmenden Desintegration führender Unternehmen und einer weiteren Fragmentierung der Wertschöpfungsketten.

Die konkreten Formen und die Reichweite des Outsourcings sind in den beiden untersuchten Branchen durchaus unterschiedlich. In der InfoCom-Industrie hat sich die Praxis der Kontraktfertigung in großem Umfang durchgesetzt, während sie in der Automobilindustrie bisher auf Nischenmodelle beschränkt ist. Im Gegensatz zu vielen fokalen Unternehmen der InfoCom-Industrie behalten die Automobilhersteller nach wie vor Kernbereiche der Fertigung in eigener Regie. Zum einen fürchten sie einen Imageverlust bei der Auslagerung von Bereichen, die für das Markenimage zentral sind. Zum anderen sind Montageprozesse in der Automobilfertigung unter kapitalistischen Bedingungen offenbar nicht in der gleichen Weise standardisierbar und beherrschbar wie in der Elektronikindustrie. Während die eigentumsmäßige Aufspaltung von Produktentwicklung und Fertigung in der InfoCom-Industrie weitgehend vollzogen ist, scheuen die Fahrzeughersteller davor zurück. Obwohl auch bei der Fahrzeugentwicklung immer größere Teilbereiche an spezialisierte Engineeringfirmen ausgelagert werden, spielt die räumliche und eigentumsmäßige Integration von Gesamtfahrzeugentwicklung, produktionsnahem Engineering und Fertigung immer noch eine Rolle. Gleichwohl wird die Entwicklung und Produktion immer größerer Module an Zulieferer vergeben. Die Arbeitsteilung zwischen den Unternehmen verläuft also auch nicht einfach entlang der Grenze von Produktentwicklung und Fertigung, sondern ist wesentlich komplexer.

Ein weiterer Unterschied zwischen den beiden Branchen besteht in dem unterschiedlichen Einfluss gewerkschaftlicher Organisierung der Beschäftigten: Dieser ist in der InfoCom-Industrie sehr viel schwächer ausgeprägt als in der Automobilindustrie. Größere Outsourcing-Schritte sind daher in der Automobilindustrie auch politisch riskanter und kostspieliger. Gleichwohl verweist der branchenübergreifende Trend der Fragmentierung der Wertschöpfungsketten auch auf die branchenübergreifende Schwächung der kollektiven Organisierung der Lohnabhängigen, die sowohl Voraussetzung als auch Resultat dieses Strukturwandels der Produktion ist. Die mittelbaren Konsequenzen der Shareholder Value-Orientierung, die Organisation einer konzerninternen Standortkonkurrenz zwischen betriebswirtschaftlich formal selbständigen Einheiten, die Fremdvergabe und räumliche Verlagerung von Arbeit haben inzwischen eine Durchschlagskraft erreicht, die das gewachsene System der industriellen Beziehungen in Deutschland unterminiert, wie die nicht enden wollende Kette der Auseinandersetzungen bei führenden Unternehmen wie Siemens, DaimlerChrysler, Volkswagen, Opel usw. zeigt. Die – je nach Sachlage mehr oder weniger ernst zu nehmende – Drohung mit »Outsourcing« und »Offshoring« dient dazu, Betrieb für Betrieb, Unternehmen für Unternehmen die Rückkehr zur 40-Stunden-Woche und gravierende Lohnsenkungen durchzusetzen. Tarifvertragliche Öffnungsklauseln, Standortvereinbarungen und betriebliche »Bündnisse für Arbeit« haben die Flächentarifverträge längst wie einen Schweizer Käse durchlöchert. Die Mitbestimmung bleibt der Form nach vorerst erhalten, doch ihr Inhalt ändert sich zunehmend. Um Arbeitsplätze zu erhalten, machen die betrieblichen und gewerkschaftlichen Interessenvertretungen weitreichende Konzessionen, die bestenfalls »nur« übertarifliche Leistungen abschmelzen, schlimmstenfalls aber einen Dammbruch darstellen, der die bisherigen Tarife hinwegfegt. Sie erreichen im Gegenzug in der Regel allenfalls den Verzicht auf betriebsbedingte Kündigungen, mittelfristige »Beschäftigungsgarantien« und Investitionszusagen. Ob derartige Zusagen der Arbeitgeber mehr als nur symbolischen Wert haben, wird sich zeigen, wenn es zu gravierenderen Krisen kommt. In der Zwischenzeit geht der schleichende Beschäftigungsabbau durch »natürliche« Fluktuation und vorzeitige Verrentungen auf breiter Front weiter.

Die permanente Verschlechterung der Arbeitsbedingungen bei gleichzeitig wachsender Arbeitslosigkeit wird nur gestoppt werden können, wenn es gelingt, die ureigenste Funktion der Gewerkschaft zu erfüllen, nämlich die Konkurrenz unter den Lohnabhängigen durch die Organisierung von Solidarität so weit wie möglich aufzuheben. Gegen die »Sachzwänge« des Kapitals, gegen die Fetische des »Shareholder Value« und der Standortkonkurrenz müssen die Lohnabhängigen ihre eigenen Interessen an menschenwürdigen Arbeits- und Lebensbedingungen als »Sachzwänge« geltend machen. Es geht um Solidarität zwischen den Lohnabhängigen auf allen Ebenen, zwischen den Betrieben eines Konzerns, zwischen verschiedenen Unternehmen entlang der Wertschöpfungskette, Solidarität zwischen »Arbeitsplatzbesitzern« und Arbeitslosen, Solidarität jenseits der Branchen- und Ländergrenzen, jenseits von

Hautfarbe und Geschlecht. Dabei werden die Lohnabhängigen in Deutschland ihr Machtpotenzial nur zur Geltung bringen können, wenn sie bereit sind, die Einengung des Streikrechts durch die Rechtsprechung nicht als unveränderlichen Tatbestand hinzunehmen. Denn die »Friedenspflicht« zementiert ihre Unterlegenheit in einer Situation, in der die Vertreter des Kapitals den »sozialen Frieden« längst aufgekündigt haben.

## Literatur

Bea, Franz Xaver/Kötzle, Alfred/Rechkemmer, Kuno/Bassen, Alexander (1997): Strategie und Organisation der Daimler-Benz AG. Frankfurt am Main u.a.

Bearle, Adolf A./Means, Gardiner C. (1932/1991): The Modern Corporation and Private Property. Neuausgabe: New Brunswick/London.

Black, Andrew/Wright, Philip/Bachman, John E./Price Waterhouse (1998): Shareholder Value für Manager. Frankfurt/New York. (Originalausgabe: In Search for Shareholder Value, London 1998).

Blenkinsop, Philip (1994): Daimler-Benz – There's virtue in diversification. In: Euromoney, November, S. 70f.

Borrus, Michael/Zysman, John (1997): Wintelism and the Changing Terms of Global Competition: Prototype of the Future? BRIE Working Paper 96b, Berkeley.

Chandler, Alfred D. (1962): Strategy and Structure. Chapters in the History of the Industrial Enterprise. Cambridge, MA.

Chandler, Alfred D. (1977): The Visible Hand. The Managerial Revolution in American Business. Cambridge, MA.

Chandler, Alfred D. (1990): Scale and Scope. The Dynamics of Industrial Capitalism. Cambridge, MA.

Cooper, Wendy (1993): Germany discovers the foreign investor. In: Institutional Investor, July 1993, 34-40.

Copeland, Tom/Koller, Tim/Murrin, Jack (McKinsey & Co.) (1998): Unternehmenswert. Methoden und Strategien für eine wertorientierte Unternehmensführung. Zweite, aktualisierte und erweiterte Auflage. Frankfurt/New York. (Erstausgabe: Valuation. Measuring and Managing the Value of Companies. New York 1994).

Davidow, William/Malone, Michael (1992): The Virtual Corporation. New York.

Ealey, Lance A./Troyano-Bermúdez, Luis (1996): Are automobiles the next commodity? In: The McKinsey Quarterly, 1996, Nr. 4, 62-75.

Fligstein, Neil (1990): The Transformation of Corporate Control. Cambridge, MA.

Froud, Julie/Haslam, Colin/Johal, Sukhdev/Williams, Karel (2001): Ford's New Policy: A Business Analysis of Financialisation. In: Actes du GERPISA, Nr. 31, April 2001, 110-129.

Froud, Julie/Haslam, Colin/Johal, Sukhdev/Williams, Karel (2002): Cars after Financialization: A Case Study in Financial Unterperformance, Constraints and Consequences. In: Competition and Change, Vol. 6, 13-41.

Gompers, Paul/Lerner, Joshua (1999): The Venture Capital Cycle. Cambridge, MA.

Huffschmid, Jörg (1999): Politische Ökonomie der Finanzmärkte. Hamburg.
Hürtgen, Stefanie (2003): Der ganz normale Weltmarkt. Kontraktfertigung als »Unterseite« der New Economy und Formen gewerkschaftlicher Interessenartikulation in Osteuropa. In: Mitteilungen des Instituts für Sozialforschung, Heft 14, Frankfurt am Main, 45-72.
Jensen, Michael C./Meckling, William (1976): Theory of the Firm: Managerial Behavior, Agency Costs and Ownership Structure. In: Journal of Financial Economics 3, 305-360.
Jetin, Bruno (o.J.): L'internationalisation des firmes automobiles. Une aventure obligée, mais risquée. Ms., Paris.
Jürgens, Ulrich (2003): Industriegovernance und Produktionskonzepte, in: Gert Schmidt/Weert Canzler (Hrsg.), Das zweite Jahrhundert des Automobils. Berlin: edition sigma (im Erscheinen).
Jürgens, Ulrich/Meißner, Heinz-Rudolf/Renneke, Leo/Sablowski, Thomas/Teipen, Christina (2003): Paradigmenkonkurrenz der Industriegovernance zwischen neuer und alter Ökonomie. In: Industrielle Beziehungen, 10. Jg., Heft 3, 393-417.
Jürgens, Ulrich/Sablowski, Thomas (2003): A New Model of Industrial Governance? Wintelism in the InfoCom-Industry. In: Michael Faust/Ulrich Voskamp/Volker Wittke (Hg.): European Industrial Restructuring in a Global Economy: Fragmentation and Relocation of Value Chains. SOFI Berichte. Göttingen (im Erscheinen).
Jürgens, Ulrich/Lung, Yannick/Volpato, Giuseppe/Frigant, Vincent (2002): The Arrival of Shareholder Value in the European Auto Industry – A Case Study Comparison of Four Car Makers. In: Competition and Change, Vol. 6, Nr. 1, 61-80.
Kenney, Martin/Florida, Richard (2000): Venture Capital in Silicon Valley: Fueling New Firm Formation. In: Martin Kenney (Hrsg.), Understanding Silicon Valley. The Anatomy of an Entrepreneurial Region. Standford, CA, 98-123.
Kocyba, Hermann/Vormbusch, Uwe (2000): Partizipation als Managementstrategie. Frankfurt/New York.
Lordon, Frédéric (2003): »Aktionärsdemokratie« als soziale Utopie? Über das neue Finanzregime und Wirtschaftsdemokratie. Hamburg.
Lüthje, Boy (2002): Electronics Contract Manufacturing: Global Production and the International Division of Labor in the Age of the Internet. Industry and Innovation. Special Issue: Global Production Networks. Editors Dieter Ernst and Linsu Kim, Vol. 9, No. 2, S. 227-247.
Lüthje, Boy/Martina Sproll (2003): Electronics Contract Manufacturing: Networks of Transnational Mass Production in Eastern Europe, in: Michael Faust/Ulrich Voskamp/Volker Wittke (Hrsg.), European Restructuring in a Global Economy: Fragmentation and Relocation of Value Chains, SOFI-Berichte, Göttingen (im Erscheinen).
Lüthje, Boy/Sproll, Martina/Schumm, Wilhelm (2002): Contract Manufacturing. Transnationale Produktion und Industriearbeit in der IT-Branche, Frankfurt am Main/New York.
Piore, Michael J./Sabel, Charles F. (1985): Das Ende der Massenproduktion. Berlin.
Rappaport, Alfred (1998): Creating Shareholder Value. A Guide for Managers and Investors. New York (Erstausgabe: 1986).

Sablowski, Thomas (2003): Kapitalmarktorientierte Unternehmensführung und neue Branchenstrukturen: Das Beispiel der InfoCom-Industrie. In: Klaus Dörre/Bernd Röttger (Hrsg.), Das neue Marktregime. Konturen eines nachfordistischen Produktionsmodells. Hamburg, 206-226.

Sablowski, Thomas (2003a): Bilanz(en) des Wertpapierkapitalismus. Deregulierung, Shareholder Value, Bilanzskandale. In: Prokla 131, 33. Jg., Nr. 2, 201-233.

Sablowski, Thomas (2004): Shareholder Value. In: Ulrich Bröckling/Thomas Lemke/Susanne Krasmann (Hrsg.), Glossar der Gegenwart. Frankfurt am Main.

Sablowski, Thomas/Alnasseri, Sabah (2001): Auf dem Weg zu einem finanzgetriebenen Akkumulationsregime? In: Mario Candeias/Frank Deppe (Hrsg.), Ein neuer Kapitalismus? Hamburg, 131-149.

Sablowski, Thomas/Rupp, Joachim (2001): Die neue Ökonomie des Shareholder Value. Corporate Governance im Wandel. In: Prokla 122, 31. Jg., Nr. 1, 47-78.

Siemens (2002): Das »10-Punkte-Programm« der Siemens AG. Pressemitteilung der Siemens AG, Corporate Communications, Presseabteilung, München.

Stewart II, G. Bennett (1991): The Quest for Value. New York.

Sturgeon, Tim (2000): Turnkey Production Networks: The Organizational Delinking of Production from Innovation, in: Ulrich Jürgens (Hrsg.), New Product Development and Production Networks, Berlin, 67-84.

Wetlaufer, Suzy (1999): Driving Change. An Interview with Ford Motor Company's Jacques Nasser. In: Harvard Business Review, March-April, 76-88.

Zielke, Andreas E. (2002): Highly Flexible, Brand-Independent Production Capacity: Can Automotive Follow in the Footsteps of Electronics? McKinsey Automotive & Assembly Website. http:// autoassembly.mckinsey.com/newsevents/expert.asp, Download 20.3.2002

**Uwe Vormbusch**
**Das neue Alphabet des Kapitalismus:**
**von A wie Audit**
**bis Z wie Zertifizierung**[1]

Im Herzen der modernen kapitalistischen Gesellschaften wird ein neuer Tanz um das Goldene Kalb aufgeführt. Auch heute geht es darum, die Zukunft lesbar zu machen, an die Stelle gegenwärtiger Unsicherheit eine Orientierung zu setzen, ja vielleicht einen Glauben an die Zukunft schlechthin zu beschwören. Im Unterschied zu dem Götzenbild des Altertums beruht die Selbstbeschreibung der rationalistischen Gegenwartskulturen ebenso wie Prozesse ihrer Steuerung und Kontrolle auf kalkulativen Konstrukten wie dem »return on investment«, dem Bruttosozialprodukt oder der aktuellen Arbeitslosenrate. Das Goldene Kalb ließ sich nur einmal schlachten; das Bruttoinlandsprodukt und der »return on investment« sind dagegen Quartal für Quartal neu erhältlich. Analysten, Politiker und Berater beziehen sich ebenso auf diese kalkulativen Schemata wie Journalisten, Wissenschaftler und Betriebsräte. Die Zahlen gewähren immer nur Einem ihre Gunst – Trollhättan oder Rüsselsheim, Bayern oder Bangalore. Ihre Macht besteht in der institutionell abgesicherten Fähigkeit, ein einheitliches Symbolsystem zur Definition und zur Bewertung gesellschaftlicher Leistungsprozesse durchzusetzen. Die kalkulativen Praktiken des Accounting stellen individuell wie gesellschaftlich kaum mehr hintergehbare Muster der Problem- und Selbstwahrnehmung bereit – als relevanter Teil der Konstruktion gesellschaftlicher Wirklichkeit. Ihre Grammatik und ihr Alphabet bilden eine Metasprache, die universeller gilt als alle anderen Sprachen.

## 1. Accounting

Wenn der Neoliberalismus und die Ökonomisierung weiter Teile der Gesellschaft einen Namen und ein Gesicht bräuchten, dann ist es das des Accounting. Weltweit agierende und eine Vielzahl kleinerer Wirtschaftsprüfungs- und Beratungsgesellschaften offerieren Branchenstu-

---

[1] Überarbeitete Fassung aus: Uwe Vormbusch, Accounting. Die Macht der Zahlen im gegenwärtigen Kapitalismus, in: Berliner Journal für Soziologie, 1/2004, S. 33-50.

dien, verfassen Analysen zu Technologieentwicklung und zu den Marktchancen ihrer Einführung, erstellen Vermögens- und Steuerplanungen für Geschäftskunden und Großkonzerne, prüfen Geschäftsberichte, nehmen Unternehmensbewertungen vor, beraten Universitäten, Branchenverbände und Regierungen, konzipieren Public-Private-Partnerships, zertifizieren Behörden und organisieren Unternehmensübernahmen. Ihre wissensbasierten Dienstleistungen als technisch-neutrale Lösungen für ökonomische Sachprobleme anzusehen, würde der Bedeutung dieser Akteure, ihrer Instrumente und Strategien nicht gerecht werden. Diese übersetzen gesellschaftliche Problemlagen in eine ökonomische Sprache bzw. Form und machen sie damit einer ökonomischen Bewertung und Rationalisierung zugänglich; hier wäre bereits zu fragen, ob in Bereichen wie Bildung und Gesundheit die Durchsetzung ökonomischer Effizienzkriterien das Maß aller Dinge ist. Grundsätzlicher noch werden durch das Accounting neue Grenzziehungen und Verhältnisse zwischen dem »Gesellschaftlichen« und dem »Ökonomischen« definiert und durchgesetzt. Wir erleben gegenwärtig eine radikale Verschiebung dieser Grenzen im Sinne der Ausweitung dessen, was wir legitimerweise für »ökonomisch« und demzufolge im Sinne ökonomischer Prämissen für reorganisierbar halten.

Die Institutionen und professionellen Dienstleistungen, die in diesem Feld erbracht werden, sind äußerst vielschichtig. Sie reichen von der Bereitstellung und Interpretation solcher Daten, die für die Kontrolle und Steuerung des kapitalistischen Produktionsprozesses benötigt werden, über die Rechnungslegung, die Prüfung von Jahresabschlüssen und Unternehmensübernahmen, die Auditierung und Zertifizierung privatwirtschaftlicher und öffentlich verfasster Organisationen (Universitäten, Krankenhäuser, Arbeitsämter etc.), bis zu integrierten Strategie-, Technologie- und globalen Steuerberatungstätigkeiten für transnationale Konzerne. Als »Accountant« kann dementsprechend sowohl der Innenrevisor einer Bausparkasse, ein vereidigter Buchprüfer als auch ein Berater in Reorganisationsprozessen gelten. Gemeinsam ist ihnen ein organisierter, institutionell und qua Ausbildung legitimierter Zahlengebrauch, dem eine ordnende, steuernde und kontrollierende Funktion in Hinblick auf ökonomische Prozesse zugesprochen wird. An diesem Punkt des »Ökonomischen« wird das Terrain jedoch bereits unsicher, mit anderen Worten: Es öffnen sich Einblicke in die gesellschaftliche Funktion des Accounting anhand der Form, in der es ökonomische Prozesse als solche sichtbar macht bzw. hervorbringt und ihnen einen gesellschaftlichen Nutzen zuordnet. So wird im Bereich der Hochschulen zum Beispiel das Verhältnis von »Bildung« und »ökonomischem Nutzen« gravierend verschoben, und Kennziffern, welche die ökonomische »Effizienz« dieser

Institution messen wollen bzw. diese als strategische Orientierungsgröße erst hervorbringen, spielen hierbei eine wichtige Rolle. Es bleibt letztlich das Ergebnis politischer Aushandlungsprozesse, ob Accountants lediglich die belächelte Rolle von »Erbsenzählern« innehaben, oder aber sich über die gestiegene Bedeutung des Accounting und des hiermit verknüpften Vokabulars von Kosten, Auslastungsgraden und Kundennutzen eine weitreichende Transformation dieses und anderer gesellschaftlicher Bereiche vollzieht. Sind Accountants ihrer gesellschaftlichen Funktion nach also harmlose Buchhalter oder die neuen »guard dogs of capitalism« (Dezalay 1997)?

Das institutionalisierte Feld des Accounting beheimatet einige der vielleicht wichtigsten, gleichwohl soziologisch wenig erforschten Organisationen und Institutionen im Prozess der Globalisierung. Wenn Wiesenthal (1996) in Hinblick auf die »Ambivalenzen« der Globalisierung fragt: »Wer aber bestimmt die Spielregeln?«, dann müsste ein Teil der Antwort lauten: die Akteure und Institutionen, die kalkulativen Praktiken und professionspolitischen Interessen im Feld des Accounting, Firmen also wie PricewaterhouseCoopers, Deloitte & Touche, Ernst & Young und KPMG.[2] Die Instrumente des Accounting in den angelsächsischen Staaten unterscheiden sich immer weniger von denen hierzulande. Das ist wenig erstaunlich, vermutlich hat kaum eine Profession einen solchen Grad an globaler Kohärenz und Aktivität entwickelt wie das Accounting und die mit ihm verknüpften Steuerungs- und Kontrollfunktionen im Rahmen der kapitalistischen Weltwirtschaft.

Üblicherweise wird das Accounting in *Auditing, Finance* sowie in *Financial Accounting* und *Management Accounting* eingeteilt (Roslender 1992: 134). Während Financial Accounting der Information unternehmensexterner Akteursgruppen dient, wie etwa den Anteilseignern, öffentlichen Regulierungsbehörden wie der Wertpapieraufsicht oder auch

---

[2] Mit den Ebenen und Akteuren dieses Feldes gerät darüber hinaus einer der wichtigsten Mechanismen der Ökonomisierung und Monetarisierung gesellschaftlicher Handlungsbereiche in den Blick. Über die sozialen Voraussetzungen, Durchsetzungsmechanismen und Konstruktionsprozesse einschlägiger Bewertungsmethoden gibt es seit Jahren eine breite und Disziplin übergreifende Debatte im angelsächsischen Sprachraum, in der über die Analyse operativer Accounting- und Kennziffernsysteme unter veränderten Produktions- und Wirtschaftsbedingungen (Johnson/Kaplan 1987; Kaplan 1990; Abernethy/Lillis 1995; Perera/Harrison/Poole 1997), die Rolle des Accounting für die Durchsetzung des Kapitalismus in England (Bryer 1993, 2000), über das Accounting als institutionalisiertes Wissenssystem (Power 1996, 1997), habituelle Aspekte des Accounting und die Sozialisation der Accountants (Hanlon 1994, 1996; Grey 1998), nationalspezifische Methodologien und »accounting-styles« (Ahrens 1996), Probleme des Accounting als auch durch die Praxis des Accounting gesellschaftlich erst hervorgebrachte Probleme diskutiert werden.

den Analysten von Investmentfonds, ist der Gegenstand des Management Accounting die steuerungsrelevante Information organisationsinterner Gruppen, d.h. des Managements und im Rahmen des »neuen Accounting« (vgl. Vormbusch 2002) auch der abhängig Beschäftigten. Populäre Steuerungsinstrumente wie Zielvereinbarungen, operative Kennzahlensysteme oder Budgetierung werden diesem Bereich des Management Accounting zugeordnet, das sich zu weiten Teilen mit dem auch im deutschen Sprachraum verbreiteten Begriff des Controllings deckt.[3] Im Kontext einer veränderten Balance zwischen der industriellen bzw. »materiellen« Produktion einerseits, finanzorientierten Wissensfunktionen und Wertschöpfungsaktivitäten andererseits (Crouch/Marquand 1993: 140f.; Altvater/Mahnkopf 1996) gewinnen diejenigen Funktionen und Akteure, die nicht nur über die entsprechenden anlage- und finanzrelevanten Informationen verfügen, sondern institutionell abgesichert deren Produktion und Legitimation betreiben, an Bedeutung. Accountingspezifische Programme, Strategien und Körperschaften sind Triebkräfte der ökonomischen Globalisierung:

- durch die Standardisierung des betrieblichen Rechnungswesens und des »financial reporting« in Form der Definition und Durchsetzung bestimmter Accounting-Standards wie GAAP (Generally Accepted Accounting Principles), IAS (International Accounting Standards), oder IFRS (International Financial Reporting Standards),
- durch die Organisation und finanztechnische Bewertung bzw. Prüfung grenzüberschreitender Übernahmen (Bereich des »Finance«),
- durch vielfältige Finanzdienstleistungen wie die Abfassung, Verbreitung und wechselseitige Bewertung unternehmensbezogener Ratings (z.B. durch Standard & Poor's),
- schließlich zunehmend durch die strategische Beratung des Managements in Hinblick auf die globale, regionale oder segmentbezogene Markt- oder Technikentwicklung, Unternehmenspositionierung, internationale Besteuerung etc. (durch weltweit operierende Firmen wie KPMG, PricewaterhouseCoopers etc.).

---

[3] Nach Becker (1999a: 1) ist »Controlling« jedoch ironischerweise ein deutsches Wort, das zur Beschreibung »präskriptiver Controllingkonzeptionen« verwendet werden könne, der angelsächsische Begriff des Accounting sei immer dann vorzuziehen, wenn es um organisations- oder gesellschaftstheoretisch informierte Debatten gehe (Becker 1999b: 240).

## 2. Kritische Accountingforschung

Die geringe Bedeutung der kalkulativen Praktiken des Accounting in der über die Betriebswirtschaft hinausgehenden Diskussion steht im Gegensatz zu dem Stellenwert, den diese nicht nur für die Organisation industrieller Arbeit, sondern zunehmend in so disparaten Feldern wie der Kranken- und Altenpflege, der Reorganisation von Schule und Hochschule, der Sozialarbeit, der Einführung »neuer Steuerungsmodelle« im Bereich der sozialen Arbeit und der Kommunen (vgl. Brülle 1998; Brülle/Reis/Reiss 1998) bekommen. In der mittlerweile seit den 1970er Jahren andauernden Krise des keynesianischen Wohlfahrtsstaates gilt in zunehmendem Maße: »If it matters, measure it« (Singleton-Green 1993). Gerade die Bereitstellung öffentlicher Güter sieht sich zunehmend mit der Prämisse konfrontiert, dass diese nur mehr in Form messbarer Outputs als förder- und finanzierbar gilt.

Becker (1999b: 238) charakterisiert die relevanten Merkmale des Accounting unter Bezug auf Hopwood (1990) folgendermaßen:

*Erstens* diene es der »Produktion von Sichtbarkeit«: Ökonomische Prozesse sind nicht als solche beobacht- und evaluierbar, sondern nur mithilfe von Messverfahren und Relevanzkriterien, die bestimmte Aspekte hervorheben bzw. erst sichtbar machen. Das Accounting übernimmt eine informierende und orientierende Funktion, indem Ziele, Parameter und Prozesse wirtschaftlichen Handelns definiert, gemessen und kommuniziert werden können.

*Zweitens* diene das Accounting durch Praktiken der Quantifizierung und der Kalkulation der Objektivierung ökonomischer und sozialer Prozesse. Insbesondere mit seiner »Aura der Neutralität und Objektivität« (Miller/Hopper/Laughlin 1991: 399; vgl. Sikka/Willmott 1997: 149) gewinnt es ein hohes Gewicht in sozialen Aushandlungsprozessen und wird sowohl zum Bezugspunkt als auch legitimatorischem Maßstab ökonomischer und sozialer Entscheidungsprozesse. Die Legitimität des Accounting basiert a) auf der Unterstellung der Objektivität und der technischen Neutralität des sozialen Prozesses der Konstruktion aussagefähiger Zahlen in dem Sinne, dass sie relevante Charakteristika einer unabhängig von diesem Herstellungsprozess existierenden Realität lediglich repräsentierten, b) auf der Unterstellung der professionellen Unabhängigkeit ihrer Akteure sowie c) auf der institutionellen Neutralität der Profession als Ganze. Die konstruktivistische Wende in der Accounting-Forschung zielt dagegen – ganz im Gegensatz zu diesen Annahmen – auf die Rekonstruktion des Accounting als eine machtvolle gesellschaftliche Praxis und einem erheblichen gesellschaftlichen Transformationspotenzial. Diese »kritische Accountinggeschichte« (Miller/Hopper/Laughlin

1991; Miller/Napier 1993) bemüht sich um die Dekonstruktion des Objektivitäts- und Neutralitätsanspruches eines sich als »wertfrei« verstehenden Accounting.[4]

*Drittens* spiele das Accounting eine bedeutende Rolle in der »sozialen Konstruktion der (organisationalen) Realität« (Becker 1999b: 238) und in der Konstruktion des Ökonomischen generell. Ihm werden damit weniger wirklichkeitsrepräsentative, sondern wirklichkeitsgenerierende Effekte zugeschrieben (Vollmer 2003: 12ff.). In der konstruktivistischen Perspektive besteht seine Funktion weniger in einer bloßen Sichtbarmachung von ökonomischen Prozessen. Vielmehr ist das Accounting ein wesentlicher Aspekt der sozialen Konstruktion der Organisation und des Ökonomischen (Morgan 1988). Kalthoff (2004: 169) kann anhand globaler Ratingagenturen und Geschäftsbanken zeigen, dass die Instrumente der Risikokalkulation zur Bewertung von Unternehmen nicht darstellen, was bereits da ist, sondern hervorbringen, was sie darstellen: »Nicht das Risiko bedingt die ökonomische Darstellung und Entscheidung, sondern die Kalkulation und ihre technischen und schriftlichen Medien bedingen das Hervorbringen des Risikos – und damit den Markt, das Geschäft und den Gewinn.«

Es lassen sich zwei Linien der Kritik an der Praxis und den methodischen Grundlagen des Accounting unterscheiden: die »neo-marxistische« und die »postmoderne« Kritik. Die Übereinstimmung dieser beiden Strömungen liegt darin, dass genau jenem Anspruch, auf dem die gesellschaftliche Macht des Accounting vor allem beruht, namentlich ein technisch neutrales Instrument zur Koordination und Optimierung des ge-

---

[4] Die institutionelle Verankerung der kritischen Accountingforschung in England ist dadurch gekennzeichnet, dass die schärfsten Kritiker des »mainstream-accounting« in den Zentren der Wissensproduktion desselben angesiedelt sind. Der Mangel an akademisch ausgebildeten Professionellen im Bereich des Accounting eröffnete Anfang der 1980er Jahre einer Anzahl »kritischer« Wissenschaftler die Möglichkeit, akademische Positionen in diesem Feld zu erreichen, ohne ihre Qualifikationsarbeiten originär in diesem Gebiet veröffentlicht zu haben (Baker/Gendron o.J.; vgl. Roslender 1992). Hierzu gehören z.B. Keith Hoskin, Richard Macve, Peter Miller, Ted O'Leary, David Cooper, Anne Loft u.a., die ihre Dissertationen teilweise in Soziologie bzw. Philosophie, so z.B. über die Kritische Theorie der Frankfurter Schule (Miller) oder die Arbeiten Michel Foucaults verfassten (Loft). Damit ist nicht lediglich eine enge Verknüpfung von »technischer« und »kritischer« Kompetenz verbunden, sondern gleichzeitig eine schwierige institutionelle und professionspolitische Gratwanderung. In Großbritannien, und dies scheint einen gewissen Kontrast zur deutschen Betriebswirtschaftslehre darzustellen, ist die kritische Accountingforschung nicht generell marginalisiert worden, sondern hat sich in den bekanntesten öffentlichen Accountinginstitutionen ihren Platz verschafft – und wird dort zumindest geduldet (Broadbent 2002: 445).

sellschaftlichen Produktions- und Verteilungsprozesses darzustellen, mit je unterschiedlichen Argumenten energisch widersprochen wird.

In der *neo-marxistischen Strömung* werden die Instrumente des Accounting, seine Akteure und institutionalisierten Körperschaften als organischer Teil der kapitalistischen Herrschaftsverhältnisse betrachtet. Die ab der Mitte des 19. und im frühen 20. Jahrhundert erzielten Durchbrüche des Management Accounting und der Unternehmensorganisation seien weniger auf die Suche nach effizienteren Steuerungs- und Allokationsstrategien zurückzuführen als vielmehr auf Auseinandersetzungen um die Aneignung des verteilbaren Mehrwerts (Hopper/Armstrong 1991: 406f.). Interessant ist, dass nicht nur für die Privatwirtschaft, sondern auch für die Reorganisation öffentlicher und sozialer Dienstleistungen aus dieser materialistischen Perspektive insbesondere für Großbritannien zahlreiche Untersuchungen vorliegen. Viele ehemals als Kernaufgaben des Staates betrachtete Funktionen, insbesondere im Bereich der sozialen Dienstleistungen, sind im Kontext des »New Public Management« seit den 1980er Jahren privaten Organisationen und Regulationsformen gewichen. Durch die Einführung neuer Kontroll- und Steuerungsverfahren (»value-for-money«-Audits, vgl. Power 1997) seien an die Stelle sozialer nun im engeren Sinne ökonomische Zielsetzungen getreten. Damit verschieben sich die Bezugspunkte für die gesellschaftliche Legitimität dieser Leistungen dramatisch. Dominelli und Hoogvelt (1996: 199) kommen zu dem Schluss, dass mittels des Accounting die öffentliche Wohlfahrtspolitik in Großbritannien von einer Beschäftigung mit Bedürfnissen (»concern with needs«) zur Beschäftigung mit Budgets (»concern with budgets«) mutiere – mit entsprechenden Ausgrenzungs- und Monetarisierungsfolgen. Im Zuge des »hollowing out of the state« mutiert der Staat zum »Käufer« sozialer Dienstleistungen, der diese von spezifischen »Anbietern« im Rahmen von Marktbeziehungen erwirbt, wobei der Hinweis auf den Shareholder Value im Bereich öffentlicher Verwaltungen und Dienstleistungen durch einen Verweis auf den Bürger als »Kunden« ersetzt wird (vgl. für die deutsche Situation Reis/Schulze-Böing 1998: 13f.).[5]

---

[5] Es gibt in diesem Zusammenhang mehr Parallelen als Unterschiede zur Reorganisation industrieller Arbeit. Eine wichtige Übereinstimmung liegt in der Aufwertung von Formen der Ergebniskontrolle bzw. »Kontextsteuerung«. Hierzu notwendig ist die Definition eines gewünschten Ergebnisses in Form eines »Produktes«. Soziale Dienstleistungen sehen sich hier jedoch generell dem Problem gegenüber, dass gerade solche Leistungen als öffentliche Leistungen organisiert werden, »deren ›Erfolge‹ nicht unmittelbar gemessen werden können, sondern erst als mittel- und langfristige Wirkung eintreten – oder auch nicht (beispielsweise die ›Normalisierung‹ ›abweichender‹ Sozialisationsprozesse als Resultat von Hilfen zur Erziehung)« (Brülle/Reis/Reiss

Die so genannte *postmoderne Strömung* der Kritik untersucht in Anlehnung an die Arbeiten von Derrida, Lyotard und insbesondere Foucault das Accounting als Diskurssystem und »Wahrheitsregime« (vgl. Hopwood 1987; Macintosh 2001). Das Accounting wird als ein Komplex der Verkoppelung von »Wissen« und »Macht« aufgefasst, als eine gesellschaftlich institutionalisierte Form des Macht-Wissens, welche die Erfahrungsmöglichkeiten und Denkweisen der Akteure grundlegend bestimmt. Das theoretische Argument ist nicht einfach, dass das Accounting Material für interessengeleitete Auseinandersetzungen bereitstellt, sondern vielmehr determiniert, was überhaupt sag- und denkbar ist: Accounting als Diskursformation und als Feld des Macht-Wissens hat einen konstitutiven und nicht lediglich einen legitimatorischen Charakter. Finanzbezogene Maße wie »Return on Investment«, »Return on Equity«, »goodwill« etc. bilden so gesehen die Wirklichkeit nicht einfach ab, sie drücken im Gegenteil »einen Wert aus, dessen Anspruch auf Wirklichkeitsgeltung größer ist als alles, was man ohne Zahlen gleichsam mit bloßem Auge und ohne Taschenrechner an Unternehmenswerten erkennen kann« (Vollmer 2003: 14).

## 3. Der Aufstieg des Accounting: von der multidivisionalen Firma zum »Finanzkapitalismus«

Es sind vor allem zwei, historisch aufeinander aufbauende, in gewisser Weise jedoch gegenläufige Entwicklungen, mit denen der Aufstieg des Accounting und seiner Akteure im 20. Jahrhundert eng verknüpft ist: erstens die Entwicklung des multidivisionalen, tayloristisch-fordistischen Großunternehmens und seiner spezifischen Kontroll- und Steuerungsbedürfnisse; zweitens die Krise des durch diesen Unternehmenstyp mitgeprägten fordistischen Akkumulationsregimes seit den 1970er Jahren, die eine Verschiebung der relativen Bedeutung verschiedener Fraktionen im Feld des Accounting mit sich brachte. Während die etablierten Formen der Kontrolle des Produktionsprozesses, d.h. das Management Accounting, unter dem Eindruck veränderter Produktions- und Marktbedingungen in die Kritik gerieten (vgl. Johnson/Kaplan 1987), lässt sich gleichzeitig ein steigender Bedarf an markt- und finanzorientierten Be-

---

1998: 59). Deshalb wird versucht, zwischen der Ebene des längerfristigen und zeitlich bzw. sachlich hoch unbestimmten Outcome und der Ebene eines isolierbaren und kurzfristigen Output zu unterscheiden. Ähnliche Probleme stellen sich in der Privatwirtschaft jedoch auch, z.B. im zunehmend wichtigen Bereich des Bildungscontrolling (vgl. Seeber/Krekel/van Buer 2000).

ratungsdienstleistungen identifizieren. Beide Entwicklungen prämieren ganz unterschiedliche Segmente im Bereich des Accounting: Während mit der ersten Phase eine Aufwertung und Institutionalisierung des Management Accounting einherging, so führt die zweite, unabgeschlossene Phase zu einer steigenden Bedeutung der Rationalisierung öffentlicher Dienstleistungen, der Strategie- und Marktberatung, der Organisation von Unternehmensübernahmen und finanzmarktorientierter Strategien.

### 3.1 Management Accounting und das tayloristisch-fordistische Großunternhemen

Die Genese des klassischen Großunternehmens ist von der Entwicklung moderner Management Accounting-Techniken wie Budgets, Standardkosten, Transferpreissysteme oder des *return on investment* (ROI) nicht zu trennen. Es sind die funktionalen Bedürfnisse der am Anfang des 20. Jahrhunderts entstehenden Großunternehmung und insbesondere des multidivisionalen Unternehmens, die das Management Accounting prägen. Gleichzeitig haben neue Formen des Accounting diese Großunternehmung technisch erst möglich gemacht, indem sie Instrumente zur Steuerung räumlich, zeitlich und strukturell ausdifferenzierter Unternehmensprozesse bereitstellten. Hierzu hat die Einführung von Standardkostenvergleichen und Budgets, insbesondere aber finanzielle Maßzahlen wie der ROI, d.h. innovative *kalkulative Schemata*, in entscheidender Weise beigetragen (vgl. Williamson 1975: 147f.). Firmen wie Du Pont und General Motors etablierten ab den 1920er Jahren ein neues Leitbild der finanzwirtschaftlich dominierten Unternehmenssteuerung, das erst seit Mitte der 1980er Jahre vor dem Hintergrund veränderter Wettbewerbsanforderungen kritisch hinterfragt wird. Die zentrale steuerungs- und kontrollrelevante Innovation, die Einführung des ROI, diente der Durchsetzung einer Form der »zentralen Kontrolle und dezentraler Verantwortung«, so Donaldson Brown[6] (zit. n. Johnson/Kaplan 1987: 101). Die kalkulativ erzeugte Fähigkeit, Gewinne und Verluste vor dem Hintergrund zentraler Renditevorgaben sichtbar zu machen, ermöglichte eine neue Form der Steuerung und Kontrolle. Im multidivisionalen Unternehmen werden Ressourcen in Abhängigkeit von der divisionsspezifischen Rendite und der Performance des Divisionsmanagements vergeben. Dergestalt wurde die exakte Zurechnung von Kosten, Profiten und Kapitalrendite zu einzelnen Bereichen und Managern möglich, die

---

[6] Brown wechselte 1921 von Du Pont zu General Motors und blieb dort für lange Zeit Chief Financial Officer. Der ROI wurde damals bezeichnenderweise auch die »Brown-Formula« genannt.

für diese rechenschaftspflichtig gemacht wurden. Das auf finanzielle Messgrößen gestützte Management Accounting System der multidivisionalen Firma zielt also bereits seit mehr als 80 Jahren auf eine Parallelisierung der Interessen des leitenden Managements und der Unternehmenseigner bzw. -aktionäre durch die Etablierung einer über allen anderen Zielen stehenden Orientierungseinheit: der Sicherstellung einer möglichst hohen Kapitalrendite. Gleichwohl wurde in diesem System noch eine klare Trennlinie zwischen dem Divisions- und dem operativen Management gezogen. Die Aufgaben des operativen Managements beschränkten sich auf die Optimierung stofflich-prozessualer Aspekte. Diese Grenzziehung wird erst mit dem »neuen« Accounting und Instrumenten wie der »Balanced Scorecard« seit den 1980er Jahren tendenziell aufgehoben.

Die skizzierten Veränderungen waren auch in Hinblick auf die relative Bedeutung der Professionen im hierarchischen Gefüge multidivisionaler Unternehmen relevant. Mit den neuen Anreiz- und Kontrollstrukturen für das Divisionsmanagement ging eine professionsbezogene Aufwertung von Accountants einher, eine Entwicklung, die Armstrong (1985, 1987) anhand des Vergleichs von Ingenieuren, Personalverantwortlichen und Accountants untersucht. Er geht von der Beobachtung aus, dass in britischen Unternehmen bereits in den 1970er Jahren das leitende Management weit überwiegend aus Personen mit einem betriebswirtschaftlichen bzw. Accountinghintergrund besteht, und nicht wie in Deutschland zu jener Zeit noch überwiegend aus solchen mit einer technisch-ingenieurwissenschaftlichen Ausbildung (Armstrong 1985: 129). Der seit dem Anfang des 19. Jahrhunderts mit der »Wissenschaftlichen Betriebsführung« und dem Taylorismus verbundene Aufstieg der Ingenieurwissenschaften sei vor allem mit ihrer Fähigkeit verbunden gewesen, das zentrale Problem des kapitalistischen Produktionsprozesses »wissenschaftlich« bearbeitbar zu machen: den Transformationsprozess von Arbeit in Arbeitskraft (ebd.: 133). Auf die zentralen Probleme des multidivisionalen Unternehmens, die Allokation von Ressourcen zwischen Divisionen und die Beurteilung der Leistungen des Managements, konnten die Wissenschaftliche Betriebsführung Taylors und die Ingenieurwissenschaften jedoch keine Antwort geben. Es ist die tiefe wirtschaftliche Krise der 1930er Jahre, welche die Unternehmen dazu veranlasste, ihre vergleichsweise simplen Accountinginstrumente zu Gunsten ausgefeilterer Methoden aufzugeben. Damit aber ging zwangsläufig eine Aufwertung der Profession und Funktion des Accounting in den großen Unternehmen einher, welche Leitbildcharakter in Hinblick auf die »corporate governance« besitzen. Operative Entscheidungen wurden finanziellen Entscheidungsprämissen untergeordnet, das leitende Management rekrutierte sich

zunehmend aus Personen mit einer einschlägig finanzorientierten Ausbildung (Armstrong 1987: 433; vgl. Hopper/Armstrong 1991).
Auch wenn Armstrong sowohl den anhaltenden Widerstand des operativen Managements, der Ingenieurabteilungen und der Beschäftigten als auch nationalstaatlich unterschiedliche Entwicklungen in Rechnung stellt, sieht er die Kontroll- und Steuerungsfunktionen des Accounting und damit seine professionspolitische Aufwertung in dreifacher Hinsicht als gewährleistet an: erstens durch die Sicherstellung der Loyalität und Motivation des strategischen Managements durch die Koppelung von Salär und Karriere an ihre Performance, zweitens durch die Rationalisierung und »Objektivierung« von Allokationsentscheidungen, und drittens durch die symbolisch vermittelte Eigenschaft accountingspezifischer Informationen und Diskurse, ein hegemoniales »vocabulary of motives« bereitzustellen, und damit zum Fokus betrieblicher Debatten und Konflikte zu werden. »To put the matter very crudely, accountants displaced engineers and other operational managers from key positions within the global function of capital because decisions of allocation between dissimilar operations could only be made on a common abstract – and therefore financial – basis« (Armstrong 1985: 136). Gleichwohl ist der Aufstieg der Accountants in der nationalen und internationalen Arbeitsteilung nicht das Ergebnis eines »objektiven« Kontrollbedarfs des Kapitalismus, der sich international in gleicher Weise vollziehen würde. Armstrong weist auf die Unterschiede zwischen dem US-amerikanischen Kapitalismus und insbesondere der deutschen und japanischen Situation hin (Armstrong 1985: 130; vgl. Roslender 1992: 40). Er ist stattdessen als der vor allem in den angelsächsischen Ländern erfolgreiche Versuch einer Profession zu deuten, die ökonomische Krise und die organisatorischen Antworten auf diese als Vehikel der Durchsetzung und Verallgemeinerung ihrer Techniken und ihrer Wissensbasis zu nutzen.

### 3.2 Finanzkapitalismus und die »Kommerzialisierung« des Accounting
Für Hanlon (1994, 1996) steht die Kommerzialisierung des Accounting und der Profession der Accountants in einer späteren historischen Entwicklungsphase im Mittelpunkt der Analyse: nicht am Beginn der fordistischen Wachstumskonstellation, sondern an ihrem Ende. Als Bezugspunkt wählt er, eher ungewöhnlich im Rahmen der Accountingdebatte, das Konzept des Post-Fordismus. Accountants, so Hanlon, seien Mitglieder einer funktional aufgewerteten Wissenselite im Rahmen eines neuen, flexiblen Akkumulationsregimes. Die Auflösung des fordistischen Klassenkompromisses bleibe auch für die Profession der Accountants (hier insbesondere: der Wirtschaftsprüfer, Steuerexperten, Berater, Unternehmens- und Finanzanalysten, Übernahme- und Strategieexperten

etc.) nicht ohne Auswirkung. Diese seien die idealtypischen Vertreter eines flexiblen Akkumulationsregimes und seine Profiteure. Pointiert behauptet Hanlon (1994: 31f.): »The engineer represents the ›ideal image‹ of Fordism, whereas the accountant is the key image of Flexible Accumulation.« Accounting werde zur »Metasprache« des flexiblen Akkumulationsregimes und dringe in alle gesellschaftlichen Handlungsbereiche ein. Auf der Grundlage einer empirischen Untersuchung über die Ausbildung, Karrierewege, berufliche Sozialisationsprozesse und die Veränderung des Abhängigkeitsverhältnisses zwischen Accountants und ihren Klienten bzw. Auftraggebern gelangt er zu der These, dass dieser spezifische Sektor unternehmensbezogener und wissensbasierter Dienstleistungen im Rahmen des neuen Regimes der flexiblen Akkumulation zwar aufgewertet werde, dies aber nur auf Kosten einer grundlegenden Transformation der Markt- und Abhängigkeitsverhältnisse und des Selbstverständnisses seiner Akteure erreicht werden konnte. Ansässig in einer Handvoll von »world cities« wird der idealtypische Accountant zum »abhängigen Controller« eines zunehmend internationalen und auf beratungsintensiven Dienstleistungen basierenden Akkumulationsprozesses.[7]

Dies schlägt sich in der gestiegenen Bedeutung der damals noch »Großen Sechs« der Wirtschaftsprüfungs- und Beratungsgesellschaften nieder, deren Umsätze im Zeitraum von 1982 bis 1994 um beeindruckende 700% stiegen. Dieser Umsatzanstieg wurde begleitet und wesentlich hervorgebracht durch eine Verlagerung ihrer Tätigkeitsschwerpunkte. Während der mit Unternehmensabschlussprüfungen erzielte Umsatz der »Big Six« in Großbritannien 1980 noch etwa 80% ausmachte, sank er bis 1993 auf weniger als 40% (ebd.: 344; Willmott/Sikka 1997: 831). Ähnliche Trends lassen sich in den übrigen EU-Staaten beobachten. Dagegen wurden beratungsintensive Dienstleistungen in den Feldern Technologie, Human Resources, Strategie und Marktberatung für die Klienten und (als Umsatzgenerator) für die Accountingfirmen selbst immer wichtiger. Accountants repräsentieren nach Hanlon jenen Typus des Wissensarbeiters, der vor allem in den 1980er und 1990er Jahren von der Jagd nach dem höchsten und schnellsten Profit (durch feindliche Unternehmensübernahmen etc.) auf der einen Seite am stärksten profitiert, zum anderen selbst den Imperativen einer bedingungslosen Kunden- und Profitorientierung unterworfen wird. Die Konsequenzen die-

---

[7] Accountants »are the most typical representatives of these new categories of ›controllers‹ that are required by the internationalisation and complexification of the process of capitalist exploitation that has taken over from the fordist model« (Dezalay 1997: 826).

ser »Kommerzialisierung der Dienstleistungsklasse« (Hanlon) werden am Beispiel der Finanzskandale um Enron und WorldCom dramatisch sichtbar.

## 4. Die großen Accountingfirmen als Wirtschaftsprüfungs- und Beratungsgesellschaften

Bis in die späten 1980er Jahre hinein konkurrierten acht global operierende Accounting-Konzerne (die »Big Eight«) um solche Klienten, die Wert auf die spezifischen Kompetenzen und Ressourcen eines weltumspannenden Netzwerks von Informationen, Kontakten und entsprechendem Kontextwissen legen. In den letzten fünfzehn Jahren hat sich die Zahl dieser Beratungs- und Prüfungsgesellschaften, die neben einer Vielzahl von »second-tier«-Firmen in ihrer weltweiten Präsenz herausragen, durch Fusionen und Übernahmen auf vier reduziert (Schooley 1999).[8] Nach dem Enron-Skandal und der Auflösung des amerikanischen Geschäfts von Arthur Andersen operieren nur mehr PricewaterhouseCoopers (PWC), Deloitte & Touche, Ernst and Young und KPMG wahrhaft global. PWC z.B. hatte 2003 etwa 125.000 Beschäftigte in 142 Ländern dieser Erde. Allein die von der »PWC Deutsche Revision« Aktiengesellschaft in Deutschland im Jahr 2002 angestellten 9.400 Mitarbeiter erzielten in den Bereichen Wirtschaftsprüfung und prüfungsnahe Dienstleistungen, Steuer- und Finanzberatung sowie Corporate Finance einen Umsatz von rund 1,1 Mrd. Euro. Insbesondere die angebotenen Beratungsdienstleistungen fördern und strukturieren die Rationalisierung privater Unternehmen ebenso wie diejenige öffentlicher Dienstleistungen.

Ihrem großen Einfluss für die Reorganisation von Unternehmen, öffentlichen Einrichtungen wie Universitäten, Stadtverwaltungen etc. steht eine Organisationsstruktur gegenüber, die es nationalen Instanzen erschwert, rechtlichen Zugriff auf ihr globales Geschäft zu nehmen. So ist PWC als globales Netzwerk von »Partnern« organisiert, das einerseits über die Konvergenz von Methoden, Konzepten und Instrumentarien eine hohe Konsistenz in Auftritt, Image und Politik erreicht, andererseits national in rechtlich unabhängigen Einheiten operiert. Dass dies ein großer Vorteil sein kann, wurde nicht zuletzt anhand des Enron-Skandals

---

[8] 1989 fusionierten Ernst & Whinney mit Arthur Young zu Ernst & Young. Touche Ross und Deloitte Haskins & Sells wurden zu Deloitte & Touche. Als die »Big Six« galten nun Arthur Andersen, Coopers and Lybrand, Deloitte & Touche, Ernst and Young, KPMG und Price Waterhouse. 1998 fusionierten Price Waterhouse mit Coopers Lybrand zu PricewaterhouseCoopers.

deutlich, der dem US-amerikanischen Zweig von Arthur Andersen zum Verhängnis wurde, während die nationalen Gesellschaften und die Partner außerhalb der USA teilweise mit Konkurrenten wie z.b. KPMG fusionierten (vgl. Arnold 2002).

Aus Sicht kritischer Accountants verfolgen die großen Beratungsunternehmen eine Oligopolstrategie, in deren Rahmen die vergleichsweise wenig ertragreichen Wirtschafts- und Abschlussprüfungen lediglich als Eintrittskarte für lukrativere Beratungsdienstleistungen dienen (vgl. Hanlon 1996; Willmott/Sikka 1997; Collings 2002). Die großen Accountingfirmen wurden nach den Skandalen um Enron und WorldCom beschuldigt, wettbewerbswidrig Konkurrenten aus dem Beratungsgeschäft mit internationalen Großunternehmen verdrängt zu haben. »Low-Balling« bezeichnet die Praxis, die Honorare für die Prüfung von Abschlussberichten (d.h. für die ursprüngliche Kernfunktion der Wirtschaftsprüfungsgesellschaften) möglichst niedrig zu halten, um hierüber Kunden für profitablere Dienstleistungen zu gewinnen.

Nach der Aufnahme von Untersuchungen durch die US Securities & Exchange Commission (SEC) und ihren britischen Counterpart FSA haben große Unternehmen wie Walt Disney und Apple angekündigt, sie würden keine Beratungsdienstleistungen mehr von jenen Accountingfirmen in Anspruch nehmen, die gleichzeitig als Wirtschaftsprüfer für sie tätig sind. In der Vergangenheit kam dagegen ein nicht unbeträchtlicher und stetig wachsender Anteil der Umsätze der großen Accountingfirmen aus den Beratungstätigkeiten für Restrukturierung, globale Steueroptimierung, Strategie- und Technologieberatung etc. So verdiente PricewaterhouseCoopers im Fall von Disney als Abschlussprüfer im Jahre 2001 lediglich 8,7 Mio. $, während sich die dortigen Einkünfte für Beratungstätigkeiten auf immerhin 32 Mio. $ summierten (Radigan 2002). Ernst & Young setzte mit der Installation von Softwarepaketen von Peoplesoft zwischen 1995 und 1999 452 Mio. $ um, während dort gleichzeitig die Jahresabschlüsse geprüft wurden (Börsen-Zeitung, 30.5.2003: S. 12).

Interessenkonflikte zwischen der Einwerbung lukrativer Beratungsverträge und der Testierung von Geschäftsberichten sind insofern vorprogrammiert. So hatte Arthur Andersen, die kleinste der ehemaligen »Big Five«, den Jahresabschlussbericht von Enron nur Monate vor dem Bankrott des Unternehmens im Dezember 2001 testiert. Später musste eingestanden werden, dass die Abschlüsse der letzten drei Jahre überwiegend fiktionalen Charakter aufwiesen.[9] Als Folge dieser Skandale wird

---

[9] »At best, Andersen's critics say, the auditors were incompetent; at worst, they deliberately overlooked irregularities at Enron in order not to lose the lucrative stream of consulting and other work it provided« (Arnold 2002).

weltweit über eine verschärfte Berufsaufsicht für Wirtschaftsprüfer, verstärkte institutionelle Kontrollen und Transparenzanforderungen, die Trennung von Beratung und Testierung, die Rotation von Prüfern und ausgeweitete Haftungsregeln nicht nur für das Unternehmensmanagement, sondern auch für Wirtschaftsprüfer diskutiert. Nach dem Inkrafttreten des Sarbanes-Oxley Act (SOA) in den USA am 30.7.2002 dürfen von Prüfungsgesellschaften keine Beratungsleistungen mehr für Unternehmen erbracht werden, deren Abschlüsse testiert werden. Dies gilt sowohl für in den USA gelistete (auch nicht-amerikanische) Unternehmen als auch für außerhalb der USA ansässige Prüfungsunternehmen, die durch den SOA erweiterten Transparenz- und Auskunftspflichten gegenüber der amerikanischen Börsenaufsicht unterworfen werden.

In Deutschland werden bei »Unternehmen im öffentlichen Interesse« (Kapitalmarktunternehmen, Banken, Versicherungen) solche Wirtschaftsprüfer von der Abschlussprüfung ausgeschlossen, die Rechts- oder Steuerberatungsleistungen für dieses erbracht haben, die das Unternehmen rechtlich vertreten, oder an der Einführung von IT-Systemen zur Rechnungslegung mitwirken. Darüber hinaus sollen Abschlussprüfer künftig nicht mehr als 15% ihrer Gesamteinnahmen (bisher 30%) von diesen Mandanten beziehen dürfen (vgl. den Entwurf des BMJ für ein Bilanzrechtsreformgesetz und ein Bilanzkontrollgesetz [BilKoG] vom April 2004).

## 5. Accounting und Subjektivierung

Das betriebliche Controlling hat in Gestalt von Kennzahlensystemen, Budgetierung, Activity-Based-Costing, Target-Costing und Balanced Scorecards in Theorie und Praxis erheblich an Bedeutung gewonnen. Die Frage, die von der poststrukturalistisch orientierten Kritik der Accountingforschung gestellt wird, ist dabei weniger die nach Kontrolle im Sinne äußerer Vorgaben und im Gegensatz zu einer als rebellisch oder »eigensinnig« gedachten Subjektivität. Es ist vielmehr die Frage danach, wie Subjekte als »nützliche« und »produktive« Subjekte hervorgebracht werden. Hier unterscheidet sich dieser Ansatz vielleicht am deutlichsten vom skizzierten »labour process approach«. Das Verhältnis von »Steuerung« und »Subjektivität« wird tendenziell im Sinne der Foucault'schen Lesart von Subjektivierungsprozessen gedeutet: als Konstitution bzw. »Verfertigung« von Subjektivität durch das Accounting als spezifischem Komplex des Macht-Wissens (vgl. kritisch hierzu Vormbusch i.E.).

Für die betriebliche Ebene interpretieren Miller (1992) bzw. Miller/O'Leary (1987, 1993) die Mechanismen des betrieblichen Controllings in diesem Sinne als Hervorbringung kalkulierender Subjekte in und durch kalkulierbare Räume. Diese »Räume« werden durch die kalkulatorischen Schemata des Accounting hervorgebracht: in der abstrakten Gestalt von Bewertungsverfahren, hierauf bezogener Entscheidungsprämissen und Evaluationskriterien. Die Verbindung von Subjektivität und Kalkulierbarkeit bilde nicht nur den Mittelpunkt der Machtüberlegungen von Foucault, sondern auch das Herzstück des modernen Accounting, welches damit in seiner Eigenschaft als ein wirkungsvoller und sozusagen berührungsloser Mechanismus zur indirekten Ausübung von Macht gekennzeichnet wird (Miller 1992: 63). Das Management Accounting ziele darauf, Individuen, die im Sinne der verhaltenswissenschaftlichen Entscheidungstheorie einerseits als rational abwägend und andererseits als lediglich eingeschränkt rational aufgefasst werden, berechenbar und damit kalkulierbar zu machen. Es sei das »souveräne Individuum«, d.h. ein rational und gleichzeitig abstrakt kalkulierendes Individuum mit der Fähigkeit zur vorausschauenden Planung, welches das subjektive Korrelat organisatorischer Selbststeuerungsanforderungen darstelle. Die Vorstellung der begrenzten Rationalität der Akteure schließt dabei an die verhaltenswissenschaftliche Entscheidungstheorie von Barnard (1938) und Simon (1945) an.

Rationalisierung vollzieht sich so gesehen nicht im Modus der Unterdrückung von Subjektivität und subjektiver Freiheit; das Ziel betrieblicher Subjektivierung ist es vielmehr, im Sinne organisatorischer Ziele *nützliche Subjekte* hervorzubringen. Berührungspunkte ergeben sich auf der betrieblichen Ebene zu der deutschen Diskussion über die »Subjektivierung von Arbeit« (vgl. Moldaschl/Voß 2002) und auf der gesellschaftlichen Ebene zur Gouvernementalitätsdebatte. Die Verknüpfung zwischen Managementstrategien und einer »liberalen« Programmatik der Regierung liegt offensichtlich im gemeinsamen Gedanken der Hervorbringung einer »passenden« Subjektivität in Gestalt des unternehmerischen Selbst (vgl. Miller/Rose 1994, 1995; Rose 2000; Bröckling/Krassmann/Lemke 2000). Übereinstimmend gehen der klassische Liberalismus, der Neoliberalismus und die neueren Managementkonzepte davon aus, dass nur ein entscheidungs- und handlungsfähiges, mit anderen Worten: nur ein befreites Subjekt ein produktives Subjekt sein könne. Die Frage nach einer Machtsteigerung durch Dezentralisierung und einer Produktivitätssteigerung durch Autonomisierung stellt sich auf der Ebene politischer Regulation damit ebenso wie für die Analyse von Organisationen, in denen im Zuge der Diffusion von Entscheidungskompetenzen ehemals klar definierte und intuitiv überzeugungskräftige Unterordnungsverhältnisse und hierarchische Abhängigkeiten zusehends unscheinbarer werden und nur mehr unter der Oberfläche egalitärer Diskurse und partizipativer Praktiken aufgespürt werden können.

Es wäre gleichwohl falsch anzunehmen, dass solche Managementkonzepte und entsprechende Steuerungs- und Anreizinstrumente eine Erfindung der 1990er Jahre seien. Auf der Ebene des Unternehmens sind Bausteine dieser Programmatik schon seit Jahrzehnten wirksam. Hierzu zählt z.b. die Auffassung des kapitalistischen Unternehmens als Organisationsverbund freiwilliger Kontrakte, deren Genese Miller/O'Leary (1990) im historischen Kontext des amerikanischen New Deal rekonstruieren. Ein neuer Diskurs über das autonome Selbst und individuelle Ergebnisverantwortung lässt sich für die USA demzufolge bereits in der Managementtheorie seit den 1930er Jahren beobachten (ebd.: 490). Auch die Anfänge dezentraler Selbststeuerungstechnologien wie Budgetierung und Standardkosten lassen sich zumindest bis an das Ende des 19. Jahrhunderts zurückverfolgen (vgl. Johnson/Kaplan 1987). Neu an der heutigen Situation ist, dass nicht nur das Management als in diesem Sinne entscheidungsfähig betrachtet wird, sondern auch die abhängig Beschäftigten, sei es in Gestalt einer Produktionsgruppe an der Linie, eines Servicemitarbeiters im Anlagenbau oder eines Call Agents im Kundenkontakt, als eigenverantwortliche und vor dem Hintergrund von Zielen und Kennziffern rechenschaftspflichtige Akteure behandelt werden sollen.

## 6. Die Bewertung immaterieller Werte

Im Kontext industriell-kapitalistischer Gesellschaften stand für das Unternehmen typischerweise die Produktion und Vermarktung materieller Güter im Vordergrund. Folgerichtig waren das betriebliche Controlling und das Bilanzwesen auf die Erfassung und Bewertung materieller Güter ausgerichtet: Werkstoffe, Rohstoffe, Halbfertigprodukte, Anlagen und Bestände etc. Immaterielle Ressourcen wie das Wissen und die Fähigkeiten der Mitarbeiter wurden nicht ausgewiesen. Diese Auffassung wird vor dem Hintergrund eines Wettbewerbs, der über Wissen und Innovation ausgetragen wird, d.h. über Faktoren, die wesentlich vom »intellektuellen Kapital« eines Unternehmens abhängen, zunehmend problematisch. Versuchen die Instrumente des Management Accounting Beschäftigte als ökonomisch rechenschaftspflichtigen Akteur zu beschreiben und praktisch in die Pflicht zu nehmen, so wird im Bereich des Financial Accounting bzw. der Rechnungslegung danach gefragt, welchen ökonomischen Wert die Belegschaft eines Unternehmens und das durch sie repräsentierte »intellektuelle« bzw. »Humankapital« besitzt.

Der Hintergrund neuer Bewertungsansätze für immaterielle Ressourcen liegt in der unter Umständen sehr großen Differenz zwischen dem

Markt- und dem Buchwert von Unternehmen, welche mittels traditioneller Bewertungsansätze nicht zu erklären sind (so wurde SAP zum Jahresende 2003 an der Börse mit dem zehnfachen ihres ausgewiesenen Eigenkapitals bewertet). Eine angemessene und »wirklichkeitsgetreue« Unternehmensbewertung wird durch die Orientierung am Shareholder Value und die gestiegenen Anforderungen an die Unternehmenstransparenz und -kommunikation für die internationalen Finanzmarktakteure jedoch immer wichtiger. Dabei besteht ein enger Zusammenhang zwischen der »Entdeckung« immaterieller Werte und der Interneteuphorie der Jahrtausendwende. Am Ende der Börsenhausse wurden Unternehmen, die gerade erst gegründet worden waren und die über kein oder nur geringes Vermögen im Sinne traditioneller Bilanzierungsansätze verfügten, an den Aktienmärkten mit Hunderten von Millionen Dollar bewertet. Ein Teil der Kluft zwischen Markt- und Buchwert ist im Zuge des Finanzmarktzusammenbruches 2000-2003 zwar wieder eingedampft. Den traditionellen Blick auf die Bewertung der »Substanz« von Unternehmen konnte dies aber nicht wieder herstellen, im Gegenteil. Die Erfassung immaterieller Ressourcen in der Unternehmensbilanz beruht auf der Überzeugung, dass es weniger die eingesetzte Technologie, die erzeugten Produkte, sozusagen die »Hardware« der Unternehmung sind, welche den Erfolg und die Ertragskraft eines Unternehmens *in der Zukunft* bestimmen werden, sondern seine »Software«, insbesondere das Wissen und die Kompetenzen seiner Mitarbeiter. Ähnlich wie im Bereich des Management Accounting werden auch hier die traditionellen Mess- und Bewertungsinstrumente (der Bilanz) als zu vergangenheitsorientiert und finanzlastig kritisiert. Die eigentlichen Werte des Unternehmens, welche es von seiner Konkurrenz hervorheben und Aufschluss über die zukünftige Wettbewerbsfähigkeit ermöglichen, seien seine immateriellen Werte. Folgerichtig kommuniziert Skandia, ein großer schwedischer Versicherungskonzern und Pionier in diesem Feld, seit 1994 in ihrem »Intellectual Capital Supplement« ihre intellektuellen Vermögenswerte gegenüber dem Kapitalmarkt (vgl. Edvinsson 1997; Mourisen/Larsen/ Bukh 2001; allgemein Starovich/Marr o.J.).

Ab 2005 müssen etwa 7000 kapitalmarktorientierte Unternehmen in der Europäischen Union ihre Bilanzen nach IFRS (International Financial Reporting Standards) aufstellen. Die EU verbindet mit den IFRS »die Vision eines Weltstandards« (Börsig 2003). War es bislang so, dass die Bewertung eines Unternehmens nach US-GAAP bzw. nach IAS zu einem deutlich verschiedenen Unternehmenswert und Gewinn führen konnte, so soll an die Stelle dieser konkurrierenden Bilanzierungsstandards ein einheitlicher Maßstab der Unternehmensbewertung treten, mit dem Ziel einer effizienteren weltweiten Kapitalallokation. Die zitierten Bilanzierungsskandale haben »die Verfechter der US-amerikanischen Rechnungslegung in die Defensive gebracht« (Börsig a.a.O.), und das US-amerikanische Financial Accounting Standards Board (FASB) hat sich mit dem europäischen International Accounting Standards Board (IASB) bereits 2002 darauf geeinigt, die US-Bilanzierungsvorschriften mit den IFRS zu harmonisieren (vgl. Swiss Re 2004: 8). Die IFRS enthalten wiederum bestimmte Pflichten und Möglichkeiten der Bilanzierung immaterieller Ressourcen. Galten immaterielle Werte bislang als »ewige Sorgenkinder des Bilanzrechts« (Wulf 2004: 8) und konnten diese nach § 248 HGB in Deutschland generell nicht in der Bilanz ausgewiesen werden, so können sie mit den IFRS unter bestimmten Bedingungen (ausführlicher Diefenbach/Vordank 2003; Wulf 2004) bilanzwirksam werden.

Können Lizenzen, Patente, Trademarks und Copyrights nach IAS 38 in die Bilanz aufgenommen werden, so wird dies für das »Humankapital« im engeren Sinne für die nähere Zukunft nicht möglich sein. Zwar gibt es verschiedene Ansätze der »Messung« desselben (z.B. über die aufgewendeten Einstellungs-, Ausbildungs- und Weiterbildungskosten), aber das Unternehmen hat kein Eigentumsrecht an dem Wissen und den Fähigkeiten seiner Beschäftigten. Da es in der Bilanz aber vorwiegend um rechtliche Aspekte geht und Schwierigkeiten in der Abgrenzung, Verfügung über und Monetarisierung des Humankapitals nicht ausgeräumt sind, wird dieses in der Bilanz in den kommenden Jahren wohl kaum auftauchen. Dies gilt allerdings nicht für den erweiterten Lagebericht von Unternehmen, den die IFRS vorsehen. Hier werden in Zukunft vermehrt Stellungnahmen zum Humankapital, zu den Aus- und Weiterbildungsaufwendungen, zur Beteiligung der Mitarbeiter etc. gegenüber den Finanzmarktakteuren kommuniziert werden. Hierdurch wird der Tendenz nach auch das bislang Nicht-Bilanzierbare Teil der ökonomischen Arithmetik der Organisation und des Finanzmarktes. Die Entlassung von Tausenden von Mitarbeitern oder die Verlagerung ganzer Werke muss so nicht unbedingt mehr als die ultima ratio des Managementhandelns erscheinen, sondern als eine gigantische Vernichtung derjenigen Werte und Potenziale, welche die Wettbewerbsfähigkeit von Unternehmen in der Zukunft sichern. Es mag sein, dass solche Formen der Bewertung der Zukunft zukünftig die Entscheidungen der Gegenwart stärker bestimmen werden.

## 7. Schluss

Die angelsächsische Accountingforschung untersucht jene Symbol- bzw. Wissenssysteme, Akteure und Institutionen, die im Rahmen des gegenwärtigen Kapitalismus zunehmend definitions- und realitätsmächtig werden. Sie verknüpft weitreichende gesellschaftstheoretische Entwürfe mit einem großen Spektrum organisationssoziologischer Ansätze. Damit überschreitet sie disziplinäre Grenzziehungen, die in Deutschland im Großen und Ganzen intakt zu sein scheinen und füllt eine Leerstelle der gegenwärtigen Kapitalismusanalyse. Ihr Verdienst ist es, die materielle und symbolische Herstellung gesellschaftlicher Macht- und Herrschaftsbeziehungen in einem Feld herauszuarbeiten, das weder die ökonomische Soziologie noch die Organisationstheorie oder die Industriesoziologie in Deutschland bislang in relevanter Weise thematisiert haben. Erstaunlich ist das allein schon deshalb, weil in den letzten 20 Jahren alle Institutionen und gesellschaftlichen Handlungsbereiche in den entwickelten Kapitalismen von den Instrumenten und Programmatiken des Accounting erfasst und weitreichend transformiert werden.

Die angelsächsische Accountingforschung bietet jedoch nicht nur Perspektiven der Kritik, sie gibt selbst Anlass zu einigen kritischen Anmerkungen:

*Erstens* ist insbesondere ihr poststrukturalistischer Strang durch eine weitgehende Abstinenz empirischer Arbeiten gekennzeichnet. Die Argumentation verbleibt in weiten Strecken auf der konzeptionellen Ebene. In der Regel wird eher die Unausweichlichkeit der Machtwirkungen der untersuchten Praktiken und Diskurse festgestellt, als mögliche Angriffspunkte und Strategieoptionen der Akteure zu diskutieren. Neimark (1994) argumentiert, dass die postmoderne Kritik unintendiert den Status quo zementiere, vor allem aufgrund ihrer »offenen Feindschaft« gegenüber einer an Marx orientierten Accountingforschung.

*Zweitens* wird im Rahmen der poststrukturalistischen Strömung der Frage, in welcher Weise konkurrierende Komplexe des Macht-Wissens epistemische Brüche und damit auch Denk- und Handlungsalternativen erzeugen, zu wenig Aufmerksamkeit geschenkt. Die Gefahr besteht, dass die subjektivierenden Machtwirkungen des Accounting dementsprechend überbewertet werden und die praktische Handlungsfähigkeit der Akteure – aus theoretisch nahe liegenden Gründen – negiert wird. Der »totale« Charakter des Accounting bleibt von subjektivem Eigensinn und kollektiven Interaktionsmustern letztlich unberührt. Der Gedanke drängt sich auf, dass das Accounting ein neues »ehernes Gehäuse der Hörigkeit« zu produzieren in der Lage und damit Teil eines Projekts bürokratischer Herrschaft sei. Auch wenn vielfach betont wird, dass es kein vorgeordnetes bzw. dominantes »center of calculation« gebe, sondern vielmehr strategische Kämpfe um die Geltung und die Grundlagen kalkulativer Praktiken zu untersuchen seien, so drängt sich doch stellenweise der Eindruck auf, das Accounting bilde ein hermetisches und beinahe konkurrenzloses Wissens- und Relevanzsystem.

Auf der Ebene *individueller Praktiken* ist die vollständige Ausklammerung der Frage, in welcher Weise sich das Wechselspiel der »Konstitution des Subjektiven« durch das Accounting spezifische Feld des Macht-Wissens und den aktiven Aneignungs- bzw. Verarbeitungsleistungen durch Individuen und kollektive Handlungszusammenhänge vollzieht, ein relevantes Problem. Auch auf der Ebene von *Organisation* und *Institution* erscheint das Accounting weniger als ein Medium in der Reproduktion sozialer Strukturen und Handlungszusammenhänge (vgl. Becker 1999b) als vielmehr entweder als Strukturelement des kapitalistischen Ausbeutungs- und Herrschaftszusammenhangs (in der »neo-marxistischen« Strömung) oder (in der »postmodernen« Variante) als bereits fest etabliertes Feld des Macht-Wissens, dessen Genese oftmals in funktionalistischer Manier – und nicht im Sinne der Nachzeichnung womöglich offener sozialer Kämpfe, konkurrierender Wissensfelder, womöglich kurzlebiger Kompromissbildungen etc. – rekonstruiert wird. Eine möglicherweise produktive, sicherlich aber irritierende Spannung zwischen den Machtwirkungen des Accounting und seinen unter Umständen »guten« Seiten als ein Instrument sozialer Planung und Koordination, womöglich als Teil eines emanzipatorischen Projekts, als auch die Voraussetzungen, an welche dies gebunden sein könnte (»enabling accounting«), wird so nicht sichtbar.

*Drittens* wird ein ökonomistisch reduziertes und notwendig abstraktes »Zahlenwissen« in diesem Diskurs als die härteste mögliche Form sozialen Wissens überhöht, mit den entsprechenden Folgen für die Konstitution des Subjektiven: »Ich kalkuliere, also bin ich.« Dies erscheint als der Scheitelpunkt eines Prozesses der Veränderung individueller und gesellschaftlicher Erfahrung, in der eine beispiellose Ausweitung der Verfügungsmöglichkeiten über Gesellschaft eine ebenso beispiellose Verengung des Gesellschaftlichen und des Subjektiven korrespondiert (vgl. Bonß 1982, 1983: 70 ähnlich zur Einübung des »Tatsachenblicks«). Es scheint zwar plausibel, angesichts von Tendenzen der Abstraktifizierung gesellschaftlicher Erfahrung und Handlungsformen ein zunehmendes Gewicht einer »Zahlenempirie«, d.h. einer über abstrakten Zahlengebrauch konstituierten Welterfahrung anzunehmen. Die Accountingforschung wirft in diesem Zusammenhang wichtige Fragen nach den Bedingungen eines durch zunehmende Kalkulation veränderten Welt- und Selbstbezugs auf. Das Verhältnis dieses spezifisch verengten Erfahrungs-

und Weltbegriffs zu anderen (leiblichen, lebensweltlichen, krisenhaft-biografischen, vorwissenschaftlichen, kommunikativen) Erfahrungsmöglichkeiten ist für den individuellen und den gesellschaftlichen Erfahrungsraum bislang jedoch ungeklärt. Analog kann auf der Ebene der Verantwortungszuschreibung bzw. -produktion durch die kalkulativen Praktiken des Accounting argumentiert werden. Die These einer Transformation gesellschaftlicher Akteure in teilautonom agierende »centers of calculation« basiert auf der *individuellen Ebene* auf einer problematischen Lesart des Foucault'schen Konzepts der Subjektivierung (vgl. Vormbusch i.E.). Auf der *Ebene der Organisation* wäre durch empirische Studien nachzuweisen, welchen Stellenwert kalkulative Praktiken in Deutungs-, Aushandlungs- und Rationalisierungsprozessen tatsächlich besitzen. Und schließlich wäre auch auf *gesellschaftlicher Ebene* nach Mustern der Zuschreibung bzw. Konstruktion von Verantwortung nach verschiedenen Begründungsdimensionen und ihrem Verhältnis (z.B. dem Verhältnis von Ethik und Accounting am Beispiel pränataler Diagnostik oder dem Verhältnis von Erfahrungswissen und Zahlenwissen in der Begründung organisatorischen Entscheidungshandelns) zu fragen.

Über diese noch systematischer zu entwickelnden Kritiken und Anknüpfungspunkte hinaus besteht die gesellschaftliche Macht der Zahlen zunehmend darin, nicht allein Argument in Aushandlungsprozessen und Konflikten zu sein, sondern von einem Mittel zum Zweck zu einem Zweck aufzurücken, der jedes Mittel heiligt. War die neuzeitliche Wissenschaft mit dem Anspruch angetreten, eine gegenüber dem Mythos und der Religion überlegene Rationalität zu verkörpern, so ist in Gestalt des Accounting eine neuerliche Mythologisierung des »exakten« Zahlenwissens zu beobachten. Die kalkulativen Praktiken des Accounting erscheinen als ein objektives, gesellschaftlichen Aushandlungsprozessen, Interessenkonflikten und Weltbildern externes Referenzsystem, von dem gleichwohl die Legitimität (und in vielen Fällen der weitere Bestand) bestehender Strukturen und Handlungsmuster abhängt. Die Deutungsmuster, »blinden Flecken« und materiellen Interessen hinter dem Accounting, d.h. seine soziale Gemachtheit und Relativität auszumachen, ist ein erster Schritt nicht nur seiner Kritik, sondern der Veränderung gesellschaftlicher Steuerung und Kontrolle selbst. Das Denken und der Diskurs über das Accounting und seine Objektivitäts- und Effizienzansprüche ist wesentlicher Teil seiner gesellschaftlichen Wirksamkeit und Macht.

## Literatur

Abernethy, Margaret A./Anne M. Lillis (1995): The Impact Of Manufacturing Flexibility On Management Control Systems. In: Accounting, Organizations and Society 20, S. 241-258.
Ahrens, Thomas (1996): Styles of Accountability. In: Accounting, Organizations and Society 21, S. 139-173.
Altvater, Elmar/Birgit Mahnkopf (1996): Grenzen der Globalisierung. Ökonomie, Ökologie und Politik in der Weltgesellschaft. Münster.
Armstrong, Peter (1985): Changing Management Control Strategies: The Role of Competition between Accountancy and other Organisational Professions. In: Accounting, Organizations and Society 10, S. 129-148.
Armstrong, Peter (1987): The Rise of Accounting Controls in British Capitalist Enterprises. In: Accounting, Organizations and Society 12, S. 415-436.
Arnold, James (2002): Andersen: caught up in the Enron scandal. In: BBC News UK, 2. Mai 2002.
Baker, C. Richard/Yves Gendron (o.J.): Beyond Disciplinary and Linguistic Boundaries: The Foucauldian Turn in Accounting Research. Unveröffentlichtes Manuskript.
Barnard, Chester I. (1938): The Functions of the Executive. Boston.
Becker, Albrecht (1999a): Accounting for »Controlling«. Contradictions in the Theoretical Foundations of Management Accounting and Control in German Business Administration. Paper prepared for the Critical Perspectives on Accounting Conference Baruch College, City University of New York, 22.-24. April 1999.
Becker, Albrecht (1999b): Accounting: Diskurs oder soziale Praxis? Kritik der postmodernen Accountingforschung. In: Georg Schreyögg (Hrsg.), Organisation und Postmoderne: Grundfragen – Analysen – Perspektiven. Wiesbaden, S. 235-264.
Börsig, Clemens (2003): Ein globaler Rechnungslegungsstandard ist zwingend! In: Börsen-Zeitung, 31.01.2003
Bonß, Wolfgang (1982): Die Einübung des Tatsachenblicks: zur Struktur und Veränderung empirischer Sozialforschung. Frankfurt a.M.
Bonß, Wolfgang (1983): Kritische Theorie als empirische Wissenschaft. Zur Methodologie ›postkonventioneller‹ Sozialforschung. In: Soziale Welt 34, S. 57-89.
Broadbent, Jane (2002): Critical Accounting Research: A View From England. In: Critical Perspectives on Accounting 13, S. 433-449.
Bröckling, Ulrich/Susanne Krassmann/Thomas Lemke (Hrsg.) (2000): Gouvernementalität der Gegenwart. Studien zur Ökonomisierung des Sozialen. Frankfurt a.M.
Brülle, Heiner (1998): Sozialplanung und Verwaltungssteuerung. In: Claus Reis/Matthias Schulze-Böing (Hrsg.), Planung und Produktion sozialer Dienstleistungen. Die Herausforderungen »neuer Steuerungsmodelle«. Berlin, S. 83-103.
Brülle, Heiner/Claus Reis/Hans-Christoph Reiss (1998): Neue Steuerungsmodelle in der Sozialen Arbeit. Ansätze zu einer adressaten- und mitarbeiterorientierten Reform der öffentlichen Sozialverwaltung? In: Claus Reis/Matthias Schulze-Böing (Hrsg.), Planung und Produktion sozialer Dienstleistungen. Die

Herausforderungen »neuer Steuerungsmodelle«. Berlin, S. 55-79.

Bryer, Robert A. (1993): The Late Nineteenth-Century Revolution in Financial Reporting: Accounting for the Rise of Investor or Managerial Capitalism? In: Accounting, Organizations and Society 18, S. 649-690.

Bryer, Robert A. (2000): The History of Accounting and the Transition to Capitalism in England. Part one: Theory. In: Accounting, Organizations and Society 25, S. 131-162.

Collings, Richard (2002): Big Four accountants face further criticism. In: BBC World Business Report, 3. Juli 2002.

Crouch, Colin/David Marquand (1993): Ethics and Markets. Co-operation and Competition within Capitalist Economies. Oxford.

Dezalay, Yves (1997): Accountants as »New Guard Dogs« of Capitalism: Stereotype or Research Agende? In: Accounting, Organisations and Society 22, S. 825-829.

Diefenbach, Thomas; Tino Vordank (2003): Intangible Assets und betriebliches Controlling. Beitrag zur Tagung »Nachhaltigkeit von Arbeit und Rationalisierung«. TU Chemnitz, 23./24. Januar 2003.

Dominelli, Lena/Ankie Hoogvelt (1996): Globalisation, the Privatisation of Welfare, and the Changing Role of Professional Academics in Britain. In: Critical Perspectives on Accounting 7, S. 191-212.

Edvinsson, Leif (1997): Developing Intellectual Capital at Skandia. In: Long Range Planning, vol. 30, no. 3, S. 266-373.

Grey, Christopher (1998): On Being a Professional in a »Big Six« Firm. In: Accounting, Organizations and Society 23, S. 569-587.

Hanlon, Gerard (1994): The Commercialisation of Accountancy: Flexible Accumulation and the Transformation of the Service Class. London.

Hanlon, Gerard (1996): »Casino Capitalism« and the Rise of the »Commercialised« Service Class – An Examination of the Accountant. In: Critical Perspectives on Accounting 7, S. 339-363.

Hopper, Trevor/Peter Armstrong (1991): Cost Accounting, Controlling Labour and the Rise of Conglomerates. In: Accounting, Organizations and Society 16, S. 405-438.

Hopwood, Anthony G. (1987): The Archeology of Accounting Systems. In: Accounting, Organizations and Society 11 (2), S. 105-136.

Hopwood, Anthony G. (1990): Accounting and Organisation Change. In: Accounting, Auditing and Accountability 3, S. 7-17.

Johnson, H. Thomas/Robert S. Kaplan (1987): Relevance Lost. The Rise and Fall of Management Accounting. Boston.

Kalthoff, Herbert (2004): Finanzwirtschaftliche Praxis und Wirtschaftstheorie. Skizze einer Soziologie ökonomischen Wissens, in: Zeitschrift für Soziologie, Jg. 33, Heft 2, S. 154-175

Kaplan, Robert S. (1990): Limitations of Cost Accounting in Advanced Manufacturing Environments. In: ders. (Hrsg.), Measures for Manufacturing Excellence. Boston, S. 15-38.

Macintosh, Norman (2001): Accounting, Accountants, and Accountability: Poststructuralist Positions. Göteborg.

Miller, Peter (1992): Accounting and Objectivity: The Invention of Calculating Selves and Calculable Spaces. In: Allan Megill (Hrsg.), Rethinking Objectivity, Vol. 2,

Annals of Scholarship 9, Detroit/Michigan, S. 61-86.
Miller, Peter/Ted O'Leary (1987): Accounting and the Construction of the Governable Person. In: Accounting, Organizations and Society 12, S. 235-265.
Miller, Peter/Ted O'Leary (1990): Making Accountancy Practical. In: Accounting, Organizations and Society 15, S. 479-498.
Miller, Peter/Ted O'Leary (1993): Accounting Expertise and the Politics of the Product: Economic Citizenship and Modes of Corporate Governance. In: Accounting, Organizations and Society 18, S. 187-206.
Miller, Peter/Christopher Napier (1993): Genealogies of Calculation. In: Accounting, Organizations and Society 18, S. 631-647.
Miller, Peter/Nikolas Rose (1994): Das ökonomische Leben regieren. In: Richard Schwarz (Hrsg.), Zur Genealogie der Regulation. Anschlüsse an Michel Foucault. Mainz, S. 54-108.
Miller, Peter/Trevor Hopper/Richard Laughlin (1991): The New Accounting History: An Introduction. In: Accounting, Organizations and Society 16, S. 395-403.
Moldaschl, Manfred/Günter G. Voß (Hrsg.) (2002): Subjektivierung von Arbeit. München/Mering.
Morgan, Gareth (1988): Accounting as Reality Construction. Towards a New Epistemology for Accounting Practice. In: Accounting, Organizations and Society 13, S. 477-485.
Mouritsen, J./H.T. Larsen/P.N. Bukh (2001): Valuing the Future: Intellectual Capital Supplements at Skandia. To be published with Accounting, Auditing and Accountability Journal, vol. 14, no. 14, S. 399-422.
Neimark, Marilyn (1994): Regicide Revisited: Marx, Foucault and Accounting. In: Critical Perspectives on Accounting 5, S. 87-108.
Perera, S./G. Harrison/M. Poole (1997): Customer-Focused Manufacturing Strategy and the Use of Operations-Based Non-Financial Performance Measures: A Research Note. In: Accounting, Organizations and Society 22, S. 557-572.
Power, Michael (1997): The Audit Society. Rituals of Verification. Oxford.
Power, Michael (1996): Making Things Auditable. In: Accounting, Organizations and Society 21, S. 289-315.
Radigan, Joseph (2002): A good year for outsiders. Plan A for Group B accountancies? In the year of the corporate scandal, pick off as much business as possible from Big Four firms. In: CFO.Com, Tools and Resources for Financial Executives, 2. Oktober 2002 (online).
Reis, Claus/Mathias Schulze-Böing (1998): Einleitung: Neue Steuerungsmodelle für die Planung und Produktion sozialer Dienstleistungen? In: Claus Reis/Matthias Schulze-Böing (Hrsg.), Planung und Produktion sozialer Dienstleistungen. Die Herausforderungen »neuer Steuerungsmodelle«. Berlin, S. 9-31.
Rose, Nikolas (2000): Das Regieren unternehmerischer Individuen. In: Kurswechsel. Zeitschrift für gesellschafts-, wirtschafts- und umweltpolitische Alternativen, Heft 2, S. 8-27.
Roslender, Robin (1992): Sociological Perspectives on Modern Accountancy. London/New York.
Schooley, Tim (1999): ›Big Five‹ accounting firms unlikely to shrink, but the possibility exists. In: Pittsburgh Business Times, 31. Mai 1999.
Seeber, Susan/Elisabeth M. Krekel/Jürgen van Buer (2000): Bildungscontrolling – ein interdisziplinärer Forschungsbereich in der Spannung von ökonomischer

und pädagogischer Rationalität? In: dies. (Hrsg.), Bildungscontrolling. Ansätze und kritische Diskussionen zur Effizienzsteigerung von Bildungsarbeit. Frankfurt a.M. u.a., S. 7-17.

Sikka, Prem/Hugh Willmott (1997): Practising Critical Accounting. In: Critical Perspectives on Accounting 8, S. 149-165.

Simon, Herbert A. (1945): Administrative Behavior. A Study of Decision-Making Processes in Administrative Organizations. New York.

Singleton-Green, Brian (1993): If It Matters, Measure It! In: Accountancy (may), S. 52-53.

Sloan, Alfred P. Jr. [1963] (1990): My Years with General Motors. New York u.a.

Starovic, Danka/Bernard Marr (o.J.): Understanding corporate value: managing and reporting intellectual capital. Cranfield School of Management, published by the Chartered Institute of Management Accountants (CIMA).

Swiss Re (2004): Die Auswirkungen der IFRS auf die Versicherungswirtschaft, sigma Nr. 7, Zürich: Schweizerische Rückversicherungs-Gesellschaft.

Vollmer, Hendrik (2003): Grundthesen und Forschungsperspektiven einer Soziologie des Rechnens. In: Sociologia Internationalis 41, S. 1-23.

Vormbusch, Uwe (2002): Diskussion und Disziplin. Gruppenarbeit als kommunikative und kalkulative Praxis. Frankfurt a.M./New York.

Vormbusch, Uwe (i.E.): Management by Foucault? Betriebliches Controlling und Subjektivierung. In: Manfred Moldaschl/G. Günter Voß (Hrsg.), Subjektivierung von Arbeit, Band 2. München/Mering, im Erscheinen.

Wiesenthal, Helmut (1996): Wer aber bestimmt die Spielregeln? Die Ambivalenz der Globalisierung – Fünf Bemerkungen zur Dimension des Wandels. In: Frankfurter Rundschau, 23. Juli 1996, Nr. 169, S. 10.

Williamson, Oliver E. (1975): Markets and Hierarchies. Analysis and Antitrust Implications. A Study in the Economics of Internal Organization. New York.

Willmott, Hugh/Prem Sikka (1997): On the Commercialization of Accounting Thesis: A Review Essay. In: Accounting, Organizations and Society 22, S. 831-842.

Wulf, Inge (2004): Bilanzierung immaterieller Werte gem. IAS 38 (rev. 2004), in: KAM.sys 07/2004, S. 8-16

# Antonius Engberding
# Genese und Lebenszyklus betriebswirtschaftlicher Steuerungskonzepte

Betriebswirtschaftliche Steuerungskonzepte[1] sind modische Produkte geworden. Über Mode wird gesagt, dass es alles schon einmal gab und dass sie für ihre Zeit reif sein muss. Ich will die Geschichtslosigkeit des Shareholder Value-Ansatzes aufzeigen und nachweisen, in welchem historischen und ökonomischen Kontext Steuerungskonzepte (ideologisch) nützlich waren und sind. Es geht mir dabei um eine historisch-ideengeschichtliche Eingliederung und nicht um eine betriebswirtschaftlich fachliche Kritik am Shareholder Value-Konzept (dazu Engberding 2000).

Steuerungskonzepte unterliegen als modische Produkte einem Lebenszyklus: Sie entstehen, werden in den Markt eingeführt, erreichen ihren Höhepunkt und ihren Niedergang. Alfred Kieser (1996) hat Moden und Mythen des Organisierens beschrieben und lesenswert analysiert. Ich werde einige seiner Ideen im zweiten Teil dieses Beitrages aufgreifen.

## 1. Genese betriebswirtschaftlicher Steuerungskonzepte

Sucht man die Vorläufer betriebswirtschaftlicher Steuerungskonzepte, so könnte man versucht sein, die Anfänge systematischen Aufschreibens von Geschäftsvorfällen und deren Weiterentwicklung zur doppelten Buchführung aufzuführen. Die Rechnungsbücher der Stadtverwaltung in Genua wurden 1340 in so genannten T-Konten geführt. Sinn dieser Übung war die Dokumentationsfunktion, also eine Kontrolle über die Verwendung von Geld, die durch Aufschreibung zu bewältigen war. Die

---

[1] Unter Steuerungskonzepten verstehe ich Methoden, Muster, Heuristiken oder wer will Theorien, die das Management benutzt, um die Wirtschaftlichkeit, Rentabilität, Effizienz oder andere Erfolgsgrößen eines Unternehmens zu beurteilen. Planung und Kostenrechnung sind z.B. klassische Steuerungskonzepte, die ihrerseits Varianten aufweisen und Moden unterliegen (Deckungsbeitragsrechnung, Prozesskostenrechnung, Target Costing usw.). Modernere Konzepte sind z.B. wertorientierte Unternehmensführung, hier mit dem Shareholder-Value-Ansatz gleichgesetzt, und Balanced Scorecard.

doppelte Buchführung hatte zusätzlich eine technische Funktion: Rechenfehler waren zur damaligen Zeit eher die Regel als die Ausnahme. Zur Kontrolle der Richtigkeit der Rechnungen eignete sich die doppelte Buchhaltung und der Abgleich zwischen dem Tagebuch (Journal) und dem »Ziehen« der Bilanz (Schnieder 2001: 78ff.).

Die ersten Schritte von der reinen Dokumentations- und Rechenkontrollfunktion des betrieblichen Rechnungswesens hin zur Wirtschaftlichkeitssteuerung und -kontrolle durch Planung sind Mitte des 18. Jahrhunderts in den Schriften des Hauptbuchhalters der österreichischen Hofrechnungskammer *Johann Matthias Puechberg* erkennbar. Hierin wird das Rechnungswesen erstmals unter das Ziel gestellt, die Rentabilität der getroffenen »*Wirthschafts-Speculationen*« zu beurteilen (ebenda: 93). Seine Schriften beruhten aber nicht auf der betriebswirtschaftlichen doppelten Buchführung, sondern der kameralistischen, die noch heute in staatlichen Behörden benutzt wird. Für sie ist der Soll/Ist-Vergleich wesentlich. Eingangs als fürstliches Mittel genutzt, um zu planen, was untergeordnete Behörden ausgeben durften (Haushaltsansatz), und dies zu kontrollieren, entwickelten sich insbesondere in der Holzwirtschaft (Planung der nachhaltig möglichen Einschlagsmengen) und Landwirtschaft (Fruchtwechselwirtschaft) systematischere Planungstechniken. Ziel war, »den möglich höchsten, nachhaltigen Gewinn, nach Verhältniß des Vermögens, der Kräfte und der Umstände, aus ihrem Betriebe zu ziehen.«[2]

Der ostfriesische Landwirt *Johann Heinrich von Thünen* (1783-1850), bekannt durch seine Standortlehre der *Thünenschen* Kreise in seinem Buch »Der isolierte Staat«, definiert dabei den Gewinn auf eine Art und Weise, die den »Erfindern« wertorientierter Steuerungsgrößen im Shareholder Value-Ansatz bekannt vorkommen dürfte: Der Unternehmergewinn ist der Bruttogewinn aus dem Geschäftsbetrieb, abzüglich der Größen

- Zinsen auf das investierte Kapital,
- Unternehmerlohn (für seine geleistete Arbeit) und einer
- Versicherungsprämie für kalkulierbare Risiken

Daraus ergibt sich ein Residualeinkommen für die Übernahme des nicht versicherbaren (nicht diversifizierbaren, systematischen) Risikos (Schnieder 2001: 512).

Hier zeigt sich bereits ein erstes konstituierende Element der heutigen wertorientierten Unternehmenssteuerung: Gewinn wird nicht mehr definiert als ein aus dem laufenden Betrieb »übrig« gebliebener Rest,

---

[2] Albrecht Daniel Thaer (1752-1828), zitiert nach Schneider 2001: 174.

den sich der Unternehmer aneignet und womit sich sein Kapital verzinst und sein Risiko abgegolten ist. Der »Residualgewinn« muss vielmehr genau diesen Aufwand vorab tragen, um als eigentliches Unternehmereinkommen (Residualeinkommen) zu gelten.[3]

Ein zweites Element, das die heutigen Shareholder Value-Ansätze konstituiert, ist das Bar- oder Kapitalwertverfahren, oder wie *Rappaport* (1999), der »Erfinder« des Shareholder Value, es nennt, der »Zeitwert des Geldes«. Im mittelalterlichen Europa galt das Erheben von Zinsen als verwerflich und Wucher. Fürsten, die Einlagen bei der vatikanischen Medici-Bank unterhielten, ließen sich bestätigen, dass die Gewinne daraus Geschenke der Nächstenliebe waren. Erst im 17. Jahrhundert fand eine intensive Beschäftigung mit Zinsen und deren Wirkungen auf das Geschäft und deren Ergebnis statt. Erstmals wurde das Phänomen erkannt, dass ein heute geschuldeter und zurückgezahlter Betrag für den Gläubiger mehr Wert besitzt als eine Rückzahlung morgen, da er diesen Betrag verzinslich anlegen kann und übermorgen noch zusätzlich auf die Zinsen Zinseszinsen erlangt, sofern er sie wieder anlegt.

Das Diskontieren auf den heutigen Wert (Barwert) nennt sich Kapitalwertverfahren. Der erste, der eine mathematisch abgeleitete Rechtfertigung für eine Abzinsung mit Zinseszinsen lieferte, war 1682 *Gottfried Wilhelm Leipniz* (Schneider 1984: 114ff., Schneider 2001: 782ff.). Das Verfahren wurde in der industriellen Unternehmensbewertung erstmals von dem Ober-Bergamts-Referendarius *von Oeynhausen* 1822 benutzt, um für Steinkohlenzechen »die äußerste Summe zu bestimmen, welcher bei vernünftigen Speculationen gewagt werden darf.«[4]

Die Bestimmung des Abzinsungs- oder Diskontierungssatzes wurde 1832 bei *Crelle* diskutiert, der im Zinssatz Mühe und Risiko abgegolten sehen wollte. *Jevons* benutzte Marktzinssätze als Vergleichmaßstab. Ergibt sich aus der Investition eine Grenzrendite oberhalb des Marktzinssatzes, galt diese als rentabel. Nichts anderes ist heute die Risikoprämie, die in Shareholder Value-Ansätzen gefordert wird.

Für die Genese des Shareholder-Value-Ansatzes und der damit zusammenhängenden Residualgewinnkonzeptionen ist die Bestimmung der Eigenkapitalzinsen wesentlich. Hierbei spielte neben der Portfolio-Theorie von *Markowitz* die so genannte *Tobin*-Separation und die Theorie der Kapitalstruktur (*Modigliani/Miller*), alle aus den 1950er Jahren, eine Rolle. Aus ihnen leitet sich das Capital Asset Pricing Model (CAPM)

---

[3] So auch vor 140 Jahren gesetzlich in § 106 Abs. 3 des AHGB von 1861 definiert: »Vor Deckung dieser Zinsen ist kein Gewinn vorhanden...«; Schneider 2001: 905.

[4] von Oeynhausen: Ueber die Bestimmung des Kapitalwerthes von Steinkohlen-Zechen, zitiert nach Schneider 2001: 787.

ab, das ungeachtet theoretischer Bedenken und empirischer Nachprüfbarkeit grundlegende Voraussetzung für die Shareholder-Value-Modelle ist (zur Kritik Schneider 1998: 1473ff.).

Aus dem CAPM wird der Eigenkapitalkostensatz abgeleitet, der in Discounted Cash Flow (DCF)-Modellen benutzt wird, um den Wert eines Unternehmens auf der Basis abgezinster zukünftiger Cash Flows zu bestimmen. Dieses Verfahren verdrängte in Deutschland das Ertragswertverfahren, das in den 1920er Jahren insbesondere am Kölner Treuhandseminar, gegründet von *Eugen Schmalenbach,* entwickelt wurde. Verbunden mit den Namen *Münstermann, Sieben* und *Matschke* fand in den 1950er/60er Jahren eine mehr investitionstheoretische Betrachtung des Unternehmenswertes statt, die den mehr kapitalmarktorientierten Modellen des Discounted Cash Flow zumindest nicht unterlegen ist, inzwischen aber auch von der deutschen Bewertungsliteratur kaum noch rezipiert wird (Hering 2000: 433ff.).

**Zu Beginn des 20. Jahrhunderts**
In der wissenschaftlichen Betriebswirtschaftslehre blieb der Soll/Ist-Vergleich der kameralistischen Buchführung und damit die Planung als Vorschaurechnung bis etwa 1930 weitgehend unberücksichtigt. *Schmalenbach,* der führende und bestimmende Betriebswirt seiner Zeit, legte sein Interesse auf den Zeit- und Betriebsvergleich als Mittel der »Kontrolle der Betriebsgebahrung«. Demzufolge sind seine Anstrengungen mehr auf die messtheoretischen Grundsätze ordnungsmäßiger Buchführung gerichtet, um einen aussagefähigen Vergleich vorzunehmen. Er definierte dabei »wertorientiert«, dass »in unserer Gewinnrechnung sowohl der Zins des Unternehmenskapitals als auch der Wert der Arbeit des Unternehmers als Aufwand anzusetzen sind«.[5]

Interessant ist die Rolle der jungen wissenschaftlichen Betriebswirtschaftslehre vor und in dieser Zeit. Sie sah sich zu Beginn des Jahrhunderts dem Vorwurf der »Profitlehre« ausgesetzt, da ihre volkswirtschaftlichen Kollegen seltsamerweise vermuteten, dass sie sich nur um die Partikularinteressen der Unternehmer und nicht um eine gesamtwirtschaftliche Perspektive kümmerten. Teile der damaligen »Privatwirtschaftslehre« reagierten mit einer ethisch-normativen Ausrichtung. Ver-

---

[5] Schmalenbach: Grundlagen dynamischer Bilanzlehre, 1919, zitiert nach Schneider 2001: 203; der Ansatz wurde durchaus kritisiert, so 1942 von dem führenden Nachkriegs-Betriebswirt Gutenberg in »Grundsätzliches zum Problem der betriebswirtschaftlichen Leistungsbewertung und der Preisstellung«. Dort führt er aus: »Der Gewinn lässt sich, so definiert, ohne Vergewaltigung als Leistungsentgelt unter die Kosten einreihen.« Zitiert nach Hundt 1977.

bunden war dies mit den Namen *Schär, Nicklisch* und später dann auch *Schmalenbach.* Aufgrund der Vorwürfe war man bemüht, einen neuen Namen für die Disziplin zu finden und nannte sich (neutraler) in Betriebswirtschaftslehre um.

Die ethisch-normative Ausrichtung der Betriebswirtschaftslehre betrachtet den Betrieb als »*Organ der Gemeinwirtschaft*«. Schmalenbach bemerkt dazu: »Es ist nicht der Sinn unserer Betriebswirtschaftslehre, zuzuschauen, ob und wie irgend jemand sich ein Einkommen oder ein Vermögen verschafft. Sinn unserer Lehre ist lediglich, zu erforschen, wie und auf welche Weise der Betrieb seine gemeinwirtschaftliche Produktivität beweist.« (Schmalenbach 1931: 94) Ihn interessierte »die Fabrik als Fabrik und nicht als Veranstaltung eines Unternehmers.« (Schmalenbach, zitiert nach Hundt 1977: 49)

Dieser Ansatz der gemeinwirtschaftlichen Wirtschaftlichkeit traf innerhalb der jungen Betriebswirtschaftslehre auf heftige Kritik. Die *Schmalenbach/Rieger*-Kontroverse ging im Kern um die Frage, ob sich die neue Wissenschaft um Unternehmen als privatwirtschaftliche Erwerbsanstalten zur Produktion von Shareholder Value oder um Betriebe als Organe der Gesamtwirtschaft befassen sollten. Für *Rieger* (1928: 45) ist die »Unternehmung ... eine Veranstaltung zur Erzielung von Geldeinkommen ... und zwar für den Unternehmer«.

*Rieger* nahm in seiner Privatwirtschaftslehre einige interessante Aspekte des Shareholder Value vorweg. So betont er die vorrangige Orientierung an den Anteilseignerinteressen, »weil sie es sind, die das Kapital herbeigebracht haben, weil auf ihnen in erster Linie das Risiko lastet, und weil endlich der Gewinn ... ihnen zugute kommt« (zitiert nach Bühner 1997: 28ff.). Für ihn zählten nicht Aufwendungen, Kosten, Erträge oder Erlöse, sondern die Verwendung von Einnahmen und Ausgaben und damit der Cash Flow als Überschussgröße, die bei der Berechnung des Unternehmenswertes zugrunde liegen. Diese Cash Flows sind auf einen Stichtag »zu eskompieren«, also auf den Barwert abzuzinsen. Auch *Schmalenbach* berechnete bereits 1917 den Unternehmenswert als Ertragswert, i.S. der abgezinsten zukünftigen Zahlungsströme zwischen Anteilseigner und Unternehmen (vgl. Hering 2000: 436).

Die *Schmalenbach/Rieger*-Kontroverse um Gemeinwirtschaftlichkeit vs. Shareholder Value wurde schließlich von *Gutenberg* nach dem Zweiten Weltkrieg »gelöst«. Er erfand die Trennung von wirtschaftssystemindifferenten und systembezogenen Tatbeständen. Systemindifferent ist danach das Streben nach Wirtschaftlichkeit, systembezogen das Rentabilitätskalkül, das »erwerbswirtschaftliche Prinzip«, wie *Gutenberg* es nannte. Ein Schüler *Riegers, Linhardt,* reagierte darauf treffend mit dem Hinweis, dass man auf den Denkmalssockel der systemindifferenten Tatbestände unterschiedlichste Figuren setzen kann, seien es Lenin, Bismarck oder die Heilige Johanna (Hundt 1977: 150).

## Im Faschismus

Sicherlich lässt sich darüber streiten, ob die damals herrschende Auffassung der betriebswirtschaftlichen Theorie von Gemeinwirtschaftlichkeit die reinste Ausprägung der Betriebswirtschaftslehre im Faschismus ist (ebenda: 125). Unstrittig dürfte sein, dass diese wissenschaftliche Ausrichtung den damaligen gesellschaftlichen Interessen des Unternehmertums entgegen kam und zwar aus zwei Gründen:

1. Der Ansatz kalkulatorischer »Kosten« der Eigenkapitalverzinsung und des Risikos als Residualeinkommen, wie von *Schmalenbach* und anderen vertreten, erfüllte vor und während der Kriegswirtschaft der Nazidiktatur eine wesentliche ideologische Funktion. Die damaligen und noch heute geltenden gesetzlichen Preisbildungsvorschriften für öffentliche (Rüstungs-) Aufträge (LSÖ, heute LSP)[6] ließen einen Ansatz dieser »Kosten« zu. Sie boten damit den Unternehmern dieser Zeit die Chance, nicht nur ihre Preise (konkurrenzlos) an den Kosten auszurichten, sondern auch diese zusätzlichen »Kosten« zu verrechnen, die Gewinnbestandteile sind.[7] Dazu kamen noch großzügige Kalkulationsbestimmungen, wie die Verrechnung von Abschreibungen über den Anschaffungswert hinaus und innerbetriebliche Leistungsverrechnungen. *Hitler* führte dazu aus, dass »die Produktionskosten ohne jede Bedeutung sind« (Hundt 1977: 125), wogegen kein Unternehmer Einwände erhob.

2. *Schmalenbach* hatte 1928 in seinem bemerkenswerten Wiener Vortrag von der »Zerstörung der freien Wirtschaft durch die fixen Kosten« die Vermachtung der Wirtschaft durch Kartelle aufgrund des Drucks fixer Kosten ökonomisch abgeleitet. Das unternehmerische Interesse an der Aufhebung der Konkurrenz war wesentliches Merkmal des Faschismus. Anstelle des Marktes trat eine gelenkte Wirtschaft, Selbstkostenpreise ersetzten Marktpreise, anstelle einzelwirtschaftlichen Gewinnstrebens durch Kostenabbau trat eine »gemeinwirtschaftliche Wirtschaftlichkeit«, die nichts anderes war als eine staatliche Garantie der Kapitalrendite durch die Verrechnung kalkulatorischer Kosten der Kapitalverzinsung

---

[6] Schneider 2001: 233; Hundt 1977: 109. Die LSÖ wurden 1939 als gemeinverbindlich erklärt. Nebeneffekt war sicher auch, dass unwirtschaftliche Betriebe, deren Kapazitäten man aber für die Kriegsproduktion brauchte, durch diese »Kosten« immer noch rentabel anbieten konnten.

[7] »Von Eigenkapitalkosten zu sprechen, wenn man Profit meint, ist ein Beispiel für Rhetorik, die keinerlei Erkenntnis bringt.« Schneider 1998: 1474. Es bringt zwar keine Erkenntnis, aber Profit.

und des Unternehmerrisikos unter Beibehaltung kapitalistischer Grundstrukturen.[8]

Was mehr als 60 Jahre später im EVA© und dem »Quest for Value« wieder auftauchte (siehe unten), hatte zu Zeiten des Nationalsozialismus eine wesentliche ideologische Funktion, nämlich die Sicherstellung einer hohen Kapitalverzinsung bei aus- bzw. gleichgeschaltetem Wettbewerb.

Die junge Wissenschaft der Betriebswirtschaftslehre lieferte damals das Instrumentarium zur Begründung dieser Ideologie. Sie liefert heute gleiches zur Begründung kapitalmarktorientierter Steuerungskonzepte: die Verzinsung des eingesetzten Kapitals und des Unternehmerrisikos als Kosten.

### Die Entwicklung nach dem Zweiten Weltkrieg

Nach dem Zweiten Weltkrieg entwickelte sich das Streben nach innerbetrieblicher Wirtschaftlichkeit weiter, konzentrierte sich aber weniger auf Bilanzen als Steuerungsinstrument, sondern auf Fragen der Produktions- und Kostentheorie. Sie wurde wesentlich beeinflusst durch *Gutenberg*, dem bis in die 1970er Jahre führenden Betriebswirt. Seine »Grundlagen der Betriebswirtschaftslehre« und dabei der erste Band »Die Produktion« von 1951 (Band 2: 1955; Band 3: 1969) beruhten auf der neoklassischen Mikroökonomie und beschäftigten sich mit dem »System der produktiven Faktoren«, die ([wirtschafts-]system-indifferent) Abhängigkeiten von Einsatzmengen, Kosten, Beschäftigungsgrade und Absatzmengen stark formalisiert formulierten.

Diese Theorie ist vor zwei Hintergründen zu sehen: Der erste war die »ideologiefreie« Position, nur systemindifferente Produktivitätsbeziehungen zu erforschen und sich damit »wertfrei« einer Vereinnahmung von Faschismus, Kapitalismus oder Sozialismus entziehen zu können. Der zweite war die wirtschaftliche Situation der 1950er/60er Jahre. Produktionstheoretische Steuerungsmodelle halfen bei der innerbetrieblichen

---

[8] Hundt 1977: 89. Sandig (bis in die 1980er Jahre Professor in Mannheim) definiert dann auch in einem Aufsatz über Betriebswirtschaftslehre und Nationalsozialismus, in »Der praktische Betriebswirt« 19/1933: »Die Grenze für die betriebliche Rentabilität läuft dort, wo der Gewinn noch als Entgelt für die Leistung von Betriebsführer und Gefolgschaft und noch als Gegenleistung für den Anteil des Kapitals am Wert der gesamten Betriebsleistung angesehen werden kann ... Die Frage nach der Grenze der Rentabilität ist eine Frage der Haltung, des Charakters, nicht der Rechnung. Und hier zeigt sich die Größe einer Erziehungsaufgabe an. Die Wirtschaft braucht auf der ganzen Linie Nationalsozialisten als Betriebsführer ... Männer, ... die das gleiche Familien-, Sippen-, Stammes-, Volks- und Rassenschicksal teilen.«; zitiert nach Schneider 2001: 232.

Abstimmung von Kapazitäten und Einsatzmengen, um in einem Verkäufermarkt jederzeit lieferfähig zu sein. Engpass war die Produktion und die Absatzseite spielte eine ungleich geringere Rolle, da Produkte nicht aktiv »verkauft« werden mussten.

Das änderte sich in den 1970er Jahren. Der Markt wandelte sich spätestens seit der ersten Konjunkturkrise im Jahr 1967 zum Käufermarkt. Demzufolge verschoben sich auch die betriebswirtschaftlichen Fragestellungen von der Produktion zum Absatz. Marketing wurde zum vorherrschenden Steuerungskonzept. *Kotler* fordert 1967 in seinem Buch »Marketing Management« eine konsequente Ausrichtung der Unternehmen an den Kundenbedürfnissen und den Markt.

Neu war zweierlei: Zum ersten die umfassende Ausrichtung allein an einen Stakeholder, den Kunden. Erstmals erhob eine betriebswirtschaftliche Teildisziplin den Anspruch auf ein Leit- und Führungskonzept (Meffert 1994), dass nicht nur die klassischen absatzpolitischen Instrumente wie Produkt- und Preispolitik, Distribution, Werbung, Marktanalyse usw. umfasste, sondern quasi alle Bereiche der Betriebswirtschaftslehre. Es gab Personalmarketing, Beschaffungsmarketing, Marketing-Controlling, Finanzmarketing, Umwelt-Marketing, Sozial-Marketing usw.

Zweitens begann die deutsche Betriebswirtschaftslehre sich an US-amerikanischen Vorbildern auszurichten. Aus der Absatzlehre und dem Einsatz absatzpolitischer Instrumente von *Gutenberg* wurde das amerikanische Marketing, dem sich immer mehr jüngere Forscher zuwandten. Die Finanzierungstheorie wurde und wird wesentlich durch die amerikanische mikroökonomische Kapitalmarkttheorie beeinflusst. Die Organisationslehre und die Personalwirtschaft wendeten sich amerikanischen verhaltenswissenschaftlichen Erkenntnissen von *Simon* oder *Cyert/ March* zu (Schneider 2001: 248ff.). Insgesamt verlor die deutsche Betriebswirtschaft ihre bedeutende internationale Position und wurde Anhängsel amerikanischer Management Science. Bis heute hält diese Dominanz an.

Es gab m.E. in der Betriebswirtschaftslehre neben dem Marketing zwar zahlreiche weitere Ansätze, die einen Anspruch als umfassende Steuerungskonzepte erhoben, z.B. das Controlling, aber nur noch zwei, die die Ausrichtung an den Interessen einer Stakeholder-Gruppe formulierten: 1974 die arbeitsorientierte Einzelwirtschaftslehre (AOEWL) und in den 1980er Jahren der Shareholder Value-Ansatz.

Die von einer Projektgruppe des WSI formulierte AOEWL verstand unter Arbeitsorientierung »die Handlungsorientierung ..., die auf die Durchsetzung von Interessen der abhängig Beschäftigten in den verschiedenen Bereichen der Gesellschaft abzielt. In diesem Sinne sind die arbeitsorientierten Interessen im Rahmen einer Einzelwirtschafts-

# Krise und Lebenszyklus betriebswirtschaftlicher Steuerungskonzepte 121

lehre erkenntnisleitende Interessen« (Projektgruppe WSI 1974: 11). Die AOEWL blieb eine nette Episode der Betriebswirtschaftslehre.[9]

Ein weiterer, sicherlich interessant zu untersuchender Zweig betriebswirtschaftlicher Steuerungskonzepte, der sich relativ lang amerikanischen Einflüssen zu entziehen wusste, war das interne Rechnungswesen. Er kann hier leider nur sehr kursorisch wiedergegeben werden. Die Plankostenrechnung war hauptsächlich geprägt durch *Kilgers* flexible Plankostenrechnung von 1961 und *Riebels* Deckungsbeitragsrechnung 1959. Aus diesen Rechnungen entwickelte sich dann das Planungs- und Kontrollwesen, das in den 1960er/70er Jahren die praktisch orientierte Betriebswirtschaftslehre prägte.

Eine amerikanische Richtung nahm dann auch die Kostenrechnung in den späten 1970er Jahren. Die Entwicklung des Management Accounting und daraus folgend das Controlling unterlag starker amerikanischer Dominanz und wurde von der deutschen Betriebswirtschaftslehre aufgegriffen. Die Ansätze zur Prozesskostenrechnung bzw. Activity Based Costing wurden von *Caplan*, *Cooper* und *Johnson* in die deutsche Betriebswirtschaftslehre getragen.[10] In Deutschland wurde die ABC insbesondere von Horvath verbreitet, der als Stuttgarter BWL-Professor für Controlling ein erfolgreiches Beratungsunternehmen damit aufbaute.

Theoretisch hatte die Prozesskostenrechnung (wie auch die Shareholder-Value-Ansätze) nicht allzu viel zu bieten. In *Kilgers* Flexibler Plankostenrechnung wurden viele der von ihr benutzten Kosteneinflussgrößen längst beschrieben. Interessant ist, dass schon vor der amerikanischen Veröffentlichung einzelne deutsche Firmen wie Siemens 1975 (Ziegler 1992: 304ff.) und Schlafhorst 1980 (Wäscher 1987: 297ff.). Elemente einer Prozesskostenrechnung entwickelten. Die Prozesskostenrechnung wurde Anfang der 1990er Jahre verdrängt durch *Norton* und *Kaplans* Balanced Scorecard 1997).

---

[9] Sie erfüllte zumindest ihre kritische Position bezüglich der einseitigen, kapitalorientierten Ausrichtung der Betriebswirtschaftslehre, denn die reagierte auf die AOEWL massiv und polemisch, wie Hax: Das Projekt »Arbeitsorientierte Einzelwirtschaftslehre«, Eine kritische Betrachtung, ZfbF 1974, S. 798ff.

[10] Die Prozesskostenrechnung (Activity Based Costing, ABC) wurde 1987 erstmals an der Havard Business School veröffentlicht (Hovarth/Kieninger/Mayer/Schimank: Prozesskostenrechnung – oder wie die Praxis die Theorie überholt, DBW 5/12993, S. 609ff). 1990 wurde sie in Deutschland im Aufsatz von Cooper: Activity Based Costing – Was ist ein Activity Based Cost-System, Kostenrechnungspraxis 4/1990, S. 270ff. und 5/1990 erstmals ausführlich dargestellt. Horvath/Mayer: Prozesskostenrechnung – Ein neuer Weg zu mehr Kostentransparenz und wirkungsvolleren Unternehmensstrategien, Controlling 5/1989, S. 214ff., bereitete die ABC für deutsche Verhältnisse unter dem Titel Prozesskostenrechnung auf.

In den 1970er Jahren gab es in der wissenschaftlichen Betriebswirtschaftslehre eine Entwicklung weg von *Gutenbergs* produktionsorientiertem Ansatz hin zur entscheidungs- und systemorientierten Managementlehre. *Heinen* setzte sich von *Gutenberg* insbesondere dadurch ab, dass er Organisations- und Entscheidungsaspekte stärker in die betriebswirtschaftliche Diskussion einbrachte. Wenn *Gutenberg* sagte, ein Unternehmen *hat* eine Organisation, so betrachtete Heinen die Frage, dass ein Unternehmen eine Organisation *ist*, in der Entscheidungsprozesse ablaufen (Hundt 1977: 177). *Heinen* übernahm sehr stark amerikanische Managementliteratur und dabei vorrangig verhaltens- und sozialwissenschaftliche Erkenntnisse. Nicht mehr rationale Produktivitätsbeziehungen wie bei Gutenberg, sondern das Unternehmen als zielgerichtetes Sozialsystem, mit irrationalen Entscheidungen, Koalitionen und beliebigen Zielen war Gegenstand der Untersuchungen. Eine mit dem Untersuchungsgegenstand stark verbundene Öffnung im Hinblick auf Psychologie, Soziologie und Politikwissenschaften ließen oft das Betriebswirtschaftliche an dieser Betriebswirtschaftslehre vermissen.

Ein Beispiel für den Verlust des Betriebswirtschaftlichen und damit dann auch der Praxis war die Debatte um die Gewinnmaximierung als Ziel der Unternehmen.

Was bei *Rieger* und *Gutenberg* klar war und auch *Schmalenbach* mit einem gemeinwirtschaftlichen Schwenker noch vertrat und was heute, insbesondere bei Anhängern des Shareholder Value außer Frage steht, wurde damals in Frage gestellt. Ein Unternehmen soll, wenn überhaupt, nach angemessenen oder relativen Gewinnen streben. Andere sollen als Unternehmensziel Umsatzwachstum oder Vermögensmehrung verfolgen. Der verhaltenswissenschaftliche Zweig der Betriebswirtschaftslehre legte dann nahe, überhaupt nicht mehr von Organisationszielen oder ökonomischen Zielen zu reden. sondern von persönlicher Zufriedenheit, Macht, Ruhm und Glückseligkeit (Hundt 1977: 187ff.).

Der ideologische Hintergrund war offenkundig: In den Nachwehen einer 1968er Bewegung und in einer historischen Phase starker Gewerkschaften wollte sich die Betriebswirtschaftslehre dem Ruf als »Kapitalistenknecht« entziehen. Nicht ödes Profitstreben, sondern »angemessene Gewinne«, Zielpluralismus und »das Ende der Gewinnmaximierung« prägten das moderne Unternehmen in der (praxisfernen) Vorstellung der entscheidungsorientierten Betriebswirtschaftslehre.

*Hundt* (1977: 197) sprach von einer Sackgasse der Entscheidungstheorie. Die Lücke, die die Theorie der Praxis hinterließ, wurde nahtlos aufgefüllt durch amerikanische Unternehmensberater und ihre »universellen« Steuerungs-, Rationalisierungs- und Organisationskonzepte. »Achtung McKinsey kommt!«, so nannte sich eine Broschüre der Gewerkschaft HBV in den 1970er Jahren. Gemeinkostenwertanalysen, Zero-Based-Budgeting und andere Rationalisierungs- und Steuerungstechnologien gewannen Oberhand über die bis dahin herrschende Methodenkompetenz der Betriebswirtschaftslehre.

Heute sind institutionelle Ansätze der Transaktionskosten- und Principal-Agent-Theorie vorherrschend in der wissenschaftlichen Betriebswirtschaftslehre (Schneider 2001: 270, 635ff.). Erstere beschäftigt sich mit der Frage, ob eine Steuerung über Märkte oder eine hierarchische, interne Koordination effizienter ist. Die zweite untersucht, wie z.B. der Prinzipal Shareholder den Agenten Management zu einem Verhalten in seinem Interesse anreizen kann.

Hier können diese und viele Ansätze nicht (weiter) verfolgt werden, die es verdient hätten, untersucht zu werden. Festzuhalten bleibt zweierlei:
1. Gerade an Ansätzen wie der wertorientierten Unternehmensführung zeigt sich die Geschichtslosigkeit heutiger Steuerungssysteme. Es ist viel »alter Wein in neuen Schläuchen«, der hier modern amerikanisiert verkauft wird. Das beeindruckendste Beispiel findet sich bei *Rappaport* in dessen Hauptwerk »Creating Shareholder Value«, der schreibt: »Diese Modelle (des Residualgewinns; d.V.) sind nicht neu, ihre Vorläufer ... lassen sich auf einen von General Electric angeregten Maßstab aus den 50er Jahren, den so genannten ›Residualgewinn‹, zurückverfolgen. Der Residualgewinn wird definiert als der Betriebsgewinn ... minus einem Abzug für das investierte Kapital.« (Rappaport 1999: 144).
2. Zum zweiten ist es der Wandel der Verwertung wissenschaftlicher Erkenntnisse. Was früher von den Hochschulen in die Praxis getragen wurde, ist seit den 1970er Jahren aufgrund einer höchstens noch ideologisch, aber nicht mehr praktisch zu verwertenden wissenschaftlichen Betriebwirtschaftslehre ein Markt kommerzieller Unternehmensberater geworden.[11]

Auch diese Märkte brauchen Produkte und Produkte unterliegen einem Lebenszyklus.

---

[11] Dass damit die Qualität nicht besser wird, begründet Schneider (1984: 127) mit einer abgewandelten Bergsteigerweisheit: »Wer Tag und Nacht um die Beratungsgunst der Praxis im Tale des Alltäglichen buhlt, versäumt leicht den morgendlichen Aufstieg zu Gipfel neuer Erkenntnisse. Und wenn er aufbricht, ohne früher erforschte Steige und Routen zur Kenntnis zu nehmen, wird er häufig zur Umkehr genötigt sein.«

## 2. Der Lebenszyklus betriebswirtschaftlicher Steuerungskonzepte

Organisationsmoden wie Qualitätszirkel, Lean Production, Business Process Reengineering oder Total Quality Management folgen ebenso wie betriebswirtschaftliche Steuerungskonzepte[12] der typischen Lebenszykluskurve von Produkten (Kieser 1996: 22). Einführung, Wachstum, Sättigung und Niedergang sind die Phasen des Zyklus.

**Einführungsphase**
Produkte wie Organisations- und Steuerungskonzepte brauchen in ihrer Einführungsphase Promotoren. Von Beginn der wissenschaftlichen Betriebswirtschaftslehre bis in die 1970er Jahre waren dies maßgeblich Professoren und ihre »Schulen«. Es begann mit *Schmalenbachs* »Kontrolle der Betriebsgebarung«, eingeführt 1919, auf dem Höhepunkt des Lebenszyklus 1923 bis 1928 und dann abgelöst durch *Gutenbergs* »System der produktiven Faktoren« Anfang der 1950er Jahre, das wiederum durch den entscheidungsorientierten Ansatz Heinens abgelöst wurde, der die Betriebswirtschaftslehre der 1970er Jahre dominierte.

Schon *Schmalenbach* betrieb ein erfolgreiches Wissenschaftsmarketing. Den Verkauf seiner Konzepte in Form von Gutachten für Unternehmen und staatliche Stellen über seine »Treuhand AG« und seine Ernennung 1919 in den Reichswirtschaftsrat sind evidente Beispiele. Sein Kontenrahmen wurde nach den Zweiten Weltkrieg in der UdSSR und anderen Staaten des Ostblocks zum Zwecke der Planung ganzer Volkswirtschaften übernommen.[13]

Seit den 1970er Jahren verschob sich die Szene der Modeschöpfer von der wissenschaftlichen Betriebswirtschaftslehre hin zu professionellen Unternehmensberatern. Die Abgrenzung zwischen beiden ist insbesondere in den USA wenig eindeutig, da die erfolgreiche Vermarktung wissenschaftlicher Konzepte durch Beratungsgesellschaften der Professoren Hand in Hand gehen; siehe beispielsweise *Peters/Waterman* (McKinsey 7S-Model), *Womack* (Lean Production), *Hammer/Champy* (Reengineering), ABC (*Caplan/Cooper*), BSC (*Norton/Caplan*) und *Rappaport* (Shareholder Value). Die Entwicklung neuer Steuerungskonzepte wurde zu einem kommerziellen Produkt, an dessen Vermarktung nicht nur ihre

---

[12] Die Abgrenzung von Organisationsmoden und Steuerungskonzepten ist sicherlich nicht absolut trennscharf zu ziehen, beispielsweise beim Total Quality Management.

[13] »Sozialismus ist vor allen Dingen Rechnungslegung« (W.I. Lenin: Für und Wider die Bürokratie. Schriften und Briefe 1917-1923, hrsg. von G.Hillmann, Reinbek 1970, S. 10).

direkten Modeschöpfer profitieren, sondern auch Verlage, Managementzeitschriften, Seminarveranstalter, nicht zuletzt ihre Kritiker und zuallererst die Kunden, sprich die Manager, die unter diesem Mantel neue Kleider, sprich Rationalisierungsstrategien verkaufen.

Das wirksamste Mittel der Einführung neuer Steuerungsmoden ist der Management-Bestseller. Die Rhetorik, in der er geschrieben wird, ist inhaltlich weitgehend austauschbar (Kieser 1996: 23ff.):

- Ein einfach zu verstehender, griffiger Schlüsselfaktor wird als wesentliche Geschäftsidee in den Vordergrund gestellt.
- Dieser Faktor ist revolutionär, wurde bisher sträflich vernachlässigt und führt zu einem radikalen Umbruch im Management, Quantensprünge bei Produktivität und Kosteneinsparungen werden versprochen.
- Ein »Guru« verkörpert diese Idee und inszeniert sie als Heilsbotschaft.
- Ohne dieses neue Konzept droht angesichts zunehmender Dynamik der Märkte, der japanischen Bedrohung, der Globalisierung usw. ein Scheitern der Unternehmen. Manager, die sich nicht darauf einlassen, handeln fahrlässig.
- Mit diesem neuen Konzept steigt die Wettbewerbs- und Innovationsfähigkeit, Kunden- und Mitarbeiterzufriedenheit usw.
- Anhand von Beispielen werden die Quantensprünge eindrücklich verdeutlicht:
  – So beim Reengineering: Kostensenkungen von 30-90%, Qualitätsverbesserungen zwischen 50 und 90%, Zeitverkürzungen zwischen 60 und 80%, Produktivitätssteigerungen um 100%.
  – Oder Lean Production: in der Hälfte der Zeit mit halbem Aufwand ein Produkt entwickeln, halbe Investitionen, halbes Personal und doppelte Produktivität, Qualität, Flexibilität.[14]
- Umsetzungsprozesse sind stets problemlos und einfach: Topmanagementunterstützung sicherstellen, Mitarbeiter begeistern, Projektgruppe gründen, Konzept umsetzen.

Viel von dieser Rhetorik findet sich auch in *Rappaports* Shareholder Value; wobei festgehalten werden muss, dass dieser sich bei weitem nicht der reißerischen Sprache bedient, wie es beispielsweise *Hammer/Champy* beim Reengineering tun.

- Der Schlüsselfaktor ist sicherlich das einfach zu verstehende Schlagwort des »Creating Shareholder Value« (so der Titel der amerikani-

---

[14] Es sei angemerkt, dass ein Manager, der derartige Rationalisierungspotentiale bisher nicht erkannt hat, entweder seinen Job eher unzureichend erfüllt, oder er glaubt wirklich an derartige Märchen, was zur gleichen Konsequenz führen müsste. Siehe auch Kieser (1996: 27), der als Erklärung die Urangst des Managers vor Kontrollverlust anbietet.

schen Originalausgabe). Geschäftsidee ist die Ausrichtung aller Aktivitäten des Management auf die Maximierung des Shareholder Value.
- *Rappaport* (1999: 2ff.) arbeitet heraus, dass die Interessen der Anteilseigner von unkontrollierten Managern vernachlässigt wurden und somit die Unternehmen keinen maximalen Wert für die Shareholder erzielten. Er will mit seinem Ansatz in erster Linie eine Methode liefern, mit der die Eigentümer die Performance des Managements und damit die Zielerreichung in ihrem Sinne messen können.
- *Rappaport* verspricht nicht revolutionäre Kosteneinsparungen oder Produktivitätssprünge. Er plädiert aber wie *Thünen* Anfang des 19. Jahrhunderts dafür, dass die Gewinne mindestens die Eigenkapitalverzinsung decken müssen, damit ein Unternehmen »Wert« produziert. Verdient ein Unternehmen oder ein Geschäftsbereich dies nicht, wird Shareholder Value vernichtet.
- Er weist darauf hin, dass ohne die Verwendung des Shareholder Value-Ansatzes Wertlücken entstehen, die ein Unternehmen scheitern lassen können bzw. es zum Objekt von Übernahmen machen, wenn es nicht rechtzeitig restrukturiert (ebenda: 11f.).
- Interessant ist seine Entgegnung auf die Kritik, dass sich sein Ansatz nur einseitig an den Interessen der Anteilseigner ausrichtet. Er behauptet: »In einer Marktwirtschaft, die die Rechte des Privateigentums hochhält, besteht die einzige soziale Verantwortung des Wirtschaftens darin, Shareholder Value zu schaffen...« Und: »Von einem wertschaffenden Unternehmen profitieren nicht nur seine Eigentümer, sondern es dient allen anderen Forderungen seiner Anspruchsgruppen.« (ebenda: 6; 9)

**Wachstumsphase**
Das Vorliegen eines Management-Bestsellers mag eine notwendige Bedingung für Popularisierung und Wachstum eines Steuerungskonzepts sein. Hinreichend für den Erfolg ist er nicht. Damit ein Konzept zum vorherrschenden Paradigma wird, muss es auf eine ökonomische Situation treffen, die einen Nährboden bei ihren Kunden, den Managern bereitet: so die Produktionsorientierung, die auf den fruchtbaren Boden des Käufermarktes der 1950er Jahre fiel, und später das Marketing, das den Wandel vom Verkäufer- zum Käufermarkt widerspiegelte. Heute ist es das Konzept des Shareholder Value.

*Rappaport* begründet den Aufstieg des Shareholder Value als »der global anerkannte Standard zur Messung des Geschäftserfolgs...« (ebenda: 1) im Wesentlichen mit drei Argumenten:
1. In den 1980er Jahren gab es in den USA eine Bewegung von »Raidern«, die unterbewertete Unternehmen suchten, sie gegen den Wil-

len des Managements übernahmen (hostile takeover), sie dann ausschlachteten (asset stripping) und anschließend verkauften. Dies traf insbesondere Unternehmen, die in guten Zeiten erhebliche Reserven ansammelten, z.B. in Form wertvoller Grundstücke. Hätte das Management diese Reserven an die Aktionäre ausgeschüttet, so wäre der Anreiz für die Raider nicht da gewesen. Demzufolge setzte sich laut *Rappaport* ein stärkeres Handeln des Managements für die Aktionäre durch.

2. Der Markt feindlicher Übernahmen trocknete allerdings in den 1990er Jahren durch ihre riskante Finanzierungsform (Junk Bonds) aus. Aufgrund des Börsenbooms kamen immer mehr institutionelle Finanzanleger auf den Plan. Dies sind Investment- und Pensionsfonds, die das Sparvermögen der US-Haushalte einsammeln.[15] Die Vertreter dieser Anleger drängten das Management zu wertsteigernden Maßnahmen.[16]

3. Dabei haben institutionelle Anleger zwei Druckmittel. Dies ist erstens die Übernahmedrohung, die durch institutionelle Anleger angestoßen werden kann, und zweitens die massive Einflussnahme bei der Beschaffung neuen Eigenkapitals. Demzufolge verhält sich das Management »politisch korrekt« (so Rappaport), wenn es den Shareholder Value maximiert.

Die materielle Interessiertheit des Management mag ein Übriges dazu beigetragen haben. *Rappaport* sagt selber, dass man, um ein Agieren der Manager gegen die Interessen der Shareholder zu verhindern, dem Management hohe Beteiligungen am Unternehmen und eine Verknüpfung ihrer Einkommen mit dem Börsenkurs anbieten soll. Das Management folgte dem widerspruchslos, denn wer akzeptiert nicht im »Interesse« der Aktionäre eigene dreistellige Millionen-Dollar-Einkommen.

In der Wachstumsphase beginnt auch der Imitationswettbewerb. Unternehmensberater, die merken, dass es damit etwas zu verdienen gibt, kreieren ihre leicht modifizierten Klone mit dem Hinweis, dass man natürlich besser ist als das Original.[17]

---

[15] Nach Rappaport (1999: 13) besitzen 40% der US-Haushalte Aktien oder Investmentanteile.
[16] Empirische Nachweise liefert Höpner: Wer beherrscht die Unternehmen? Shareholder Value, Managerherrschaft und Mitbestimmung in Deutschland, Frankfurt/Main 2003, S. 93ff.
[17] Dabei sind die Korrelationen zwischen diesen einzelnen Kennzahlen und auch zwischen diesen und den einfacheren wie Eigenkapital- oder Umsatzrendite hoch, wie Price Waterhouse in einer Studie feststellt.

So wurde *Rappaports* Idee des Shareholder Value erfolgreich imitiert durch *Stern/Stewards* EVA©[18] und seine vielen Brüder und Schwestern wie McKinseys RoIC (Return on Investment Capital) und Economic Profit oder Boston Consults CFRoI (Cash Flow Return on Investment) und Cash Value Added.

Das grundsätzliche Problem – ungeachtet der Varianten – ist die Verwendung eines dynamischen Kapitalwertverfahrens wie beim Shareholder Value auf der einen Seite versus die periodisierten Verfahren wie der EVA auf der anderen. Diese Periodisierungsdebatte gab es bereits in den 1920er Jahren, als *Rieger* bei seiner Kritik an *Schmalenbachs* dynamischer Bilanz die Berechnung eines »richtigen Periodengewinns« für unmöglich erklärte, da es nur einen Totalgewinn über die Lebensdauer des gesamten Unternehmens geben kann (Schneider 2001: 215; Hundt 1977: 53).

Der neue Trend wird zur Selffulfilling Prophecy, wenn Großunternehmen auf den Zug springen. Siemens *Geschäftswertbeitrag*, Thyssens *ROCE* oder DaimlerChryslers *RONA* signalisieren auch den mittelständischen Unternehmern und Geschäftsführern, dass hier Problemlösungen liegen. Die Angst des Managers, angesichts der Komplexität in Unternehmen und der Umweltdynamik seine Steuerungsfähigkeit und Kontrolle zu verlieren, trifft auf diese simple Idee. Verstärkt wird sie durch Manager-Magazine, deren gesundes Halbwissen durch die reißerische Markigkeit ihre Formulierungen überdeckt wird,[19] und die nun massive Behandlung des Themas in Publikationen und Seminarveranstaltungen. Damit ergibt sich für den Manager die Chance, Tatkraft zu beweisen, einen Deckmantel für sowieso vorgesehene Maßnahmen zu finden, oder auch seine Angst vor Kontrollverlusten zu überwinden (Kieser 1996: 26). Man kann eigentlich nichts falsch machen, wenn man das macht, was alle anderen auch machen. Die Herde gibt Sicherheit.

**Sättigungsphase**
Schließlich treten zwei weitere Akteure zum Zeitpunkt der Trendumkehr von der Wachstums- in die Sättigungsphase auf den Laufsteg: Wissenschaft und Kritiker.

Die Wissenschaft nennt in diesem Zusammenhang drei engere Typen von Wissenschaftlern (Promotoren, Berater und Deuter) und weite-

---

[18] Stern/Stewards (Original von Steward: The Quest for Value, 1991) schufen zwar mit EVA nichts sensationell Neues, ihr »Verdienst« ist aber das Copyright, das sie sich erstmals auf diese Idee einräumen ließen. Gott sei Dank hat Thünen vor 200 Jahren seine Idee des Residualgewinns nicht patentieren lassen.

[19] »Wer schafft Werte?« fragt beispielsweise Capital (9/1999) ohne Hinweis auf die Arbeiterklasse.

re, eher seltene Exoten (Kritiker und Entmythisierer) (Kieser 1996: 28). Die Promotoren stehen häufig schon in der Wachstumsphase mit ihrem Namen für das Konzept. Sie schreiben erste Aufsätze und Bücher und stellen sich für lukrative Kongresse der (eigenen) Beratungsinstitute selbstlos zur Verfügung. Einige Berater springen dem später bei, wenn es um die Umsetzung der Konzepte in der Praxis geht. Den Deutern schließlich bleibt die wenig lukrative Aufgabe, das Konzept in einen größeren Zusammenhang zu stellen und es mit Theorien anzufüllen. Hier findet sich der typische Hochschulassistent, der seine Veröffentlichungsliste füllt.

*Kieser* (1996: 28) ist der Meinung, dass es die Kritiker und Entmystifizierer zwar gibt, sie aber so selten sind, dass man sie vernachlässigen kann. Dem kann hier nicht gefolgt werden. Erstens gibt es endogene Kritiker, die ihre methodischen Skrupel doch nicht einzustellen wagen und auch gerne letzte Entmystifizierer bleiben. Zweitens ist hier auch der Gewerkschafter zu finden, zum einen in seiner Funktion als Buhmann auf den Podien der Seminarveranstalter, zum anderen als Teilnehmer geschlossener Diskussionszirkel zur Dramatisierung der mit einem Konzept verbundenen Ideologien und Auswirkungen.

**Niedergang**
Moden nutzen sich ab. Sie verlieren ihre Unique Selling Position. Der Markt, an dem viele partizipiert und verdient haben, ist abgegrast. Die Kreation eines neuen Steuerungskonzepts basiert auf dem Niedergang seines Vorläufers. Das neue braucht das alte zur Kritik, zumindest zum Beweis, dass das alte Probleme schuf, die das neue beseitigt.

Der Ansatz des Shareholder Value zur Unternehmenssteuerung ist längst in der Sättigungsphase, wenn nicht im Niedergang. Neue Konzepte wie die Balanced Scorecard haben ihn zumindest ergänzt und verdrängen ihn zunehmend als Steuerungsinstrument. Andere (Beyond Budgeting?) tauchen am Horizont auf.

Der Erfolg eines Unternehmenssteuerungsmodells ist – wie gezeigt – abhängig von den historischen Gegebenheiten. Der Shareholder Value fiel auf fruchtbaren Boden und lieferte als Ideologie die Begründung für eine weitere Amerikanisierung der Unternehmenskontrolle, einen stärkeren Einflusses der Finanzmärkte und die weitere »innere Landnahme des Marktes« (Rosa Luxemburg). War es in Deutschland noch vor einem Jahrzehnt verpönt, hohe Gewinne in den Bilanzen zu zeigen, sind sie heute Kennzeichen eines erfolgreichen Unternehmenshandelns im Interesse der Aktionäre. War der klassische Kredit das Finanzierungsinstrument deutscher Unternehmen, gewinnt seit den 1990er Jahren die Kapitalmarktfinanzierung an Bedeutung im Interesse der Finanzmärkte.

Galten feindliche Übernahmen noch als anrüchig, häufen sich nach 1997 die Fälle mit Krupp/Thyssen und Mannesmann/Vodafone, im Interesse der Investmentbanken. Die Liste lässt sich fortsetzen.

Als betriebswirtschaftliche Methode zur Unternehmenssteuerung wird der Shareholder-Value-Ansatz untergehen. Er hat seine Funktion erfüllt, dem Shareholder-Kapitalismus den Weg zu bereiten.

**Literatur**

Bühner (1997): Der Shareholder Value im Spiegel traditioneller betriebswirtschaftlicher Bilanzansätze, in: Küpper/Trossmann (Hrsg.): Das Rechnungswesen im Spannungsfeld zwischen strategischem und operativem Management, Berlin.

Engberding (2000): Shareholder Value – Kapitalmarktorientierte Konzepte auf dem Prüfstand, IG Metall, Frankfurt a.M.

Gutenberg (1951/1955/1969): Grundlagen der Betriebswirtschaftslehre. Erster Band: Die Produktion, 1. Aufl. Berlin 1951; Zweiter Band: Der Absatz, 1955; Dritter Band: Die Finanzen 1969

Hering (2000): Konzeptionen der Unternehmensbewertung, BFuP 5.

Hundt (1977): Zur Theoriegeschichte der Betriebswirtschaftslehre, Köln.

Kaplan/Norton (1997): Balanced Scorecard. Strategien erfolgreich umsetzen. Aus dem Amerikanischen von P. Horvath, Stuttgart.

Kieser (1996): Moden & Mythen des Organisierens. Die Betriebswirtschaft (DBW) Heft 1.

Kilger (1961): Flexible Plankostenrechnung, 1. Aufl., Köln-Opladen.

Kotler, Philip (1967): Marketing Management, Englewood Cliffs.

Meffert (1994): Marketing-Management, Wiesbaden.

Projektgruppe im WSI (1974): Grundelemente einer Arbeitsorientierten Einzelwirtschaftslehre, Köln.

Rappaport (1999): Shareholder Value. Ein Handbuch für Manager und Investoren, 2.Aufl., Stuttgart.

Riebel (1959): Das Rechnen mit Einzelkosten und Deckungsbeiträgen, in: ZfhF, S. 213ff.

Rieger (1928): Einführung in die Privatwirtschaftslehre, Erlangen.

Schmalenbach (1931): Dynamische Bilanz, 5.Aufl., Leipzig.

Schneider (1998): Marktwertorientierte Unternehmensrechnung: Pegasus mit Klumpfuß, in: Der Betrieb 30.

Schneider (1984): Managementfehler durch mangelndes Geschichtsbewusstsein in der Betriebswirtschaftslehre, Zeitschrift für Unternehmensgeschichte, Stuttgart.

Schneider (2001): Betriebswirtschaftslehre, Band 4: Geschichte und Methoden der Wirtschaftswissenschaften, München.

Wäscher 1987): Gemeinkosten-Management im Material- und Logistik-Bereich, in: ZfB 3, S. 297ff.

Ziegler (1992): Prozessorientierte Kostenrechnung im Hause Siemens, in: BFuP 4, S. 304ff.

# Angela Schmidt
# Rentiere ich mich noch?
## Activity Based Costing und seine Wirksamkeit im Tun der Beschäftigten

## 1. Einleitung

### 1.1 Ein Wissen, das sich gegen mich wendet

Alle Tätigkeiten, alle Strukturen, alle Beziehungen im Betrieb sind einer ständigen Umwälzung unterworfen, wo die betriebliche Kostenerfassung auf das so genannte *Activity Based Costing (ABC)* umgestellt wird: In den 1980er und 90er Jahren verbreitete sich in den Vereinigten Staaten das neue Accounting-Konzept, das unternehmerische Ursache-Wirkungs-Zusammenhänge modellieren und betriebliche Prozesse detailgetreu abbilden kann. Und ABC protokolliert die Vorgänge nicht nur: Unter dem Blickwinkel der Effizienzsteigerung wird der Status quo in Frage gestellt: *Kann man eine bestimmte Tätigkeit noch effizienter tun? Braucht man sie überhaupt? Und wenn ja, wo und von wem wird sie am besten ausgeführt?*

Auf der Grundlage firmenweiter Informations-Systeme kann ABC jedem jederzeit zugänglich gemacht werden. Und so sind es nicht länger nur Controlling-Spezialisten, sondern zunehmend Beschäftigte aller Hierarchiestufen und Bereiche, zusätzlich ihre Betriebsräte und die zuständigen Gewerkschafter, die sich die neue Perspektive aneignen müssen. Wer mit ABC arbeitet, gerät in eine Denkbewegung hinein, die kein Ende mehr findet: Gefühle des Ungenügens, der »Allzuständigkeit« und der Ruhelosigkeit stellen sich ein. Die Logik des ABC macht Beschäftigte zu Getriebenen: *Arbeite ich gut genug? Leiste ich meinen Beitrag? Ist meine Tätigkeit überhaupt noch notwendig? Ist sie noch rentabel?*

Seit einigen Jahren erforschen Peters und Glißmann das Phänomen des »Arbeitens ohne Ende« in Firmen, die mit neuen Managementformen experimentieren (Glißmann/Peters 2001): Beschäftigte geben ihr Letztes, ohne dass Vorgesetzte sie dazu zwingen müssten. Sie selbst missachten alle eigenen Grenzen, um unternehmerisch erfolgreich zu sein. Extreme Gefühle der Angst, des schlechten Gewissens, aber auch der Euphorie können damit einhergehen. Dabei reagieren die Mitarbeiter nicht mehr auf Weisungen wie früher im Command-and-Control genannten alten System, sondern auf vom Unternehmen gesetzte Rahmenbedingungen: Unternehmensinterne Konkurrenzverhältnisse werden inszeniert, um Standorte gegeneinander auszuspielen; Leistungs- und Gewinnziele werden vorgegeben; mit der Zuführung oder dem Abzug von Ressourcen werden Bereiche gezielt gefördert oder bedroht. Entscheidend ist der unternehmerische Erfolg: »Tut was ihr wollt, aber seid profitabel«, lautet die Devise. »Früher war es vergleichsweise einfach! Da galt noch ›Wissen ist Macht‹. Das hat sich offenbar geändert, denn hier scheinen wir es mit einem Wissen zu tun zu haben, das uns immer ohnmächtiger und hilfloser macht: je mehr ich von diesem Wissen weiß, desto wirkungsvoller wendet es sich gegen mich!« (Glißmann 2001:251).

Ich will in diesem Artikel exemplarisch an dem Buch »Cost & Effect« von Robert Kaplan und Robin Cooper aufzeigen, dass das von den Autoren vorgestellte »Activity Based Costing« ein Beispiel für ein solches Wissen ist, das sich »gegen mich wendet«.[1] Nach der Darstellung wichtiger Aspekte des ABC (Abschnitt 2) werde ich aufzeigen, welche Logik das Konzept ABC im Handeln der Beschäftigten zu entfalten vermag (Abschnitt 3) und welche Wirksamkeit es im Tun der Beschäftigten (Abschnitt 4) aber auch im Denken und Handeln der Gesellschaft (Abschnitt 5) hat. Dieser Aufsatz arbeitet die Mächtigkeit und die Logik der neuen Mechanismen heraus, um die zentrale These zur Diskussion zu stellen: Wenn ich als Beschäftigter mich von dem Konzept ABC leiten lasse, dann wendet sich dieses Wissen gegen mich.

Die politische Antwort auf diese neuen Systeme und die sich entwickelnde Denkweise liegt jedoch nicht in einer Zurücknahme der Entwicklungen, etwa einer Abschaffung tätigkeitsbasierter Kostenrechnung. Zurückgehen hieße, die Menschen wieder der alten Unmündigkeit und Beschränktheit auszusetzen; und dies ist weder wünschenswert noch möglich. Stattdessen plädiert diese Arbeit für eine intensive Auseinandersetzung mit den neuen Prinzipien, für eine Aneignung unter dem Aspekt meiner eigenen Lebensinteressen.

**1.2 Activity Based Costing**
Tätigkeiten in ihrer logischen Verknüpfung mit allen anderen Tätigkeiten eines globalen Wertschöpfungsprozesses sind die elementaren Einheiten des ABC. Ganze Kataloge einzelner Vorgänge (z.B. in der Logistik »Waren entgegennehmen«, »Wareneingang bestätigen«) werden erstellt und ihre tatsächlichen Kosten werden ermittelt. Mithilfe von Kostentrei-

---

[1] Ich zitiere im Folgenden aus der amerikanischen Orginalausgabe Kaplan/Cooper 1998. Bei jedem Verweis notiere ich auch die Seitenzahl der deutschen Ausgabe Kaplan/Cooper 1999.

bern (Anzahl der Stunden, Wiederholungen der einzelnen Maßnahmen je Produkt etc.) werden die Aufwände für die Tätigkeiten schließlich Produkten und Kunden zugeordnet. Es geht darum, jeden Aufwand exakt der Stelle zuzuweisen, die ihn verursacht. Erfasst werden dabei nicht nur die Kosten genutzter Ressourcen, sondern auch ungenutzter Kapazitäten. So entsteht eine »ökonomische Landkarte« des Unternehmens, die alle wesentlichen Ursache-Wirkungs-Konstellationen abbildet.

ABC ist die Antwort auf eine Produktionsweise, die die massenhafte Fertigung weniger standardisierter Produkte aufgibt zugunsten von Diversifikation und maßgeschneiderten Kundenlösungen. Wo indirekte Leistungen wie Planung und Design, Marketing, Vertrieb, Service und Verwaltung große Anteile an den Kosten haben, wird ABC gewinnbringend eingesetzt. Traditionelle Kostenrechnungssysteme gehen von einer industriellen Massenproduktion mit geringem Overhead aus. Indirekte Kosten außerhalb der Produktion werden als Fixkosten aufgefasst, aggregiert und prozentual auf direkte Fertigungsaufwände umgerechnet. Die Annahme ist, dass alle Produkte und Kunden relativ zu den direkten Produktionskosten dieselbe Nachfrage nach indirekten Leistungen auslösen. Die Firma X stellt Bügeleisen und Wasserkocher her. Bügeleisen benötigen 20 Minuten, Wasserkocher 30 Minuten direkter Aufwände in der Fertigung. Die traditionelle Annahme ist, dass sie auch im Verhältnis 2:3 auf indirekte Leistungen (Design, Marketing, Human Resources Management, Services etc.) zugreifen. Dass sich Wasserkocher sehr viel schwerer vermarkten lassen und auch der Service-Anteil höher ist, bleibt dabei unberücksichtigt. Sollen nun die Erlöse aus dem Verkauf beider Produkte berechnet werden, entsteht ein falsches Bild. ABC verfolgt stattdessen die Aufwände für einzelne Tätigkeiten und rechnet sie genau demjenigen Produkt oder demjenigen Kunden zu, das oder der diese Aufwände verursacht.

Mehr noch als die flexibilisierte industrielle Fertigung profitieren Dienstleistungsunternehmen von ABC: Zum ersten Mal wird überhaupt eine realistische Erfassung der Kosten wichtiger Vorgänge möglich: So können Banken z.B. alle Aufwände der Kontenführung für eine bestimmte Kundengruppe ermitteln und berechnen, ob es sich überhaupt noch lohnt, diesen Service zur Verfügung zu stellen. Als Folge kann es dazu kommen, dass eine Bank erklärt, ihre Dienste lohnten sich überhaupt erst ab einem gewissen Jahreseinkommen des Kunden, und dass sie darunter gar nicht mehr tätig wird. Erst auf der Grundlage von ABC lassen sich beispielsweise folgende Fragen stellen und ausreichend genau beantworten: *Wo wird Prozess Y am günstigsten ausgeführt? Ist es billiger, ihn an externe Dienstleister zu vergeben? Was gewinne und was verliere ich, wenn ich eine Tätigkeit eliminiere? Welche Kosten verursachen die verschiedenen Marktsegmente? Welche davon sind für uns profitabel?*

Die Kosten-Nutzen-Logik, die solchen Fragestellungen zugrunde liegt, ist nicht erst mit ABC in die Welt gekommen – sie wohnt dem kapitalistischen Profitprinzip inne. Durch ABC wird sie jedoch zu ihrer äußersten Vollendung gebracht. Analysen, die ich aufgrund der Datenlage gar nicht durchführen kann, haben auch keine Konsequenzen: Darin lag früher eine Art natürlicher Grenze der betrieblichen Effizienz und Arbeitskraftnutzung. ABC reißt diese Grenze nun ein und entwickelt seine Wirksamkeit im Verhalten, Denken und in der Gefühlswelt der einzelnen Beschäftigten. Es installiert eine neue Sichtweise der Mitarbeiter auf sich selbst: Sie beginnen, sich als Träger bestimmter Tätigkeiten zu sehen, als Prozessfunktionen, deren Nutzen sich stets von neuem erweisen muss: *Leiste ich meinen Beitrag zum Gesamtprozess? Wird meine Tätigkeit überhaupt noch benötigt? Ist meine Auslastung ausreichend oder könnte meine Weiterbeschäftigung in Frage gestellt werden? Rentiere ich mich noch?*

Das Folgende ist der Versuch, die Grundsätze des ABC-Ansatzes herauszuarbeiten, so wie er von Cooper/Kaplan in *Cost and Effect* dargestellt wird, zu zeigen, warum sie zwingend zu den von Glißmann beschriebenen Extremen führen, und Fragestellungen herauszuarbeiten, mit Hilfe derer eine Aneignung des ABC-Konzeptes möglich wird.

## 2. Aspekte des ABC

ABC ist eine radikale Methode: Es geht an die Wurzeln der Dinge. Es ist eine ganzheitliche Methode, da es Einzeltätigkeit und Gesamtprozess in Beziehung setzt. Seine Radikalität und seine Ganzheitlichkeit zeigen sich insbesondere in den folgenden Aspekten:

### 2.1 Globale Ursache-Wirkungs-Zusammenhänge

ABC schafft totale Transparenz. Es geht den Ursachen für Kosten auf den Grund. Tätigkeiten und damit deren Aufwände werden genau dem Teilprozess, dem Produkt und dem Kunden zugeordnet, der oder das sie verursacht. Ursache-Wirkungs-Zusammenhänge werden über alle globalen Prozesse hinweg genau kartiert. Dabei folgt die Zuordnung von Wirkung zu Ursache einer betrieblichen, nicht einer physikalischen Logik. Ein Beispiel von Cooper/Kaplan illustriert das:

*Eine Firma produziert Eiscreme. Da sie nun ABC anwendet, findet sie heraus, dass sich zwar Vanille- und Schokoladeneis gewinnbringend produzieren lassen, dass man aber bei ausgefalleneren Sorten (»butter-pecan fudge swirl« – Mandel-Maracuja-Krokant) mehr ausgibt als* man einnimmt. Die Marketing-and-Sales-Experten bestehen aber auf der Herstellung auch der exotischen Sorten, da sie nur mit einer attraktiven Palette unterschiedlichster Eissorten Vanille und Schokolade verkaufen können. Die Lösung ist nun nicht die Eliminierung der ausgefallenen Geschmackssorten oder der Versuch, diese Sorten günstiger zu produzieren, sondern die Zuweisung der Verluste und der Verantwortung an den Verursacher: »it may suffice [...] to assign the loss from unprofitable products to the appropriate responsibility – say a product manager, or customer representative«[2] (vgl. Cooper/Kaplan 165, 179/D: 211f., 228).

Die Ursache für Kosten einer Tätigkeit ist immer die Stelle, die diese Tätigkeit für erforderlich hält trotz ihrer Kosten – in diesem Falle ein Produktmanager, der dafür Sorge tragen könnte, den gewinnbringenden Produkt-Mix zu ermitteln und zu vermarkten. Das Ursache-Wirkungs-Prinzip des ABC erlaubt also, den Hebel an ganz überraschenden Stellen anzusetzen – über die gesamte Wertschöpfungskette hinweg.

## 2.2 Ungenutzte Kapazitäten und »Ressourcenmanagement«

ABC arbeitet nicht nur mit den Kosten ausgeführter Tätigkeiten, sondern auch mit den Kosten ungenutzter Ressourcen. Um zu verstehen, wie sich diese ermitteln lassen, muss man begreifen, wie ABC überhaupt Kosten einer Tätigkeit bestimmt:

Die Abteilung Auftragsbearbeitung kann in einem Monat bei voller Auslastung unter günstigen Bedingungen 100 Bestellungen bearbeiten – das ist ihre praktische Kapazität unabhängig davon, wie viele Bestellungen in einem bestimmten Monat nun tatsächlich bearbeitet werden. Die Aufwände für die Auftragsbearbeitung betragen 10.000 Euro im Monat. Angenommen, sie hätte keine anderen Aufgaben, würde die Tätigkeit »eingehende Bestellungen bearbeiten« EUR 100 kosten. Wenn nun in einem schlechten Monat nur 50 Bestellungen eingehen, werden die Kosten für die Auftragsbearbeitung nicht etwa durch 50 geteilt, sodass die Bearbeitung einer Bestellung nun EUR 200 kosten würde; die Bestellungen kosten weiterhin EUR 100 pro Stück – die praktische Kapazität bleibt Grundlage der Berechnung! Dazu kommen jetzt aber die Kosten ungenutzter Ressourcen; denn die Auftragsbearbeitung hätte ja 100 Bestellungen bearbeiten können. Sie hat stattdessen eine Unterauslastung von 50 mal EUR 100, d.h. von EUR 5.000. Diese EUR 5.000 sind Kosten, die keinem Produkt oder Kunden angelastet werden kön-

---

[2] »kann es ausreichen [..] die Verluste unrentabler Produkte einer angemessenen Zuständigkeit zuzuordnen – also vielleicht einem Produktmanager oder einem Kundenbetreuer ..«

nen (vgl. 111-120/D:149-160). Da das Ziel von ABC-Berechnungen nun gleichzeitig ist, die Effizienz aller Tätigkeiten zu ermitteln und ständig zu erhöhen, würde – gleichbleibende Nachfrage vorausgesetzt – die Unterauslastung zunehmen. Cooper/Kaplan vermerken deswegen: »managers must plan to eliminate or redeploy the additional unused resource capacity they have created«[3] (vgl. 123/D: 228). Ungenutzte Kapazitäten erfordern ein konsequentes »Ressourcenmanagement« – Coopers und Kaplans Bezeichnung schließt auch Entlassungen ein.

Weil alle Ressourcen dem »Ressourcenmanagement« unterliegen, relativieren Cooper/Kaplan die Unterscheidung zwischen festen und variablen Kosten. Wird der Zeitraum entsprechend gewählt und ist das Management konsequent genug, sind schließlich alle Kosten variabel (vgl. 120ff./D: 160ff.).

### 2.3 Operationales und Strategisches Activity Based Management

Cooper und Kaplan führen den Begriff des *Activity Based Management* (ABM) ein: eines Managements, das die Erkenntnisse aus dem ABC umsetzt, indem es die entsprechenden Entscheidungen trifft. Dabei unterscheiden sie operationales und strategisches ABM.

- Operationales Management steigert die Effizienz bestehender Prozesse; es fragt nach dem »wie«.
- Strategisches Management ermittelt, welche Produkte, welche Kunden überhaupt gewinnbringend sind – das ist die Frage nach dem »was«.[4]

Beim operationalen Management hilft ABC, die Prozesse zu identifizieren, die besonders kostenintensiv sind. Sie bieten sich als erstes Ziel von kontinuierlichen (schrittweisen) und diskontinuierlichen (z.B. durch Reengineering) Verbesserungen an; bei letzteren wird immer wieder von neuem geprüft, ob ein Prozess noch effizient ist, ob eine bestimmte Tätigkeit wegfallen kann. Wird ABC bei der Budgetierung eingesetzt, können Effizienzsteigerungen über Zielvorgaben die praktischen Kapazitäten (s.o.) betreffend gesteuert werden. Hier wird das ABC paradoxerweise deswegen wirksam, weil es systematisch von der Realität abweicht. Indem es nicht die gegenwärtigen erwiesenen Kosten zugrundelegt, sondern mit zukünftigen, schon effizienteren Prozessen arbeitet, führt es durch eine gewinnbringende Verzerrung der Wirklichkeit eine neue Wirklichkeit herbei.

---

[3] »müssen die durch die Initiativen geschaffenen zusätzlichen ungenutzten Ressourcenkapazitäten beseitigt oder einer neuen Verwendung zugeführt werden« (D:164)

[4] Im Englischen gibt es hier die Unterscheidung zwischen »Do the things right« (operationales) versus »Do the right things« (strategisches Management); vgl. 137/D: 180.

Das strategische Management macht sich zunutze, dass ABC hinreichend genau ermitteln kann, welche Gesamtkosten ein bestimmter Kunde, ein bestimmtes Produkt tatsächlich an den verschiedensten Stellen erzeugen und ob sie durch die Einnahmen gedeckt sind. Wo dies nicht der Fall ist, stellt sich sofort die Frage: *Können wir uns leisten, dieses Produkt weiterhin anzubieten, diesen Kunden weiterhin zu bedienen? Wenn wir hier keinen Profit erwirtschaften, welche Gründe sprechen sonst noch dafür? Wem lasten wir die entstehenden Kosten an?* Damit sind alle betroffenen Einheiten gefordert zu untersuchen, ob ein Kunde, ein Produkt, ein Tätigkeitsbündel tatsächlich notwendig und unmittelbar gewinnbringend oder anderweitig nutzensteigernd sind.

### 2.4 Benchmarking und Target Costing

Wenn ich die tatsächlichen Kosten einer bestimmten Tätigkeit kenne, kann ich Vergleiche anstellen. *Welche Abteilung führt eine ganz bestimmte Tätigkeit am kostengünstigsten durch? In welchem Werk läuft ein bestimmter Gesamtprozess am effizientesten ab? Sind Konkurrenz-Unternehmen hier besser?* Auch die Frage, ob eine Tätigkeit an externe Anbieter vergeben werden soll, lässt sich nur klären, wenn ich die Kosten dieser Tätigkeit hinlänglich genau berechnen kann. Damit bildet ABC die Grundlage für internes, aber auch für externes *Benchmarking*, und es fundiert die Entscheidung zugunsten eines Outsourcing: »The operational ABC system can also provide a base for benchmarking, both internally and externally«.[5] (143/D: 187)

Am Beginn des *Target Costing* steht die Frage, welchen Preis ich für ein bestimmtes Produkt am Markt erlösen kann. Davon die Gewinnmarge abgezogen, ergibt den Rahmen für meine Gesamtkosten. Die gesamte Wertschöpfungskette entlang wird nun ermittelt, wie viel einzelne Aktivitäten kosten dürfen, um das Kostenziel zu erreichen; immer wieder von Neuem werden Schätzungen der verschiedenen Abteilungen abgegeben, werden Qualität und Funktionalität zu den entstehenden Kosten in Beziehung gesetzt und überdacht. Auch dieses Verfahren erfordert die tätigkeitsbasierte Kostenrechnung (vgl. 217f./D: 274f.).

### 2.5 Unternehmensnetzwerke

Das ABC erstreckt sich über die gesamte Wertschöpfungskette, auch über die Unternehmensgrenzen hinaus. Es erfasst Zulieferer genauso wie Kunden. Ausschlaggebend sind nicht die Preise einer zugelieferten Ware, sondern die Gesamtkosten der Zulieferung: Erfasst werden ne-

---

[5] »Das betriebliche Prozessmanagement kann auch die Basis für internes und externes Benchmarking sein.«

ben dem Preis alle Aufwendungen, die mit dem Ordern, der Annahme, der Kontrolle der Lieferung etc. entstehen. Diese Gesamtkosten entscheiden, wer den Zuschlag bekommt. Häufig führt ihre Berechnung zur Neugestaltung der logistischen Prozesse: *Just in Time* kann ein Ergebnis sein. Nicht selten greifen beherrschende Unternehmen in die Prozesse der Zulieferer ein und zwingen ihnen eine Optimierung auf (vgl. 202-209/D: 256-364).

Kunden verursachen unterschiedliche Kosten: Der Umfang und die Frequenz ihrer Bestellungen, die Äußerung von Sonderwünschen, Häufigkeit von Reklamationen, der unterschiedliche Bedarf an Beratung und Service führen zu unterschiedlichen Aufwendungen, die mittels ABC dingfest gemacht werden können. Auch Unternehmenskunden werden zum Objekt eines Prozess-Engineering: Die Prozesse z.B. des Orderns, der Fehlermeldung, der Mängelbehebung werden neu gestaltet, um Kosten zu senken. Abläufe beim Abnehmer der eigenen Dienstleistung oder Produkte werden in die Überlegungen einbezogen.

### 2.6 Informatisierung und Dezentralisierung

Noch vor wenigen Jahrzehnten waren die Sammlung und die Auswertung der Unternehmensdaten aufwändige und zeitraubende Maßnahmen, die von wenigen Experten durchgeführt wurden. Die Ergebnisse standen immer erst mit Verspätung und nur wenigen Managern und Fachleuten zur Verfügung. Mit der Informatisierung und der Vernetzung der Arbeitsplätze und Produktionsstätten werden Daten kontinuierlich, dezentral und in großer Zeitnähe zum Prozess gewonnen. Ergebnisse sind dezentral verfügbar und dienen den Teams als wichtiges Feedback. Die Teams selbst können sie nun auswerten und ihre Erkenntnisse direkt vor Ort umsetzen. ABC wird hierbei durch operationale Feedbacksysteme ergänzt, die in kleineren Zeitperioden nahe am oder direkt im Prozess wichtige Parameter erfassen, sinnfällig darstellen und so die Leistung von Teams und Gruppen protokollieren. Diese reagieren dann direkt auf die ermittelten Daten und steuern selbst ihre Leistungsverbesserung (vgl. 72ff./D: 102ff., 152ff./D: 196ff.).

### 3. Die Logik des ABC

ABC ist eine Technik, die ihre optimale Wirkung entfaltet, wo sie sachgerecht und konsequent angewandt wird. Dort folgt sie bald ihrer eigenen Logik: Ihre Konsequenzen gehen weit über rechnungstechnische Maßnahmen hinaus. Sie ergreift das Denken der Menschen und hält es in Bewegung. Ein maßloser Prozess setzt ein. Das alles geschieht schleichend, erscheint unverdächtig, eben weil alles im Faktischen begründet ist. Entscheidungen erscheinen plötzlich losgelöst von der Sichtweise, den Werten, der Willkür Einzelner – sind sie doch in den Zahlen, in den Fakten, im objektiven Unternehmenszweck begründet.

### 3.1 Ständige Umwälzung aller Verhältnisse

ABC hält die Dinge in Bewegung. Schon die ersten Schritte seiner Einführung lösen häufig einschneidende Umgestaltungen aus: Da werden nicht selten zum ersten Mal die Tätigkeiten und Abläufe erfasst und in ihrem Zusammenhang durchdacht. Schon das ist Anlass für erste Reengineering-Maßnahmen. Sobald Aufwände ermittelt sind, werden besonders kostenintensive Aktivitäten und Teilprozesse Ziel der Neugestaltung. Schließlich können die ungenutzten Kapazitäten berechnet und dem »Ressourcenmanagement« unterworfen werden. Die Palette an Produkten und Dienstleistungen, die Kundenkartei werden gesichtet, um unprofitable Objekte zu erkennen und um entsprechend gegenzusteuern. Dies als vorübergehende Phase der Umgestaltung aufzufassen, wäre ein Fehler. Der Übergang wird zum Dauerzustand. Jede einzelne, zunächst begrenzt erscheinende Maßnahme kann durch ABC in ihren Auswirkungen auf den gesamten Wertschöpfungsprozess begriffen werden. Scheinbar lokale Veränderungen führen zu globalen Umwälzungen. Insbesondere Target Costing ist ein iteratives Verfahren, bei dem Prozesse wieder und wieder durchdacht und optimiert werden, um den Zielpreis zu erreichen – es macht die Umwälzung zum Planungsmittel.

Ziel des operationalen und des strategischen Managements ist in einem gewissen Sinne die Schaffung ungenutzter Ressourcen (als Folge von Effizienzsteigerung) und ihre Verlagerung oder »Eliminierung«. Und so finden sich Abteilungen und Mitarbeiter wieder zwischen der Scylla der Ineffizienz und der Charybdis der Unterauslastung. Die Frage nach ihrem spezifischen Beitrag, nach einer Begründung ihrer Unverzichtbarkeit stellt sich. Sie sind aufgerufen, ihre internen Kundenbeziehungen aktiv zu gestalten. Sie werden zum Anbieter auf dem internen Markt, den sie wie den externen ständig sondieren müssen und in dem sie sich den betrieblichen Umstrukturierungen folgend oder sie sogar vorwegnehmend, *proaktiv*,[6] immer wieder neu positionieren müssen. Wie sie

---

[6] Die Neuschöpfung »proaktiv« ist vielsagend: Sie bezeichnet eine »vorweggenommene« Reaktion, d.h. man tut so, als reagiere man auf etwas – dieses Etwas hat aber noch gar nicht stattgefunden. Wenn nun wechselseitig alle Teams, alle Einheiten, alle Konkurrenten am Markt aufeinander »proaktiv« reagieren, muss es zu einer wahnwitzigen Beschleunigung der Aktivitäten kommen: Schließlich reagieren alle »proaktiv« auf die »proaktive« Reaktionen ihrer Konkurrenten auf ihre »proaktiven« Maßnahmen, usf.

sich positionieren, hat wiederum für ihre internen »Zulieferer« und »Abnehmer« in der Prozesskette Auswirkungen. Die Bewegung findet kein Ende. Wer sich dem nicht unterwirft, wird Ziel der Maßnahmen anderer, wenn die Leistung und Auslastung wiederholt nicht stimmen. Wer sich nicht selbst bewegt, wird bewegt – und das mit dem (unter Kostengesichtspunkten) legitimen Hinweis auf die Zahlen, die das Geschehen im Segment, in der Abteilung, in der Gruppe im Detail wiedergeben. Erfassungstechnische Nischen werden mit ABC ausgeräumt!

### 3.2 Maßlosigkeit und Entgrenzung

ABC setzt Steigerungsprozesse in Gang oder verstärkt sie: Jede einzelne Tätigkeit kann nun einem Benchmarking unterzogen werden: zwischen ganzen Unternehmen, Niederlassungen, zwischen Abteilungen, zwischen den Kollegen. Was unter günstigsten Bedingungen von den besten Mitarbeitern in irgendeinem Unternehmen der Branche oder einem eigenen Unternehmensteil geleistet wird, wird zum Maßstab: daran orientiert sich die »praktische Kapazität«: ABC-Systeme »evaluate the cost performance of teams and processes against standards established by the most efficient internal or competitive processes. And the standards should continually be reset to reflect organizational continuous improvement activities«.[7] (49/D: 74)[8]

Kostenaggregate und die ungerichtete Zuweisung indirekter Kosten verschleiern nicht länger die Profitmargen der unterschiedlichen Produkte. Die Leistungsfähigkeit der Unternehmenssegmente, die für bestimmte Produktlinien verantwortlich zeichnen, kann genau gemessen und bestimmt werden. Auch wenn ihre Tätigkeiten und Erzeugnisse nicht vergleichbar sind, lassen sich doch die Erlöse genau bestimmen. Damit können Konkurrenzverhältnisse auch dort erzeugt werden, wo ganz unterschiedliche Dienstleistungen und Güter produziert werden. Ist ein Produkt mittelfristig nicht profitabel, kann das bedeuten, dass es vom Markt genommen wird. Wer für unprofitable Produkte verantwortlich zeichnet, kommt massiv unter Druck; denn er will nicht als ungenutzte Ressource enden.

---

[7] »messen die Kosteneffizienz von Teams und Prozessen an Standards, die sich an den effizientesten internen oder externen Prozessen orientieren. Darüber hinaus sollten die Standards immer wieder erneuert werden, um den Bemühungen des Unternehmens um kontinuierliche Verbesserungen Rechnung zu tragen.«

[8] Die Formulierung ist verschleiernd: Bei Kaplan/Cooper reflektieren angeblich die Standards die »improvement activities« – das klingt harmlos; ist es nicht genau andersherum: Sind nicht vielmehr die aktiven Setzungen immer höherer Standards durch das Management die faktische Grundlage für erzwungene kontinuierliche Verbesserungen?

Es ist nur scheinbar grotesk, wenn plötzlich auch Kunden um die Aufmerksamkeit ihres Dienstleisters oder Zulieferers konkurrieren müssen. ABC zeigt genau auf, welche Kunden sich rentieren und welche vom Unternehmen subventioniert werden. Die Jagd nach den profitträchtigsten Kunden kommt in Gang; den übrigen wird nahegelegt, sich einen anderen Anbieter zu suchen.

Operationale Feedbacksysteme messen wöchentlich, täglich, stündlich, manchmal sogar in noch kleineren Takten z.b. Fehlerraten oder Input-/Output-Relationen. Sie dienen den Teams oder Gruppen dazu, ihre Leistung selbst zu steuern; sie können aber auch öffentlich gemacht oder für das interne Benchmarking zwischen den Gruppen eingesetzt werden. Über Zielvorgaben werden Effizienzsteigerungen entweder von außen verordnet oder sogar von den Teams selbst bestimmt (wenn sie z.b. im Rahmen des Target Costing Kosten- und Kapazitätenabschätzungen abgeben). Die Teams werden dadurch dazu angehalten, ständig bis an ihre Leistungsgrenze zu gehen, fortwährend neue lokale Möglichkeiten zur Prozessbeschleunigung und -verbesserung zu finden und anzuwenden. Der Umweg über die Hierarchien und Fachabteilungen fällt weg, der Prozess der Leistungssteigerung nimmt Fahrt auf.

Wenn Einzeltätigkeiten ständig in ihren globalen Konsequenzen bewertet werden, wenn die Prozessgestaltung nicht einmal an den eigenen Werkstoren endet, verwischen die Grenzen von Aufgabenbereichen und werden definierte Tätigkeitsbeschreibungen plötzlich inhaltsleer. Niemand kann sich mehr auf seine Zuständigkeit zurückziehen. Jeder fühlt sich plötzlich »allzuständig«, verantwortlich für das Ganze. Berufsrollen geben keine Sicherheit mehr, wenn jeder jederzeit aufgerufen ist, die Relevanz des eigenen Beitrags zu den sich ständig wandelnden Prozessen zu bestimmen.

### 3.3 Entpersonalisierung von Entscheidungsprozessen

Manager müssen sich nicht länger für unliebsame Maßnahmen rechtfertigen. Die Entscheidungen treffen sich wie von selbst. Jeder, der Einsicht in die Datenlage hat und die Logik der Abläufe versteht, wird zu denselben Resultaten gelangen oder noch profitablere Lösungen aufzeigen. Statt unternehmerischer Willkür herrscht nun die Notwendigkeit. Die Manager können sich zurückziehen und die Teams mit dem Verweis auf die Zahlen dazu anhalten, selbst die nötigen Schlussfolgerungen zu ziehen und sich und ihre Zusammenhänge selbst zu steuern.

Das mildert nicht die Härte mancher Maßnahmen, lässt jedoch moralische Bewertungen sinnlos werden und Schuldzuweisungen ins Leere laufen. Wie wollte man der Logik eines Sachzusammenhangs widersprechen?

Beschäftigte, Zulieferer und Kunden kommen nun in eine Lage, in der sie Maßnahmen gegen sich selbst als absolut notwendig akzeptieren und sogar exekutieren müssen. In aller Freundlichkeit können Manager z.b. einem Kunden nachweisen, dass die Erlöse aus den Geschäften mit ihm längst nicht die entstehenden Kosten decken. Der kann sich nun einen neuen Zulieferer suchen, veränderte Konditionen annehmen, oder sich selbst überlegen, wie er für seinen Dienstleister wieder profitabel werden kann. Ähnliches gilt für Zulieferer: Mit dem Hinweis auf die hohen Gesamtkosten, die ihrem Kunden durch die Zulieferung entstehen, werden sie angehalten, ihre eigenen Prozesse umzugestalten. So geraten ganze Netzwerke abhängiger Unternehmen unter Druck, ohne dass irgend jemand ihnen willentlich schaden wollte. Die Einsicht in die ABC-Daten genügt. Wird ABC auf zentrale Dienstleistungen wie Transport oder Gesundheitsfürsorge angewandt, werden ganze Kundengruppen oder sogar die ganze Gesellschaft akzeptieren müssen, dass Strecken stillgelegt oder bestimmte Heilmaßnahmen aus dem Angebot genommen werden müssen. Um dem zu widersprechen, müsste man schon die Logik des ABC negieren. Ein Schuft, wer Böses dabei denkt ...

## 4. Die Wirksamkeit von ABC im Tun der Beschäftigten

Die Daten, die mittels ABC und ergänzender Leistungsmesssysteme erhoben werden, sind zunehmend nicht mehr nur für Experten und das höhere Management bestimmt. Neue Managementformen beruhen darauf, dass die Ergebnisse der Datenerfassung allen Hierarchieebenen zugänglich gemacht werden. Die Logik des ABC soll die ganze Firma durchdringen und die Beschäftigten in ihrem Handeln anleiten. Wenn sich diese die Kosten-Nutzen-Erwägungen zu Eigen machen, geschieht etwas in ihrem Denken und Fühlen, das für sie selbst bedeutende Konsequenzen hat. Gruppenprozesse setzen ein, die ihre eigene Dynamik entfalten, ohne dass die einzelnen dies wollen oder gar bewusst wahrnehmen. Arbeiten ohne Ende, die physische und emotionale Überbeanspruchung, die Einbeziehung der ganzen Person in den Arbeitsprozess werden durch das Denken des ABC gefördert.

### 4.1 Ich als Prozessfunktion

Wenn ich mich durch die Brille des ABC betrachte, sehe ich mich als eine Prozessfunktion. Ich bin der Träger einer Tätigkeit, die bestimmte Kosten verursacht und auf dem Hintergrund des Gesamtprozesses entweder notwendig oder verzichtbar ist. Wenn ich meine Tätigkeit in der Gesamtkette von Tätigkeiten sehe, geht es nicht mehr um mich als Person. Es geht um eine Wirkung, die ich mit meiner Tätigkeit erziele. Ich bin aufgerufen, zu verstehen, wie und wo diese Wirkung am kostengünstigsten erzielt werden kann. In der äußersten Konsequenz kann das bedeuten, die Tätigkeit ganz zu eliminieren, weil sie evtl. bei einer Prozessumgestaltung überflüssig wird (d.h. ihre Wirkung durch andere Tätigkeiten und durch eine neue Verknüpfung der Abläufe erreicht werden kann). Komme ich zur Erkenntnis, dass dies nötig ist, so muss ich meine Schlussfolgerungen auch gegen mich selbst umsetzen. Ich komme in eine Lage, in der sich meine eigene »Freisetzung« aus meinem betriebswirtschaftlichen Denken logisch ergibt.

### 4.2 Mein Gegenstand ist der Gesamtzusammenhang

Meine Tätigkeit erfüllt ihren Sinn nur im Zusammenhang mit allen anderen Tätigkeiten eines Unternehmensprozesses. Um ihre Wirkung und damit meinen Beitrag zu verstehen und zu belegen, muss ich den Gesamtprozess begreifen. Zunehmend versteht jede Position in der Wertschöpfungskette alle anderen Positionen: Der Designer macht sich Gedanken über Fehlerraten in der Fertigung und über Argumente im Verkauf; der Vertriebsbeauftragte überlegt, welche Konsequenzen der erhöhte Absatz bestimmter Produkte für die Fertigung hat; der Marketing-Fachmann steuert über die Definition des Produktmixes die Komplexität der Produktionsabläufe und muss sie deswegen verstehen; der Ingenieur kennt die Marktverhältnisse, die Kosten von Zulieferung, Produktion, Service und lernt, die erforderliche Funktionalität zum realistischen Endpreis zur Verfügung zu stellen.

Mein Arbeitsgegenstand ist damit längst nicht mehr dinglich-gegenständlich – es ist ein komplexer sozialer Zusammenhang, auch wenn ich selbst noch mit Schraubenschlüssel oder Farbspritzpistole an einem Auto hantiere. Das hat Folgen für die nötigen Kompetenzen: Unabhängig davon, was meine konkrete Verrichtung ist, bin ich zunehmend als ganze Person, vor allem als soziales Wesen, gefordert. Ich muss mit vielen anderen Stellen aus unterschiedlichen Abteilungen kommunizieren, ihren Standpunkt verstehen, ihre Anregungen umsetzen. Berufsrollen, Tätigkeitsbeschreibungen, Zuständigkeiten verlieren an Bedeutung. Wichtiger wird mein Beitrag zum Ganzen, in das ich mich als ganze Person einbringe, nicht nur als Fachmann für einen bestimmten Bereich.

### 4.3 Totalisierung

Die Perspektive des Gesamtzusammenhangs bestimmt die Bedeutung einer geleisteten Arbeit – und damit meine eigene Bedeutung als Träger einer Tätigkeit. Jeder Handgriff, jeder Gedanke, jede Entscheidung gewinnt Bedeutung nur als Beitrag zum Gesamtprozess. Da ich nun als ganze Person mit meinen unterschiedlichsten, vor allem aber sozialen und kreativen Fähigkeiten gefragt bin, wird auch meine ganze Person der Perspektive des globalen Prozesses – und damit der Perspektive der Verwertung – unterworfen. Ich selbst, nicht nur meine fachliche Kompetenz, werden der Kosten-Nutzen-Logik unterzogen. Ich blicke auf mich selbst und auf meine Fähigkeiten und frage mich: *Was sind meine spezifischen Kompetenzen und welchen Wert haben sie im Gesamtprozess? Kann ich mir diese oder jene Eigenheit überhaupt leisten? Wie kann ich meine Fähigkeiten noch besser einbringen?* Das ist eine Bewegung, bei der ich mich paradoxerweise zugleich genauer kennenlerne und mich meiner selbst noch mehr entfremde, indem ich selbst die effiziente Eigenverwertung meiner selbst betreibe. In der Totalisierung liegt nämlich gleichzeitig eine Reduktion: Nicht wirklich ich als ganzes, unendlich vielfältiges Individuum, sondern nur meine »profitfähigen« Teilaspekte werden durch den Prozess ergriffen und bekräftigt. Um mich meiner selbst zu vergewissern, müsste ich mich fragen, welche anderen Perspektiven auf mich selbst durch meine Bezugnahme auf den Wertschöpfungsprozess ausgeschlossen werden. Diese Frage zu stellen, wird jedoch unter den herrschenden Bedingungen zunehmend erschwert.

### 4.4 Peer-to-Peer-Pressure

Wie mich selbst, so betrachte ich auch die anderen unter dem Aspekt der Kosten-Nutzen-Erwägung. *Was kostet uns dieser Kollege? Und was trägt er eigentlich zum Erfolg unserer Einheit bei? Könnten wir ihn nicht anderswo besser einsetzen? Wäre es nicht besser, wenn er nicht mehr in der Einheit wäre?* Diese Überlegungen können die Grundlage für einen erbarmungslosen *Peer-to-Peer-Pressure* (vgl. Gließmann/Peters 2001: 69f.) sein und führen sicherlich häufig zum Mobbing. Unternehmen verstehen es, ganze Gruppen von Mitarbeitern gegeneinander aufzubringen: Da werden Jüngere gegen Ältere ausgespielt, Leistungsstarke gegen Mitarbeiter, die aus unterschiedlichen Gründen nicht die höchste Leistung bringen können, Männer gegen Frauen, Akademiker gegen Nicht-Akademiker etc. Wenn ich erkenne, dass ein Kollege die Gesamtleistung drückt, wir deshalb das Leistungsziel verfehlen und ggf. ein Outsourcing droht, kann meine Toleranz nicht groß sein. Wenn meine eigene Leistung erst im Gesamtzusammenhang sichtbar und wichtig wird, muss ich letztlich auch Sorge dafür tragen, dass alle anderen Beiträge verlässlich und effizient geleistet werden.

## 4.5 Selbstvermarktung

Kennt ein Unternehmen die genauen Kosten der Tätigkeiten einer Abteilung, kann es nach externen Anbietern suchen, die gleiche Leistungen für weniger Geld erbringen. Es ist im Eigeninteresse der Abteilungen und Mitarbeiter, die Effizienz zu steigern und damit die Kosten zu senken. Doch damit hören die Probleme nicht auf: Erhöht sich nämlich durch Effizienzsteigerung die praktische Kapazität, drohen die Unterauslastung und damit das »Ressourcenmanagement«. So gilt es zusätzlich, die eigene Arbeit und die spezielle Qualität der Arbeitsresultate zu vermarkten. In vielen Unternehmen ist es Mitarbeitern, Teams, Abteilungen inzwischen freigestellt, sich intern oder extern neue Arbeitsfelder zu erschließen und neue Kunden zu finden. Das kann soweit gehen, dass einzelne Beschäftigte sich selbst um ihre Auslastung kümmern müssen und sich z.B. bei internen Projekten als Teammitglied bewerben müssen. Ein hervorragender Ruf als Professional und besonderes Engagement sind nötig, um ausreichend verrechenbare Stunden zu sammeln. Die Arbeit am eigenen Image wird wichtig. Das erzeugt in den Firmen ein besonderes Klima: Man erzählt nur noch Erfolgsgeschichten; Probleme gibt es nicht. Wer unter Druck gerät, hält sich schließlich selbst für defizitär.

## 5. Die Wirksamkeit dieser Denkweise in der Gesellschaft

Die Kosten-Nutzen-Logik, die den Kern des ABC bildet, beschränkt sich nicht auf privatwirtschaftliche Unternehmen. Die gesamte Gesellschaft mit all ihren Institutionen ist ihr zunehmend unterworfen. Politische, kulturelle, soziale und sogar psychische Prozesse unterliegen ihr auch außerhalb der Betriebe.

Das interne ABC kann nur da wirksam werden und die Unternehmen im internationalen Konkurrenzkampf stärken, wo die politischen, rechtlichen und sozialen Rahmenbedingungen seine konsequente Anwendung ermöglichen. Es macht erst dann richtig Sinn, ungenutzte Ressourcen zu erfassen, wenn ein flexibler Arbeitsmarkt die Entlassung überflüssiger Mitarbeiter erlaubt.

Die emotionale Dynamik des ABC-Denkens entfaltet sich optimal, wenn die Mitarbeiter rechtlich und sozial wenig abgesichert sind und selbst wenig andere Optionen haben, als sich mit Haut und Haaren in den Arbeitsprozess einzubringen. Der Druck auf die Politik, die Arbeits- und Sozialgesetzgebung entsprechend der betrieblichen Bedürfnisse zu gestalten, und die Stimmungsmache gegen den Sozialstaat sind ganz im Sinne der neuen Accounting-Konzepte.

Von besonderem Interesse für die Unternehmen sind die Kosten der »Zulieferung von Humanressourcen« durch die Gesellschaft, die die Form von Steuern, Abgaben und Lohnnebenkosten annehmen. Es ist nur konsequent, die gesellschaftliche Reproduktion in die Wertschöpfungskette einzubeziehen und die Logik innerbetrieblicher Kostenrechnungssysteme auf alle gesellschaftlichen Zusammenhänge zu übertragen. *Können wir uns das überhaupt noch leisten?* und *Was bringt uns das im internationalen Wettbewerb?*, sind Fragen, die an die Sozial-, Bildungs- und Gesundheitssysteme gestellt werden. Die Überlegung, was eine humane Gesellschaft ausmacht, erscheint hingegen als Luxus. Verfahren, die dem ABC ähneln, halten Einzug im öffentlichen Bereich. Wenn schließlich demokratische und soziale Strukturen unter Kostenaspekten hinterfragt werden, wenn sich Politiker als Dienstleister verstehen, die in ihren Wählern Kunden sehen, wenn zentrale staatliche Aufgaben privatisiert werden (Bildung, Gefängniswesen, Polizei) hat das Kosten-Nutzen-Paradigma das Gemeinwesen vollkommen ergriffen. Es findet sich dann kaum noch ein Standpunkt, von dem aus gesellschaftliche Effizienzprozesse zu hinterfragen wären.

Das Effizienz-Denken herrscht auch im privaten Alltag. Beschäftigte stellen fest, dass sie sogar ihr Freizeitverhalten unter Kosten-Nutzen-Aspekten betrachten: Jede Aktivität wird intuitiv daraufhin befragt, ob sie es auch »bringt«, ob der Erholungswert oder der gewonnene Spaß auch die investierte Lebenszeit rechtfertigen. Längst empfehlen Managementtrainer, ihre jeweiligen Methoden auch im Privatbereich einzusetzen und etwa die freie Zeit oder zwischenmenschliche Beziehungen ebenso effizient wie den professionellen Bereich zu managen.

## 6. Das Umgehen mit ABC

ABC und ähnliche Methoden in Kombination mit neuen Führungstechniken setzen eine zerstörerische und bewusstlose Dynamik in Gang: Arbeiten ohne Ende, eine Ökonomik der Maßlosigkeit, das totale Ergriffensein der Beschäftigten durch die Arbeitsprozesse sind logische Konsequenzen. Konfrontiert mit der grausamen Logik des Neuen, machen Experten (z.B. Sozialwissenschaftler, Betriebswirtschaftler, Psychologen und Mediziner, Gewerkschafter) häufig auch Lösungsvorschläge, die sich als wohlgemeint, unter vielen Aspekten auch als nützlich, dem Kernproblem gegenüber aber als hilflos erweisen. Dabei können die einzelnen Maßnahmen abhängig von der konkreten Situation und der Persönlichkeit des Betroffenen durchaus sinnvoll sein, aber sie werden sofort von der Logik des ABC-Denkens übergriffen und vereinnahmt: Entweder tragen sie zur Erhöhung der Rentabilität des Beschäftigten, des Teams, der Einheit bei, oder sie stellen ihre Weiterbeschäftigung bzw. ihren Fortbestand infrage. Im ersten Fall siegt wiederum die Effizienz-Logik, im zweiten Fall gefährden sie die Beschäftigten und werden darum kaum Akzeptanz finden. Ich will im Folgenden drei Beispiele solcher Lösungsversuche erörtern und dann erste Überlegungen formulieren, wie eine Aneignung der neuen Verhältnisse erfolgen könnte.

## 6.1 Professionalisierung als Lösungsversuch

Die Beschäftigten müssten erst noch lernen, mit den neuen Verfahren, Systemen und der eigenen unternehmerischen Rolle umzugehen: Das ist der Ausgangspunkt für diejenigen, die einer Professionalisierung das Wort reden. Sozialisiert im Fordismus, schlecht vorbereitet durch ein Schul- und Universitätssystem, das Eigeninitiative zu wenig fördere, kämen viele Menschen mit der neuen Selbständigkeit nur schlecht zurecht. Die Lösung bestünde in gezielten Qualifizierungsmaßnahmen, die von der PC- und Internet-Schulung bis hin zu Zeitmanagement- und Projektleiter-Seminaren reichen. Betriebswirtschaftliche Kenntnisse müssten bis in die untersten Hierarchieebenen verbreitet werden. Ein Mehr an Techniken und Wissen helfe den Beschäftigten dann in ihrem Alltag.

Betrachten wir diesen Standpunkt aus der Perspektive des ABC: Dass die Mitarbeiter die betriebliche Prozesslogik verstehen und bestimmte Arbeitstechniken beherrschen, ist eben genau Grundlage für das Wirken neuer Methoden. Weil ich eben weiß, welche faktischen Auswirkungen ein Tun oder eine Unterlassung haben können, weil ich verstehe, welche Konsequenzen sie für die Existenz des Betriebs, meines Bereichs, meines Teams oder meines Aufgabenbereichs haben, weil ich Methoden kenne, noch mehr aus meiner Arbeit zu machen, gerade deswegen lasse ich mich in das Kosten-Nutzen-Denken verstricken. Wenn ich ein besserer Projektleiter bin oder effizienter mit meiner Zeit umgehen kann, erhöhe ich die praktische Kapazität meiner Abteilung. Die Vorgaben werden bei der nächsten Budgetierung angepasst und andere Gruppen und Abteilungen mit ähnlichen Tätigkeiten bekommen dieselben erhöhten Vorgaben. Ich merke, dass ich nicht den Gipfel erstürmt, sondern nur ein weiteres Plateau erreicht habe, von dem aus alle zum nächsten Aufstieg aufbrechen müssen. Wenn die Auftragslage nun nicht mit meiner erhöhten Kapazität Schritt hält, müssen ich und meine ebenfalls höherqualifizierten Kollegen zudem befürchten, dass sich einige von uns durch unsere erhöhte Leistung überflüssig gemacht haben.

## 6.2 Psychologische und psycho-pathologische Ansätze als Lösungsversuch

»Mich regiert blanke Angst«, schreibt eine Projektleiterin in einem Text über ihre Arbeitssituation unter neuen Managementmethoden. Ein Angestellter fragt sich angesichts des Arbeitens ohne Ende: »Was geht mit mir vor und warum wehre ich mich nicht? ... Bin ich ein Workaholic geworden? ... Sind wir etwa von Außerirdischen infiziert? Sind wir Roboter geworden? Androiden? ... Haben wir ähnliche Symptome? Sind wir krank? Sind wir schizophren?«[9]

Die geschilderten und häufig beobachteten emotionalen Extreme legen in der Tat nahe, die Beschäftigten seien charakterlich defizitär, psychisch krank, wahnsinnig. Zu empfehlen wären konsequenterweise die Aufarbeitung oder die Behandlung der psychischen Defizite der Beschäftigten. Momente zusätzlicher Belastungen mag mancher im Freizeitverhalten erkennen: Gestörte oder nicht vorhandene Familienbeziehungen, Vergnügungsstress, mangelnder sportlicher oder mentaler Ausgleich. Hier wird Hilfe geboten durch verschiedenste Workshops, Seminare, Wellness-Wochenenden und Entspannungstechniken. Der Psychopathologisierung liegen häufig folgende Annahmen zugrunde:

- Emotionale Exzesse und Arbeiten ohne Ende betreffen nur einzelne Beschäftigte.
- Die Betroffenen haben ganz individuelle, nicht zu verallgemeinernde Probleme.
- Die Ursachen dieser Probleme liegen im Persönlichen, sind begründet z.B. in problematischen familiären oder privaten Beziehungen in der Vergangenheit oder Gegenwart.
- Die einzelnen Betroffenen können ihre Situation ganz individuell verändern.

Dass Beschäftigte auch ganz individuelle psychische Probleme und Leiden erleben können und dann sehr wohl von professioneller Hilfe profitieren, soll nicht in Abrede gestellt werden. Die oben aufgezählten Annahmen werden jedoch der Verbreitung und der Systematik der betrieblichen Prozesse kaum gerecht. Die ABC-Logik hat ihren Ursprung nun mal ganz und gar nicht in pathologischen Aspekten der Psyche einzelner Anwender. Die Konsequenzen des betrieblichen Kosten-Nutzen-Denkens sind unabhängig von der psychischen Gesundheit des Beschäftigten. Abgrenzen kann ich mich gegen die Forderungen anderer Men-

---

[9] Die beiden Zitate stammen aus Texten von Beschäftigten, die u.a. in Glißmann/Peters/Siemens (1999) und Glißmann/Schmidt (2000) veröffentlicht wurden. Über die Texte von Beschäftigten siehe auch Schmidt (2003): »Was passiert, wenn ich mich hinsetze und schreibe?« Anstoßtexte als Form der Selbstinterpretation von Beschäftigten, in: Michael Kastner (Hrsg.), Neue Selbstständigkeit in Organisationen. München und Mering, S. 307-328.

schen, auch mit deren Verinnerlichung kann ich umgehen lernen, aber die Folgen, die mein Tun oder Nicht-Tun im wirtschaftlichen Zusammenhang hat, kann ich nicht ignorieren. Die Steigerungsprozesse, die Totalisierung, die Anonymisierung von Entscheidungen hören gewiss nicht auf, weil ich dreimal die Woche autogenes Training übe.

### 6.3 Reformorientierte betriebs-politische Ansätze als Lösungsversuch

Die Probleme der Beschäftigten sind die Folgen neuer betrieblicher Herrschaftsformen, neuer Management-Techniken und -Systeme. Sie mit politischen Mitteln zu lösen, liegt nahe. Bestehende Regelungen und Vorgehensweisen laufen jedoch häufig ins Leere. Arbeitszeitgesetze und andere rechtliche Bestimmungen zugunsten der Arbeitnehmer werden ausgehebelt, wo Management-Ansätze die Beschäftigten dazu bringen, selbst jegliche Schutzrechte zu missachten. Wenn Betriebsräte dennoch versuchen, die Bestimmungen z.B. des Arbeitszeitrechtes durchzusetzen, geraten sie häufig in Konflikt mit den Arbeitnehmern, nicht jedoch mit der Unternehmensseite. Gerade in sehr dynamischen Industriebereichen wie der IT-Branche erleben die Beschäftigten das Vorgehen von Betriebsräten deswegen als Bevormundung und nicht als Vertretung ihrer Interessen.

Viele Betriebsräte sind täglich damit konfrontiert, wie schwer sich neue betriebliche Verhältnisse mit einer überkommenen Betriebspolitik vereinbaren lassen. Angesichts erschwerter Wettbewerbsbedingungen wollen und können einige nicht mehr »Hardliner« sein, sondern agieren als qualifiziertes Beratergremium, das Markterfordernisse und die Interessen der Belegschaft in Einklang zu bringen sucht. Sie treten als Co-Manager auf, erarbeiten alternative Unternehmensstrategien, helfen den Beschäftigten, die veränderten Rahmenbedingungen zu verstehen und auf sie zu reagieren. Es ist begrüßenswert, wenn sie dadurch das betriebswirtschaftliche Know-how in allen Bereichen und auf allen Hierarchiestufen erweitern; doch können sie damit die Dilemmata, die sich z.B. aus der Anwendung von ABC-Systemen ergeben, nicht lösen. Letztlich müssen sie sich doch so einbringen, dass es dem Unternehmen nutzt, oder riskieren, dass das Fortbestehen von Bereichen und ganzen Betrieben gefährdet wird. Als Co-Manager nehmen sie dem Management Arbeit ab und sorgen außerdem noch für Akzeptanz eventueller unbeliebter Maßnahmen – die Aussage eines US-amerikanischen Gewerkschafters (hier aus dem Bereich des öffentlichen Dienstes), der völlig von der ABC-Logik ergriffen ist, diene auch hierzulande als Warnung: »I move around quite a bit. I just take my laptop loaded with the ABC model out to a work site and say, ›OK, suppose we get rid of that single-axle dump, delete that extra mixer off there, take that truck driver off, now look what it would cost you to do a ton a day‹. The guys know that the next time they show up on a job they better have those improvements made or they'll lose a bid to the private sector and be out of a job.« (248/ D: 311)[10]

Auch Forderungen nach höherer Personalbemessung werden von der ABC-Logik sofort mit der Frage konfrontiert, ob denn der Nutzen der neuen Mitarbeiter die Kosten übersteigt und ob außerdem dafür Sorge getragen ist, dass auch in der Flaute keine ungenutzten Ressourcen entstehen. Wenn ein Team mit mehr Mitarbeitern nur wieder dieselbe Leistung wie zuvor erbringt (sodass die einzelnen Teammitglieder tatsächlich entlastet werden), wird niemand den betriebswirtschaftlichen Nutzen von Neueinstellungen verstehen. Werden jedoch die Zielvorgaben entsprechend der erweiterten Kopfzahl erhöht, bringt dies dem Team keine Erleichterung. Mehr Beschäftigte bedeuten eine erhöhte praktische Kapazität zu höheren Kosten. Personalbemessung ist »Ressourcenmanagement« und ist damit immer schon wesentlicher Aspekt des ABC.

### 6.4 Erste Gedanken zu einer Aneignung der neuen Verhältnisse

Ein Zurück gibt es nicht, und es ist aus der Perspektive der Individuen auch nicht wünschenswert. Keiner kann wollen, dass die Menschen ihr neues Wissen und ihre erweiterten Fähigkeiten wieder verlieren. Es mag nach den bisherigen Ausführungen überraschend und paradox erscheinen: Im ABC und in ähnlichen Systemen und Verfahrensweisen stecken enorme emanzipative Potenziale – wenn es den Menschen gelingt, sie für sich zu nutzen und sich nicht länger unter einen fremden Zweck zu stellen. Um uns aus der Verstrickung zu befreien, müssen wir zunächst erkennen, was durch und durch gut ist am ABC. Im Allerschlimmsten liegt zugleich das Allerbeste:

- Mein Bezug auf das Ganze: Ich sehe mich in einem betrieblichen, wirtschaftlichen und letztlich sozialen Gesamtzusammenhang. Ich verstehe meine Position in Bezug auf die sozialen Prozesse. Ich bin nicht länger ein kleines Rädchen im Getriebe, sondern ich wirke aktiv auf den globalen Prozess ein.

---

[10] »Ich komme ziemlich viel herum. Ich nehme meinen Laptop mit dem Prozesskostenmodell mit zur Baustelle und sage: ›Wie wär's, wenn dieser einachsige Lader und dort drüben die Mischmaschine verschwinden würden? Und der Lastwagenfahrer ist doch auch überflüssig. Was würde eine Tonne am Tag dann wohl kosten?‹ Die Leute wissen, dass sie diese Verbesserungen bis zum nächsten Mal durchführen müssen, weil sie sonst einen Auftrag an den Privatsektor verlieren.«

- Ich lerne mich selbst kennen: Wenn ich meinen Beitrag zum Ganzen bestimme, muss ich mir meine eigenen Fähigkeiten, Motive, Vorlieben, Kenntnisse bewusst machen, wie das früher nie nötig war.
- Die Berufsrolle wird abgelöst: Statt der Beschränktheit professioneller Zuschreibungen bin ich nun aufgerufen, mich selbst als Teil des Ganzen zu definieren. Meine professionellen Kenntnisse und Fähigkeiten, aber auch meine Gefühle, meine Kreativität, meine sozialen Fähigkeiten sind nun gefragt.
- Ich werde mit den wirklichen Problemen konfrontiert: Nicht länger stehen fremde Instanzen zwischen mir und den wirklichen Problemen. Was mich berührt, ist nicht mehr die Willkür anderer (des Unternehmers, der Manager). Die wirtschaftlichen Notwendigkeiten werden zu meinem eigenen Thema.
- Ich lerne andere kennen und schätzen: Um erfolgreich im Team arbeiten zu können, muss ich die Fähigkeiten, die Stärken und Schwächen der anderen genau kennen, auch wenn ich keine Personalverantwortung habe und nicht im Personalbereich arbeite.

Dies alles sind emanzipative Momente neuer Managementmethoden, die einen wirklichen Fortschritt für die Beschäftigten bedeuten. Politische Bewegungen müssten sich damit befassen, wie sich diese aktivierenden und befreienden Aspekte aufgreifen lassen und wie sie den Beschäftigten wirklichen Nutzen bringen können. Dazu müssen wir uns mit folgenden Fragen befassen:

- In welche konkreten, tagtäglichen Dilemmata bringt uns die ABC-Logik, welche Gedankengänge legt sie uns nahe, welche konkreten Handlungen und Gefühle löst sie aus?
- Wie kommt es, dass eine destruktive Logik zugleich emanzipative und die Entwicklung fördernde Momente enthält? Sind die destruktiven und die konstruktiven Tendenzen auf verschiedene Aspekte des ABC verteilt, oder sind es die gleichen Elemente, die sich mal zerstörerisch und mal förderlich auswirken? Wirken sie vielleicht sogar gleichzeitig zerstörerisch und konstruktiv? Wie können wir uns das politisch zunutze machen?
- Welches Verhältnis hat das ABC-Denken zur Wirklichkeit? Vollzieht es diese nach, ist es neutrales Medium, das wahrheitsgetreu abbildet, was in den Betrieben stattfindet? Schaffen ABC-Ansätze nicht vielmehr erst die Wirklichkeit (die Steigerungsverhältnisse, die vorweggenommenen Effizienzgewinne, das proaktive Handeln), mit der sie ihre eigenen Maßnahmen rechtfertigen?
- Wo schaffen wir selbst aktiv die Verhältnisse, mit denen wir wiederum konfrontiert werden? Wie setzen wir uns gegenseitig unter Druck? Wie können wir sichtbar machen, welche aktive Rolle wir in den uns

als fremd, übermächtig und anonym begegnenden Prozessen spielen?
- Wie kommen wir schließlich dem Verwertungsprozess gegenüber – dem wir uns unterordnen, als wäre er ein Subjekt mit eigenem Willen – wieder in eine aktive Rolle? Wie werden wir selbst von Getriebenen zu Subjekten der wirtschaftlichen Tätigkeit?

Beschäftigte, Betriebsräte und die Gewerkschaften müssen diese Fragen angehen, wenn sie sich mit den tatsächlichen betrieblichen Problemen befassen wollen. Diese Fragen können nur in einem langen und kontroversen Diskussionsprozess beantwortet werden. Unbedingt notwendig ist eine Selbstverständigung der Individuen, die in Betrieben mit den ABC-Mechanismen konfrontiert werden. Es wird nicht ausreichen, dass Wissenschaftler das Thema erarbeiten und den Beschäftigten fertige Resultate liefern. Die Natur neuer Managementformen, die vom ABC sinnvoll ergänzt werden, legt nahe, dass die betrieblichen Prozesse nur in den Prozessen selbst verändert werden können. Für Politiker, Gewerkschaften, Betriebsräte bedeutet dies, dass sie ihre Rolle und ihr Verhältnis zu den Beschäftigten überdenken und neue Arbeitsweisen entwickeln müssen, um politikfähig zu bleiben. Nur wenn ihnen das gelingt, werden sie unter neuen Bedingungen noch eine Rolle spielen.

**Literatur**

Glißmann, Wilfried (2001): Der neue Zugriff auf das ganze Individuum – Wie kann ich mein Interesse behaupten? In: Moldaschl, M./G. Voß (Hrsg.): Subjektivierung von Arbeit. München und Mering, S. 241-259. Dokumentiert auf: www.cogito-institut.de.

Glißmann, Wilfried/Schmidt, Angela (2000): Mit Haut und Haaren. Der Zugriff auf das ganze Individuum. Sonderheft der »denkanstösse – IG Metaller in der IBM« von Mai 2000.

Glißmann, Wilfried/Peters, Klaus (2001): Mehr Druck durch mehr Freiheit. Die neue Autonomie in der Arbeit und ihre paradoxen Folgen. Hamburg.

Kaplan, Robert/Cooper, Robin (1998): Cost & Effect. Using Integrated Cost Systems to Drive Profitability and Performance. Boston.

Kaplan, R./Cooper, R. (1999): Prozesskostenrechnung als Managementinstrument. Frankfurt, New York (dies ist die deutsche Ausgabe von Kaplan/Cooper 1998).

Peters, Klaus/ Siemens, Stephan/Glißmann, Wilfried (1999): Meine Zeit ist mein Leben. Neue betriebspolitische Erfahrungen zur Arbeitszeit. Sonderheft der »denkanstösse – IG Metaller in der IBM« von Februar 1999.

Schmidt, Angela (2000): Mit Haut und Haaren. Die Instrumentalisierung der Gefühle in der neuen Arbeitsorganisation. In: Glißmann/Schmidt: Mit Haut und Haaren. Der Zugriff auf das ganze Individuum. Sonderheft der »denkanstösse« von Mai 2000, S. 25-42. Dokumentiert auf: www.cogito-institut.de.

Schmidt, Angela (2001): »Mich regiert blanke Angst«: Die Realität extremer Gefühle in neuen Formen der Arbeitsorganisation, in: Pickshaus, K./Schmitthenner, H./Urban H.-J. (Hrsg.): Arbeiten ohne Ende: Neue Arbeitsverhältnisse und gewerkschaftliche Arbeitspolitik. Hamburg.

Schmidt, Angela (2002): Die unselbständigen Selbständigen: Glück und Elend in der neuen Arbeitsorganisation, in: Grass, Günter/Dahn, Daniela/Strasser, Johano (Hrsg.): In einem reichen Land: Zeugnisse alltäglichen Leidens an der Gesellschaft. Göttingen.

Schmidt, Angela (2003): »Was passiert, wenn ich mich hinsetze und schreibe?« Anstoßtexte als Form der Selbstinterpretation von Beschäftigten, in: Kastner, Michael (Hrsg.): Neue Selbstständigkeit in Organisationen. München und Mering.

# Wilfried Glißmann
# Womit finde ich mich konfrontiert?
## Indirekte Steuerung im Konzern aus der Perspektive der Beschäftigten

## 1. Einleitung

Neue Steuerungskonzepte im Konzern sind das Thema dieses Aufsatzes. Die Wahl der Perspektive hat weitreichende Konsequenzen. Es wäre nahe liegend, die Konzepte aus der Perspektive jener Menschen darzulegen, die damit den Konzern steuern sollen. Das werde ich aber ganz bewusst nicht tun, ich werde stattdessen die Konzepte *aus der Perspektive der Beschäftigten* zu begreifen versuchen. Man kann mit Recht fragen, ob das überhaupt einen Sinn macht, denn es geht in diesem Aufsatz nicht um *Auswirkungen* der Konzepte auf die Beschäftigten, sondern um das Begreifen der Konzepte selbst. Meine These ist aber in der Tat, dass man das Neue der neuen Konzepte wie Activity Based Costing, Target Costing und Balanced Scorecard gerade aus der Perspektive der Beschäftigten erkennen kann.

Angela Schmidt hat in dem vorstehenden Artikel »Rentiere ich mich noch?« Activity Based Costing (ABC) aus der Perspektive der Beschäftigten dargestellt (exemplarisch an Kaplan/Cooper 1998). Sie hat sich denkend in dieses Konzept hineinbegeben und die Logik zur Sprache gebracht, die darin angelegt ist. Ihre Fragestellung war: Was setzt dieses Konzept im Denken und Handeln der Beschäftigten in Gang, wenn sich diese Menschen von ABC leiten lassen?

Mein Erkenntnisinteresse ist auch *das Wirksamwerden* neuer Steuerungskonzepte wie Activity Based Costing. Die folgende paradoxe Erfahrung, die ich als Betriebsrat und Aufsichtsrat der IBM gemacht habe, war ein Auslöser für die hier gewählte Methode. Einige der von Angela Schmidt beschriebenen Phänomene waren in der IBM bereits Anfang der 1990er Jahre zu beobachten, *vor* der Einführung von Activity Based Costing. Diese Phänomene wurden offensichtlich allein durch die ständige Frage »Können wir uns das noch leisten?« ausgelöst. Diese Frage wurde vom IBM-Personalchef immer wieder aufgeworfen und sie stand stets im Zusammenhang mit Überlegungen eines möglichen Des-Investments. Das kann bedeuten, dass Konzepte wie ABC sehr elementar und unscheinbar wirksam werden, und dass es gerade diese unscheinbaren Momente zu entdecken gilt. Hinzu kommt meine Beobachtung, dass die Einführung von ABC bei der IBM Deutschland GmbH fast völlig unbemerkt erfolgte – unbemerkt von den Beschäftigten, aber auch unbemerkt vom Management. Ich habe in der 1990er Jahren mehrfach im Aufsichtsrat nach Activity Based Costing gefragt und dabei festgestellt, dass das Konzept den Geschäftsführern entweder nicht bekannt war oder dass sie es für irgendeine Detailveränderung im Rechnungswesen hielten. Selbst heute kann man in der IBM nicht von einem gründlichen Wissen der Beschäftigten über das ABC-Konzept sprechen, und doch entfaltet es seine Wirksamkeit. Wie ist das möglich?

Diese und andere Überlegungen führten mich zu der Vermutung, dass man das Neue dieser neuen Konzepte am besten an den *Wirkungen* erkennen kann, die sie im Denken und Handeln der Menschen auslösen. Für meine Arbeit ergaben sich daher die folgenden Leitfragen: »Womit finde ich mich als Beschäftigter in der Arbeit konfrontiert? Was wird mir dadurch zum Gegenstand? Welche Fragen stellen sich mir? Welches Tun ergibt sich für mich? Was setzt mein Tun in Gang?« Diese Fragen sind völlig ergebnisoffen, sie zielen wesentlich auch auf die Erkenntnis von Momenten, die bisher in einer steuernden Funktion gar nicht gesehen wurden. Und Fragen dieser Art schärfen den Blick für das Unscheinbare und Unauffällige, das aber möglicherweise eine fundamentale Orientierungsfunktion für die Beschäftigten unter den neuen Bedingungen hat.

Diesem Artikel liegt die These einer neuen Form unternehmerischer Führung zu Grunde – der indirekten Steuerung.[1] Ich werde auch diese These hier auf eine neue Weise vortragen: drei Momente des Neuen werden benannt und deren Wechselwirkung durchdacht. Meine Darstellung zielt darauf ab, die neue Dynamik in den Blick zu bekommen, die sich im Handeln der Beschäftigten unter den neuen Verhältnissen entfaltet: Ein *Prozess von Selbstorganisation*, der vom Arbeitgeber auf indirekte Weise gesteuert werden kann. Dass Prozesse tatsächlich von selbst ablaufen und doch von außen beeinflusst werden können, ohne dass dadurch das »Von-selbst-Ablaufen« zerstört wird – das ist eine Herausforderung für das Begreifen, aber die praktische Beherrschung dieses Phänomens ist die Grundlage der neuen Führungsform in den Unternehmen. Aus diesem Grunde werde ich das Thema Selbstorganisation und die Genese dieser von-selbst-ablaufenden Prozesse im Unternehmen ausführlich darstellen.

---

[1] Ausführlich dargestellt in Glißmann/Peters 2001; vgl. auch den Beitrag von Peters/Sauer in diesem Buch, S. 23-58.

## 2. Die indirekte Steuerung

### 2.1 Eine neue Form unternehmerischer Führung

Die *klassische Form* unternehmerischer Führung ist ein System von Anweisungen – die Amerikaner nennen dieses System prägnant *command and control*. Es geht bei diesem Führungssystem nicht nur um explizite Anweisungen, ebenso wichtig sind implizite Erwartungen des Arbeitgebers bzw. des Managements. Ich als Arbeitnehmer bin jedenfalls konfrontiert mit *bestimmten inhaltlichen Erwartungen* von anderen Menschen, die ich zu erfüllen habe.

In der klassischen Führungsform steht der Arbeitgeber wie eine Instanz zwischen den Beschäftigten und dem Markt. Der Übergang zur neuen Führungsform erfolgt dadurch, dass der Arbeitgeber gewissermaßen »zur Seite tritt«: Die *neue Form* unternehmerischer Führung erfolgt durch die Konfrontation der Arbeitnehmer mit den unternehmerischen Problemen ihrer Einheit durch den Arbeitgeber. Die Arbeitnehmer sollen *selber* darauf reagieren und ein unternehmerisches Ergebnis erreichen. Wird ein Ergebnis mehrfach nicht erreicht, so hat das ernste Konsequenzen (z.B. Verlagerung der Tätigkeit in eine andere Einheit oder Outsourcing der Tätigkeit).

Die neue Autonomie in der Arbeit darf allerdings nicht so verstanden werden, als habe es bisher keine Selbständigkeit in lohnabhängiger Arbeit gegeben. Die These besagt vielmehr, dass wir einen *alten Typ* von Selbständigkeit in der Arbeit von einem *neuen Typ* von Selbständigkeit unterscheiden müssen.

Die *alte Form der Selbständigkeit* von Arbeitnehmern ist ein Handlungs- und Entscheidungs-Spielraum. Ein solcher »Spielraum« ist ein anweisungsfreier Raum innerhalb eines Systems der Anweisungen. Der Arbeitnehmer ist dort vor die Aufgabe gestellt, die inhaltlichen Erwartungen des Arbeitgebers zu erfüllen. Diese inhaltlichen Erwartungen sind der grundlegende Bezugspunkt für das Handeln der Arbeitnehmer.

Die *neue Form der Selbständigkeit* von Arbeitnehmern besteht hingegen in dem »selber reagieren müssen« auf die unternehmerischen Probleme und die ständige Frage lautet: Ist ein unternehmerisches Ergebnis erreicht worden – ja oder nein?

An dem folgenden Beispiel wird der Unterschied zwischen diesen beiden Formen von Selbständigkeit besonders deutlich: Ich als Fachmann leiste eine gute fachliche Arbeit, aber meine Arbeit erfolgt auf der Grundlage einer falschen unternehmerischen Entscheidung. Welche Auswirkungen hat das für mich? Unter der alten Form der Selbständigkeit ist das für mich kein Problem, denn ich habe *meinen Job* gemacht, *mein Part* ist in Ordnung. Das *Management* hat etwas falsch gemacht, der *Arbeitgeber* hat das Problem. Unter der neuen Form der Selbständigkeit ist das sehr wohl auch mein Problem, denn jetzt heißt die Frage »Ist ein *unternehmerisches Ergebnis* erreicht worden – ja oder nein?« Wenn das nicht Fall ist, dann hat das ernste Konsequenzen auch für mich als Arbeitnehmer.

### 2.2 Das Alte aus der Perspektive des Neuen betrachten

Das Beispiel illustriert die Veränderung. Begreifen können wir das Neue am besten dadurch, dass wir das Alte aus der Perspektive des Neuen betrachten.

In der klassischen Führungsform agiert der Arbeitgeber als eine *Instanz:* Die Instanz gibt Anweisungen, sie kontrolliert, ob die Anweisungen ausgeführt worden sind, und die Instanz reagiert mit Sanktionen (Belohnung oder Bestrafung). Die alte Führungsform ist somit erkennbar eine Form von Herrschaft: Es geht nicht darum, was ich als Beschäftigter selber will, sondern was der Arbeitgeber will. Es geht um die *Unterordnung der Willen* vieler unter einen Willen.

In der klassischen Führungsform gibt es *inhaltliche Vorgaben:* Insbesondere ist das, was unternehmerisch zu tun ist, durch die Instanz vorgegeben. Diese Vorgaben erfolgen durch explizite Anweisungen, oder sie wirken als implizite Erwartungen.

Was den Inhalt dieser Erwartungen des Arbeitgebers betrifft, so sind es Schlussfolgerungen aus der Lage des Unternehmens, die der Arbeitgeber als Instanz stellvertretend und vermittelnd gezogen hat. Diese *vermittelnde und stellvertretende Stellung des Arbeitgebers* wird deutlich, wenn wir die alte Führungsform aus der Perspektive der neuen betrachten. Unter den neuen Bedingungen werden die Beschäftigten *selbst* und *unmittelbar* mit den Handlungsbedingungen des Unternehmens konfrontiert; das vermittelnde und stellvertretende Tun des Arbeitgebers entfällt.

Die Unterordnung der Willen vieler unter einen Willen war bislang das grundlegende Organisationsprinzip, so fand seit Jahrtausenden organisiertes Handeln statt. Diesem Organisationsprinzip entsprach die Vorstellung: »Wenn jeder das machen könnte, was er selber will, dann führt das zu Desorganisation und Chaos.« Die Führungsform der indirekten Steuerung widerlegt diese Auffassung und zeigt, dass eine ganz andere Form von Organisation möglich ist.

### 2.3 Wesentliche Momente der indirekten Steuerung

Die neue Führungsform kann sehr unterschiedlich realisiert und gestaltet werden, deshalb macht es keinen Sinn, hier bestimmte Modelle des Neuen vorzustellen. Ich will deshalb wesentliche *Momente* identifizieren, die das Neue zum Ausdruck bringen, und ich werde im Folgenden ganz umgangssprachlich formulieren. Durch diese Darstellungsform und die Vermeidung von Fachtermini will ich alte Sichtweisen und Denkweisen durchbrechen und den Leser und die Leserin zu Entdeckungen im eigenen Betrieb anregen: Finden Sie diese Momente in Ihrer betrieblichen Wirklichkeit oder nicht?

Für die nachfolgende Analyse will ich die neue Führungsform durch drei Momente charakterisieren:
a) »konfrontiert sein« (mit den unternehmerischen Problemen),
b) »selber« (reagieren auf die unternehmerischen Probleme),
c) »tun, was zu tun ist« (um ein unternehmerisches Ergebnis zu erzielen).

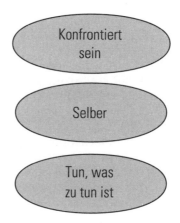

**Momente Indirekter Steuerung**

Diese Momente machen bereits deutlich, dass die neue Führungsform überraschend *inhaltsleer* ist, denn dieses »tun, was zu tun ist« (c) sagt eben gerade *nicht*, *was* denn genau getan werden soll. Das sollen die Beschäftigten *selber* herausfinden (b). Wichtig ist der *Effekt* des Tuns: Die Arbeitnehmer sollen ein *unternehmerisches Ergebnis* erreichen, oder es droht ihnen ein Schaden.

Ich werde im Folgenden je zwei dieser drei Momente miteinander in Beziehung setzen, um so dem qualitativ Neuen auf die Spur zu kommen. Das Moment »selber« will ich vorab betrachten, weil es auch im Hinblick auf den eigenen Willen zur Geltung kommt.

*Das Moment »Tu, was Du selber willst«*
Um das, was ich selber will, ging es bisher beim organisierten Handeln gerade nicht. Die These der neuen Führungsform besagt, dass nun der eigene Wille der Beschäftigten in Gang gesetzt wird.

Wenn das stimmt, dann bin als Beschäftigter nun auch in der lohnabhängigen Arbeit mit einem Grundproblem menschlicher Existenz konfrontiert: mit der Ambivalenz des eigenen Willens. Es geht dabei um die folgenden Fragen: Woher weiß ich, was ich *wirklich selber* will? Wie kann ich das herausfinden? Welche Kriterien kann ich dafür verwenden? Wie bekomme ich diese Kriterien? Die Auseinandersetzung mit diesen Fragen ist für die Entwicklung der eigenen Individualität von großer Wichtigkeit. Schon aus diesem Grunde ist die neue Führungsform ein Fortschritt, der zu begrüßen ist.

Aber geht es unter den neuen Bedingungen wirklich um das Prinzip: »Tu, was Du selber willst«? Klar ist, dass dieses Moment auf keinen Fall das einzige Prinzip des Neuen ist und dass es im Zusammenhang mit den anderen Momenten erfasst werden muss. Betrachten wir deshalb nun je zwei der drei Momente in ihrem Zusammenhang.

*Die Momente »Konfrontiert sein« und »Selber reagieren«*
Bei der indirekten Steuerung agiert der Arbeitgeber nicht mehr als eine Instanz, die kommandiert, kontrolliert und sanktioniert. Es geht auch nicht mehr um bestimmte inhaltliche Erwartungen des Arbeitgebers, es geht um etwas völlig anderes. Der Arbeitgeber konfrontiert die Beschäftigten mit den Handlungsbedingungen des Unternehmens – die Beschäftigten sollen darauf »selber reagieren«. Und der Arbeitgeber tut etwas und auch darauf sollen die Beschäftigten »selber reagieren«.

Vor einigen Jahren habe ich einmal formuliert, »Die Beschäftigten sollen selber entscheiden«, aber das ist viel zu rational gedacht. Wer entscheiden soll, der erwartet solide Entscheidungsgrundlagen, dann wägt er Gründe ab und trifft eine souveräne Entscheidung. Tatsächlich geht es im Neuen um ein »Konfrontiert sein« und um ein »Sich verhalten müssen«. Wenn ich gar nichts tue, dann ist das auch ein Verhalten, und mein Tun oder Nicht-Tun hat Folgen. In diesem Sinne ist das »selber reagieren können« und »selber reagieren müssen« zu verstehen.

Es gibt keine bestimmten inhaltlichen Erwartungen. Die Erwartungen sind vielmehr auf einer Meta-Ebene formuliert: »erfolgreich sein«, »eine bestimmte Eigenkapitalrendite erreichen«. Das Moment »selber reagieren« bedeutet übrigens nicht die Erwartung einer ganz bestimmten Reaktion. Die Beschäftigten sollen *irgendwie reagieren* – aber ihr Tun soll zu einem unternehmerischen Ergebnis führen. Somit wird jeder und jede irgendwie anders reagieren. Es wird somit die Verschiedenheit der Individuen in Gang gesetzt (und hier stellt sich die Frage »Warum entstehen nicht Chaos und Desorganisation?«).

Es geht bei dem Moment der Konfrontation übrigens nicht nur um ein »konfrontiert-werden«, sondern auch um ein »sich-konfrontiert-finden« mit etwas, worauf ich dann mit meinem Tun reagiere. Im eigenen Tun ist viel mehr enthalten, als mir selber bewusst ist, und durch die Frage »Warum tue ich eigentlich, was ich tue?« kann ich versuchen, mir darüber klar zu werden.

Aber auch durch mein eigenes Tun wird mir manches zum Gegenstand, auf das ich dann reagiere. Es sind somit auch Folgen des eigenen Tuns, mit denen ich mich konfrontiert finde. All diese Umschreibungen versuchen auszusprechen, was sich unter den neuen Bedingungen vollzieht, wenn wir die Momente »Konfrontiert sein« und »Selber reagieren« in ihrem Zusammenwirken durchdenken.

*Die Momente »Tu, was Du selber willst« und »Tu, was zu tun ist«*
Unter den Bedingungen der indirekten Steuerung finden sich in meiner Arbeit diese beiden Momente und es sind erkennbar Gegensätze. Ich bin in der Arbeit immer wieder mit diesen gegensätzlichen Momenten konfrontiert:
- mit den Momenten »freiwillig« und »unfreiwillig«
- mit den Momenten »selbständig« und »unselbständig«

Ich bin somit in meiner Arbeit mit einem weiteren Grundproblem menschlicher Existenz konfrontiert: mit dem Problem »Freiheit & Gesetzmäßigkeiten«, bzw. »Freiheit & Notwendigkeit«. Sehr schnell ergeben sich weitreichende Fragen: »Was ist eigentlich Freiheit?«, »Gibt es tatsächlich Freiheit?« Allerdings stellt sich das Problem von Freiheit und Notwendigkeit nicht in dieser allgemeinen Form, sondern ganz konkret, alltäglich und praktisch. Ich bin in meinem Selber-Tun geradezu zerrissen von diesen beiden gegensätzlichen Momenten, und mein eigenes Handeln wird mir zum Rätsel: »Warum tue ich, was ich tue? Und: Warum tue ich das *freiwillig?* Ich muss es doch gar nicht tun, warum also tue ich es?«

Klaus Peters hat im Kontext eines Forschungsprojektes aufgezeigt, dass unter den Bedingungen der indirekten Steuerung die Beschäftigten die Fähigkeit einer »eigenen Interpretation ihrer eigenen Selbständigkeit« erlernen müssen. »Von einer ›Interpretation‹ oder ›Deutung‹ der eigenen Selbständigkeit sprechen wir, wenn Menschen zu erkennen versuchen, ob und inwieweit sie selbständig handeln und welche Kriterien zur Entscheidung dieser Frage in Anschlag gebracht werden können; dazu gehört unabtrennbar das Verständnis der eigenen *Autonomie*, der eigenen *Freiheit* sowie der *Freiwilligkeit* des eigenen Handelns.« (Peters 2003: 77)

Ohne diese Fähigkeit besteht die Gefahr, an sich selber irre zu werden. Durch die erfolgreiche Aneignung der Fähigkeit der eigenen Interpretation ihrer eigenen Selbständigkeit entwickelt sich allerdings die Individualität der Beschäftigten in der Arbeit. Das ist ein absolut positives Moment der neuen Organisationsform im Unternehmen und ein weiterer Grund, diese neue Führungsform als einen Fortschritt zu begrüßen.

*Die Momente »Konfrontiert sein« und »Tu, was zu tun ist«*
Im Zusammenhang dieser beiden Momente werden wir eine Antwort auf die Fragen finden, die nach den bisherigen Darlegungen sicherlich im Raume stehen:

- Durch das »Selber-Wollen« und »Selber-Reagieren« wird die Verschiedenheit der Individuen in Gang gesetzt. Warum versinkt das Tun der Beschäftigten nicht in Chaos und Desorganisation?
- Wenn es tatsächlich keine bestimmte inhaltliche Vorgabe durch den Arbeitgeber gibt, wie kann dann das neue Arbeiten irgendeine Bestimmtheit bekommen?

Das Aufspüren des Moments »Konfrontiert-Sein«, bzw. »Sich-Konfrontiert-Finden« bedarf einer gründlichen Suchbewegung. Dieses Moment kann nur nach und nach entdeckt werden, da es in vielfältigen, aber unscheinbaren und unauffälligen Formen zum Ausdruck kommt. In den dann aufgespürten Formen dieses Konfrontiert-Seins kann schließlich auch das Moment »Tu, was zu tun ist« entdeckt werden. Dies wird im nächsten Abschnitt in aller Ausführlichkeit erfolgen.

## 3. Das »Konfrontiert-Sein« in Redeweisen und Sichtweisen

### 3.1 Das »Konfrontiert-Sein« als eine sachliche Herrschaftsform

Betrachten wir nun die drei Momente indirekter Steuerung in ihrem Zusammenhang (siehe Abbildung). Sachliche Zusammenhänge stehen im Fokus der neuen Führungsform. Die Beschäftigten sind konfrontiert mit all den Notwendigkeiten und Gesetzmäßigkeiten, die in der Sache liegen. Sie sollen darauf selber reagieren und ein Ergebnis herbeiführen – nach dem Motto »Tu, was zu tun ist«.

Die klassische Führungsform war klar als ein Herrschaftsverhältnis erkennbar: Der Arbeitgeber (bzw. das Management) agierte als eine

**Momente Indirekter Steuerung**

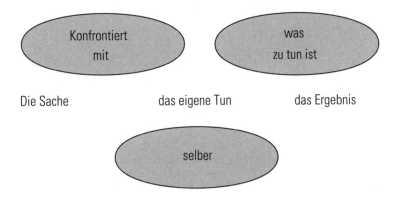

anweisende und kontrollierende Instanz, und der Wille der Arbeitnehmer hatte sich dem Willen des Arbeitgebers unterzuordnen.

Die neue Führungsform sieht auf den ersten Blick wie das Gegenteil eines Herrschaftsverhältnisses aus: Der Beschäftigte soll in der Arbeit das tun, was er selber will und was sachgemäß ist. Es ist aber eine neue Form von Herrschaft, und diese besteht in der Konfrontation der Beschäftigten mit den Handlungsbedingungen und dem Arbeitgeber als einer weiteren Handlungsbedingung des Arbeitnehmers.

Wie aber wird der Arbeitgeber oder Unternehmer zu einer »weiteren Handlungsbedingung des Arbeitnehmers«? Dies erfolgt durch sein praktisches Tun. Der Unternehmer tut etwas und die Beschäftigten müssen darauf *selbständigerweise* reagieren, das heißt: »nicht indem sie tun, was der Unternehmer befiehlt, sondern indem sie *autonom, ungezwungen* reagieren auf das, was der Unternehmer tut. Wenn sie falsch reagieren, werden sie nicht bestraft, sondern haben *selbst* den Schaden zu tragen, den sie *selbst* produziert haben. Dadurch entsteht die völlig neue Verbindung von Selbständigkeit und Unselbständigkeit, die der Lebensnerv der neuen Managementformen ist.« (Peters 2001a: 37).

### 3.2 Momente des Konfrontiert-Seins – Wo soll die Suche beginnen?

Zwei Momente der neuen Führungsform sind sehr auffällig und gut erkennbar: die ständige Frage nach dem Ergebnis und das »Selber-reagieren-sollen«. Das Moment des »Konfrontiert-seins« ist hingegen sehr schwer zu fassen. Dies liegt daran, dass diese Konfrontation auf vielfache Weise geschieht, zum Teil völlig unauffällig und unbemerkt. Es kommt entscheidend darauf an, nach und nach all diese Formen zu entdecken.

Wo soll die Suche nach den Momenten der Konfrontation der Beschäftigten beginnen? Es wäre naheliegend, in der unmittelbaren Arbeitsumgebung der einzelnen Beschäftigten und der Teams anzufangen, das werde ich aber ganz bewusst nicht tun. Ich gehe den umgekehrten Weg. Das Ganze des Konzerns und der Unternehmensorganisation wähle ich als Ausgangspunkt, um dann einige Momente dessen unter den folgenden Gesichtspunkten in den Blick zu nehmen: »Werde ich als Beschäftigter dadurch auf etwas fokussiert? Womit finde ich mich konfrontiert? Was setzt diese Konfrontation in Gang?« Diese Fragen sind Gegenstand dieses Abschnittes.

### 3.3 Die Segmentierung des Konzerns

Die Einführung der neuen Führungsform ist häufig mit der Segmentierung des Konzerns verbunden: Jedem Markt-Segment, in dem die Firma aktiv sein will, wird ein Unternehmens-Segment gegenübergestellt. Die Beschäftigten werden dadurch konfrontiert mit *ihrem* Markt-Segment.

Sie sollen darauf selber reagieren und tun, was zu tun ist, damit ihr Unternehmens-Segment ein unternehmerisches Ergebnis erreicht.

Ob in einem Konzern eine Segmentierung erfolgt oder nicht, das ist leicht feststellbar. Viel schwieriger ist aber zu erkennen, welche Auswirkungen die Segmentierung auf das Denken und das Verhalten der Beschäftigten hat. Betrachten wir diese Veränderung zunächst aus der Perspektive des Konzernchefs.

Aus der Konzernperspektive legt die Segmentierung eine Fragestellung nahe:

- Welche Unternehmens-Segmente sind *erfolgreich* hinsichtlich Profitrate, Umsatz und Marktanteil?
- Welche Unternehmens-Segmente sind *nicht erfolgreich*?

Die simple Frage nach Erfolg oder Misserfolg ist allerdings sehr vielschichtig. Die Antwort fällt z.B. ganz verschieden aus, wenn als Zeitperspektive ein Quartal, ein Jahr oder fünf Jahre gewählt werden. Die Frage nach dem unternehmerischen Erfolg kann nicht schematisch beantwortet werden.

### 3.4 Die Frage nach Investment oder Des-Investment

Mit der Frage nach Erfolg oder Misserfolg wird häufig eine andere Frage unmittelbar verbunden:

- Wo sollten die Unternehmenswerte (»assets«) *investiert* werden?
- Wo sollten die »assets« schnellstens *des-investiert* werden?

All das sind eigentlich Fragen des Arbeitgebers. Meine Beobachtung in der IBM der 1990er Jahre war, dass diese Fragen mehr und mehr zu Fragen der Beschäftigten wurden. Es entstand eine Sichtweise und Denkweise, die um die Verhinderung eines Des-Investments des eigenen Unternehmens-Segments kreiste.

Entfaltet sich da tatsächlich eine solche Wirksamkeit im Denken und Handeln der Menschen? Und wenn das so ist, worauf beruht diese Wirksamkeit?

*Welche Sichtweisen werden wirksam?*

In den Fragen nach Erfolg oder Misserfolg, Investment oder Desinvestment wird eine spezifische Sichtweise auf den Konzern deutlich. Der Konzern wird in zwei Hinsichten aufgefasst:

- zum einen als ein Portfolio von »Businesses« (Geschäftsfeldern, Unternehmenssegmenten) und
- zum anderen als eine Fülle von »Assets« (Unternehmenswerte wie Menschen, Patente, Sachmittel, Finanzmittel)

Diese Sichtweise auf den Konzern ist durch und durch dynamisch. Sie nimmt das Gegebene nicht einfach so hin. Diese Sichtweise bedeutet

vielmehr die ständige Überprüfung und Infragestellung des Gegebenen, und gerade dadurch führt diese Sichtweise zu den schon erwähnten Fragen:
- Wohin sollten die »assets« *investiert* werden?
- Wo sollten die »assets« schnellstens *des-investiert* werden?

Die Fragen nach Investment oder Desinvestment sind Kernfragen der Unternehmensstrategie. Die Redeweise von »assets« (von »Unternehmenswerten«) entspricht dem finanzpolitischen Blick auf das Unternehmen. Was bewirken diese Fragen und was bewirkt diese Redeweise? Wie stellt sich der Sachverhalt auf den verschiedenen Ebenen eines bestimmten Konzerns dar?

Bezogen auf die Konzernführung: Ist die Frage nach Investment oder Desinvestment ein ständiges Argumentationsmuster der Konzernführung? Wenn ja, ist dies nur Rhetorik oder bestimmt dieses Reden auch das Handeln? Wenn Investment/Desinvestment-Überlegungen tatsächlich immer wieder auch als Handlungsmuster erkennbar sind, was bedeutet es dann für den Einzelfall?

Bezogen auf die Leitung eines Unternehmenssegments: Wird die Segmentleitung immer wieder mit Investment/Desinvestment-Überlegungen des Konzerns konfrontiert? Ist dies eine Rahmenbedingung ihres Handelns? Welche Rolle spielen dabei Erfolg oder Misserfolg des Unternehmenssegments?

Bezogen auf die Beschäftigten im Unternehmenssegment: Ein Desinvestment des Segments hat für die Beschäftigten gravierende Auswirkungen (Verlust des Arbeitsplatzes oder zumindest Verlust der bisherigen Tätigkeit). Werden Investment/Desinvestment-Überlegungen für die Beschäftigten zum *Thema*? Wird die Frage nach Erfolg oder Misserfolg des Unternehmenssegments zum Thema? Welche Wirksamkeit entfaltet diese Thematisierung?

Ich habe hier bewusst nur Fragen formuliert, die bezogen auf den einzelnen Konzern gestellt und beantwortet werden müssen. Hier aber noch zwei allgemeine Bemerkungen.

Die Forderung nach dem Erfolg des Unternehmenssegments wird häufig als eine bestimmte Profitmarge formuliert (oder als ein bestimmter »Wertschöpfungsbeitrag«). Interessant an dieser Anforderung ist, dass es eine *keine inhaltliche Vorgabe,* sondern eine Vorgabe auf einer Meta-Ebene ist. Die neue Form unternehmerischer Führung zeichnet sich generell dadurch aus, dass es nicht um bestimmte inhaltliche Vorgaben geht.

Die Fragen nach Investment oder Desinvestment sind Fragen der *Strategie*. Sie werden daher häufig auch strategisch und durchaus überraschend beantwortet: So kann z.B. aus strategischen Gründen über Jahre hinweg in ein Segment investiert werden, obwohl es nicht profitabel ist. Umgekehrt kann aus strategischen Gründen desinvestiert werden, obwohl der Bereich erfolgreich, aber im Rahmen der Konzernstrategie nicht wesentlich ist (in diesem Fall kann der Konzern beim Verkauf einen guten Preis erzielen).

### 3.5 Tätigkeiten (»activities«) im Konzern
Die Frage nach Investment oder Desinvestment wird auch in einer anderen Redeweise formuliert:
- Auf welche *Tätigkeiten* soll sich der Konzern konzentrieren?
- Welche *Tätigkeiten* sollen (im Interesse der Profitabilität des Gesamt-Konzerns) ausgelagert werden?

In diesen Formulierungen ist der Bezug zu den Beschäftigten unmittelbar spürbar: Das *eigene Tun* kommt sofort in den Blick, wenn von »Tätigkeiten« die Rede ist. Das Thema Investment/Desinvestment wird in dieser Formulierung sehr persönlich. Dieses Reden von »Tätigkeiten« ist seit den 1990er Jahren in den Konzernen sehr verbreitet. Es gilt daher die Bedeutung dieser Redeweise zu analysieren.

*»activities« und »value chain«*
Michael Porter hat Mitte der 1980er Jahre die Konzepte »activities« und »value chain« eingeführt, um Wettbewerbsvorteile von Firmen in den Blick zu bekommen (Porter 1985/98). Es war also eine strategische Fragestellung, die zu diesen Konzepten geführt hat, und die Unternehmensstrategie ist auch das eigentliche Thema des Harvard-Professors Porter.

Wer von »Tätigkeiten« (oder »activities«) hört, der denkt sofort an *Tätigkeiten einer Person*. Der Terminus wurde aber von Porter eingeführt, um *Tätigkeiten einer Firma* zum Gegenstand der Untersuchung zu machen. Es geht also um eine ganz spezifische und neue Sichtweise auf die Unternehmung: »the firm as a collection of activities« (ebenda, xviii). Das *Ganze der Unternehmung* ist der Ausgangspunkt und immer wieder auch der Bezugspunkt dieser Redeweise.

Was aber ist eine Tätigkeit im Sinne von Porter? Porter nennt Beispiele für Tätigkeiten einer Firma – »designing, producing, marketing, delivering, and supporting its products«, (ebenda, 33) –, spricht aber zugleich auch von »strategically relevant activities« (ebenda). Diese Redeweise von Tätigkeiten ist scheinbar einfach und intuitiv einleuchtend. Die Frage »Was betrachte ich alles als *Tätigkeiten der Firma* und was nicht?« kann aber völlig unterschiedlich beantwortet werden. Jede mögliche Antwort auf diese Frage wäre ein spezifisch anderer Zugriff auf das Ganze der Unternehmung. Wie auch immer die Antwort ausfällt, sie ist dann der gewählte konzeptionelle Zugriff.

Porter führt das Konzept »value chain« ein, um Zusammenhänge von »activities« analysieren zu können (»value chain« wird mit »Wertschöpfungskette« oder »Wertkette« übersetzt). Das Konzept der Wertschöpfungskette hat bis heute eine große Verbreitung gefunden. Unternehmensberater, Manager, aber auch Beschäftigte reden wie selbstverständlich von »Wertschöpfungsketten« – aber was ist mit diesem Konzept gegeben und was ist damit nicht gegeben?

Die Bedeutung des Konzepts Wertschöpfungskette kann man dann begreifen, wenn man die praktischen Auswirkungen auf das Verhalten der Beschäftigten erkennt, sobald diese von einer »Wertschöpfungskette« reden: *Das Konzept bewirkt die Orientierung der Beschäftigten auf den tatsächlichen Zusammenhang ihres tatsächlichen Tuns – dieser wirkliche Zusammenhang wird ihnen zum Gegenstand.* Dieser *Gegenstand* ist aber mit dem Konzept Wertschöpfungskette *nicht gegeben,* sondern *aufgegeben:* als die Aufgabe, diesen Zusammenhang aufzuspüren. Auf diese Weise wird dann dieser tatsächliche Zusammenhang zum *Bezugspunkt* des praktischen Tuns jedes einzelnen.

*»activities« und »business process«*
Das Konzept »activity« ist auch grundlegend für das Konzept »business process« oder »Geschäftsprozess«. Von »Geschäftsprozessen« als einem Zusammenhang bestimmter »Tätigkeiten« ist in verschiedenen Kontexten die Rede. So z.B. in den Konzepten des so genannten Business Reengineering, wie sie seit den 1990er Jahren auftreten. Es werden aber auch unabhängig davon »Prozess-Modelle« konzipiert, in denen »Prozess-Rollen« oder »Prozess-Funktionen« definiert werden.

Wie auch immer »Prozesse« definiert und konzipiert werden, auf jeden Fall ist eine *prozess-orientierte Redeweise* in den Konzernen sehr verbreitet. Es scheint den Beteiligten intuitiv klar zu sein, was darunter zu verstehen ist. Umso wichtiger ist die Identifizierung von Paradoxien, die mit dieser Redeweise verbunden sind, weil diese als Mittel für ein tieferes Verständnis genutzt werden können. Ich will ein folgenreiches Phänomen benennen und erörtern, das ich im Jahre 2001 in der IBM entdeckt habe.

### 3.6 Das »Reden auf der Prozess-Ebene«
Es geht um eine Redeweise, mit der z.B. ein Manager einen sehr aktiven Eindruck erwecken kann, obwohl er sich gerade durch diese Redeweise von allen Problemen fernhält. Hier einige Äußerungen dieser Art:
- »Warum funktioniert das nicht? Wer hat da seine *Prozess-Funktion* nicht erfüllt?«

- »Du siehst immer nur Probleme. Wo bleibt das *Ergebnis?* Was ist dein *Beitrag?*«
- »Was heißt hier ›Der Prozess funktioniert nicht‹? Du musst selbstverständlich den Prozess mit Leben erfüllen: *Tu das, was zu tun ist!*«

Wer so redet, der bleibt auf der Prozess-Ebene und zeigt ein systematisches Desinteresse an den konkreten Bedingungen der Arbeit! Derjenige, der tatsächlich die Arbeit tut, kommt so in eine Situation, in der er sich ständig rechtfertigen muss. Sein Hinweis auf die Bedingungen erscheint geradezu wie der Versuch, sich nur herauszureden zu wollen:

- »Rede doch nicht immer nur von Bedingungen und Umständen, sag lieber, was *du* konkret getan hast!«

So gelingt es dann einem Manager, den Mitarbeiter, der tatsächlich die Lösung erarbeitet, völlig in die Defensive zu bringen. Er hat nicht nur die Probleme am Hals, er steht außerdem noch in dem Verdacht, nicht in Prozessen denken zu können. Mit einem Wort: Er steht da wie der letzte Trottel!

Das »Reden auf der Prozess-Ebene« sieht also aus wie ein zynischer Trick, wie eine große Gemeinheit. Tatsächlich aber können wir durch dieses Phänomen zwei interessante Erkenntnisse gewinnen.

- Die erste Erkenntnis: Auf der Prozess-Ebene gibt es deshalb keine Probleme, weil es eine Modell-Ebene ist. *Probleme gibt es in der Wirklichkeit: beim praktischen Tun unter konkreten Bedingungen.*
- Die zweite Erkenntnis: Das Reden auf der Prozess-Ebene hat dennoch eine *unverzichtbare Funktion* für diese neue Form kooperativen Tuns.

Die Funktion dieser Redeweise lässt sich konkret benennen: Das »Reden auf der Prozess-Ebene« ist ein *Verweis auf das praktische Tun!*

Wer die Probleme zu lösen hat und dabei auf der Prozess-Ebene redet, der redet nicht über etwas Fremdes, sondern über das eigene Tun und das Tun der Kollegen! Dieses Reden macht die Zusammenhänge des Tuns zum Gegenstand, und dadurch wird die neue Kooperationsform überhaupt erst möglich. Dieser Verweis *fokussiert* die produktiv tätigen Menschen *auf die Sache:* »*Tut das, was zu tun ist.*«

Wenn jemand auf der Prozess-Ebene redet, der *nicht selber* die Probleme zu lösen hat, dann *verweist* er ebenfalls nur auf das Tun der produktiv tätigen Menschen. Und genau deswegen kommt sein Gesprächspartner (der die Lösung zu erarbeiten hat) in die Defensive, wenn dieser Mensch (der nur darüber redet) sich von allen konkreten Bedingungen fern hält. Eine Lösung kann aber nur erreicht werden *in produktiver Auseinandersetzung mit den konkreten Bedingungen.* Wer die Lösung bringen muss, der kann davon nicht abstrahieren – und das ist auch gut so, denn gerade darin liegt das Produktive!

Das Reden auf der Prozess-Ebene hat gerade deshalb eine produktive Funktion, weil es nichts anderes ist als die *Konfrontation der Kooperierenden mit allen sachlichen und unternehmerischen Problemen ihrer Arbeit.*

### 3.7 Das Reden und das Tun unter den neuen Bedingungen

Werfen wir einen Blick zurück auf die bisherigen Darlegungen. Es geht mir um das Begreifen der neuen sachlichen Führungsform im Konzern, die in der Konfrontation der Beschäftigten mit den unternehmerischen Problemen besteht. Ich habe auf den letzten Seiten einige häufig zu hörende Redeweisen analysiert und herausgearbeitet, welche Sichtweisen damit verbunden sind.

In diesen Redeweisen werden strategische Probleme des Unternehmens zu ganz alltäglichen Themen – z.B. die Frage von Investment oder Des-Investment. Mit diesem Reden ist eine Perspektive auf das *Unternehmen als Ganzes* verbunden, in diesem Sinne habe ich die Termini »Tätigkeit«, »Wertschöpfungskette« und »Prozess« rekonstruiert.

Diese Redeweisen und Termini haben eine orientierende Funktion für Wahrnehmung, Denken und Handeln der Beschäftigten, und sie sind eine Bedingung für ein neues kooperatives Tun der Beschäftigten. Diese Redeweisen und Termini haben also auch eine *organisierende* Funktion.

Es sind scheinbar einfache Worte, die von fast allen verwendet werden und mit denen offensichtlich jeder etwas anfangen kann. Sie werden ausgesprochen in einem Reden, das das praktische Tun der Menschen begleitet. Es erscheint als selbstverständlich, dass z.B. mit dem Wort »Wertschöpfungskette« etwas *gegeben* ist, in meiner Analyse habe ich aber den Standpunkt vertreten, dass mit diesem Terminus nur etwas *aufgegeben* ist. Dieses Wort ist meines Erachtens der *Verweis* auf etwas, es hat wesentlich die Funktion einer *Orientierung* der Beschäftigten auf etwas: auf den Zusammenhang des eigenen Tuns mit dem Tun der anderen (mit denen der Betreffende zusammenarbeitet).

Auch die Redeweise »Gesamtprozess« (als Kontext des eigenen Tuns) ist scheinbar einfach und klar, auf jeden Fall dient sie der Verständigung. Wann immer ich aber versucht habe, einen »Gesamtprozess« denkend genauer zu bestimmen (Wo fängt er an? Wo hört er auf? In welche Momente gliedert er sich?), stellte ich fest, dass ich denkend in jeder Richtung beliebig weitergehen konnte und dass ich zugleich auch in der Tiefe denkend beliebig weitergehen konnte – die scheinbare Klarheit zerrann mir unter den Händen. Dieses Wort ist nur scheinbar einfach, tatsächlich *verweist* es auf etwas sehr Komplexes, das zudem auch immer wieder situativ zu bestimmen ist.

Diese Worte und Redeweisen sind für die Verständigung unverzichtbar, denn in diesem neuen Reden und Tun wird etwas zum *Gegenstand*, zur *Sache*. Diese *Sache* hat eine orientierende Funktion für das Denken und Handeln der Menschen, sie konstituiert geradezu das zusammenwirkende Handeln der beteiligten Menschen.

Unter den neuen Bedingungen bekommt auch das so vertraut klingende Wort »Aufgabe« eine ganz andere Bedeutung. Es ist nicht mehr eine *Aufgabe, die von einer anderen Person gestellt wird* (wie es im alten Führungssystem der Anweisungen der Fall ist), sondern es ist eine *Aufgabe, die sich stellt* (die sich *aus der Sache ergibt),* und das ist etwas völlig anderes. Das neue Wort »Beitrag« ist von entscheidender Bedeutung: »Was könnte mein Beitrag zur Erfüllung der Aufgabe sein? Was sollte er sein? Wie passen unsere Beiträge zusammen?« Die Frage nach dem Beitrag stellt sich ebenfalls sehr konkret und situativ. Es findet sich aber auch das Wort »Kompetenz« in ganz neuen Fragestellungen: Welche Kompetenzen sind *sachlich erforderlich*? Und wie sollten diese Kompetenzen *sachgemäß zusammenwirken*, um ein unternehmerisches Ergebnis zu erreichen?

Es geschieht somit etwas qualitativ Neues, ohne dass dies wirklich auffällig wird. Es geschieht praktisch und alltäglich. Es vollzieht sich im alltäglichen Reden und Tun der Menschen.

### 3.8 Das eigene Tun und »die Sache«

Wenn die bisherige Analyse richtig ist, dann werden die Beschäftigten durch die Termini »activity«, »value chain« und »business process« auf das eigene praktische Tun und auf Zusammenhänge dieses Tuns fokussiert. Beschäftigte werden konfrontiert mit

- den *Bedingungen* ihres eigenen Tuns,
- den *Zusammenhängen* ihres eigenen Tuns mit dem Tun anderer und
- den *Folgen* dieses gemeinsamen Tuns.

In diesem gemeinsamen Reden und Tun konstituiert sich der Gegenstand des Tuns – die *Sache*. Die Beschäftigten sind somit durch diese Termini und Redeweisen konfrontiert mit all den Notwendigkeiten und Gesetzmäßigkeiten, die in der Sache liegen. Sie sind unmittelbar mit tatsächlichen Problemen konfrontiert und sie sollen darauf selber reagieren und ein unternehmerisches Ergebnis herbeiführen.

Die Erörterungen der letzten Seiten sind der Versuch einer Darstellung des Zusammenwirkens der Momente »Konfrontiert Sein« und »Tun, was zu tun ist«. In weiteren Reflexionen des eigenen Redens, Tuns und Erlebens könnten weitere Aspekte dieses Zusammenwirkens aufgespürt werden.

## 3.9 Activity Based Costing und das eigene Tun

Im Kontext der bisherigen Reflexionen können nun Konzepte wie Activity Based Costing zum Gegenstand der Überlegungen werden. Ich werde zwei Erkenntnisse aus dem Aufsatz »Rentiere ich mich noch?«[2] zitieren, und in den Formulierungen werden uns einige der zuvor erörterten Termini und Redeweisen wieder begegnen.

*Perspektiven auf das eigene Tun*
Mit dem Konzept Activity Based Costing (ABC) sind ganz bestimmte *Perspektiven* auf das eigene Tun verbunden:
- »Wenn ich mich durch die Brille des ABC betrachte, sehe ich mich als eine Prozessfunktion. Ich bin der Träger einer Tätigkeit, die bestimmte Kosten verursacht und auf dem Hintergrund des Gesamtprozesses entweder notwendig oder verzichtbar ist. (...) Es geht um eine Wirkung, die ich mit meiner Tätigkeit erziele.« (»Rentiere ich mich noch?«, Abschnitt 4.1)
- »Meine Tätigkeit erfüllt ihren Sinn nur im Zusammenhang mit allen anderen Tätigkeiten eines Unternehmensprozesses. Um ihre Wirkung und damit meinen Beitrag zu verstehen und zu belegen, muss ich den Gesamtprozess begreifen. Zunehmend versteht jede Position in der Wertschöpfungskette alle anderen Positionen (...)« (Abschnitt 4.1)
- »Die Perspektive des Gesamtzusammenhangs bestimmt die Bedeutung einer geleisteten Arbeit – und damit meine eigene Bedeutung als Träger einer Tätigkeit. Ich selbst, nicht nur meine fachliche Kompetenz, werden der Kosten-Nutzen-Logik unterzogen.« (Abschnitt 4.3)

*Fragestellungen zum eignen Tun*
Das Konzept ABC ist aber auch mit ganz spezifischen *Fragestellungen* verbunden:
- »Kann man eine bestimmte Tätigkeit noch effizienter tun? Braucht man sie überhaupt? Und wenn ja, wo und von wem wird sie am besten ausgeführt?« (»Rentiere ich mich noch?«, Abschnitt 1.1)
- »Leiste ich meinen Beitrag zum Gesamtprozess? Wird meine Tätigkeit überhaupt noch benötigt? Ist meine Auslastung ausreichend oder könnte meine Weiterbeschäftigung in Frage gestellt werden? Rentiere ich mich noch?« (Abschnitt 1.2)
- »Was sind meine spezifischen Kompetenzen und welchen Wert haben sie im Gesamtprozess? Kann ich mir diese oder jene Eigenheit überhaupt leisten? Wie kann ich meine Fähigkeiten noch besser einbringen?« (Abschnitt 4.3)

---
[2] Siehe den Beitrag von Angela Schmidt in diesem Buch, S. 133-155.

Diese Fragestellungen und Perspektiven wirken unscheinbar und elementar, und doch sind sie Ausdruck und Moment eines Konfrontiert-Seins, und sie setzen etwas in Gang. Dies wird im nächsten Abschnitt Gegenstand der weiteren Analyse sein.

## 4. Womit konfrontieren mich Konzepte wie Acitivity Based Costing?

Angela Schmidt schreibt über das Konzept ABC, es setze »eine zerstörerische und bewusstlose Dynamik in Gang: Arbeiten ohne Ende, eine Ökonomik der Maßlosigkeit, das totale Ergriffensein der Beschäftigten durch die Arbeitsprozesse sind logische Konsequenzen.« (Abschnitt 6). Gleichzeitig schreibt sie: »Ein Zurück gibt es nicht, und es ist aus der Perspektive der Individuen auch nicht wünschenswert. Keiner kann wollen, dass die Menschen ihr neues Wissen und ihre erweiterten Fähigkeiten wieder verlernen.« (Abschnitt 6.4). In der Tat ist mit Konzepten wie ABC ein *neuer Zugriff auf das Unternehmerische* gegeben, aber diese Konzepte werden – so wie sie bisher vorliegen – wirksam zu Gunsten der Arbeitgeber und zu Lasten der Arbeitnehmer. Es handelt sich allerdings nicht um einen Trick, auf den die Beschäftigten hereinfallen. Es ist etwas Neues und Wichtiges. Aber dieses Wertvolle und Positive schlägt – in der gegenwärtigen Form – unmittelbar in das schon erwähnte Negative um. Wie hängt das zusammen? Im Kontext der bisherigen Erörterung stellt sich die Frage: Womit konfrontieren mich Konzepte wie Acitivity Based Costing? Und was setzt diese Konfrontation in Gang?

### 4.1 »Cost & Effect« – Die Frage nach Kosten und produktiver Wirkung

In dem Buch »Cost & Effect« (Kaplan/Cooper, 1998) spielen ganz einfache Fragestellungen eine entscheidende Rolle, das Konzept ABC richtet die folgenden drei Fragen an jedweden Gegenstand:
- Welche *Kosten* erfordert er?
- Welche *produktive Wirkung* hat er? (Welchen »*effect*« hat er?)
- Lohnt die produktive Wirkung die Kosten?

Wie ist es möglich, dass so einfache und unscheinbare Fragen eine so grausame Logik in Gang setzen können? Wodurch erfolgt das »Abheben«? Wodurch werden diese »ganz einfachen Elemente« schließlich zu Momenten eines gnadenlosen Systems?

*Die Frage nach den »wirklichen Ursachen« der Kosten*
Kaplan und Cooper sagen mehrfach, sie wollen die »wirklichen Ursachen der Kosten« entdecken – Angela Schmidt hat auf diesen merkwürdigen *Ursachen-Begriff* hingewiesen (in 2.1 ihres Aufsatzes). Tatsäch-

lich geht es in dem jeweiligen Kontext um eine *Zuweisung von Kosten*. Es fällt allerdings auf, dass die Autoren ganz ungewöhnliche Zuweisungen von Kosten vornehmen, es entsteht eine überraschende Vielfalt von Möglichkeiten, die es nun zu begreifen gilt. Hier kommen wir dann auch langsam zu dem »Abheben«, hier beginnt jene Dynamik, die schließlich ihre ganze sachliche Grausamkeit entfalten kann.

Die Grundvoraussetzung für jene grausame Dynamik ist eine *absolute Radikalität:* Es wird grundsätzlich alles in Frage gestellt – konkret: *alles*, was mit Kosten verbunden ist! Nichts ist selbstverständlich. Alles muss seine Existenz rechtfertigen.

Dieser rigorose Gestus erweckt den Eindruck, als ginge es darum, sämtliche Kosten zu *vermeiden* – aber darum geht es gar nicht! Diese radikale Haltung, dass *alles*, was mit Kosten verbunden ist, eine *Rechtfertigung seiner Existenz* erfordere, ermöglicht überhaupt erst den *neuen Verursachungs-Begriff* von Kaplan und Cooper: Wenn jemand behauptet, dass etwas (was mit Kosten verbunden ist) erforderlich sei, dann wird dieser Mensch durch eben diesen Akt zum »Verursacher« dieser Kosten (d.h. ihm werden diese Kosten zugerechnet!). Es entwickeln sich dabei alternative und ganz überraschende »Verursachungen« dieser Art und es entsteht nach und nach ein *System von »cause & effect relations«*, ein System von Ursache-Wirkungs-Beziehungen.

*Worum geht es tatsächlich bei der »Verursachung« von Kosten?*
Meine bisherige Rekonstruktion argumentiert mit neuen Kosten-*Zuweisungen*. Sie argumentiert damit, dass gewisse, sachlogisch begründete Äußerungen von Kaplan und Cooper als »Verursachung« von Kosten aufgefasst werden. Wenn das alles wäre, dann wäre dies nur ein gemeiner Trick, den man lediglich entlarven müsste, um fortan nicht mehr darauf hereinzufallen. Bis zu dieser Stelle sieht es geradezu wie eine Riesensauerei aus, dass ausgerechnet der, der sachlogische und produktive Gesichtspunkte äußert, eben deshalb zum Verursacher von Kosten deklariert wird.[3]

Die »cause & effect relations« von Kaplan und Cooper bringen aber letztendlich eine ganz andere Fragestellung zum Ausdruck: Hat *etwas* (als ein so genannter »cause«) eine *produktive Funktion oder eine produktive Wirkung* (als ein so genannter »effect«)? Derjenige, der eben noch wie das Opfer eines gemeinen Tricks aussah, *der wird in dieser Lesart nun in seiner produktiven Funktion erkannt und hervorgehoben!*

---

[3] Das »Reden auf der Prozess-Ebene« erschien zunächst ebenfalls als eine große Sauerei und als reiner Zynismus – dort wie hier verdeckt dieser erste Eindruck aber den Kern der Sache, um den es tatsächlich geht!

Die scheinbar naive Redeweise von »cause & effect relations« ist außerordentlich fruchtbar, um komplizierte produktive Zusammenhänge aufzuspüren und zu entdecken. Darin sehe ich den großen heuristischen Wert dieses Konzeptes.

### 4.2 Womit konfrontieren mich Konzepte wie Acitivity Based Costing?

Durch Konzepte wie Activity Based Costing werden die Beschäftigten in zweifacher Hinsicht konfrontiert:

- Sie sind unmittelbar konfrontiert mit der *Sache* und all den *Notwendigkeiten*, die in der Sache liegen.
- Sie sind auf neue Weise mit *sich selbst* konfrontiert, insbesondere mit *ihren produktiven Kräften*.

Dieses Konfrontiert-Sein gilt für jeden einzelnen als Person, zugleich aber erfolgt dieses Konfrontiert-Sein für eine Gruppe von Menschen (als Team, als Abteilung, als Business Unit). Das je eigene Tun der einzelnen Individuen kommt dadurch miteinander in eine neue Wechselwirkung und es entsteht ein neues Zusammenwirken dieses Tuns. Ganz einfache Fragen (»Was kostet das? Welche Wirkung hat das? Lohnt die Wirkung die Kosten?«) konfrontieren das Tun dieser Beschäftigten und fordern auf neue Weise die verschiedenen fachlichen Kompetenzen der Personen. Unter diesen Bedingungen »geschieht etwas«, es »entsteht etwas« im Zusammenwirken der produktiven Kräfte der einzelnen – es ist das Wirksamwerden einer neuen Dynamik. Unter den Bedingungen der indirekten Steuerung entsteht im Handeln der Beschäftigten ein *Prozess von Selbstorganisation*.

Dieser Aspekt fordert zunächst eine allgemeine (wenn auch kurze) Auseinandersetzung mit dem Thema Selbstorganisation im folgenden Abschnitt (5). Anschließend werde ich in Abschnitt 6 untersuchen, was sich in den Prozessen von Selbstorganisation konstituiert.

### 5. Drei Redeweisen von Selbstorganisation

#### 5.1 Selbstorganisation als begriffliches Problem

Selbstorganisation[4] und indirekte Steuerung stellen unser Denken vor die folgende Frage: Wie ist es möglich, dass ein Prozess »von selbst abläuft« und dennoch auf indirekte Weise gesteuert werden kann, ohne dass dadurch das »Von-selbst-Ablaufen« beschädigt wird?

---

[4] Anfang der 1990er Jahre habe ich gemeinsam mit Klaus Peters, Jörg Stadlinger und einigen anderen in einem interdisziplinären Arbeitskreis über das Thema Selbstorganisation gearbeitet. Wir haben uns zum einen mit damals aktuellen Selbstorgani-

»Dass autonom ablaufende Prozesse und Systeme ausschließlich ihren eigenen Gesetzmäßigkeiten folgen, heißt nicht, dass sie unbeeinflussbar und unbeherrschbar sind. Sie entziehen sich nur jeder direkten Art der Steuerung und Kontrolle nach Art des Kommandosystems. Sie werden nicht von der Unternehmensleitung organisiert, sondern sie organisieren sich selbst. Je besser man aber die Gesetzmäßigkeiten, Funktionsweisen und Anforderungen solcher Selbstorganisationsprozesse kennt, desto besser kann man sie durch entsprechende Rahmenbedingungen steuern und manipulieren.« (Peters 2001a: 38)

In den 1980er und 90er Jahren waren Selbstorganisationstheorien sehr verbreitet, aber Selbstorganisation ist nicht erst durch die Selbstorganisationstheorien auf die Welt gekommen: »Dass es Selbstorganisation als Eigenschaft der Bewegung in Natur und Gesellschaft schon immer gegeben hat, ist nur der undramatische Aspekt. Dramatisch und neu ist, dass die Selbstorganisation sozialer Prozesse jetzt erstmals bewusst in den Dienst von Unternehmenszwecken gestellt werden soll. Neu ist der Versuch einer Subsumtion der Selbstorganisation unter das Kapital!« (Peters 2001d: 165f.)

Die Selbstorganisationstheorien stellen für die indirekte Steuerung im Unternehmen das erforderliche Meta-Wissen bereit: »Die Selbstorganisationstheorien sind für das Kapital interessant, weil sie die Antwort auf die Frage versprechen, wie ganze Individuen und nicht mehr nur deren Detailfunktionen in den Verwertungsprozess hineingezogen werden können, während für alle bisherigen Herrschaftsformen die gewaltsame Reduktion der Individuen auf Detailfunktionen wesentlich war.« (Peters 2001d: 166)

Der Luhmannsche Autonomiebegriff (z.B. Luhmann 1987) war von großer Bedeutung für unsere Erarbeitung des Konzeptes der indirekten Steuerung (vgl. Peters 2001a, 2001d). Durch die Redeweise von einer »Autonomie der Systeme« erhält der Begriff *Autonomie* die folgende Zweideutigkeit:

- »einerseits wird von der *Autonomie des menschlichen Individuums* als seiner Fähigkeit zur Selbstbestimmung gesprochen«,
- »andererseits aber von der *Autonomie von Systemen und Prozessen* (z.B. des Marktes), die sich gerade darin bewähren würde, dass die

---

sationstheorien beschäftigt: Luhmann (1987), Maturana (1985, 1987), Maturana/Varela (1984/87), Varela (1987) und von Foerster (1987, 1993). Zum anderen haben wir zum Begriff Selbstorganisation philosophische Arbeiten einbezogen: Spinoza (1677), Kant (1790: § 65ff.), Hegel (1813, 1816, 1830, 1831), Marx (1873, 1932a, 1932b). Vgl. dazu auch: Peters 2001d, Stadlinger 2003.

Individuen bis in ihre willentlichen Entscheidungen hinein von der Eigendynamik ihrer Handlungsbedingungen bestimmt würden« [5]
Diese zwei Arten von Autonomie gilt es nun zu unterscheiden, denn die indirekte Steuerung verbindet beide Arten von Autonomie auf eine ganz spezifische Weise: »ein Abbau von Kommandostrukturen gibt den Individuen mehr Autonomie, während gleichzeitig die Autonomie inner- und außerbetrieblicher Systeme und Prozesse dazu benutzt wird, das Handeln von Individuen indirekt zu steuern, so dass der Abbau der Kommandostrukturen das Unternehmen nicht etwa ins Chaos führt, sondern in einen höheren Grad von Organisiertheit.«[6]

Ein klassisches Beispiel für eine »Autonomie der Systeme und Prozesse« ist der Markt. Unter den Bedingungen der indirekten Steuerung kommt nun innerhalb des Unternehmens eine vergleichbare Dynamik im Handeln der Menschen in Gang, die im Abschnitt (6) Gegenstand der Untersuchung werden wird. Zuvor muss aber noch ein konzeptioneller Zugriff auf das Phänomen Selbstorganisation erarbeitet werden. Ich werde im Folgenden drei Redeweisen von Selbstorganisation vorstellen, die wir dann nutzen können für die Untersuchung jener Prozesse von Selbstorganisation, die unter den Bedingungen indirekter Steuerung im Unternehmen in Gang kommen.

### 5.2 Selbstorganisation in der mystifizierenden Redeweise

Die erste Redeweise von Selbstorganisation redet von dem, was sie »System« nennt, *als ob dies eine handelnde Person wäre*. Die Stärke dieser Redeweise liegt darin, dass sie sehr gut das Moment der Selbständigkeit von Prozessen erfassen kann. Allerdings kommen in dieser Redeweise die Individuen als Individuen nicht vor. Aus diesem Grund ist diese Redeweise in einem emanzipatorischen Sinne nicht verwendbar, sie ist ein Mittel der Instrumentalisierung der Menschen.

Ich werde beispielhaft einige »systemische Unternehmensberater« vorstellen, die in ihren Ansatz Konzepte und Techniken aus der systemischen Familien-Therapie adaptiert haben und die ihre absichtsvolle Beeinflussung von-selbst-ablaufender Prozesse im Unternehmen klar aussprechen und auch darlegen, wie sie es tun. Es ist ein Tun, das man eigentlich für unmöglich hält. Mit Recht hat einer der Autoren seinen Aufsatz (Boos 1990) mit den Worten »Zum Machen des Unmachbaren« überschrieben.

---

[5] Aus der Gründungserklärung des Cogito Instituts. Dokumentiert auf www.cogito-institut.de.
[6] ebenda.

## Womit finde ich mich konfrontiert? ■ 177

*Frank Boos: »Zum Machen des Unmachbaren«*
Der systemische Unternehmensberater Frank Boos formuliert das Erfordernis einer neuen »Fähigkeit der Unternehmen«: »Die Voraussetzungen für den Erfolg liegen heute nicht mehr in bestimmten Merkmalen, sondern in der Fähigkeit, sich immer wieder auf neue Bedingungen einzustellen und dabei die eigene Identität zu bewahren und weiterzuentwickeln. In anderen Worten: Die Fähigkeit sozialer Systeme, sich zu verändern und dabei die eigene Identität zu bewahren und weiterzuentwickeln, ist zum neuen Produktionsfaktor geworden.« (Boos 1990: 102)

In diesem Zusammenhang sei der Prozess der »Selbstwahrnehmung des Systems Unternehmen« sehr wichtig: »Wirklich ist für ein System, was wirkt (...), und wirklich kann nur sein, was das System wahrnimmt (...). Nur das System selbst bestimmt, was und wen es wahrnimmt (...).« (ebenda: 118f.) »Unternehmen sind autopoietische Systeme. Sie erschaffen sich selbst, (...).« (ebenda: 119)

Boos erläutert den schwierigen Gedanken der *Selbstschaffung des Systems (Autopoiesis)* durch ein sehr schönes Bild: »Die Autopoiesis eines sozialen Systems lässt sich mit einer inneren Melodie vergleichen, die beispielsweise ein Unternehmen vor sich hersummt. (...) Die Melodie determiniert, welche Informationen überhaupt gehört werden können und welche Töne nur als Rauschen wahrgenommen werden. Es können ganze Symphonien gespielt werden, ohne dass auch nur ein Ton Eingang in die Melodie findet. Ganze Konzerte von Vorschlägen können verhallen, weil sie nicht anschlussfähig sind und das System nur Rauschen hört.« (ebenda: 120)

Der systemische Manager handelt über *Interventionen:* »Intervenieren wird (...) zu einem Prozess, der mehrfach die Schleife ›intervenieren – beobachten – Hypothesen bilden – intervenieren‹ durchläuft (...) und das System einlädt, sich aus einem anderen Blickwinkel mit der eigenen Realität zu beschäftigen.« »Veränderungen sind nicht machbar, es können aber Bedingungen geschaffen werden, die es dem Klientensystem erleichtern, sich zu verändern. In diesem Sinn sind Interventionen Eingriffe, die helfen, das System mit sich selbst zu konfrontieren.« (ebenda: 123)

Der externe Steuerer muss sich »in Stellung bringen«: »Die Autopoiese betont die Wichtigkeit der Beziehung zwischen Beeinflusser und dem adressierten System. Diese Beziehung aufzubauen, ist von eminenter Bedeutung: Jeder professionelle Beeinflusser sollte lernen, sich ›in Stellung‹ zu bringen und klare Grenzen ziehen zu können. (...) Am wirkungsvollsten ist die anschlussfähige Andersartigkeit.« (ebenda)

*Siegi Hirsch – systemischer Familientherapeut
und Unternehmensberater*
Viele Methoden der systemischen Unternehmensberater kommen aus der systemischen Familientherapie. Siegi Hirsch ist in beiden Professionen zu Hause und er beschreibt die Veränderung sozialer Systeme wie folgt: »Ich denke, dass man soziale Systeme nicht wirklich verändern kann – sie verändern sich selbst. Wenn sie die Fähigkeit der Selbstveränderung verloren haben, sind sie ›krank‹. Als Berater kann ich dann nur versuchen, die Voraussetzungen dafür zu schaffen, dass sie sich wieder selbst verändern können. (...) Ich kann nur die Voraussetzungen für Veränderungsprozesse schaffen und auf die Lebendigkeit des Systems vertrauen. Dadurch, dass ich Energien deblockiere, können die eigenen Ressourcen wieder genützt werden, das heißt, dass dann zum Beispiel das Wissen der Experten in einem Unternehmen wieder für dessen Vitalisierung genutzt wird.« (Hirsch 1992: 87)

Die *paradoxe Intervention* wurde in der Familientherapie entwickelt. Hirsch beschreibt sie im folgenden Zitat im Kontext des systemischen Managements:

- »Die paradoxe Intervention spricht die im System bestehenden Widersprüche an, wobei es entscheidend ist, dass derjenige, der interveniert, diese Widersprüche auch wirklich in sich selbst spürt.«
- »Eine gute paradoxe Intervention muss für einen selbst stimmen und menschlich gebracht werden. Der Berater vitalisiert das System, indem er wieder alternatives Denken hineinbringt und die Funktionalität von Problemen aufzeigt.« (ebenda: 90)
- »Ich glaube, dass das Spezielle bei der systemischen Intervention darin besteht, dass man sich dem Klienten nicht explizit erklärt. Die Leute müssen nicht rational begreifen, worum es geht, denn ich versuche als Berater Veränderungsfaktoren einzubauen, und das hat nicht unbedingt mit Rationalität zu tun. Ich setze Interventionen, indem ich Informationen gebe und Fragen stelle, die für die betroffenen Personen neue Informationen bedeuten.« (ebenda: 90)

Interessant ist dabei auch die Bemerkung von Hirsch, die Beschäftigten müssten überhaupt nicht begreifen, was der systemische Steuerer tut! Die Wirksamkeit seiner Methode ist davon nicht abhängig, tatsächlich gilt sogar das Gegenteil: ».. anders als die traditionellen Organisationsformen sind die neuen Managementmethoden nämlich darauf angewiesen, dass keiner der Beteiligten wirklich begreift, was geschieht.« (Peters 2001a: 19)

Hier eine erste Zwischenbilanz zum praktischen Tun der »systemischen Manager«. Es geht den systemischen Beeinflussern um das *tatsächliche Verhalten* der Individuen. Genauer: um Muster und Regelmäßigkeiten des Verhaltens. Es geht zum anderen um Erwartungen hinsichtlich des Verhaltens und um Erwartungen von Erwartungen. Mehr noch: Es geht um Muster von Erwartungen und um generalisierte Verhaltenserwartungen, die sich durch mehrfache Bestätigung verfestigen sollen. Das Handeln der systemischen Beeinflusser soll eine »Evolution der Erwartungsstrukturen« bewirken. Es sollen sich sowohl die Wahrnehmungsmuster wie auch die Handlungsmuster und das Fühlen der Menschen in einer bestimmten Weise verändern. Es soll auf diese Weise eine neue *Ordnung* entstehen. In den folgenden Ausführungen von Forster wird dies sehr deutlich formuliert.

*Werner Forster über den »Stoff, aus dem soziale Systeme gewoben sind«*
Werner Forster entfaltet in seinem Aufsatz ein sehr subtiles Vorgehen: »Der Stoff, aus dem soziale Systeme gewoben sind, besteht nicht so sehr aus ›objektiven Fakten‹ als aus Bedeutungen, die diesen Fakten beigemessen werden. Soziales Verhalten beruht zu erheblichen Teilen auf Sichtweisen, auf Annahmen über wahrscheinliche oder mögliche Reaktionen anderer Personen. Kultur entsteht dadurch, dass bestimmte Sichtweisen und Bedeutungs-Zumessungen immer wieder gegenseitige Bestätigung erfahren und sich dadurch in einem zirkulären Prozess sozial verfestigen.« (Forster 1992: 108) Die Entwicklungsverläufe des Verhaltens lassen sich so beeinflussen: »Sichtweisen, Bedeutungs-Zumessungen, Verhaltensmuster, ›Selbstverständlichkeiten‹ etc. bewirken nichts Bestimmtes, lassen viele Möglichkeiten offen, bilden aber sozusagen ein unsichtbares Bachbett, das untergründig Entwicklungsverläufen eine Richtung gibt.« (ebenda: 107) Bestimmte *Sichtweisen auf sich selbst* – insbesondere bestimmte *Perspektiven auf das eigene Tun* – sind in der Tat eine weitere Möglichkeit, Prozesse der Selbstorganisation in Gang zu setzen und zu beeinflussen. Diese Redeweise überwindet das mystifizierende Sprechen vom System – bewirkt aber auf subtile Weise die gleiche Instrumentalisierung der Menschen.

## 5.3 Selbstorganisation über Perspektiven auf das eigene Tun
Fredmund Malik hatte 1977 seine Habilitationsschrift an der Universität St. Gallen vorgelegt. Diese Arbeit kann der ersten Redeweise von Selbstorganisation zugerechnet werden, denn Malik trägt seinen systemischen Ansatz vor, als ob das System eine handelnde Person wäre.

In den folgenden Ausführungen vollzieht Malik den Übergang zu einer anderen Redeweise von Selbstorganisation (in Malik 1992[7]). Malik

---
[7] Die Kapitel I bis IV dieses Buches entsprechen im Wesentlichen der Habilitationsschrift, allerdings hatte sich das Denken Maliks in der Zwischenzeit weiter entwickelt –

beschreibt einen Workshop, den er für etwa 35 Führungskräfte eines Unternehmens (einschließlich der Geschäftsleitung) durchgeführt hat. Malik formuliert eine bestimmte Aufgabe zunächst noch in der mystifizierenden Redeweise: »Ich musste einen Weg finden, das System sich selbst definieren zu lassen, und ich musste es zum Sprechen bringen, damit es mir ganz einfach sagen würde, wo seine Probleme lagen.« (Malik 1992, 516f.)

Das »System« solle also »ganz einfach sagen, wo seine Probleme liegen« – das ist immer noch die mystifizierende Redeweise. Dann aber wird die Beschreibung seines konkreten Vorgehens ganz praktisch und handfest: »Die Aufgabe bestand im wesentlichen darin, dass *jeder Einzelne* ein *Systemdiagramm* bzw. *Prozessflussdiagramm* zu erarbeiten hatte, bei dem *seine* gegenwärtige Tätigkeit im Zentrum stand und das alle tätigkeitsrelevanten Verknüpfungen mit anderen Stellen, ungeachtet ihres hierarchischen Ranges, ihrer Bereichszugehörigkeit usw. zum Ausdruck bringen sollte. Im Mittelpunkt der Erarbeitung eines derartigen Prozessfluss- oder Systemdiagramms standen Fragen wie: Was kann *ich* beitragen, damit das Ganze funktioniert? Worin besteht überhaupt *mein Beitrag*? Welche Leistungen muss ich empfangen, um *meinen Beitrag* erbringen zu können? Welche Leistungen muss ich abgeben, damit andere *ihren Beitrag* erbringen können?« (ebenda: 518)

Was also tat Malik wirklich? Er ließ die Menschen über ihr *alltägliches Tun* und über die *Zusammenhänge ihres praktischen Tuns* sprechen. Malik beschreibt im Folgenden, was dadurch geschieht: »Ein entscheidender Effekt für die Selbstdefinition des Systems resultiert aus dem Umstand, dass diese Auseinandersetzung zunächst zwar von jedem Beteiligten individuell und allein angefangen wird. Er muss sich dabei aber gedanklich primär *nicht mit sich selbst*, sondern mit denjenigen Mitarbeitern und deren Tätigkeiten beschäftigen, mit denen er zur Erbringung seines Beitrages zusammenarbeiten muss. Der *Bezugspunkt* ist also *die eigene Tätigkeit*, der eigene Beitrag. Im *Blickfeld* stehen aber die *Anderen* – all jene, von deren Leistungen man abhängt und an die man Leistungen erbringt, also ein relevantes System bzw. Subsystem (...).« (ebenda: 519)

Es wird deutlich, dass bestimmte *Perspektiven auf das eigene Tun* eine weitere Möglichkeit bieten, Prozesse von Selbstorganisation in Gang zu setzen und sie auch zu beeinflussen.

---

insbesondere im Zusammenhang mit seinem praktischen Wirken als Berater in Unternehmen. In dem abschließenden Kapitel V des Buches (»Epilog«) erfolgt dann der von mir zitierte Übergang zu einer neuen Redeweise von Selbstorganisation.

Es geht beispielsweise um folgende Perspektiven:
- »Ich als Prozessfunktion«.
- »Ich als Ressource«.
- »Ich und das unternehmerische Ergebnis«.

Diese Redeweise überwindet das mystifizierende Sprechen vom System – bewirkt aber auf subtile Weise die gleiche Instrumentalisierung der Menschen! Allerdings besteht in dieser Form auch die *Möglichkeit einer emanzipatorischen Aneignung* des eigenen Tuns, denn es geht um eine Sichtweise von mir auf mich selbst, es geht um eine Perspektive von mir auf mein eigenes Tun. Zu dieser meiner Sichtweise und Perspektive kann ich mich auf neue und begreifende Weise verhalten. So wird *grundsätzlich* eine emanzipatorische Aneignung möglich – diese Aneignung ist allerdings ein langer und arbeitsreicher Weg, der sowohl eine praktische als auch eine theoretische Aneignung des Gegenstandes verlangt.

## 5.4 Selbstorganisation über die Begriffe »Organismus« und »Lebensfähigkeit«

Fredmund Malik hat in der Entwicklung seines Denkens (Malik 1997) eine weitere Redeweise von Selbstorganisation entwickelt, die völlig unauffällig daher kommt und die das Wort »Selbstorganisation« oder »System« überhaupt nicht mehr verwenden muss, sie erfolgt mit einigen wenigen biologischen Begriffen wie »Organismus«, »Überleben« und »Lebensfähigkeit«.

Diese Redeweise ist umgangssprachlich sehr verbreitet: »Wie kann das Unternehmen überleben, in dem ich arbeite?«, »Wie kann mein Betrieb überleben?« Im Folgenden will ich zeigen, dass mit diesen Termini ebenso Prozesse von Selbstorganisation angestoßen werden können wie mit den beiden zunächst vorgestellten Ansätzen.

*Das »Überleben des Unternehmens« und der Begriff »Lebensfähigkeit«*
Malik führt die neue Redeweise geradezu beiläufig ein. Er beschreibt einen einfachen unternehmerischen Gedanken: Den echten Unternehmern gehe es um »das Überleben des Unternehmens, und ihr oberstes Ziel ist die Gesundheit und Lebensfähigkeit ihrer Firma.« (ebenda: 115f.)

Wer wollte diesem schönen Gedanken widersprechen, und doch wird in diesem Satz ein bedeutungsvoller Begriff eingeführt: »Lebensfähigkeit«. Dieser Terminus wurde von Malik bereits in seinem ersten Hauptwerk erwähnt: »Der systemisch-evolutionäre Ansatz geht von der Idee der Lebensfähigkeit der Unternehmung aus.« (Malik 1992: 68)

Malik charakterisierte den Terminus (in der damals noch mystifizierenden Redeweise) wie folgt: »Lebensfähigkeit ist eine Struktureigenschaft von Systemen und hängt zusammen mit der Fähigkeit, die eigene Existenz zeitlich indefinit aufrecht zu erhalten. Damit hängt das Problem der Lebensfähigkeit sehr eng zusammen mit dem Problem der Identität und ihrer Bewahrung. Auf Unternehmungen bezogen können wir in stark vereinfachter Form in diesem Zusammenhang von der Fähigkeit sprechen, auf unbestimmte Zeit im Geschäft zu bleiben. Damit ist notwendigerweise die Fähigkeit verknüpft, die operative Geschäftstätigkeit zu verändern, wenn dies aufgrund sich verändernder Umstände erforderlich ist.« »Die Erhaltung der Lebensfähigkeit ist der jeweils vorläufige Beweis dafür, dass die für das System relevante Komplexität unter Kontrolle gebracht werden konnte. Dies impliziert allerdings nichts für die Zukunft, bietet jedenfalls keine Gewähr dafür, dass die Lösung des Existenzproblems auch in Zukunft gesichert ist.« (Malik 1992: 69)

An anderer Stelle gab Malik einen interessanten Hinweis: »Es ist außerordentlich wichtig, sich klarzumachen, dass es sich bei der Idee der Lebensfähigkeit, so wie sie im kybernetischen Kontext verwendet wird, um eine typisch metasprachliche bzw. metasystemische Vorstellung zur Beurteilung der strukturellen Effektivität eines Systems handelt. Dies bedeutet, dass die Aussage, ein System sei lebensfähig, überhaupt nichts über die konkreten Zustände bzw. Zustandkonfigurationen enthält, in denen sich das System befindet.« (Malik 1992: 112)

*Was ist mit »Lebensfähigkeit« gemeint?*
Fassen wir das Ergebnis der Charakterisierungen zusammen: Ein Unternehmen ist lebensfähig, wenn es überlebt. Der Beweis der Lebensfähigkeit liegt in seinem Überleben – bis heute. Ob es künftig überlebt, wird sich zeigen – eben dadurch, dass es überlebt. Der Begriff ist also eine Tautologie und hat dennoch einen Sinn: Er ist die Thematisierung einer permanenten Bedrohung. Es geht letztlich um die Drohung mit dem »Nicht-Überleben«.

Was ist eigentlich das, was »überleben« soll? Nicht unbedingt die »konkreten Zustandskonfigurationen« des Unternehmens, denn diese können sich im Anpassungsprozess ständig ändern. Es geht um das »wirtschaftliche Überleben als solches«. Was tatsächlich bleiben soll, das ist offensichtlich nichts anderes als die Identität des Verwertungszusammenhanges. Die schöne sprachliche Wendung von »Leben« und »Lebensfähigkeit« zielt somit auf nichts anderes als auf den »Lebensprozess des Geldes« oder genauer: den »Lebensprozess des Kapitals«.

»Leben« und »Lebensfähigkeit« – selten hat jemand für die Kapitalverwertung so schöne Worte gefunden, denn ganz offensichtlich geht es um den Verwertungszusammenhang und dessen Dauerhaftigkeit. Diese Termini sind sehr einfach, aber auch etwas überraschend, und Malik geht in seinem Buch von 1997 auf mögliche Irritationen seiner Leser ein: »Ich kann mir vorstellen, dass es Leser gibt, die schon seit längerem ein etwas ungutes Gefühl haben, weil ich im ganzen Buch einige Begriffe verwende, die nicht in den Kontext der Wirtschaft zu gehören scheinen und nicht der wirtschaftlichen Fachsprache, schon gar nicht der Fachsprache der Wirtschaftswissenschaften entstammen. Es sind eher Begriffe aus der Biologie oder Medizin, wie Gesundheit, Überleben und Lebensfähigkeit. Dazu sind vielleicht einige erklärende Bemerkungen angebracht.« (Malik 1997: 142)

In den »erklärenden Bemerkungen« spricht Malik explizit über den Zusammenhang mit der Systemtheorie: »Diese Art von ganzheitlicher Sicht ist im Grunde nur in der Biologie und in den so genannten Systemwissenschaften zu finden, die übrigens in einem engen Zusammenhang stehen. Die Biologie hat den lebenden Organismus als Ganzes zum Gegenstand und die Systemwissenschaften immer ein System als Ganzes.« (ebenda: 144)

Dem kritischen Leser empfiehlt Malik das folgende Umgehen mit seinen biologischen Begriffen: »Damit will ich keineswegs behaupten, dass ein Unternehmen ein lebender Organismus ist.« Aber es »kann doch die Frage gestellt werden: Gesetzt den Fall, das Unternehmen wäre ein lebender Organismus, was könnten wir dann von der Biologie lernen?« (ebenda)

Malik verwendet seit 1997 diese umgangssprachliche Darstellungsform, die scheinbar gar nichts mit Selbstorganisation zu tun hat. Tatsächlich aber können auch durch diese Redeweise Prozesse von Selbstorganisation in Gang gesetzt werden.

### 5.5 Die drei Redeweisen von Selbstorganisation als Erkenntnismittel

Ich habe drei Redeweisen von Selbstorganisation vorgestellt als drei alternative Möglichkeiten, Selbstorganisations-Phänomene zum Gegenstand einer praktischen Beeinflussung zu machen.

In den 1980er und 90er Jahren war die erste Variante der mystifizierenden Redeweise sehr verbreitet. Einige Selbstorganisationstheorien dieser Zeit entstammten dem Kontext der Familientherapie, und aus heutiger Sicht können sie diesen therapeutischen Kontext nicht verleugnen. Die zitierten Texte bringen die neue Dynamik unmittelbar zum Ausdruck. Ich selber betrachte meine Beschäftigung mit dieser Literatur als eine große Hilfe für den Erwerb einer »systemischen Wahrnehmungsweise«, ja vielleicht auch einer »systemischen Vorstellungsfähigkeit«. Diese Texte schulen den Blick für Dynamiken, die nicht unbedingt auffällig sind (Phänomene von Selbstorganisation müssen im Betrieb aktiv gesucht und entdeckt werden!).

In der gegenwärtigen Managementliteratur ist diese Spielart kaum noch verbreitet. Die Texte kommen heute sachlich und faktisch daher, zum Teil taucht das Wort Selbstorganisation gar nicht auf. Ich habe Malik als ein Beispiel dieser dritten Variante aufgezeigt (Malik 1997, 2002). Der systemische Hintergrund kann hier völlig übersehen werden, und doch kann man mit den Termini »Organismus« und »Lebensfähigkeit« ebenfalls Prozesse von Selbstorganisation in Gang setzen. An der Entwicklung des Denkens von Malik lässt sich zeigen, dass die zweite Variante eine wichtige Übergangsform war. Ich werde im Folgenden diese drei Redeweisen von Selbstorganisation verwenden, um so ein und denselben Sachverhalt auf dreifache Weise auszudrücken. So können diese zu einem Mittel der Erkenntnis werden:

- Die mystifizierende Redeweise ist sehr nützlich für das Aufspüren vonselbst-ablaufender Prozesse, die bereits stattfinden. Sie können so »zur Sprache gebracht« werden, dass die Selbständigkeit dieser Prozesse wirklich erkennbar wird. Diese Redeweise hat allerdings etwas Mystisches und Dunkles, aber gerade dadurch wird das Systemische deutlich.
- Die Redeweise über Perspektiven auf das eigene Tun ist sehr hilfreich, um das »in Gang kommen« von Selbstorganisationsprozessen aufzuspüren.
- Die Redeweise über biologische Termini (»Organismus«, »Überleben«, »Lebensfähigkeit«) kann ebenfalls Prozesse von Selbstorganisation in Gang setzen.

Mit Hilfe dieser drei Redeweisen können wir den von-selbst-ablaufenden Prozessen auf die Spur kommen, die unter den Bedingungen der indirekten Steuerung in Gang gesetzt werden. Im folgenden Abschnitt (6) werde ich herausarbeiten, was sich alles in diesen Prozessen konstituiert.

## 6. Was konstituiert sich in den Prozessen von Selbstorganisation?

### 6.1 Von-selbst-ablaufende Prozesse und die Frage der Begriffe

Unter den Bedingungen der indirekten Steuerung finden wir in den Unternehmen eine völlig neue Dynamik. In diesem Abschnitt will ich der *Entstehung* dieser von-selbst-ablaufenden Prozesse nachspüren. Dazu ein kurzer Rückblick auf das bisherige Vorgehen.

Ausgangspunkt im Abschnitt (2) waren drei Momente indirekter Steuerung (»Konfrontiert sein«, »Selber«, »Tun, was zu tun ist«) und deren Wechselwirkung. Das Moment des Konfrontiert-Seins der Beschäftigten wurde dann in Abschnitt (3) insbesondere in Bezug auf Termini und Redeweisen reflektiert, die das alltägliche Handeln begleiten. Als ein Ergebnis zeigte sich: In diesem Reden und Tun konstituiert sich die *Sache*.

Erst in diesem Kontext kann das Moment »Tun, was zu tun ist« seine Wirksamkeit entfalten, denn es geht um das Tun dessen, »was sich aus der Sache ergibt«, um das, was »sachgemäß« ist.

In diesem Abschnitt geht es ebenfalls um das, was durch die Momente »Konfrontiert sein«, »Selber« und »Tun, was zu tun ist« ausgelöst wird. Jetzt aber liegt der Fokus auf der Entstehung des »Systemischen« im Handeln der Menschen. In der ersten Redeweise von Selbstorganisation geht es um die Entdeckung der *Selbsterzeugung des Systems*. In der zweiten Redeweise heißt die Aufgabe: Identifizierung jener *Perspektiven* auf das eigene Tun und jener *Fragestellungen* zum eigenen Tun, die die Selbstorganisation in Gang setzen. Hinsichtlich der dritten Redeweise geht es um die Identifizierung jener *biologischen Termini*, die die Selbstorganisation in Gang setzten.

Es geht hier zugleich um den *Entstehungsprozess einer neuen Form organisierten Handelns*. Diese neue Organisiertheit erfolgt nicht durch Unterordnung der Willen der vielen unter einen Willen, es werden vielmehr der eigene Wille und das eigene Tun in Gang gesetzt. Man könnte das, was da entsteht, eine neue Form kooperativen Handelns nennen, aber der Terminus »Kooperation« ist gefährlich, weil er so vertraut klingt, und dadurch den Eindruck erweckt, man wüsste bereits, worum es geht.

Im Folgenden will ich zeigen: Der *Entstehungsprozess* dieser neuen Form von Organisiertheit ist völlig neu, und damit steht auch *alles einzelne* in einem völlig neuen Kontext. Ich werde im Folgenden an einem Beispiel aufzeigen, dass ein bewährter und wichtiger Begriff im Neuen seinen Gegenstand verloren hat. Tatsächlich sollten wir alle alten Begriffe und Sichtweisen unter einen Generalverdacht stellen: Sind sie wirklich geeignet, das Neue zu erfassen? Oder erweisen sie sich als Denk-Fallen, die geradezu die Erkenntnis verstellen?

Das Neue ist seit etwa zehn Jahren in der Entstehung begriffen. Einzelne Termini bringen es besonders prägnant zum Ausdruck, so z.B. die Redeweise vom »multifunctional team«.

### 6.2 Das »multifunctional team« und der Begriff Zuständigkeit

Die Redeweise vom »multifunctional team« benennt etwas, was sich in einigen Unternehmen vor aller Augen vollzieht und was deshalb offensichtlich und unproblematisch zu sein scheint. Betrachten wir den Sachverhalt an einem Beispiel.

In einem Automobil-Unternehmen haben Designer, Entwickler, Fertigungsingenieure, Marketing-Leute, Kostenrechner und Verkäufer je eine bestimmte Kompetenz, und jede dieser Fachkompetenzen hat ihren Arbeitsgegenstand. In der klassischen Form der Unternehmensführung sind die Grenzen des Faches auch die Grenzen der Zuständigkeit.

Unter den neuen Bedingungen vollzieht sich nun aber die Arbeit der Individuen in einem »multifunctional team«. Im neuen Arbeitsprozess wirken all die verschiedenen Kompetenzen so zusammen, dass bereits in der Design-Phase Marketingleute und Kostenrechner ihre spezifische Fachkenntnis einbringen. Die Grenze ihres Faches war bisher die Grenze ihrer Zuständigkeit. Nun aber wird das, was bisher Grenze war, zum Gegenstand der Auseinandersetzung: »Dein Vorschlag mag ja ingenieurmäßig sinnvoll sein, aber er treibt die Kosten in die Höhe«.

Diese Veränderung hat weitreichende Auswirkungen auf den Begriff *Zuständigkeit*. Ich habe diese Veränderung in der Auseinandersetzung mit einem überzeugend klingenden Ratschlag erkannt. Auf Beschreibungen des neuen Drucks in der Arbeit kam von Außenstehenden der wohlmeinende Ratschlag: »Arbeiten Sie doch einfach in den Grenzen Ihrer Zuständigkeit!«. Das klingt gut und überzeugend und es hat früher geholfen. Unter den neuen Bedingungen hilft dieser Ratschlag allerdings gar nicht, aber warum ist das so?

In diesem Zusammenhang entstand die folgende Erkenntnis: Unter dem Neuen verliert der Begriff einer partikularen Zuständigkeit jeglichen Inhalt, denn ich muss meine Fachkompetenz *in Auseinandersetzung* mit den anderen Fachkompetenzen zur Geltung bringen. Mehr noch: Jede und jeder muss ganz konkret und situativ zur Lösung bestimmter Einzelprobleme beitragen können. Der neue Arbeitsprozess wirft in jeder einzelnen Arbeitssituation die Frage auf: »Welchen produktiven *Beitrag* kann *hier und jetzt* deine *fachliche Perspektive* einbringen?«

Das Zusammenwirken der Menschen ist sinnlich wahrnehmbar, und doch kann dabei die wesentliche Veränderung übersehen werden: Es ist ein *qualitativ anderes* Zusammenwirken der verschiedenen Kompetenzen, die unscheinbaren Termini »Beitrag« und »Perspektive« bringen das zum Ausdruck.

Die verschiedenen Kompetenzen werden zu *verschiedenen fachlichen Perspektiven auf die Sache* und es hat eine produktive Funktion, dass der Begriff »Zuständigkeit« seinen Inhalt verliert: Die eigene Fachkompetenz kommt als eine fachliche Perspektive auf den Gegenstand *sofort in eine produktive (!) Auseinandersetzung* mit den anderen fachlichen Perspektiven. Hier entsteht eine völlig neue Dynamik, die – an der Sache orientiert! – jede und jeden damit konfrontiert, einen Beitrag zum unternehmerischen Ergebnis zu erbringen.

Das Verschwinden einer partikularen Zuständigkeit ist in doppelter Hinsicht produktiv. Zum einen produktiv für das Unternehmen, zum anderen aber auch für die Individuen: Das Überschreiten der Grenze fachlicher Borniertheit, das Erkennen von Zusammenhängen und Abhängigkeiten ist etwas Tolles und Spannendes, mit all dem Spaß und all der

Befriedigung, die mit dem neuen Wirksamwerden der eigenen Kräfte verbunden ist.
Aber dieses Neue und Tolle ist mit qualitativ neuen Schwierigkeiten verbunden, die ein neues Handeln erfordern. Die alte Trennung in partikulare Zuständigkeiten gab mir als Arbeitnehmer Halt und Sicherheit. Diese alte Begrenztheit und Unselbständigkeit wurde erfolgreich verwandelt in ein Element von Gegenmacht. Mit dem Verschwinden der partikularen Zuständigkeit verlieren daher auch viele Formen von Gegenmacht ihre Grundlage, und auch die Frage der Bestimmung und Behauptung des eigenen Interesses stellt sich völlig neu. (Diese Fragen sind aber nicht Gegenstand dieses Artikels.)
Die Redeweise vom »multifunctional team« bringt etwas zum Ausdruck, was sich bereits vollzieht. Wie aber entsteht das neue Zusammenwirken verschiedener Kompetenzen? Wie entsteht diese neue Form von Organisiertheit? Anders gefragt: Wie entsteht *Selbstorganisation* in diesem ganz spezifischen Sinne?

### 6.3 Die »Selbst-Erzeugung des Systems« und die »Measurements«
Prozesse von Selbstorganisation entstehen im Unternehmen. Man kann sie nicht »machen«, und doch werden sie absichtsvoll in Gang gesetzt (»Machen des Unmachbaren«). Wie also kommt Selbstorganisation in Gang? Frank Boos hat in der mystifizierenden Redeweise über Selbstwahrnehmung und Selbsterschaffung des Systems geschrieben: »Nur das System selbst bestimmt, was und wen es wahrnimmt (...).« und »Unternehmen sind autopoietische Systeme. Sie erschaffen sich selbst (...).« (Bloos 1990: 118f.)
Diese Redeweise hebt das Ungewöhnliche hervor: Es geht um eine *Selbsterzeugung* des Systems. Das klingt sehr mystisch und dunkel. In einer anderen Redeweise von Selbstorganisation (der Redeweise über Perspektiven) hat Fredmund Malik auch die Selbsterzeugung oder Selbstdefinition eines Systems beschrieben. Sie erfolgte über spezifische *Fragen an sich selbst*: »Was kann *ich* beitragen, damit das Ganze funktioniert? Worin besteht überhaupt *mein Beitrag*? Welche Leistungen muss ich empfangen, um *meinen Beitrag* erbringen zu können? Welche Leistungen muss ich abgeben, damit andere *ihren Beitrag* erbringen können?« »Ein entscheidender Effekt für die Selbstdefinition des Systems resultiert aus dem Umstand, dass diese Auseinandersetzung zunächst zwar von jedem Beteiligten individuell und allein angefangen wird. (...) Der *Bezugspunkt* ist also *die eigene Tätigkeit*, der eigene Beitrag; Im *Blickfeld* stehen aber die *Anderen* (...).« (Malik 1992: 518)
Wenn die These einer Selbst-Erzeugung des Systems stimmt, dann müssen wir im betrieblichen Alltag spezifische Perspektiven und Frage-

stellungen entdecken können, die solche Prozesse von Selbstorganisation in Gang setzen. Ich will im Folgenden einen Aufsatz des Unternehmensberaters Christopher Meyer so vortragen, als habe dieser die Entstehung von Selbstorganisation in einem »multifunctional team« beschreiben wollen. Es ist allerdings *meine Sichtweise* auf das praktische Vorgehen, das Meyer beschreibt. Meyer selbst spricht überhaupt nicht von Selbstorganisation, und doch setzt sein Reden und Tun Prozesse von Selbstorganisation in Gang.

Meyer beschreibt die Entwicklung eines »measurement systems« für ein »multifunctional team«, das ein neues Produkt entwickeln soll. Es geht um die Erarbeitung eines Systems von Messgrößen, das den Gesamt-Erfolg des Teams anzeigen soll: »How the right measures help teams excell« (Meyer 1994/98[8]). Meyer betont das Spezifische der Arbeitsweise von »process-focussed, multifunctional teams« (»prozessorientierten, mehrfunktionalen Teams«) im Unterschied zu Unternehmen mit »control-oriented, functional hierarchies« (»auf Kontrolle ausgerichteten, funktionalen Hierarchien«) (ebenda, 100). Sein Standpunkt ist, das Topmanagement solle nur den strategischen Kontext vorgeben, es sei dann die Aufgabe des Teams selber, ein geeignetes System von Messgrößen zu erarbeiten: »Senior managers should dictate strategic goals, ensure that each team understands how its job fits into the strategy, and provide training so that the team can devise its own measures.«[9] (ebenda: 109)

Mit den folgenden Fragestellungen bringt Meyer einen ganz spezifischen Prozess in Gang:
- Was ist unsere strategische *Zielsetzung*?
- Woran können wir feststellen, ob wir *erfolgreich* sind im Sinne dieses Ziels?
- Woran können wir *messen*, ob wir erfolgreich sind?
- Was sind die *wenigen Messgrößen*, an denen wir den Gesamterfolg erkennen können?

In diesem Prozess erfolgt (in der mystifizierenden Redeweise gesprochen) die »Selbst-Erzeugung des Systems«. In der nüchternen Sprache von Christopher Meyer hört sich die Genese des Systemischen so an: »When a group of people build a measurement system, it also builds a team. One benefit of having a team create its own measurement system

---

[8] Deutsch: »Projektteams: Effektiv arbeiten nach eigenen Leistungskriterien«. In: HARVARDmanager 4/1994, S. 94-103.

[9] »Den Teams sollten die strategischen Ziele vorgegeben werden, um so sicherzustellen, dass jedes Team begreift, wie sich seine Aufgabe in die Strategie einpasst und wie es entsprechende Schulungen nutzen kann, um seine eigenen Maßstäbe zu erarbeiten.«

is that members who hail from different functions end up creating a common language, which they need in order to work as an effective team. Until a group creates a common language, it can't reach a common definition of goals or problems. Instead of acting like a team, the group will act like a collection of functions.«[10] (ebenda, 112)

So entsteht das Systemische: Bei diesem Vorgehen entwickeln Menschen mit verschiedenen Kompetenzen eine *gemeinsame Sprache*, ein *gemeinsames Verständnis* über die Ziele und Probleme. Es wird so ein *neues Zusammenwirken der verschiedenen Kompetenzen* möglich – *orientiert an der Sache* (denn auch die Sache konstituiert sich in dem beschriebenen Vorgehen!).

Hier noch einige Bemerkungen zu dem Vorgehen, das Meyer beschreibt. Zu Beginn steht auch die Frage, welche Kompetenzen für den Erfolg des Ganzen erforderlich sind. Meyer betont die Wichtigkeit, dass rechtzeitig alle *erforderlichen* Kompetenzen mit am Tisch sitzen. Als eine Hausaufgabe solle dann jede der Fachkompetenzen einen Vorschlag erarbeiten, welche wichtigen Messgrößen sich aus deren fachlicher Perspektive ergeben. In der gemeinsamen Runde wird als nächstes erörtert, ob eine vorgeschlagene Messgröße zugleich auch geeignet ist, den Gesamterfolg des Projektes erkennbar zu machen. Dabei spielt der Aspekt der Verständigung über die verschiedenen fachlichen Perspektiven eine wichtige Rolle (Fachtermini sind allen verständlich zu machen, insbesondere solle jede und jeder auch »dumme Fragen« stellen, da gerade diese oft das gemeinsame Verständnis befördern). Eine Setzung von Meyer forciert die Diskussion: Es sollen insgesamt höchstens 15 Messgrößen sein. So stellt sich wieder die Frage, welche Messgröße ist *wirklich* erforderlich und warum ist sie erforderlich?

Das zu erarbeitende Measurement-System wird in erster Linie als ein unmittelbares Feedback-System der Gruppe aufgefasst (*zusätzlich* liefert es auch dem Topmanagement Informationen). Es ist zudem in den Projektphasen zu überprüfen und ggf. zu verändern. Es wird somit zu einem Medium der Verständigungen der Menschen im Team über ihre

---

[10] »Wenn eine Gruppe von Leuten sich ein eigenes System der Leistungserfassung erarbeitet, baut sie zugleich ein Team auf. Ein Vorteil dieser Teambildung liegt darin, dass die aus unterschiedlichen Funktionsbereichen stammenden Mitglieder am Ende zu einer gemeinsamen Sprache finden. Die benötigen sie auch, wenn sie als erfolgreiches Team abschneiden wollen. Solange sich eine Gruppe noch keine gemeinsame Sprache erschaffen hat, können die Gruppenmitglieder auch nicht zu einer Übereinstimmung darüber kommen, was die Ziele und was die Probleme sind. Statt als ein Team wird so eine Gruppe als Ansammlung verschiedener Individuen mit unterschiedlichen Aufgaben agieren.«

Sache, über das erstrebte Ergebnis und über den Fortschritt ihrer eigenen Arbeit.

Diese Ausführungen sind meine Sichtweise auf den Artikel. Sie reflektieren das Reden und Tun der Menschen im Hinblick auf das Systemische, das damit in Gang gesetzt wird.

### 6.4 Target Costing und das neue Zusammenwirken verschiedener Kompetenzen

Das qualitativ Neue geschieht im praktischen Tun der Beschäftigten, und deshalb erscheint es nicht weiter ungewöhnlich: »Es findet doch statt. Es funktioniert. Wo also ist das Problem?«.

Es ist aber überhaupt nicht selbstverständlich, dass Kompetenzen ohne abgegrenzte Zuständigkeiten in Erscheinung treten, dass diese verschiedenen Kompetenzen sofort miteinander in Auseinandersetzung geraten und dass auf diese Weise ein von-selbst-ablaufender Prozess entsteht, der eine enorme Dynamik entfaltet. Dieser Prozess ist voller Widersprüche und Konflikte, und er hat dennoch eine Richtung und führt zu unternehmerischen Ergebnissen (auch das ist nicht selbstverständlich!). Und all das geschieht gewissermaßen unbemerkt im praktischen Tun der Beschäftigten. Genaue Beschreibungen dieses Tuns sind deshalb sehr wichtig, doch sie allein führen noch nicht zum Begreifen des Neuen. Es müssen viele und unterschiedliche Erkenntnisse in eine Beziehung gebracht werden, um den Kern des Neuen zu erfassen. Ein solches Zusammenbringen von Erkenntnissen will ich nun versuchen.

Robin Cooper (1996) hat sehr genau beschrieben, was Beschäftigte in japanischen Unternehmen praktisch tun, wenn das Konzept Target Costing ihr Handeln leitet (in Kapitel 7 des Buches). Diese Beschreibungen Coopers wurden dann Gegenstand einer ungewöhnlichen Betrachtung im Buch einiger Accountants der Unternehmung Coopers & Lybrand (Walther u.a. 1996). Diesen Autoren geht es um eine Neu-Erfindung der Finanzfunktion im Unternehmen (»Reinventing the CFO«), und sie erkennen in Coopers Beschreibungen insbesondere den Aspekt, dass das Konzept »Target Costing« ein neues Zusammenwirken verschiedenen Kompetenzen in Gang setzt. Um die geforderten Zielkosten erreichen zu können, muss eine aktive Kommunikation zwischen den Professionals von Marketing, Strategischer Planung, Einkauf und Fertigung stattfinden – ermöglicht durch das Tun der Finanzleute im Unternehmen: »First, the finance organization must work with marketing to determine the product's target price. Then the strategic planners must be consulted to determine the target margin. Second, the target cost is broken down into its component and raw material pieces. This requires consultation with purchasing and manufacturing managers. The target cost is then determined by subtracting the target selling price from the required margin, which is set by management.«[11] (ebenda: 90ff.)

Dieses spezifische Zusammenwirken der Kompetenzen entfalte eine neue Dynamik, und diese sei deshalb so mächtig und produktiv, weil bereits in der Designphase angesetzt werde. So werde es möglich »to design costs out of the product or service before it is created, rather than to try to reengineer them out after the fact.«[12] (ebenda: 90f.)

Diese von-selbst-ablaufenden Prozesse entstehen in Auseinandersetzung mit der Sache und in einem neuen Zusammenwirken der Kompetenzen. Was ist der *Gegenstand* dieses gemeinsamen Tuns? Diese Frage ist nicht so leicht zu beantworten, es lässt sich allerdings aufzählen, was alles zu diesem Gegenstand gehört. Es ist eine Vielzahl von Aspekten, die bislang völlig getrennt waren und die von verschiedenen Funktionen im Unternehmen getrennt bearbeitet wurden. In dem nun gemeinsamen Tun konstituiert sich auch ein *gemeinsamer Gegenstand* dieses Tuns und es erfolgt ganz offensichtlich eine Fokussierung dieses Tuns. All das geschieht im praktischen Tun der Menschen, ohne dass es diesen im vollen Umfang bewusst wäre. Es vollzieht sich vieles, was erst noch zum Gegenstand eines Begreifens gemacht werden muss.

### 6.5 Ein »produktiver Organismus« und der Begriff Kooperation

Ich habe das neue Zusammenwirken von Beschäftigten verschiedener Kompetenzen als einen Prozess von Selbstorganisation aufgefasst. Welcher Begriff von *Kooperation* ist in der Lage, diesen prozessierenden Zusammenhang zu fassen? Erforderlich wäre ein Begriff, der nicht die Unterordnung der Willen der Vielen unter einen Willen beinhaltet und der ein Zusammenwirken ohne bestimmte inhaltliche Vorgabe zu erfassen vermag. Es geht schließlich um eine neue Form von Organisiertheit, die sich in einem Prozess von Selbstorganisation konstituiert, die also im praktischen Tun der Menschen »geschieht«.

---

[11] »Erstens muss die Finanzabteilung zusammen mit dem Marketing einen Ziel-Preis für das Produkt festsetzen. Dann muss man die strategischen Planer konsultieren, um die Ziel-Marge zu bestimmen. Zweitens werden die Ziel-Kosten nach Einzelteilen und Rohmaterialien auseinanderdividiert. Dazu muss man sich mit den Einkaufs- und den Herstellungs-Managern beraten. Die Ziel-Kosten bestimmt man dann, indem man vom Ziel-Verkaufspreis die erwartete Marge abzieht, die vom Management festgesetzt wird.« (Im Originalzitat steht, dass der Ziel-Verkaufspreis von der Marge abgezogen werde, das wurde in der eigenen Übersetzung korrigiert).

[12] »Kosten aus einem Produkt oder einer Dienstleistung ›heraus zu entwickeln‹, bevor sie erstellt werden, anstatt zu versuchen, sie nach der Entwicklung nachzubessern.«

Es gibt einen klassischen Begriff und einige klassische Charakterisierungen von Kooperation, die ich kurz darstellen möchte, um vor diesem Hintergrund das neue Zusammenwirkungen in der Arbeit besser herausarbeiten zu können. Karl Marx hat im ersten Band des Kapitals den Begriff Kooperation wie folgt bestimmt: »Die Form der Arbeit vieler, die in demselben Produktionsprozess oder in verschiednen, aber zusammenhängenden Produktionsprozessen planmäßig neben- und miteinander arbeiten, heißt Kooperation.« (Marx 1873, 344)

Das Schlüsselwort ist »planmäßig«. Interessant sind einige Marxsche Charakterisierungen des tätigen Zusammenhangs der Kooperierenden: »produktiver Gesamtkörper« (ebenda: 350), »werktätige(r) Organismus« (352) »Gesamtmechanismus« (377), »kombiniertes Arbeitspersonal« (531) oder »Gesamtarbeiter« (531). Diese Charakterisierungen sind erkennbar systemische Formulierungen und in Abschnitt (5.4) habe ich gezeigt, dass der Terminus »Organismus« Prozesse von Selbstorganisation in Gang setzen kann. Über den Zusammenhang der Menschen als einem *produktiven Organismus* schreibt Marx folgendes: »Der Zusammenhang ihrer Funktionen und ihre Einheit als produktiver Gesamtkörper liegen außer ihnen (...). Der Zusammenhang ihrer Arbeiten tritt ihnen daher ideell als Plan, praktisch als Autorität des Kapitalisten gegenüber, als Macht eines fremden Willens, der ihr Tun seinem Zweck unterwirft.« (350f.) Beide Formen sind tatsächlich äußerlich und fremd. Der Wille des Kapitalisten ist ganz klar der Wille eines anderen Menschen. Aber auch der Plan ist die Vorgabe eines anderen Menschen – eben des Kapitalisten.

Dieser Marxsche Begriff von Kooperation ist somit im klassischen Führungssystem (dem System der Anweisungen) konzeptionell verankert: Organisation entsteht durch die Unterordnung der Willen vieler unter einen Willen und durch bestimmte inhaltliche Vorgaben. Für die Welt der indirekten Steuerung scheinen diese Ausführungen daher wenig hilfreich zu sein. Tatsächlich aber enthalten die Marxschen Charakterisierungen wichtige begriffliche Bestimmungen, die in Frageform auf die Bedingungen indirekter Steuerung bezogen werden können:

- Wie tritt nun den Kooperierenden der »Zusammenhang ihrer Funktionen« und
- die »Einheit [ihrer Funktionen] als produktiver Gesamtkörper« gegenüber?
- Was tritt den Kooperierenden *ideell* gegenüber?
- Was tritt ihnen *praktisch* gegenüber?

Eine Grundfrage meines Beitrages lautet: Warum führt indirekte Steuerung nicht zu Chaos und Desorganisation? Die drei Fragen konkretisieren diese Fragestellung und sie fordern eine Antwort. Die Versuchung ist groß, hier eine schnelle Antwort zu geben, ich will sie aber als offene Fragen stehen lassen.

## 6.6 Eine »umwälzende Dynamik« und der Begriff Grenze

Die indirekte Steuerung setzt eine neue Dynamik in Gang. Diese Dynamik ist für die Beschäftigten praktisch spürbar (sie hat Wirkungen!), es ist aber sehr schwer, sie wirklich zum Gegenstand der Erkenntnis zu machen. Bewährte Begriffe und Sichtweisen, die aus dem alten System der Anweisungen stammen, erweisen sich in dieser Hinsicht als wenig hilfreich – das Dynamische kommt kaum in den Blick.

Ich will an dieser Stelle an einen Unterschied erinnern, den Schumpeter im Bereich der Ökonomie erkannt hat. Schumpeter unterschied zweierlei Dynamiken: Einerseits Dynamiken nach dem Bilde eines Kreislaufs und andererseits Dynamiken als spontane und diskontinuierliche Veränderungen in Folge neuer produktiver Kombinationen (Schumpeter 1911/99: 98ff.). Die Dynamik, die durch Activity Based Costing ausgelöst wird, hat Angela Schmidt als »*Ständige Umwälzung aller Verhältnisse*« charakterisiert (Abschnitt 3.1): »Jede einzelne, zunächst begrenzt erscheinende Maßnahme kann durch ABC in ihren Auswirkungen auf den gesamten Wertschöpfungsprozess begriffen werden. Scheinbar lokale Veränderungen führen zu globalen Umwälzungen. Insbesondere Target Costing ist ein iteratives Verfahren, bei dem Prozesse wieder und wieder durchdacht und optimiert werden, um den Zielpreis zu erreichen – es macht die Umwälzung zum Planungsmittel.«

Wenn sich der neue »produktive Organismus« tatsächlich *als etwas ständig Umwälzendes* erweist, dann stellt sich aufs Neue die Grundfrage dieses Artikels: Warum führt die indirekte Steuerung nicht zu Chaos und Desorganisation? Warum verliert sich diese umwälzende Dynamik nicht? Was gibt dem umwälzenden Ganzen *Einheit* und *Zusammenhalt*? Ist für diesen dynamischen Zusammenhang überhaupt ein Begriff von *Grenze* denkbar? Wenn wir es tatsächlich mit einer umwälzenden Dynamik zu tun haben, dann kann eine solche Grenze nicht als äußere Umgrenzung gedacht werden. Gibt es aber den Begriff einer *qualitativen Grenze*?

Einen solchen Begriff von Grenze hat Hegel entwickelt. Die Auffassung einer Grenze als bloß äußerlicher Bestimmung hat nach Hegel ihren Grund in der Verwechslung der quantitativen mit der qualitativen Grenze. Es geht im Folgenden um die begriffliche Bestimmung einer qualitativen Grenze: »Etwas ist nur *in* seiner Grenze und *durch* seine Grenze das, was es ist.« (Hegel 1830: 197)

Hegel hat diesen Begriff *Grenze* im Zusammenhang der Begriffe *Qualität* und *Quantität* entwickelt: »Etwas ist durch seine Qualität das, was

es ist, und indem es seine Qualität verliert, so hört es damit auf, das zu sein, was es ist.« (ebenda: 195).
*Qualität* wird also als *qualitative Bestimmtheit* gefasst. Wenn etwas seine Qualität verliert, dann wird es etwas anderes. *Quantität* sei hingegen etwas Äußerliches. So bleibt ein Haus das, was es ist, mag es größer oder kleiner sein. Aber diese Gleichgültigkeit hinsichtlich der quantitativen Veränderung hat eine Grenze, bei deren Überschreitung durch ein weiteres Mehr oder Weniger die Dinge aufhören, das zu sein, was sie sind. Der Begriff *Maß* fasst die Einheit von Qualität und Quantität.

Es ist der Gedanke, »dass alles Menschliche – Reichtum, Ehre, Macht und ebenso Freude, Schmerz usw. – sein bestimmtes Maß hat, dessen Überschreitung zum Verderben und zum Untergang führt.« (ebenda: 226)

Hegel erläutert diesen Gedanken am Beispiel persönlicher Lebensführung: »So findet z.B. in Beziehung auf die Ausgaben, welche wir machen, zunächst ein gewisser Spielraum statt, innerhalb dessen es auf ein Mehr und Weniger nicht ankommt; wird dann aber nach der einen oder nach der andern Seite hin das durch die jedesmaligen individuellen Verhältnisse bestimmte Maß überschritten, so macht sich die qualitative Natur des Maßes (...) geltend, und dasjenige, was soeben noch als gute Wirtschaft zu betrachten war, wird zu Geiz oder zu Verschwendung.« (ebenda: 227)

Diese begrifflichen Bestimmungen sind auch hilfreich, wenn wir begreifen wollen, worum es beim *Messen* geht. Scheinbar geht es nur um Quantitatives und um Zahlen, richtig sei aber, »dass, wenn wir uns bei Betrachtung der gegenständlichen Welt mit quantitativen Bestimmungen beschäftigen, es in der Tat immer schon das Maß ist, welches wir als Ziel solcher Beschäftigung vor Augen haben..« (ebenda: 224) Oder negativ formuliert: »Bloße Zahlenermittlungen als solche, ohne den hier angegebenen leitenden Gesichtspunkt, gelten dagegen mit Recht als eine leere Kuriosität, welche weder ein theoretisches noch ein praktisches Interesse zu befriedigen vermag.« (ebenda)

Die Ausgangsfrage war: Gibt es angesichts der umwälzenden Dynamik unter indirekter Steuerung einen qualitativen Begriff von *Grenze*, der dem umwälzenden Ganzen *Einheit* und *Zusammenhalt* geben könnte? Nach den begrifflichen Bestimmungen Hegels sollten wir fragen: »Was gibt diesem umwälzenden Ganzen *seine qualitative Bestimmtheit*?« In diesem Zusammenhang sind nun auch der Begriff *Maß* und der *Vorgang des Messens* ein Gegenstand weiterer Überlegungen geworden. Können wir mit diesen begrifflichen Bestimmungen einen neuen Zugang zu jener umwälzenden Dynamik in den Unternehmen finden?

Wenn sich in den Unternehmen im Handeln der Menschen eine umwälzende Dynamik vollzieht, und wenn sich diese umwälzende Dynamik dabei tatsächlich erhält und nicht zerfällt, dann müssen wir im Handeln der Menschen auch jene Momente finden, durch die eine qualitative Bestimmtheit zu Stande kommt.

### 6.7 Das Messen und eine unbemerkte Revolution in Corporate Finance und Accounting

Der Unternehmensberater Robert Eccles hat 1991 mit revolutionärem Pathos ein *Performance Measurement Manifesto*[13] in die Welt gesetzt (Eccles 1991/98). Der erste Satz seines Artikels im *Harvard Business Review* lautet: »Revolutions begin long before they are officially declared.«[14] (ebenda: 26) Die Revolution bestehe im Kern darin, dass ab sofort Finanzkennziffern nicht mehr als Grundlage des Performance Measurement aufgefasst werden, sondern nur als eine Messgröße neben anderen.

Diese Veränderung soll eine Revolution sein? Auch Eccles sagt: »Put like this, it hardly sounds revolutionary.«[15] (ebenda) Tatsächlich aber wird eine qualitative Veränderung beschrieben oder zumindest erahnt, die von entscheidender Bedeutung für die Entstehung der neuen Form unternehmerischer Führung ist. Ebenso wie Christopher Meyer einige Fragen an ein Team der Produktentwicklung gestellt hat, so stellt Robert Eccles jetzt Fragen, die das Unternehmen als Ganzes betreffen: »Given our strategy, what are the most important measures of performance?« »How do these measures relate to one another?« »What measures truly predict long-term financial success in our businesses?«[16] (ebenda, 27f.)

Eccles stellt strategische Fragen der Unternehmensentwicklung und sucht dazu geeignete Messgrößen. Bei den Schilderungen Christopher Meyers haben wir bereits gesehen, wie durch die Bearbeitung solcher Fragen ein Prozess von Selbstorganisation in Gang gesetzt werden kann. Bei Meyer war es allerdings der überschaubare Bereich eines Produktentwicklungs-Teams, und unter dieser begrenzten Zahl von Menschen setzte ein Prozess von Selbstorganisation ein. Jetzt aber beziehen sich die Fragen auf das Unternehmen als ganzes, und es ist eine Veränderung des Zusammenwirkens aller Menschen im Unternehmen intendiert,

---

[13] Der Titel der deutschen Übersetzung lautet ganz arglos: »Wider das Primat der Zahlen – die neuen Steuergrößen«. In: HARVARDmanager 4/1991, S. 14-22
[14] »Revolutionen beginnen lange, bevor sie öffentlich ausgerufen werden.«
[15] »Das allein mag schwerlich revolutionär klingen.«
[16] »Bei unserer Strategie, was sind die allerwichtigsten Maßstäbe, um das Erreichte zu messen?« »In welcher Beziehung stehen diese Maßstäbe zueinander?« »Mit welchen Maßstäben lässt sich das langfristige finanzielle Ergebnis in unseren Betrieben wirklich vorhersagen?«

was aber in Eccles kurzem Artikel mehr angedeutet als ausgeführt wird.[17]

Betrachten wir eine zweite Darstellung der gleichen Sache. Die Accountants von Coopers & Lybrand reden in dem schon erwähnten Buch »Reinventing the CFO« ebenfalls von einer stillen Revolution: »Since the late 1980s, a quiet revolution has been building in corporate finance and accounting.«[18] (Walther u.a. 1996: 3)

Das Buch ist meines Erachtens bis heute eine der besten Darstellungen des qualitativen Umbruchs von Corporate Finance und Accounting in den Unternehmen und Konzernen. Es sei nun die Aufgabe der Finanzleute – in partnerschaftlicher Zusammenarbeit mit anderen Professionals des Unternehmens –, *Messgrößen* zu entwickeln, die Antwort auf die folgenden Fragen geben: »Where is the business going? How are we doing on that journey? and What is the long-term, least-cost structure to get there?«[19] (ebenda: 10) Auch hier werden zu strategischen Fragen der Unternehmensentwicklung geeignete Messgrößen gesucht und es wird aus der Perspektive der Finanzleute ein neues Zusammenwirken der verschiedenen Kompetenzen im Unternehmen recht detailliert beschrieben.

Ein dritter Ansatz ist die »Balanced Scorecard« (BSC) von Robert S. Kaplan und David Norton (Kaplan/Norton 1996). Diese betrachtet das Unternehmen unter vier verschiedenen Perspektiven:

- Finanzperspektive,
- Kundenperspektive,
- Perspektive der inneren Organisation und Prozesse,
- Perspektive des Lernens der Beschäftigten.

Neben finanziellen Messgrößen werden auch nicht-finanzielle Messgrößen verwendet, neben quantitativen Momenten werden auch qualitative Momente einbezogen, die allerdings dann auch quantifiziert und gemessen werden.

In diesen drei Ansätzen wird eine Bewegungsform in den Unternehmen in Gang gesetzt, die schließlich zu jener qualitativen Bestimmtheit führt, nach der ich im vorliegenden Artikel immer wieder gefragt habe.

---

[17] Ich habe aus dem Bändchen »Harvard Business Review on Measuring Corporate Performance« zitiert, weil hierin die Harvard Business School neben dem Aufsatz von Christopher Meyer auch Texte zum Thema von Peter F. Drucker und Robert Kaplan/David Norton zusammengestellt hat.

[18] »Seit den späten 1980er Jahren hat im Bereich Corporate Finance und Accounting eine stille Revolution stattgefunden.«

[19] »Wohin entwickelt sich das Geschäft? Wie erfolgreich sind wir auf dieser Reise? und Was ist die langfristige, kostengünstigste Struktur, um dort hin zu kommen?«

Am klarsten wird das Neue, wenn man es in einem überschaubaren Bereich studieren kann, wie z.b. bei einem Team einer Produktentwicklung (vgl. 6.3 zu dem Vorgehen von Christopher Meyer), aber auch auf der Ebene des Unternehmens oder des Konzerns ist die neue Rolle von Corporate Finance und Accounting aufzuspüren. Ich will am Beispiel der Balanced Scorecard aufzeigen, wie den Autoren dieses Konzeptes erst nach und nach bewusst wurde, welche Prozesse mit der BSC in Gang gesetzt werden.

Von Selbstorganisation ist bei Kaplan und Norton übrigens nie die Rede und ein Bild macht ihr Selbstverständnis deutlich: Sie vergleichen die BSC mit den Anzeigeinstrumenten im Cockpit eines Flugzeugs. Dies ist die Perspektive der Steuerer eines Konzerns auf ein Steuerungskonzept, es ist eine völlig klassische Betrachtungsweise. Kaplan und Norton haben ihr Konzept zunächst nur als ein Mittel der Leistungsmessung verstanden (als »performance measurement system«). Das schrittweise Bewusstwerden des eigenen Tuns lässt sich an den Buchtiteln illustrieren. So hieß das erste Buch: The Balanced Scorecard. Translating Strategy into Action. (Kaplan/Norton 1996)

Dann lernten die Autoren, dass die BSC in den Unternehmen genutzt wurde zur Implementierung neuer Strategien im Unternehmen und dass offensichtlich mit der BSC eine *strategische Fokussierung* des Unternehmens erreicht werden kann. Dies wurde Gegenstand eines weiteren Buches: The Strategy-Focused Organization. How Balanced Scorecard Companies Thrive in the new Business Environment. (Kaplan/Norton 2001)

Die BSC zeigte sich als eine spezifische Darstellungsform strategischer Probleme des Unternehmens (mit diesen strategischen Problemen werden die Beschäftigten geradezu sinnlich konfrontiert!). Schließlich entdeckten Kaplan und Norton bei der Anwendung der BSC auch das Wirksam-Werden von »Ursache-Wirkungs-Beziehungen«, die sich zudem auch noch grafisch darstellen lassen als so genannte »strategy maps«. Und schon war der Anlass für noch ein Buch gegeben: Strategy Maps. Converting intangible assets into tangible outcomes (Kaplan/Norton 2004).

Hier ein Beispiel für eine Ursache-Wirkungs-Beziehung:
- »Investitionen in Mitarbeiterschulungen führen zur verbesserten Servicequalität.
- Eine bessere Servicequalität erzeugt eine höhere Kundenzufriedenheit.
- Dies führt zu einer Steigerung der Kundenloyalität.
- Eine höhere Kundenloyalität generiert höhere Umsätze und somit höhere Deckungsbeiträge.« (Kaplan/Norton 2004: 60)

»Ursache-Wirkungs-Beziehungen« kennen wir aus Kaplan/Coopers Buch »Cost & Effect«. Ich hatte bereits herausgearbeitet, dass es bei diesem spezifischen Ursachen-Begriff um *das Aufspüren produktiver Zusammenhänge* geht. Dieser spezifische »Verursachungs«-Begriff ist auch hier am Werke: Die vier Ebenen der BSC stellen sich als ein Zusammenhang dar, der das Aufspüren produktiver Zusammenhänge für eine künftige Wertschöpfung anregt und in dem entdeckte »Verursachungen« dann auch grafisch dargestellt werden können. (All das sind natürlich nur kurze Andeutungen. Notwendig ist eine genaue Reflexion des Redens und Tuns, das vermittelt durch die BSC in Gang kommt.)

### 6.8 Womit finde ich mich konfrontiert?

Ich will hier noch eine kurze Antwort auf diese Leitfrage des Artikels geben. Die Beschäftigten finden sich unter den neuen Bedingungen mit zwei »Gegenständen« unmittelbar konfrontiert:

- Mit der *Sache* und all den *Notwendigkeiten*, die in der Sache liegen.
- Mit *sich selbst* und insbesondere den *eigenen produktiven Kräften*.

Sie finden sich in ihrer Arbeit somit konfrontiert mit einem Grundproblem menschlicher Existenz – der Frage von Freiheit und Notwendigkeit. Unter den Bedingungen indirekter Steuerung kommt eine Fokussierung zustande auf das eigene Tun, die Bedingungen dieses Tuns und auf die Zusammenhänge mit dem Tun anderer: es entsteht ein Prozess von Selbstorganisation. Das gemeinsame Tun verselbständigt sich den Individuen gegenüber und erscheint ihnen (in der Verselbständigung) wie eine fremde Macht.[20]

## 7. Rückblick und Ausblick

Es ging in diesem Aufsatz wesentlich um eine *Dynamik, die im betrieblichen Alltag »geschieht«,* die dort »in Gang kommt« und spürbar wird. Der Ausgangspunkt war die These von drei Momenten einer neuen Führungsform und ich habe deren Wechselwirkung reflektiert. Insbesondere wurden Redeweisen und Termini durchdacht, die das alltägliche Tun der Beschäftigten begleiten, und diese wurden in Bezug gesetzt zu Konzepten und Termini der Managementliteratur. Meine wiederkehrende Fra-

---

[20] Angela Schmidt hat am Beispiel von ABC die Selbstverstärkungs- und Selbstbeschleunigungseffekte aufgezeigt, die in diesen Prozessen in Gang kommen. Ich verweise hier auf diesen Text und empfehle eine erneute Lektüre von »Rentiere ich mich noch?« – jetzt nach der Lektüre dieses Aufsatzes.

gestellung war: Was wird dadurch ausgelöst im Denken und Handeln der Beschäftigten? Welche Dynamik kommt in Gang?

Wenn es um eine Dynamik geht, die im betrieblichen Alltag geschieht, dann ist es naheliegend, dieses Phänomen mit einer *Redeweise des Faktischen* auszusprechen. (Ich selber habe vor zehn Jahren diese Dynamik einen »faktischen Mechanismus« genannt.) Konzepte wie Activity Based Costing, Target Costing usw. enthalten offensichtlich ein *Wissen* über jene neue Dynamik in den Unternehmen. Wenn ich die Dynamik als einen faktischen Mechanismus auffasse, so kann ich dieses Wissen *als ein Wissen über etwas Faktisches verstehen*. »Wissen ist Macht« sagt eine alte Erkenntnis der Arbeiterbewegung, und daher liegt es nahe, dieses Wissen über Konzepte wie Activity Based Costing auch im eigenen Interesse anwenden zu wollen. Angela Schmidt und ich vertreten die These: Je besser ich diese Konzepte beherrsche, und je umfassender ich sie anwende, umso schneller und umso fordernder wird die Dynamik. Wir haben somit die These in den Raum gestellt, es handele sich hier um *ein Wissen, das sich »gegen uns [als Arbeitnehmer] wendet«*.

Wenn es um einen faktischen Mechanismus ginge (der mir äußerlich und fremd gegenüberstünde) und wenn mein Wissen somit ein Wissen über dieses Faktische wäre, dann wäre es schwer vorstellbar, warum dieses Wissen nicht auch im eigenen Interesse anwendbar sein solle. Was aber, wenn es sich bei der neuen Dynamik im Unternehmen gar nicht um etwas Fremdes und Äußerliches handelte? Wenn es also insofern nicht um etwas »Faktisches« ginge?

Ich habe in diesem Aufsatz die neue Dynamik als *Verselbständigung des eigenen Tuns der Beschäftigten* herausgearbeitet. Es kommt im Unternehmen ein von-selbst-ablaufender Prozess in Gang, der sich den handelnden Personen gegenüber so verselbständigt, dass er diesen *wie eine fremde Macht erscheint* (wie ein faktischer Mechanismus, auf den man zu reagieren habe). Tatsächlich aber ist diese Dynamik (so meine Argumentation) Folge und Verselbständigung des eigenen Tuns. Unter dieser Perspektive können aber die schon erwähnten paradoxen Effekte als *Effekte der Selbstverstärkung und Selbstbeschleunigung* verstanden werden. Nehmen wir die Automobilindustrie, konkret den Mechanismus des Bietens und Unterbietens um die Fertigung eines neuen Modells am eigenen Standort: Je günstiger das Angebot unseres Betriebes, umso günstiger müssen alle anderen anbieten, je schneller wir das Ergebnis zusagen, umso schneller müssen alle anderen zusagen. Die Dynamik des Bietens und Unterbietens setzt erkennbar eine Schraube ohne Ende in Gang: Je besser sich der einzelne positioniert, umso schlimmer wird es für alle. Diese maßlose Dynamik ist eben kein fremder Mechanismus, auf den man nur reagiert. Diese Dynamik kommt in Gang durch das Handeln der Beschäftigten selbst (unter den gesetzten Bedingungen, versteht sich).

Die Denkweise des Faktischen erweist sich somit als eine gefährliche Denk-Falle, denn dieses Denken unterstellt den Gegenstand des Denkens als äußerlich und fremd. Bei der *Verselbständigung* des eigenen Tuns *erscheint* das Eigene als Fremdes – als eine *Verkehrung*. Für die Entwicklung von Handlungsfähigkeit ist deshalb erforderlich, mit solchen Verkehrungen umgehen zu können. Konzepte wie ABC wirken – in der vorliegenden Form! – zu Gunsten der Arbeitgeber und zu Lasten der Arbeitnehmer. Sie sind aber kein Trick, auf den die Arbeitnehmer hereinfallen, sie enthalten tatsächlich etwas Neues, Wichtiges und Produktives – aber eben in Gestalt einer Verkehrung (Es ist übrigens ein Anzeichen für eine Verkehrung, dass die Personen, die produktiv und unternehmerisch agieren, als defizitär erscheinen, als täten sie nie genug, und dass die Produktivkraft der Individuen nur als Kostenfaktor in den Blick kommt).

Notwendig ist daher gegenüber den neuen Konzepten (und gegenüber den neuen Verhältnissen im Betrieb überhaupt) ein *Prozess der Aneignung des nur scheinbar Fremden*. Der mit dieser Aneignung verbundene Arbeitsprozess hat sowohl eine theoretische als auch eine praktische Seite. Eine solche Aneignung erfordert eine intensive Auseinandersetzung mit dem Phänomen Selbstorganisation und den damit verbunden *Selbstorganisations-Effekten*. Ich will einige dieser Effekte hier in Frageform kurz andeuten.

*(1)* Was setzt sich in der Dynamik als *System*? Wir können diese Frage eher beantworten, wenn wir sie entsprechend der mystifizierenden Redeweise von Selbstorganisation umformulieren: Was agiert so, *als ob es ein Subjekt wäre?* Welche spürbaren *Wirkungen* hat das Agieren? Gerade über die Wirkungen kann man das aufspüren, das da Wirksamkeit entfaltet (von dieser Art waren übrigens die Fragestellungen in den Abschnitten (2) und (3) dieses Aufsatzes).

*(2)* Was setzt sich in der Dynamik als *Zweck*? Wir können diese Frage eher beantworten, wenn wir fragen: Was alles erweist sich auf einmal *als Mittel zum Zweck?* Auch das ist durch Reflexion erkennbar und dann kann weiter gefragt werden: Was ist eigentlich jener Zweck, für den dies alles Mittel zum Zweck wird?

*(3)* Was setzt sich in der Dynamik als *Rationalität*? Wir können diese Frage eher beantworten, wenn wir untersuchen, was sich im Reden und Denken der Menschen *als Kriterium geltend macht* für die Frage, was realistisch, machbar und sachgemäß ist.

*(4)* Welche *Logik* entfaltet sich in der Dynamik? Diese Frage müssen wir auf zweifache Weise stellen.

*(4a)* Wie können wir diese Logik *zur Sprache bringen?* Die Logik entfaltet sich wie ein stummer Mechanismus, wie können wir das in Worte fassen, was sich da entfaltet?

*(4b)* Wie können wir diese Logik *denken?* Genauer: Wie können wir diese Logik *kritisch denken*? Das heißt: Wie vermeiden wir, dass unser Denken nur diese Logik exekutiert, dass wir sie selber denkend nur nachvollziehen? Das heißt: Wie können wir vermeiden, dass wir selber denkend von dieser Logik ergriffen werden?

Die im Unternehmen auftretenden Prozesse von Selbstorganisation stellen uns vor diese Fragen, ob wir es wollen oder nicht. Wenn wir als Arbeitnehmer unsere Interessen unter den neuen Bedingungen erkennen und behaupten wollen, dann müssen wir lernen, Fragen dieser Art zu beantworten. Eine Auseinandersetzung mit Selbstorganisation und den damit verbundenen Effekten ist m.E. für die Entwicklung von Handlungsfähigkeit unvermeidlich.

Dies gilt zum Beispiel auch für die Diskussion der These: »Das Konzept *Activity Based Costing* entfaltet eine Logik, die auch das Denken derer übergreift, die sich in kritischer Absicht wissenschaftlich oder praktisch dazu verhalten wollen.« Es wurden dazu in Diskussionen über den Artikel »Rentiere ich mich noch?« einige Fragen aufgeworfen: Wird hier nicht ein »unhintergehbarer Zwangszusammenhang« unterstellt? Ist diese Aussage nicht Ausdruck eines »deterministischen Denkens«? Ist die Behauptung einer solchen Logik nicht schon dadurch widerlegt, dass sich der einzelne Mensch doch völlig anders verhalten kann? Meine Ausführungen zur Selbstorganisation in diesem Beitrag sind im Zusammenhang mit diesen Fragen zu sehen. Hier nur eine weitere Bemerkung.

Der Einwand »Die Menschen können sich doch auch anders verhalten« verkennt, dass die indirekte Steuerung von den Beschäftigten *kein bestimmtes Verhalten* fordert. Die Beschäftigten sollen auf die gesetzten Bedingungen *selber* reagieren. Das heißt, sie sollen *irgendwie* reagieren (allerdings soll ihre Reaktion ein unternehmerisches Ergebnis herbeiführen!), und in der Tat wird jedes Individuum dann auch *irgendwie anders* reagieren. Übrigens: Wenn ein bestimmtes Verhalten gefordert wäre, dann würden Prozesse von Selbstorganisation gar nicht auftreten! Diese kommen nur in Gang *durch das Wirksamwerden beider Prinzipien*: »Tu was Du selber willst!« und »Tu, was zu tun ist (um ein unternehmerisches Ergebnis zu erreichen)!«.

Prozesse von Selbstorganisation stellen uns sogar vor die Grundfrage: Sind Selbstorganisation und Freiheit überhaupt vereinbar? Muss ich Selbstorganisation bestreiten, wenn ich Handlungsfreiheit noch möglich machen will? Eine begriffliche Erörterung dieser Frage ist sehr aufwendig, durch die beobachtbare Möglichkeit einer indirekten Steuerung von-selbst-ablaufender Prozesse ist aber auch eine praktische Antwort auf diese Frage gegeben. Unser Selbstorganisations-Begriff (vgl. Peters 2001a, 2001d) zielt ja gerade auf ein solches Begreifen von Selbstorganisation, dass eine Aneignung in einem emanzipatorischen Sinne möglich wird.

Ich schließe diesen Aufsatz mit der Hoffnung auf eine lebhafte Diskussion. Wenn Sie selber unter den neuen Bedingungen arbeiten: Nutzen Sie diese Ausführungen zu einer Reflexion Ihres eigenen Erlebens und Ihres eigenen Tuns!

**Literatur**

Boos, F. (1990): Zum Machen des Unmachbaren, in: Balck/Kreibich: Evolutionäre Wege in die Zukunft, Berlin, S. 101-127.

Capra, F./A. Exner/R. Königswieser (1992): Veränderungen im Management – Management der Veränderung. In: Königswieser/Lutz: Das systemisch evolutionäre Management, Wien, S. 112-121.

Cooper, R. (1996): When lean Enterprises Collide. Boston (Deutsche Ausgabe: Cooper: Schlank zur Spitze. München 1998).

Drucker, P.F. (1982): The Changing World of the Executive. New York.

Eccles, R. (1991/98): The Performance Measurement Manifesto, in: Harvard Business Review on Measuring Corporate Performance. Boston, 1998, S. 25-45. Zuerst veröffentlicht in: Harvard Business Review, January-February 1991. Deutsch: »Wider das Primat der Zahlen – die neuen Steuergrößen«, in: HARVARDmanager 4/1991, S. 14-22.

Foerster, H. v. (1987): Erkenntnistheorien und Selbstorganisation. In: Siegfried J. Schmidt (Hrsg.), Der Diskurs des Radikalen Konstruktivismus. Frankfurt.

Foerster, H. v. (1993): Wissen und Gewissen. Frankfurt.

Forster, W. (1992): Management by attraction. In: Managerie Systemisches Denken und Handeln im Management. 1. Jahrbuch. Heidelberg, S. 105-115.

Glißmann, Wilfried (2000a): Neue Selbständigkeit in der Arbeit, Ökonomik der Maßlosigkeit und die Frage der Gesundheit. In: Scheuch, K: Arbeitsschutzforschung. Diskussionen am Ende des 20. Jahrhunderts. Dresden, S. 120-138.

Glißmann, W. (2000b): Die Ökonomisierung der »Ressource Ich« – Die Instrumentalisierung des Denkens in der neuen Arbeitsorganisation. In: Glißmann/Schmidt: Mit Haut und Haaren. Der Zugriff auf das ganze Individuum. Sonderheft der »denkanstösse – IG Metaller in der IBM«. Frankfurt, Mai 2000., S. 5-24.

Glißmann, W. (2001a): Der neue Zugriff auf das ganze Individuum – Wie kann ich mein Interesse behaupten? In: Moldaschl, M./G. Voß (Hrsg.): Subjektivierung von Arbeit. München und Mering, S. 241-259; dokumentiert auf: www.cogito-institut.de.

Glißmann, W./K. Peters (2001): Mehr Druck durch mehr Freiheit. Die neue Autonomie in der Arbeit und ihre paradoxen Folgen. Hamburg.

Hegel, G.W.F. (1813): Wissenschaft der Logik. Die Lehre vom Wesen. In: ders., Gesammelte Werke, Bd. 11. Hamburg 1981.
Hegel, G.W.F. (1816): Wissenschaft der Logik. Die Lehre vom Begriff. In: ders., Gesammelte Werke, Bd. 12. Hamburg, 1981.
Hegel, G.W.F. (1830): Enzyklopädie der philosophischen Wissenschaften I. In: ders., Werke, Bd. 8. Frankfurt, 1970.
Hegel, G.W.F. (1831): Wissenschaft der Logik. 1. Teil [Die Lehre vom Sein]. Hrsg. von G. Lasson. Hamburg, 1934.
Hirsch, S. (1992): Fragen an den Meister (Interview). In: Königswieser/Lutz: Das systemisch evolutionäre Management, Wien, S. 85-94.
Kaplan, R./R. Cooper (1998): Cost & Effect. Using Integrated Cost Systems to Drive Profitability and Performance. Boston.
Kaplan, R./Cooper, R. (1999): Prozesskostenrechnung als Managementinstrument. Frankfurt, New York (die deutsche Ausgabe von Kaplan/Cooper 1998).
Kaplan, R.S./D. P. Norton (1996): The Balanced Scorecard. Boston.
Kaplan, R.S./D. P. Norton (2001): Die Strategie-Fokussierte Organisation. Stuttgart.
Kaplan, R.S./D. P. Norton (2004): Strategy Maps. Converting intangible assets into tangible outcomes. Boston.
Kant, I. (1790/1956): Kritik der Urteilskraft, 2. Aufl. In: ders., Werke, Bd. 5. Berlin.
Luhmann, N. (1987): Soziale Systeme. Grundriss einer allgemeinen Theorie. Frankfurt a.M.
Malik, F. (1992): Strategie des Managements komplexer Systeme. Ein Beitrag zur Management-Kybernetik evolutionärer Systeme. Bern, Stuttgart.
Malik, F. (1997): Wirksame Unternehmensaufsicht. Frankfurt.
Malik, F. (2002): Die Neue Corporate Governance. Richtiges Top-Management. Wirksame Unternehmensaufsicht. Frankfurt (dies ist die dritte, erweiterte Auflage von Malik 1997).
Marx, K. (1873, 1966): Das Kapital, Bd. 1, 2. Aufl, in: Marx Engels Werke, Bd. 23. Berlin.
Marx, K. (1932a): Thesen über Feuerbach, in: Marx Engels Werke, Bd. 3. Berlin, 1966.
Marx, K./F. Engels (1932b): Die deutsche Ideologie, in: Marx Engels Werke, Bd. 3. Berlin, 1966.
Maturana, H. R. (1985): Erkennen: Die Organisation und Verkörperung von Wirklichkeit. Braunschweig, Wiesbaden.
Maturana, H.R. (1987): Kognition, in: Siegfried J. Schmidt (Hrsg.), Der Diskurs des Radikalen Konstruktivismus. Frankfurt.
Maturana, H. R./F. J. Verela (1984/87): Der Baum der Erkenntnis. Die biologischen Wurzeln des Menschlichen Erkennens. Bern, München.
Meyer, Ch. (1994/98): How the Right Measures Help Teams Excel, in: Harvard Business Review on Measuring Corporate Performance. Boston, 1998. S. 99-122. Zuerst veröffentlicht in: Harvard Business Review, May-June 1994. Deutsch:»Projektteams: Effektiv arbeiten nach eigenen Leistungskriterien«. In: HARVARDmanager 4/1994, S. 94-103.
Peters, K. (2001a): Die neue Autonomie in der Arbeit, in: Glißmann/Peters: Mehr Druck durch mehr Freiheit, S. 18-40.
Peters, K (2001b): Woher weiß ich, was ich selber will? In: Glißmann/Peters:

Mehr Druck durch mehr Freiheit, S. 99-111.

Peters, K (2001c): Statt eines Nachworts, in: Glißmann/Peters: Mehr Druck durch mehr Freiheit, S. 173-185.

Peters, K (2001d): Thesen zur Selbstorganisation, in: Glißmann/Peters: Mehr Druck durch mehr Freiheit, S. 159-172.

Peters, K. (2003): Individuelle Autonomie von abhängig Beschäftigten. Selbsttäuschung und Selbstverständigung unter den Bedingungen indirekter Unternehmenssteuerung, in: Michael Kastner (Hrsg.): Neue Selbständigkeit in Organisationen: Selbstbestimmung, Selbsttäuschung, Selbstausbeutung? München und Mering, S. 77-106.

Porter, M. (1985/98): Competitive Advantage. New York (2. Auflage von 1998).

Spinoza, B. (1677): Ethica, in: ders., Werke, Bd. 2. Darmstadt, 1967.

Schmidt, A. (2000a): Mit Haut und Haaren. Die Instrumentalisierung der Gefühle in der neuen Arbeitsorganisation, in: Glißmann/Schmidt: Mit Haut und Haaren. Der Zugriff auf das ganze Individuum. Sonderheft der »denkanstösse – IG Metaller in der IBM«. Frankfurt, Mai 2000, S. 25-42.

Schumpeter, J. (1911/99): Theorie der wirtschaftlichen Entwicklung. Berlin.

Stadlinger, J. (2003): Bestimmungen der Autonomie – Zur Thematisierung der »Neuen Selbständigkeit« in der Managementliteratur und in der soziologischen Systemtheorie, in: Michael Kastner (Hrsg.): Neue Selbständigkeit in Organisationen: Selbstbestimmung, Selbsttäuschung, Selbstausbeutung?, München und Mering, S. 107-138.

Varela, F.J. (1987): Autonomie und Autopoiese. In: Siegfried J. Schmidt (Hrsg.): Der Diskurs des Radikalen Konstruktivismus. Frankfurt.

Walther, Th. et al. (1996): Reinventing the CFO. Moving from Financial Management to Strategic Management. New York.

# Neue Steuerungs- und Kostenrechnungssysteme in der Praxis
## Vorbemerkung

Über neue Konzepte der Unternehmenssteuerung gibt es seit langem eine breite Diskussion, die vor allem von der Unternehmensberater-Szene immer wieder mit neuem »Stoff« versorgt wird. Über die tatsächlichen Wirkungsweisen der neuen Steuerungssysteme in den Unternehmen liegen bislang nur wenige empirische Erkenntnisse vor. Dies erschwert die kritische Auseinandersetzung mit den Konzepten. Noch weniger wissen wir über die Wirkungen, die diese Systeme für die Beschäftigten in den Betrieben haben. Wie schlagen sie auf die Arbeits- und Leistungssituation durch?

Angesichts dieser Situation erhalten Erfahrungsberichte von Betriebsräten, die in vielfacher Weise mit der Einführung solcher Systeme konfrontiert werden, auf ihre Umsetzung Einfluss zu nehmen suchen und die dann sich auch mit deren Konsequenzen für die Beschäftigten auseinandersetzen müssen, ein besonderes Gewicht.

Im Folgenden werden die Ergebnisse aus Gesprächen mit Betriebsräten aus drei Unternehmen vorgestellt, die in jeweils unterschiedlicher Weise mit neuen Steuerungssystemen zu tun haben. Diese Erfahrungsberichte erheben nicht den Anspruch einer systematischen Analyse, sondern sollen eher schlaglichtartig Einblicke in ein komplexes, nur schwer zu durchdringendes Feld vermitteln, in dem noch viele Fragen offen und vor allem politische Umgangsweisen mit den aufgeworfenen Problemen ungeklärt sind.

Die Auswahl der drei Unternehmen folgte keiner besonderen Systematik. Sie wurden vielmehr einbezogen, weil die Betriebsräte dieser Unternehmen sich bereits mit der Problematik der indirekten Steuerung und der Folgen für die Beschäftigten auseinandergesetzt und sie in die Diskussion des Arbeitskreises der IG Metall eingebracht haben. Daraus entstand der Wunsch, das hier bereits vorliegende Erfahrungswissen in ausführlichen Interviews und in systematisierter Form zu erfassen und als Berichte zu veröffentlichen.

Die mehrstündigen Interviews mit den Betriebsräten wurden im letzten Jahr geführt und aufgezeichnet. Die Gespräche folgten dabei einem Frageleitfaden, der grob in drei Abschnitte gegliedert war:
- Im ersten Abschnitt wurde vor dem Hintergrund eines kurzen Abrisses der historischen Entwicklung des Unternehmens bzw. des betref-

fenden Zweigwerks versucht, die Veränderungen in den Strategien der Unternehmenssteuerung, die z.T. durch vergleichsweise rasch sich vollziehende Paradigmenwechsel gekennzeichnet waren, zu rekonstruieren. Gefragt wurde nach den strategischen Zielsetzungen der Unternehmen, die sich aus der Sicht der Betriebsräte damit verbinden, und nach den konkreten Maßnahmen der Umsetzung in dem jeweiligen Unternehmen. Soweit die Betriebsräte bereits in diese strategischen Planungen und Umsetzungsmaßnahmen einbezogen waren, wurden sie nach ihren eigenen strategischen Orientierungen und konkreten Mitwirkungsmöglichkeiten befragt.
- In einem zweiten Abschnitt ging es um die Frage, wie sich mit den neuen Steuerungsformen die Leistungsanforderungen und -bedingungen für die Beschäftigten verändern. In diesem Zusammenhang wurden insbesondere »Zielvereinbarungen« als Instrument der Arbeits- und Leistungssteuerung thematisiert. Es ging hier also um eine Beurteilung der organisatorischen Umsetzung und ihrer Konsequenzen aus der Perspektive der Beschäftigten, um deren Wahrnehmung und Reaktionsweisen.
- Der dritte Abschnitt befasste sich mit den Reaktionen der Betriebsräte und den Herausforderungen, welche die neuen Steuerungsformen für die Betriebsräte auf den verschiedenen Ebenen ihrer Aktivitäten bedeuten. Hierbei ging es auch um eine Einschätzung künftiger Entwicklungen und um mögliche politische Handlungsspielräume und -optionen der Betriebsräte.

Nach einer Transkription der Tonbandaufzeichnungen wurde unsererseits das vorliegende Material nach inhaltlichen Schwerpunkten, die im Großen und Ganzen der Struktur des Frageleitfadens folgte, zu einem Erfahrungsbericht verdichtet. In dieser Form wurde er den befragten Betriebsräten vorgelegt, von diesen gegebenenfalls korrigiert bzw. ergänzt, autorisiert und namentlich gekennzeichnet.

*Volker Döhl/Dieter Sauer*

# Auswertung der Erfahrungen bei Volkswagen – Werk Braunschweig
Bericht: Mathias Möreke/
Dieter Lehmann/Jörg Sülflow

## 1. Das Unternehmen

Den VW-Standort Braunschweig gibt es seit 1938. Als Ausbildungswerk konzipiert, war es nach dem Krieg Teilelieferant für die Wolfsburger Produktion. Seit den 1950er Jahren wurden in Braunschweig Achsen gefertigt, und hieraus hat sich das Werk zum Konzernlieferanten für Fahrwerksysteme entwickelt. Hier werden Vorder- und Hinterachsen, Lenkungen und Dämpfer für den Konzern gebaut. Darüber hinaus verfügt das Werk über einen sehr großen Maschinen- und Werkzeugbau, der etwa 570 Zeitlöhner und 220 Angestellte umfasst. Dieser Bereich hat Konzernfunktion.

Zum Werk gehört ein weiteres Standbein, die Kunststofftechnik. Erste Umfänge wurden Anfang der 1980er Jahre aus Wolfsburg nach Braunschweig verlegt. Die Produktionsstätte liegt außerhalb der ursprünglichen Werksgrenzen und beschäftigt ca. 650 Beschäftigte.

Insgesamt arbeiten gegenwärtig etwa 6.700 Arbeitskräfte am Standort, davon ca. 1.000 »klassische« Angestellte, die genannten 570 Zeitlöhner im Werkzeugbau und etwa 500 Beschäftigte in indirekten Bereichen. Im Leistungslohn sind etwa 4.000 Personen beschäftigt, von denen mehr als 85% im Schichtbetrieb arbeiten. Pro Jahr werden z.Zt. 105 Auszubildende eingestellt.

Der gewerkschaftliche Organisationsgrad liegt durchschnittlich bei 98%: im gewerblichen Bereich bei 99% und im Angestelltenbereich bei etwa 75%. Der Organisationsgrad insbesondere im Angestelltenbereich ist leicht rückläufig.

Die Braunschweiger Produkte werden in den Konzernverbund geliefert. Es gibt, mit Ausnahme von Mexiko, innerhalb des VW-Konzerns gegenwärtig keinen anderen Achsenstandort als Braunschweig (in China wird z.Z. ein Produktionsstandort unter der Regie der Business Unit Braunschweig aufgebaut). Die Business Unit Braunschweig ist aber nicht automatisch als Fahrwerklieferant im VW-Konzern gesetzt. Jedes Braunschweiger Produkt muss sich gegen den externen Wettbewerb behaupten. Externe Konkurrenten sind Benteler, die Thyssen-Gruppe, Sachs,

Lenkungen kommen etwa von ZF, Bremsen von Continental usw. Der Anspruch des Braunschweiger Werkes seit den 1990er Jahren ist es, alle Komponenten für die Fahrwerke im Konzern herzustellen.

## 2. Auf dem Weg zu einer markt- und konkurrenzorientierten Unternehmenssteuerung

### 2.1 Reorientierung: »Von der Produktions- zur Marktökonomie«

Es gibt bei Volkswagen eine Reihe von *Zäsuren*, die zu deutlichen Veränderungen in Struktur und Aufbau des Unternehmens geführt haben. Die Zäsuren waren im Wesentlichen mit den Krisen in der Automobilindustrie verbunden. Zunächst die große Absatzkrise Anfang der 1970er Jahre, dann die Krise zu Beginn der 1980er und schließlich Anfang der 1990er Jahre. Diese Krisen markieren Auswirkungen sowohl auf die Modellpolitik als auch die Tarifpolitik. Bezüglich der Veränderungen im Kostenrechnungssystem war der entscheidende Einschnitt die Umstellung auf das *Global-Sourcing System*, das 1993 eingeführt wurde und mit dem Volkswagen jedes Produkt weltweit abfragt. Dies bedeutete den tiefsten Einschnitt in dem Verhältnis des Braunschweiger Werkes zum Konzern, da Braunschweig nicht mehr automatisch Teilelieferant für Wolfsburg war. Verbunden ist diese Neuerung mit dem Namen des ehemaligen Opel-Managers Lopez, der zur Restrukturierung des Einkaufs 1993 zu Volkswagen kam.

Mit dem *Global-and-Forward-Sourcing-Verfahren (CSC)* erfolgt eine systematische Ausschreibung der Zulieferteile. Davor war es nahezu selbstverständlich, dass das Fahrwerk für einen VW aus Braunschweig kam. Dafür wurde ein kalkulierter Preis festgelegt. Durch die systematische Ausschreibung wurde auch VW Braunschweig praktisch in den Markt entlassen. Das Werk musste marktförmig agieren und nachweisen, dass es international wettbewerbsfähig ist.

Der Preis stand früher mehr oder weniger fest. Er wurde gesetzt, wobei berücksichtigt werden muss, dass es Mitte der 1980er Jahre noch andere Konkurrenzstrukturen am Markt gegeben hat. Es gab kaum Anbieter für komplette Achssysteme (z.B. Benteler). Erst nachdem es auf dem Markt durch die stattgefundenen Konzentrationsprozesse Firmen gab, die sich im Fahrwerkbereich betätigten, wurde die Konkurrenz auch real, und der Preis musste sich den Konkurrenzprodukten gegenüber durchsetzen. Damit war es auch nicht mehr selbstverständlich, dass man sich seine Teile vom eigenen Werk in Braunschweig holte. Bis dahin konnte man einen Preis verlangen, in den die »Kosten« überschlägig eingegangen waren.

Der Standort Braunschweig hatte bis dahin kein standortbezogenes Kostenrechnungssystem, mit dem die Kosten je Teil hätten verfolgt werden können. Die Steuerung des Standortes erfolgte im Wesentlichen über die Planungsrunde und die daraus abgeleiteten Budgets für die einzelnen Standorte.

Kostenrechnung und Produktstrategien standen auch für die Betriebsratsarbeit in der damaligen Situation nicht im Vordergrund. Zwischenzeitlich hat sich im Denken des Betriebsrats enorm viel verändert. Die Orientierung der Betriebsratsarbeit auf eine stärker strategische und professionalisierte Ausrichtung begann in den 1980er Jahren. Mit dem Projekt »Kommission Maschinen- und Werkzeugbau 2000« wurde sehr erfolgreich die Zusammenarbeit des Betriebsrats mit Experten der IG Metall und externen Wissenschaftlern erprobt. Der Betriebsrat war in die Planung und Ausgestaltung einer neuen Maschinen- und Werkzeugbauhalle eingebunden und gestaltete diesen Prozess mit. 1990 begann der Betriebsrat, die Strukturen und Zukunftsperspektiven des Standortes Braunschweig systematisch zu ermitteln: Was macht diesen Standort und seine Fähigkeiten aus, ist er international wettbewerbsfähig? Als ein wesentliches Problem wurde dabei erkannt, dass Braunschweig über keine eigene Produktentwicklung verfügte, sondern von der Wolfsburger Konzernentwicklung abhängig war. Der Betriebsrat ging jedoch davon aus, dass Werke, die nicht selbst entwickeln, irgendwann auch nicht mehr produzieren werden. Dies wurde zu einem Leitmotiv der Betriebsratsarbeit. Im Ergebnis dieser Untersuchung prognostizierte der Betriebrat Gefahren für die Zukunftsfähigkeit des Braunschweiger Standortes, wenn nicht einschneidende strukturelle Veränderungen vorgenommen werden würden.

Anfang der 1990er Jahre setzte ein Umdenken bei Volkswagen ein. So wurden z.B. die Mitarbeiter in Informationsveranstaltungen darüber informiert, dass man verstärkt in einem Wettbewerb mit den Japanern stünde und dass das auch Auswirkungen auf die eigene Produktion haben würde. Zu diesem Zeitpunkt begann die breite Debatte im Werk über die *Lean Production*. Es tauchte der Gedanke auf, dass eine VW-Achse nicht automatisch aus dem Braunschweiger Werk geliefert werden muss, sondern dass man sich in einem Wettbewerb mit anderen Anbietern befindet.

Eine Debatte über die Ausweitung der Produktion über die Grenzen Deutschlands hinaus gibt es bei VW schon lange. So sind sehr früh Werke in Mexiko, Brasilien, Argentinien und in Südafrika errichtet worden. Ziel dieser Maßnahmen war immer, die dortigen Märkte zu beliefern, d.h. es war eine Form der Globalisierung, die zunächst keine unmittelbaren Rückwirkungen auf die Standorte in Deutschland hatte. Mit der Entscheidung Mitte der 1980er Jahre, SEAT zu kaufen, wurde eine ausführliche Debatte vor allem im gewerkschaftlichen Vertrauenskörper und bei den Arbeitnehmervertretern im Aufsichtsrat in Gang gesetzt, die nach den Rückwirkungen auf die Beschäftigung und Arbeitsbedingungen an den deutschen Standorten fragte. Heute hat sich die Debatte gedreht: Man sieht die Internationalisierung der Produktionsstätten nicht unbedingt negativ, denn Braunschweig ist als Konzernlieferant auch von den Töchtern im Konzern abhängig. Bislang führt die Verteilung von Produktionsstätten über die ganze Welt dazu, dass auch bei Absatzschwierigkeiten in einzelnen Marken oder Regionen die Auslastung des Werks in Braunschweig gesichert werden kann.

Das wird sich in Bezug auf China möglicherweise anders darstellen, denn zur Zeit wird dort ein eigener Standort für die Fertigung von Fahrwerkkomponenten errichtet. Ob und inwieweit dieser Standort dann auch nach Deutschland liefert und damit als interner Konkurrent auftritt, ist nicht absehbar. Das Management schließt diesen Fall im Augenblick noch aus; der Betriebsrat hat aber diesbezüglich Befürchtungen, dass, falls die Komponentenfertiger in China nicht ausgelastet sein sollten, diese versuchen werden, ihre Produkte anderweitig abzusetzen, d.h. auch in andere Konzernstandorte zu liefern. China wird sich langfristig zu einem Auto-Export-Land entwickeln. In jedem Fall bedeutet ein weiterer Fahrwerkhersteller im Volkswagen-Konzern einen weiteren Druck auf die Kostenstrukturen am Standort Deutschland.

### 2.2 Reorganisation: Zwischen dezentralisierter Organisation und zentralisierter Steuerung

In den 1980er Jahren war die Fertigung in einzelne Abteilungen aufgeteilt (Fertigungsteile 1, 2, 3 usw.). Diese Struktur erwies sich als schwerfällig, und am Ende des Jahrzehnts wurde damit begonnen, die Fertigungsabteilungen in *Cost Center* umzuwandeln.

Die ersten Cost Center gab es 1987 (z.B. die Kunststofftechnik), die als Pilotprojekte organisiert wurden. 1990 wurde dann die Fahrzeugteilefertigung, also quasi die gesamte Produktion, zu einem Cost Center umgebildet, das dann jedoch später wieder in einzelne Geschäftsfelder ausgegliedert bzw. zergliedert wurde. In diesem Zusammenhang wurde vom damaligen Betriebsratsvorsitzenden Wolfgang Klever eine Fertigungstiefenanalyse angestoßen. Diese diente dazu, die Perspektiven des Standortes als Fahrwerkslieferant zu ermitteln. Dazu gehörte zum Beispiel der Aufbau einer technischen Entwicklungsabteilung. Das war der Beginn des Weges von einer verlängerten Werkbank hin zu einem weitgehend eigenständig agierenden Unternehmen innerhalb des Konzerns.

Die Notwendigkeit der vorausschauenden strategischen Planung wurde auch dadurch gestärkt, dass man negative Erfahrungen vor Augen hatte: So war in Braunschweig ein zweistelliger Millionenbetrag für eine mechanische Lenkungsfertigung investiert und letztlich in den Sand gesetzt worden, weil man nicht erkannt hatte, dass der Markt keine mechanischen Lenkungen, sondern Servolenkungen verlangte. Das war eine Erfahrung, die das Denken auch im Betriebsrat verändert hat: Man muss die künftige Marktentwicklung im Auge haben und darauf hin seine eigene Produktion organisieren. Angesichts dieser großen Investitionsruine begann man im Betriebsrat in strategischer Perspektive zu denken, insbesondere was die Zukunft der Komponentenfertigung und deren Stellung im Gesamtkonzern betrifft.

Es war das strategische Interesse des Konzernvorstands, aber auch des Betriebsrats, das Braunschweiger Werk eigenständiger zu entwickeln. Für den Betriebsrat ging es darum, effektiver im Sinne langfristiger Beschäftigungssicherung arbeiten zu können. 1995 sollte das Braunschweiger Werk zu einem *Profit-Center* mit mehr Eigenverantwortung gegenüber dem Konzern werden. Das damalige Werkmanagement und der Betriebsrat stimmten darin überein, dass man als Gesamtwerk handlungsfähig bleiben muss, um den Markt langfristig bedienen zu können. Der Vorstand des Konzerns konnte von dieser Argumentation überzeugt werden, was dazu führte, dass man 1997 den Standort Braunschweig zu einer *Business Unit* entwickelte. Inzwischen ist dieses Modell der Braunschweiger Business Unit zu einem Referenzmodell für andere Einheiten des VW-Konzerns geworden. Die Business Unit ist eine voll geschäftsfähige Funktionseinheit, die »virtuell« abgerechnet wird. Sie hat eine eigene Gewinn- und Verlust-Rechnung, die aber virtuell ist – und darauf legt der Betriebsrat besonderen Wert, weil die Business Unit nach wie vor unter dem Dach des VW-Konzerns angesiedelt ist.

Mit dem Blick von außen ist schwer zu erkennen, wie sich eine Business-Unit von einer Profit-Center-Struktur unterscheidet. Mit Profit-Centern verbindet sich die Vorstellung einer oft kurzfristig orientierten Geschäftspolitik, während Business Unit die Vorstellung einer längerfristigen strategischen Orientierung weckt. Der Betriebsrat wollte auch weg von dem Begriff »Profit«. Letztlich war die Entscheidung für eine Business Unit eine politische Frage. Hierin drückt sich der größere Gestaltungsspielraum aus, den eine Business Unit gegenüber einem Profit-Center hat. Dem Betriebsrat ging es in der Ausrichtung der Business Unit immer um die langfristige und strategische Orientierung mit dem Ziel der Beschäftigungssicherung.

Was unterscheidet nun aber die Business Unit von einem eigenständigen Unternehmen? Wie hoch sind die Entwicklungsspielräume und was bleibt in der Entscheidungskompetenz des Konzerns? Die Investitionsvorhaben laufen in den jährlichen Planungsrunden nach wie vor auf Konzern- und Markenebene, und zwar abhängig von der Produktplanung und Werkbelegung. Braunschweig bewirbt sich im Ausschreibungsverfahren wie jeder andere Zulieferer auch um neue Produkte, es sei denn, dass es politisch-strategische Entscheidungen darüber gibt, dass ein bestimmtes Produkt aus Wettbewerbsgründen in einem ganz bestimmten Standort von VW gebaut werden soll (man spricht in dem Fall von einer Taufung).

Nach der Organisation des Werks Braunschweig als Business Unit wurde auch intern eine Reorganisation vorgenommen. Sechs Geschäftsfelder wurden entlang der Prozesskette gebildet: Dämpfer, Lenkung, Vorderachse, Hinterachse, Werkzeugbau und Kunststofftechnik. Jedes Geschäftsfeld wird von einem Geschäftsfeldleiter betreut und ist für sein Produkt, für Kosten, Qualität, Liefertreue und Produktentwicklung wie ein mittelständisches Unternehmen verantwortlich. Für den Betriebsrat war ganz wesentlich, dass er begleitend mit dem Vorstand dafür gesorgt hat, dass die Prozesse in ihren Kosten transparent werden.

Ebenso muss Transparenz herrschen, wenn es um die Frage nach den strategischen Entscheidungen geht, die am Standort möglich sind, wobei der Spielraum wieder entscheidend davon abhängt, ob und wie weit es um Investplanungen geht oder um eine Abstimmung für die Budgetplanungen für das Geschäftsjahr, die natürlich immer mit dem Vorstand verhandelt und vom Aufsichtsrat entschieden werden müssen. Diese Gesamtplanungen sind für die Interessenvertretung insofern von Bedeutung, als sie die Möglichkeit geben, über die Aktivitäten des Gesamtbetriebsrats auch zu einem Interessenausgleich zwischen den einzelnen Standorten von VW zu gelangen. Ziel des Gesamt-, Europa- und Weltbetriebsrats ist es, die Standorte gleichmäßig auszulasten.

Dies ist insbesondere in Krisenzeiten ein Element solidarischer Interessenpolitik des Gesamtbetriebsrats. Das ist angesichts der globalen Ausweitung von VW wichtig, denn immerhin arbeiten noch 51% der Gesamtbelegschaft des VW-Konzerns am Standort Deutschland, obwohl sicherlich nicht mehr 51% der Produktion hier sind. (Gegenwärtig dürften es wohl ca. ein Drittel der Gesamtproduktion sein, die am Standort Deutschland abgewickelt werden.) Das Wachstum findet in der Zukunft nicht mehr am Standort Deutschland statt. Interessant ist zu beobachten, wie sich das Wachstum bei den Komponenten in Deutschland und insbesondere in Braunschweig entwickelt. Das ist insofern wichtig, als die eigentlichen Wachstumsimpulse aus den Komponentenbereichen kommen bzw. in diesen stattfinden. Im Komponentenbereich arbeiten bei Volkswagen gegenwärtig ca. 75.000 Beschäftigte (von insgesamt

320.000 im gesamten Konzern weltweit). Für die Stellung des Werks Braunschweig ist es typisch, dass es über kein eigenes Konto verfügt, d.h. die Konsolidierung erfolgt auf Konzernebene. Die Höhe der Investitionssumme oder Investitionsquote (ca. 6,5%) wird nicht bestimmt durch die selbst erwirtschafteten Gewinne, sondern durch Konzernvorgaben.

Für die Entwicklungsfähigkeit der Braunschweiger Business Unit ist entscheidend, ob vom Vorstand das Budget als Steuerungsgröße für das laufende Geschäft am Standort für ein Geschäftsjahr genehmigt wird und wie hoch dieses Budget ist. Für den Betriebsrat kommt es darauf an, dass der Standort den Spielraum hat, den man als Anbieter von Fahrwerksystemen braucht, um im Wettbewerb mithalten zu können. Ein Beispiel ist die Fähigkeit, Komplettlösungen anzubieten: von der Entwicklung über die Planung bis hin zum Prototypen- und Anlagenbau. Hier sei erwähnt, dass der Bereich Maschinen und Werkzeugbau eine strategisch wichtige Funktion als Komplettanbieter hat. Allerdings stehen Teile des Werkzeugbaus vor dem Hintergrund der Wettbewerbsentwicklungen unter einem enormen Kostendruck.

Die Entscheidung für die Business Unit muss man auch aus der VW-Spezifik heraus sehen: Die Sozialbindung des Unternehmens ist noch größer als in anderen Unternehmen. Es besteht also nicht nur von Seiten der Betriebsräte, sondern auch von der Unternehmensseite her ein größeres Interesse daran, Standortentscheidungen nicht nur abhängig zu machen von kurzfristigen Rentabilitätsüberlegungen. Vielmehr geht man bei Volkswagen den Weg, in Form von intelligenten und sozialverträglichen Lösungen die Herausforderungen der Zukunft aufzunehmen. Deutlich wird dies unter anderem in dem Konzept AutoVision. Angetreten mit dem Ziel der Halbierung der Arbeitslosigkeit in Wolfsburg, ist aus dem Konzept ein Projekt zur Stadt- und Regionalentwicklung geworden. Bereiche oder Tätigkeiten (z.B. logistische Tätigkeiten) die unter den Bedingungen des VW-Tarifsystems nicht mehr zu halten sind, werden als Projekte im Rahmen von Werk- und Dienstleistungsverträgen mit der AutoVision betrieben. Die AutoVision ist eine 100prozentige Volkswagen-Tochter.

## 2.3 Die Internalisierung des Marktes – Instrumente der Steuerung über Benchmarking, Target-Costing, Kennzahlen und Zielvereinbarungen

Früher wurde das gesamte Produkt (z.B. die Hinterachse) in Braunschweig gebaut und an die Montagewerke von VW geliefert. Es gab kaum Kostentransparenz. Die Hinterachse wurde zu einem bestimmten Preis verrechnet und man wusste praktisch nicht, wie und wo die einzelnen Kosten entstanden waren. Erst als man die Einzelteile auf ihre Entstehungskosten überprüfte, stellte man fest, dass einzelne Teile im Prinzip gar nicht konkurrenzfähig produziert werden konnten. Daraufhin wurden die Prozesse analysiert, um feststellen zu können, »wo das Geld verbrannt wird«.

Mit der Umstellung auf *Target-Preise* (das sind die Preise, die der potenzielle Kunde für das Produkt zu zahlen bereit ist – ermittelt durch Marktanalysen) wurde im Konzern das *Target-Costing-System* eingeführt, mit der Folge, dass Braunschweig sich im Rahmen eines bestimmten Angebots (eines Angebotspreises) zu bewerben hat. Das Target wird von der Beschaffung gesetzt und ist dem Lieferanten in der Regel nicht bekannt. Das Prinzip wird vom möglichen Lieferanten (Tear 1) bis hin zu dem Teilelieferanten (Tear 2 oder Tear 3) durchgereicht. Die Umsetzung des Angebots ist dann Aufgabe der Geschäftsfelder, die in dieser Hinsicht ähnlich vorgehen und organisiert sind wie ein mittelständisches Unternehmen. Die Investplanung für die Business Unit wird auf die einzelnen Geschäftsfelder heruntergebrochen. Die Geschäftsfeldleitung muss mit dem Werkmanagement das Budget verhandeln, das Ergebnis wird festgehalten; der Geschäftsfeldleiter muss die Einhaltung dieses Budgets schriftlich bestätigen und ist für dessen Einhaltung verantwortlich. Somit ist das Budget eine Steuerungsgröße für das Geschäftsfeld. Eine weitere Steuerungsgröße ist der CSC-Preis, der im Rahmen der Einkaufsprozesse (*Corporate Sourcing Commitee – CSC*) vereinbart wurde. Die Geschäftsfelder müssen also das Budget und die über die Preise ermittelten »Einnahmen« in Deckung bringen.

Der Geschäftsfeldleiter muss den im CSC für die gesamte Baugruppe vereinbarten Preis auf die einzelnen Teile verteilen und sehen, dass der von ihm betreute Bereich wirtschaftlich ist. Relativ unproblematisch ist es, wenn Planabweichungen dadurch hervorgerufen werden, dass z.B. andere Werkstoffe oder ein zusätzliches Teil verwendet werden, wodurch möglicherweise zusätzliche Arbeitsschritte erforderlich werden. Hier muss bedingt durch entstehende Änderungskosten eine Budgetadjustierung veranlasst werden.

Mit dem Aufbau des Standortes Martin in der Slowakei hat die Business Unit eine weitere Möglichkeit im Rahmen einer *Mischkalkulation*, einen im CSC vereinbarten Preis umzusetzen. Entscheidungen über die Vergabe von Fertigungsumfängen nach Martin werden mit dem Planungsausschuss des Betriebsrates abgestimmt.

Darüber hinaus können in der Gewinn- und Verlustrechnung auch innerhalb der Business Unit die einzelnen Geschäftsfelder untereinander ausgeglichen werden, d.h. ein Geschäftsfeld mit einem positiven Ergebnis kann das negative Ergebnis eines anderen Geschäftsfeldes kompensieren und ausgleichen. Strategisch ist dies von Bedeutung, und darauf legt der Betriebsrat besonderen Wert, um Geschäftsfelder, die momentan nicht profitabel arbeiten, aber aus strategischen Gründen wichtig sind für das Unternehmen und dessen Entwicklung, über eine bestimmte Zeit aufrecht zu erhalten und damit Kernkompetenzen längerfristig zu sichern. Diese interne Querfinanzierung ist für den Betriebsrat auch aus beschäftigungspolitischen Überlegungen wichtig. Eine große Bedeutung für diese Querfinanzierung hat das Werk in Martin in der Slowakei. In einer Vereinbarung wurde zwischen Betriebsrat und Unternehmen geregelt, dass der Standort Martin nicht als selbständiger Anbieter im CSC Prozess auftritt. Der Kostenvorteil von Martin kommt somit unmittelbar dem VW-Werk Braunschweig zugute.

Auch am Braunschweiger Standort gibt es neue Formen der Mischkalkulation. Im Rahmen der *Just-In-Sequenz (JIS) Anlieferung* für den Golf A5 war geplant, die Vorder- und Hinterachse an einen Modulmontagestandort in Warmenau bei Wolfsburg zu verlagern. Hier gab es massiven Einspruch vom Betriebsrat. Der Betriebsrat konnte deutlich machen, dass durch die Ausgliederung von Kernfertigungsumfängen der Standort Braunschweig massiv in Gefahr gebracht wird. Es wurde dann ein Kompromiss gefunden, dass diese Fertigungsumfänge weiterhin in Braunschweig verbleiben.

- Voraussetzung war, dass das Werk anforderungsgerecht in Sequenzen und zu einem akzeptablen Preis zu liefern bereit und fähig war.
- Mit der Entscheidung wurde eine neue Halle gebaut und zwar – und dies ist auch eine Neuentwicklung – nicht vom VW-Konzern selbst, sondern von einem externen Investor.
- Im Rahmen einer Flexibilitätskaskade wurde vereinbart, dass Teile der Belegschaft aus dem Personal der Wolfsburg AG (Zeitarbeit) und im Rahmen von Dienstleistungsverträgen mit der AutoVision in der Halle 30 zum Einsatz kommen.
- Bei Auftragsschwankungen werden entlang der Kaskade zunächst Mehrarbeit reduziert, Zeitarbeitnehmer herausgesteuert und Dienstleistungsverträge gekündigt, um die Beschäftigung des Stammpersonals zu sichern.

Die Montageumfänge Vorder- und Hinterachse für die Golfklasse werden im Rahmen eines Werkvertrags durch die AutoVision GmbH gefertigt. Für die Autovision ist mit der IG Metall ein Tarifvertrag abgeschlossen worden. Er entspricht dem Niveau des Flächentarifvertrags. Dies sind natürlich auch alles Elemente der neuen Steuerungsmechanismen, die neben die Prozesse der Verdichtung der Arbeit, der Veränderung der Arbeitszeiten, der Leistungsbedingungen usw. treten.

Zur Steuerungsgröße *Budget*: Das Budget für die einzelnen Werke wird durch die Unternehmensplanung bestimmt, in der u.a. für das folgende Geschäftsjahr die Gesamtzahl der zu fertigenden Fahrzeuge geplant wird. Sind z.B. fünf Millionen Fahrzeuge geplant, so sind auch fünf Millionen Fahrwerke zu liefern, sofern die Planungsannahmen eintreten. Der Preis für diese Fahrwerke bzw. dessen einzelne Komponenten werden wie schon erwähnt im Rahmen des CSC-Verfahrens entschieden.

Das Budget für das Werk Braunschweig bestimmt sich durch die für die Produktion der vereinbarten Losgrößen nötigen Steuerungskosten. Werden nun in der betreffenden Periode weniger Fahrwerke abgerufen, kann eine Budgetverfehlung entstehen. Eine Budgetverfehlung muss aber nicht notwendigerweise bedeuten, dass auch in der Gewinn- und Verlustrechnung ein Delta entstanden ist. Deshalb sieht der Betriebsrat eine Aufgabe darin, in den Planungssitzungen, in denen die Zielgrößen verhandelt werden, dafür zu sorgen, dass hier realistische Erwartungen in Budgets umgesetzt werden, denn zu positive Erwartungen und daraus abgeleitete Budgets führen notwendigerweise zu Budgetsicherungsmaßnahmen und damit zu Sparmaßnahmen an den Standorten. Entscheidend für den Betriebsrat ist die Frage, was wichtiger ist: Ein ausgeglichenes Budget zu haben, oder eine positive Gewinn- und Verlustrechnung. Obwohl das Management sein Augenmerk eigentlich auf die positive Gewinn- und Verlustrechnung legen müsste, wird es letztlich am Grad der Einhaltung des Budgets gemessen. Und genau dadurch wird ein immenser Druck auf das Management ausgeübt. Vor allem der Bonus (mit ca. 40% variablem Entgeltbestandteil) für das Management misst sich an der Einhaltung des Budgets.

*Zielvereinbarungen:* Der Werkleiter trifft mit seinen Abteilungsleitern bestimmte Vereinbarungen über die Ziele, die zu erreichen sind. An dieser Stelle ein Blick auf die Hierarchieebenen: An der Spitze steht das Werkmanagement (Werkleiter, Fertigungsleiter, Personalleiter, Leiter Qualitätssicherung, Logistikleiter), darunter die Geschäftsfelder mit den Geschäftsfeldleitern, darunter die Unterabteilungsleiter und darunter die Meisterschaften. Die Zielvereinbarungen gehen bis zur Ebene der Unterabteilung bzw. Unterabteilungsleiter. Mit den Meistern gibt es bislang keine Zielvereinbarungen. Allerdings sollen die Meister mit ihren Gruppen im Rahmen der Betriebsvereinbarung zur Gruppenarbeit Zielvereinbarungen treffen. Im Prinzip nutzen die Meister die Zielvereinbarung zur Steuerung ihrer Gruppen im alltäglichen Geschäft; real funktioniert das aber sehr unterschiedlich und auch nur dann, wenn die Gruppe als solche funktioniert, wenn es etwa regelmäßige Gruppengespräche innerhalb der Gruppe gibt. Ob die Gruppe gut arbeitet, hängt entscheidend von der Zusammenarbeit der Gruppe und ihrem Meister ab. Die Zielvereinbarungen zwischen Meister und Gruppe sind nicht entgeltrelevant. Aber auch die Zielvereinbarungen mit den Angehörigen des mittleren Managements sind in der Regel nicht entgeltrelevant; dies werden sie jedoch bei den Managern, die Bonusbestandteile in ihrem Gehalt haben, denn der Bonus bemisst sich selbstverständlich auch am Grad des Erreichens festgelegter Ziele (siehe oben die Frage der Budgeteinhaltung).

## 3. Beschäftigungsunsicherheit bei marktzentrierter Unternehmenssteuerung

Strategien marktzentrierter Unternehmenssteuerung haben nicht nur unmittelbare Auswirkungen auf die Arbeits- und Leistungsbedingungen der Beschäftigten in den betreffenden Unternehmen und Betrieben, sondern sind zudem geeignet, ein Klima der Unsicherheit zu schaffen, das seinerseits zusätzlichen Druck auf die Beschäftigten ausübt. Dabei speist sich die Unsicherheit aus verschiedenen Quellen:

- aus einer generellen Beschleunigung aller Prozessabläufe von der Entwicklung über die Fertigung bis hin zum Vertrieb, um sich rasch verändernde Marktsituationen aufzufangen und eventuelle Wettbewerbsvorsprünge auszubauen (*Time-to-market*), was sich vielfach in kurzfristigen, nicht vorhergesehenen Veränderungen im Ablauf, in zusätzlichen Aufgaben usw. niederschlägt.
- aus der Erfahrung, dass jeder Reorganisation eine nächste folgt, mit durchaus ungewissem Ausgang für die Stellung, die Aufgaben, die personelle Besetzung des Betriebs, der Abteilung, der Gruppe im Unternehmen (Reorganisation in Permanenz).
- aus der Stoßrichtung und den Effekten einer auf den jeweiligen konkreten Standort gerichteten Politik, die im Rahmen zunehmend global orientierter Konzernstrategien zugleich wichtiger, aber auch prekärer wird (»Standortsicherungspolitik«).

### 3.1 Von einer ressourcenorientierten zu einer ergebnis-/marktorientierten Steuerung von Arbeit

Zielvereinbarungen sind ein wichtiges Instrument der ergebnis-/marktorientierten Steuerung. Monetäre Zielvereinbarungen sind auf die Führungsebene beschränkt. Der Meister steuert zwar über Ziele seine Gruppe, schließt aber mit dieser keine entgeltrelevante Zielvereinbarung ab. Aber auch in der Fertigung wächst das System ergebnisorientierter Steuerung und zwar dadurch, dass im Rahmen des VW Produktionssystems *Arbeits- und Prozessorganisation (APO)* das Prinzip des *visuellen Managements* herrscht: Alles ist transparent, von der An- und Abwesenheit, der Qualität, den Ratio-Zielen, der Entwicklung der Fertigungszeiten usw. usf. Wenn hier irgend etwas nicht so läuft, wie es geplant ist, kann der Meister zusammen mit der Gruppe auf der Basis dieser sichtbaren Daten diskutieren, was zu tun ist und was man tun kann. Diese Transparenz der Prozesse gibt es grundsätzlich in jeder Linie.

Die bedeutsamsten leistungsrelevanten Veränderungen haben im Angestelltenbereich stattgefunden und hier vor allem in Bereichen wie Entwicklung, Planung und Controlling. Dies steht im Zusammenhang mit der enormen Ausweitung und Diversifizierung der Produktpalette. Dabei ist die Zahl der Beschäftigten in diesen Bereichen praktisch unverändert geblieben. Das heißt, die gleiche Anzahl von Beschäftigten muss erheblich mehr Projekte bearbeiten als früher. Auch der Inhalt dieser Arbeiten, vor allem was die Entwicklung betrifft, ist erheblich komplexer geworden, etwa dadurch, dass auch die Komponenten komplexer geworden sind. Auch die Art und Weise, wie die Arbeit organisiert wird, hat sich verändert. Während früher die Arbeiten vergleichsweise standardisiert waren, müssen die Beschäftigten in diesen Bereichen jetzt »cross-funktional« in Projekten arbeiten. Die Fähigkeit der Steuerung der Arbeiten in Projekten ist ein wesentliches Kriterium für den Erfolg der Arbeit. Hinzu kommt neben der Ausweitung der Produktpaletten, dass sich der Prozess von der Fahrzeugentwicklung bis hin zum Produktionsanlauf enorm beschleunigt hat.

Die in den Projekten zu realisierenden Arbeitsaufträge werden in weitgehender Selbstverantwortung durch die Projektgruppen durchgeführt. Der einzelne Mitarbeiter bekommt hier kaum noch standardisierte Arbeitsaufträge zugeteilt, sondern die Projektgruppe muss das Gesamtprojekt vergleichsweise autonom bearbeiten und die Verteilung der einzelnen Arbeitsaufgaben intern regeln. Von den betrieblichen Vorgesetzten bekommen sie dazu lediglich Rahmeninformationen. Die Frage stellt sich, wie sich die Leistung derer erfassen lässt, die in einem Projekt oder auch in mehreren Projekten arbeiten. Im Prinzip ist das Volumen der Leistung nicht bzw. kaum messbar. Der Tarifvertrag schreibt vor, dass die Aufgabe sozial und biologisch zumutbar sein muss. Aber das Problem bleibt: Wer entscheidet, was sozial und biologisch zumutbar ist, bzw. wie – auf Basis welcher Bestimmungsgrößen – kann der Betriebsrat soziale und biologische Zumutbarkeit einfordern? Zur Zeit wird im Rahmen eines von der Konzerntochter VW-Coaching begleiteten Projekts das Projektmanagement der Business Unit Braunschweig neu aufgestellt. Ein wesentlicher Baustein der mit dem Betriebsrat zu vereinbarenden Rahmenbedingungen sind die Ressourcen der Mitarbeiter in den Projektteams, Qualifizierungsmaßnahmen, Bezahlungsregelungen, Entwicklungsmaßnahmen und Kompetenzen.

## 2.2 Folgen für die Arbeits- und Leistungssituation

Am Beispiel eines Planers soll die Leistungsverdichtung deutlich gemacht werden. Zunächst ist davon auszugehen, dass die Tätigkeit eines Planers im Wesentlichen durch den Termin gesteuert wird, an dem die Fahrzeugproduktion anläuft. Die Anlagen, welche die verschiedensten Teile, Komponenten und Module parallel an allen Standorten dieser Welt fertigen, müssen so synchronisiert sein, dass alles termingerecht in die Endmontage läuft. Dies bestimmt den Arbeitszyklus des Planers.

In vom Betriebsrat initiierten Umfragen bei VW in Braunschweig wurde 2002 festgestellt, dass fast alle Befragten in diesem Bereich angaben, dass nicht so sehr eine Extensivierung der Arbeitszeit, etwa in Richtung einer 40- bis 45-Stunden-Woche, erfolgt ist, sondern dass vielmehr die Intensität der Arbeit erheblich zugenommen hat.

Fragt man nach, woran sich das konkret festmacht, wird geäußert, dass es immer häufiger vorkommt, dass man an einem laufenden Projekt arbeitet und bereits das nächste und übernächste Projekt auf den Tisch bekommt, sodass von daher schon ein erheblicher Druck entsteht, die laufende Projektarbeit zu beschleunigen. Oder man ist gezwungen, praktisch an mehreren Projekten parallel zu arbeiten, was dazu führt – oder zumindest die subjektive Empfindung erweckt –, dass man kein Projekt eigentlich hundertprozentig bearbeiten kann. Die Folge ist, dass die vorhandenen Freiräume der Arbeit immer mehr verdichtet werden. Es bleibt kaum Zeit für ein Gespräch mit Kollegen. Nicht zu unterschätzen ist der Anteil der Arbeit, die die Kolleginnen und Kollegen mit nach Hause nehmen. Es gehört zur Leistungsverdichtung, dass man zunehmend die Informationen, die man für die Erledigung seiner Aufgaben braucht, sich selbst und eigenverantwortlich beschaffen muss (beispielsweise durch Literaturstudium oder selbst betriebene Weiterbildung).

Erschwerend kommt hinzu, dass sich durch den zunehmenden Personalabbau die vorhandene Arbeit auf immer weniger Köpfe verteilt. Als dritter Faktor spielt die höhere Verantwortung eine Rolle, die sich in verschiedener Weise äußert: So musste man in der Vergangenheit frühzeitig und in kurzen Abständen über die einzelnen Arbeitsschritte, die man zu bearbeiten hatte, Rechenschaft ablegen. Das war zwar nicht immer angenehm, hatte aber den positiven Effekt, dass man frühzeitig ein Feedback bekam, und man konnte auch u.U. notwendige Korrekturen rechtzeitig vornehmen. Die Verantwortung lag letztlich beim Vorgesetzten. Heute erfolgt die Präsentation eher am Ende eines Projekts oder dann, wenn es nicht weitergeht, und der Bearbeiter ist für sein Projekt und die aufgelaufenen Kosten selbst verantwortlich. Nebeneffekt ist, dass jeder Mitarbeiter glänzen will. Wer gesteht sich schon vor dem Chef ein, dass man ohne dessen Hilfe nicht weiterkommt. Ferner muss man bestimmte

Projekte, die man bearbeitet hat, auch noch beim Kunden vertreten bzw. durchsetzen. Früher hat man seinem Vorgesetzten eine Vorlage erstellt, die dieser dann gegenüber seinen Vorgesetzten oder gegenüber der Konzernzentrale durchzusetzen hatte.

Während in der Fertigung mehr oder weniger – in Abhängigkeit von der technischen Ausstattung und den Maschinenlaufzeiten – genau beschrieben ist und gefordert wird, was wann konkret zu tun ist, wird im indirekten Bereich lediglich der Verantwortungs- und Zuständigkeitsbereich umrissen. Der Einzelne ist verantwortlich für die Steuerung der Hinterachsfertigung (Serienplanung). Damit liegt aber auch alles, was im Bereich dieser Fertigungslinie passiert, in seiner Verantwortung. Eventuell auftretende Störungen im Fertigungsprozess müssen weitgehend selbständig bewältigt werden. Wie groß der Einzelne seinen Arbeitsdruck empfindet, hängt dann auch stark davon ab, wie er in der Lage ist, seine Arbeit und seine Zeit zu organisieren und möglicherweise auch Arbeit zu delegieren. Die Organisation der eigenen Arbeit wird mehr und mehr zu einem Qualitätskriterium für »Gute Arbeit«.

Die Prozessoptimierung in der Fertigung wird im Wesentlichen über die im CSC Vertrag vereinbarten Kostenziele gesteuert. Darüber hinaus werden in den Budgetvereinbarungen Ratioziele vereinbart, die dann durch das Industrial Engineering in Fertigungszeiten und damit in den Fertigungskrediten verrechnet werden.

Ein Beispiel: In den letzten vier Jahren wurde bei etwa gleichbleibendem Produktspektrum über alle Produkte und Leistungen hinweg ein Ratio von 20% realisiert (vorwiegend über Prozessoptimierung). Dies hat sich weniger darin geäußert, dass die Taktzeiten wesentlich verändert worden wären, sondern darin, dass innerhalb der Taktzeiten nun deutlich mehr Arbeitsaufgaben zu erledigen sind. Der Werker muss nicht nur an der Maschine stehen und innerhalb vorgegebener Sekunden ein bestimmtes Teil einlegen, sondern es kommen zusätzliche Aufgaben der Vor- und Nachbereitung hinzu. Dadurch schließen sich bislang vorhandene Freiräume und werden mit neuen Aufgaben gefüllt. Bezogen auf eine direkte Veränderung der Taktzeiten gibt der Tarifvertrag ausreichende Möglichkeiten, diesem entgegen zu wirken, aber das Problem ist, dass in den Rhythmus einfach mehr Arbeitsaufgaben hineingepackt werden (z.B. mehr Maschinenbedienung oder Aufgaben der Störungsbehebung). Wenn man nun davon ausgeht, dass diese Ratio-Effekte ja Jahr für Jahr erzielt werden sollen, stellt sich die Frage nach den Grenzen der Belastung.

Ein wichtiger Indikator für die zunehmende Überlastung ist die Entwicklung des Gesundheits- bzw. Krankenstandes. Während früher – grob geschätzt – etwa 95 Prozent kurzfristige Erkrankungen waren, sehen wir heute eine Zunahme der langfristigen Erkrankungen, die zudem häufig psychosomatischen Charakter annehmen.

Bislang kann zum Glück bei VW Braunschweig (noch) nicht davon ausgegangen werden, dass die Angst um den Arbeitsplatz das Leistungs- oder auch das Krankheitsverhalten wesentlich beeinflusst. Dies ist auch als ein Erfolg der Standortsicherungspolitik des Betriebsrates zu begreifen. Auf der anderen Seite ist aber deutlich zu sehen, dass in den neuen Bereichen, in denen Beschäftigte eingesetzt sind, die außerhalb des Geltungsbereichs des VW-Tarifvertrags – und zudem ungesicherter – arbeiten (etwa die Leiharbeiter) der Krankenstand augenscheinlich geringer ist (aber dieses müsste einer eigenen Untersuchung vorbehalten sein). In den Fällen, in denen KollegInnen aus befristeten Beschäftigungsverhältnissen in unbefristete übernommen wurden, stieg kurzfristig der Krankenstand an.

Ein Blick in die Zukunft zeigt, dass in Bezug auf Leistungsverdichtung mit Veränderungen zu rechnen ist. Die Folgen sind schon sichtbar: In einigen Bereichen wird keine Mehrarbeit mehr gemacht bzw. zugelassen, weil die Budgetplanungen dafür keinen Spielraum mehr hergeben (was ja an sich eine Forderung der Gewerkschaft ist). Dies wird allerdings den Prozess der »Selbstausbeutung« beschleunigen und zu einer weiteren Intensivierung in der verbleibenden Arbeitszeit führen; der Betriebsrat befürchtet, dass die Beschäftigten auch unbezahlte Mehrarbeit leisten, um das Pensum zu bewältigen. Zu befürchten ist, dass auch die psychisch bedingten Erkrankungen zunehmen, also neue Krankheitssymptome, die im Werk zu registrieren sind. Ein Konzept gegen »Arbeiten ohne Ende« ist vor dem Hintergrund der wachsenden Kostenkonkurrenz die große politische Herausforderung für die Gewerkschaften in den nächsten Jahren.

## 3. Neue Steuerungsformen und Betriebsräte

### 3.1 Standortpolitik als Beschäftigungssicherung
Seit 1992 treffen sich in Braunschweig einmal im Jahr die Konzern- und Markenvorstände mit dem Werkmanagement und den Betriebsräten in so genannten Standortsymposien, um gemeinsam Strategien zur Zukunfts- und Standortsicherung zu entwickeln. Eine wichtige Forderung des Betriebsrats war es, am Standort eine eigene technische Entwicklung aufzubauen und ein System zur Kostentransparenz zu implementieren, in dem Sinne: »...statt sich durch die Budgetsteuerung erpressen zu lassen, müssen die positiven Ergebnisbeiträge für den Konzern aufgezeigt werden.« Im Ergebnis führten diese Überlegungen zu der

beschriebenen Transformation des Werks in eine »Business Unit«. Derzeit wird zwischen Gesamtbetriebsrat und Vorstand über eine Konzernkomponentenstrategie beraten. Diese ist übrigens Kern einer Betriebsvereinbarung, die im November 2004 zur Umsetzung des Zukunftstarifvertrages abgeschlossen wurde. Aus Sicht des Betriebsrats müssen die Kernkompetenzen für die Standorte insbesondere im Bereich der Komponentenfertigung definiert werden. Ziel muss sein, die Wettbewerbsfähigkeit der internen Komponentenfertigung sicherzustellen.

Beschäftigung kann aber letztlich nur gesichert werden, wenn das Werk Liefertreue und Qualität bietet und die Preise, die angeboten wurden, auch eingehalten werden. Nur so bleibt man als Standort im Rennen. Diese Einstellung war Resultat der Erkenntnis (von Management und Betriebsrat), dass die Zeiten, in denen eine Achse für VW selbstverständlich aus Braunschweig zu kommen hatte, vorbei sind und dass Braunschweig sich in einem Wettbewerb mit anderen Anbietern befindet. Der Betriebsrat sah gar keine andere Möglichkeit als die, sich an den Entscheidungen innerhalb der Beschaffungsprozesse zu beteiligen, um eine wirksame Politik der Beschäftigungssicherung zu betreiben. Dieser Prozess der Einbindung ist in einer Betriebsvereinbarung zum Global- und Forward-Sourcing-Prozess geregelt. Die hausinternen Komponentenfertigungen haben danach die Möglichkeit für einen »last call«.

Im Zusammenhang mit der Kostensenkung zur Steigerung bzw. zum Erhalt der Wettbewerbsfähigkeit begannen auch die Betriebsräte, Mischkalkulationen zu fordern. Der Betriebsrat selbst forderte einen Low-Cost-Standort (Ergebnis war das Werk in Martin in der Slowakei), um unter Anwendung von Mischkalkulationen die unterschiedlichen Kostenniveaus zur Schaffung bzw. Sicherung der Beschäftigung an beiden Standorten zu nutzen. Es war absolut neu, dass man dezidiert einen Standort in einem Billiglohnland forderte, um dort Teile produzieren zu können, die am Standort Deutschland »preislich nicht mehr darstellbar« waren.

Ein weiterer Baustein im Konzept der Beschäftigungssicherung ist die Errichtung von weltweiten Modulmontagestandorten. Ziel dabei ist es, den beschriebenen Produktentstehungsprozess aus einer Hand dem Kunden anzubieten. Dafür wurden an den fahrzeugbauenden Standorten Montagezentren aufgebaut. Diese sind teilweise in Lieferantenparks integriert. Teils mit Personal von Volkswagen oder im Rahmen von Werkverträgen mit externen Firmen werden die in Braunschweig entwickelten und vorgefertigten Bauteile zu einem Modul zusammengesetzt und sequenzgenau in den Fertigungsprozess gesteuert. Modulmontagestandorte gibt es von Glauchau in Mosel bis Curritiba in Brasilien. Alle werden aus dem Standort Braunschweig heraus gesteuert. Die tariflichen Strukturen sind dabei sehr unterschiedlich und reichen vom VW Personal in

Emden hin zum Personal der AutoVision in der Halle 30. Für den Betriebsrat gehört das Konzept der Modulmontagen zu einer präventiven und strategisch orientierten Politik: alle zur Kernkompetenz der Braunschweiger Fertigung gehörenden Produkte um jeden Preis zu halten, um langfristig den Standort zu sichern. Das Motto: »Wir kleben häufig Pflaster, wo noch keine Wunden sind.«

Das führt durchaus dazu, dass der Betriebsrat gegenüber der Belegschaft in schwierige Positionen gerät, weil der Zusammenhang zwischen aktuellen Entscheidungen und den langfristigen Auswirkungen nicht einfach zu vermitteln ist. Hier muss gegenüber der Belegschaft viel Überzeugungsarbeit geleistet werden. Auf der anderen Seite musste dem Management deutlich gemacht werden, dass mit dem Betriebsrat nur dann über strategischen Themen verhandelt werden kann, wenn für beide Parteien eine Win-Situation entsteht. Es geht also nicht darum, Benefits am Standort durchzusetzen, sondern darum, auch durch Strukturveränderungen weiterhin wirtschaftlich fertigen zu können, um dadurch den Standort und die Beschäftigung nachhaltig zu sichern. Ohne Wirtschaftlichkeitsnachweis (insgesamt) gibt es sowieso keine Aufträge mehr.

Aber die Frage, ob man wirtschaftlich produzieren kann oder nicht, hängt natürlich auch von den Rahmenbedingungen ab. So kann man etwa versuchen, bei Neuinvestitionen in Anlagen oder Fertigungsstraßen diese so zu lenken, dass man diese Anlagen nicht nur für eine Produktreihe, sondern möglicherweise auch für die nächste nutzen kann, wodurch sich auch die Abschreibungszeiträume verlängern und Kosten nicht kurzfristig abgetragen werden müssen – im Übrigen ein Effekt, den der Betriebsrat von der Modulstrategie des Unternehmens erwartete.

Wir stellen uns immer wieder die Frage, was das spezifisch gewerkschaftliche an der Betriebspolitik des Betriebsrats in Braunschweig ist, denn die Betriebsratspolitik war auch in der vergangenen Zeit nicht unumstritten. Die Frage kann man letztlich nur von ihrem Ergebnis her beantworten: »Wir haben natürlich nicht den Kapitalismus durch unsere Politik überwunden, aber wir haben für unsere Belegschaft hier am Standort das Beste getan.« »Es ist uns gelungen, auf der Basis des Haustarifvertrags Beschäftigung nach Braunschweig zu bekommen, weil wir die Fertigung intelligent organisiert haben. Auch sind wir stolz, dass wir 1.500 Arbeitsplätze in den 1990er Jahren geschaffen haben und den Standort trotz enormen Zulieferwettbewerbs gesichert haben. Um unseren Weg genauer zu beschreiben und auch die kritischen Fragen zu diskutieren, haben wir das Buch ›Vom Klassenkampf zum Co-Management?‹ (hrsg. von Udo Klitzke, Heinrich Betz, Mathias Möreke, Hamburg 2000) veröffentlicht. Damit wollen wir unsere Politik kommunizieren.«

Die Einbindung des Betriebsrats in die Entscheidungs- und Abstimmungsprozesse hat in den letzten Jahren deutlich zugenommen. In Abstimmung ist zurzeit eine Betriebvereinbarung, die als Controllinginstrument die Umsetzung des Zukunftstarifvertrages und der angeschlossenen Vereinbarungen zum Ziel hat. Ziel des Betriebsrats ist es, mehr Mitbestimmung bei den Investitionsentscheidungen zu bekommen. Maßnahmen zur Kostenreduzierung müssen mit Investitionen in Zukunftsprojekte und Beschäftigungssicherung hinterlegt werden.

### 3.2 Leistungsbegrenzung, aber wie?

Nach Ansicht der Betriebsräte lässt sich eine Begrenzung der Leistung bzw. einer Leistungsüberforderung nicht über die Formulierung von Betriebsvereinbarungen erreichen. Die wirksamste Möglichkeit wird darin gesehen, dass sich der Einzelne in Zusammenarbeit mit dem Betriebsrat wehrt, wenn er das Gefühl hat, dass die Anforderungen an seine Arbeit sozial und biologisch auf Dauer nicht zumutbar sind.

Im Rahmen des Projekts »Gute Arbeit« wird zur Zeit in Workshops mit Betriebsräten, Experten der IG Metall und betroffenen Kolleginnen und Kollegen darüber diskutiert, wie man schon zu Beginn des Produktentstehungsprozesses die Bedingungen so gestalten kann, dass die Folgewirkungen und Kosten der Belastungen reduziert werden. Einen ähnlichen Ansatz hat es bereits im Rahmen einer Qualifizierungsoffensive gegen Ende der 1990er Jahre gegeben. Damals hatten die Planer den Auftrag, die Auswirkungen der Qualifizierung beim Einsatz von neuen Anlagen und Maschinen zu erheben. Diese wurden dann in die Investitionsentscheidungen einkalkuliert.

Es gibt keine schlichte Antwort auf die Fragen der Leistungsbegrenzung. Leistungsgrenzen sind individuell so unterschiedlich wie die gefühlte Temperatur. Man kann das in die Selbstverantwortung des Einzelnen legen, dass er kundtut, wann für ihn Schluss ist. Man kann es aber auch an der Gesundheitsentwicklung messen (Gesundheitsstand als Steuerungsgröße), man kann es vielleicht auch im Rahmen von Mitarbeitergesprächen klären. Allerdings wird sowohl von den Beschäftigten als auch vom Betriebsrat bemängelt, dass das Thema Mitarbeitergespräche von den Vorgesetzten weitgehend vernachlässigt wurde. Dabei böte dieses Instrument für die Mitarbeiter auch die Möglichkeit, im Gespräch mit dem Vorgesetzten abzuchecken, wie der Arbeitsalltag bewältigt wird, wie man mit den Arbeitsaufgaben zurecht kommt, welche Qualifikation man dazu benötigt usw. Wenn man davon ausgeht, dass jeder Beschäftigte auch nach Anerkennung für seine Arbeit strebt, möchte er natürlich wissen, wie sein Vorgesetzter ihn beurteilt (Feed-back). Diesem – berechtigten – Wunsch stehen bei VW aber die Erfahrungen mit den Leistungsbeurteilungen gegenüber. Sie wurden in ihrer Mehrheit immer als eine höchst persönliche und z.T. willkürliche Beurteilung der eigenen Leistung erachtet. Für die Zukunft braucht es jedoch ein Feedback-System, welches als einigermaßen objektiv akzeptiert werden kann, wozu zwingend gehört, dass es eine Reklamationsmöglichkeit gibt.

Gegen »Selbstverantwortung« und »Selbstmanagement« ist im emanzipatorischen Sinne im Prinzip nichts einzuwenden, auch nichts dagegen, dass die »Ressource Mensch« dadurch effektiver genutzt werden kann. Das Problem stellt sich jedoch immer dann, wenn der exzessiven Ressourcennutzung Grenzen gesetzt werden müssen, dafür aber die objektiven Kriterien fehlen. Es gibt keine Standardisierung oder Objektivierung, die in der Lage ist, Grenzen zu definieren. Was kann der Betriebsrat tun, um den Prozess der Grenzziehung, der letztendlich durch die Individuen selbst erfolgen muss, unterstützend zu begleiten? Das Problem von ERA ist, dass man nicht gleichzeitig die – unterschiedlichen – individuellen Potenziale herauskitzelt und zugleich allgemeingültige objektive Grenzen setzt.

Noch schwieriger für die Interessenvertretung wird es, wenn das Unternehmen davon ausgeht, dass es maximale Leistung nur dann erhält, wenn der Mitarbeiter mit seiner Arbeit zufrieden ist, d.h. wenn die Vereinbarungen weitgehend auf seine Interessen, Fähigkeiten und Bedürfnisse eingehen. Auch dies kann zu einer erheblichen Leistungsverdichtung führen, die dem Betriebsrat aber nur wenige Interventionsmöglichkeiten eröffnet, besonders dann, wenn der Beschäftigte die Intervention weniger als Schutz, sondern als Knebelung erfährt.

Im Prinzip hat eine Steuerung, die ergebnisorientiert ist und bei der sich das Ergebnis am Markt orientiert, kein Maß; das Maß muss der Mensch selbst setzen. Gleichzeitig erscheinen aber die vorgegebenen Kennziffern, an denen sich die Leistung zu orientieren hat, als gleichsam objektive. Inwieweit können diese als »objektiv« empfundenen Steuerungsgrößen (Kennzahlen) Gegenstand der interessenpolitischen Einflussnahme sein? Eine erste Voraussetzung dafür, hier politisch agieren zu können, ist, dass das Management sich darüber im Klaren ist, dass es mit diesen Kennzahlen über ein Steuerungssystem verfügt. Dessen sind sich viele Führungskräfte gar nicht bewusst. Wie kann dann mit dem Management verhandelt werden, wenn es diesen Steuerungscharakter selbst nicht erkennt? Vielleicht sollten die Manager vor der Belegschaft mal eingestehen, dass sie selbst für viele Fragen keine Antworten haben, und dass es deshalb notwendig wäre, Antworten oder Lösungen gemeinsam zu entwickeln.

Man sollte sich – auch im Management – darüber im Klaren sein, dass diejenigen, die sich permanent am meisten ausbeuten, die die

Leistungsträger sind und die am meisten zur Standort- und Beschäftigungssicherung beitragen, genau diejenigen sind, die aller Voraussicht nach auch am meisten an den Folgewirkungen zu leiden haben werden und mit 50 dann auch zu einem »betriebswirtschaftlichen Problem« für das Unternehmen werden. Auch die Betriebswirte in den Unternehmen, die sich strategisch vor allem um die Sicherung des Standortes kümmern, kommen genauso wie die anderen Angestellten in diese Leistungsspirale hinein. Das gilt auch für die Betriebsräte: »Mithalten mit dem Management heißt für uns, die wir ja über weit geringere Ressourcen verfügen, dass wir sehr viel mehr Energie aufbringen müssen und kreativere Leute brauchen, um strategisch in Vorhand zu geraten. Das heißt, wir müssen aus eigenem Interesse diesen Mainstream in der Leistungsentwicklung wahrnehmen und erkennen, da wir selbst letztlich davon betroffen sind. Das bedeutet aber auch, gegenüber den KollegInnen einzugestehen, dass der Betriebsrat nicht für alle Probleme eine Lösung parat hat.«

Die Beschäftigung mit dem Komplex »Arbeiten ohne Ende« bedeutet für den Betriebsrat aber auch, neue Schwerpunkte in seiner Arbeit zu setzen. Dabei muss das Problem »Arbeiten ohne Ende« zunächst auch als ein eigenes erkannt werden, um überhaupt die Idee, sich dagegen zu wehren, in die Belegschaft tragen zu können. »Wenn ich einem Kollegen um 20.15 Uhr sage, dass er jetzt Feierabend machen soll, dann müsste der eigentlich erwidern: Wo kommst du eigentlich um diese Zeit her?«

Im traditionellen Leistungslohnbereich ist die Herausforderung, vor der ERA steht, eine Entgeltdifferenzierung über die verschiedenen Entgeltgruppen vorzunehmen und dahinter eine entsprechende Leistungsbeschreibung zu legen. In diesem Bereich ist die Leistungsdefinition jedoch vergleichsweise einfach, weil sie zum Teil auf traditionelle Kriterien zurückgreifen kann. Im Bürobereich ist dies weitaus schwieriger, wenn nicht sogar unmöglich, da hier Leistung nicht objektivierbar ist. Die Frage ist, ob daraus nicht die Schlussfolgerung gezogen werden muss, wieder die Arbeitszeit und deren Quantum zum ausschließlichen Maß der Leistung zu machen. Aber damit bleibt letztlich ungelöst, wie mit dem Problem der »freiwilligen« internen Verdichtung der Leistung (intern im Sinne der Verdichtung innerhalb des gegebenen Zeitrahmens) und dem Problem der »freiwilligen« Extensivierung der Zeit im Interesse der erfolgreichen Abwicklung eines Projekts umgegangen wird. Dies verweist wieder auf den Einzelnen, der letztlich das Maß für seine Leistung selbst finden muss, dies möglicherweise mit anderen kommuniziert, um darüber zu einer Verständigung zu gelangen, was über die akzeptierte Leistungsabforderung hinausgeht. Aber gerade die neuen Formen der Lei-

stungsverdichtung beschränken zunehmend die dazu erforderlichen Voraussetzungen: Kommunikation, Solidarisierung, gemeinsame Gespräche. Die betriebliche Interessenvertretung steht vor einem Spagat:
- einerseits sollte sie es möglich machen, dass Einzelne ihrem jeweiligen individuellen Interesse an einer – zumindest zeitlich befristeten – Mehrarbeit nachgehen können, weil sie vielleicht gerade ein spannendes Projekt unbedingt zu Ende bringen wollen,
- andererseits muss jedoch unbedingt verhindert werden, dass dieses dann als Maßstab auch für andere dient und gleichsam dem Unternehmen ermöglicht, generell und von allen diese Mehrarbeit abzufordern. Vor allem muss verhindert werden, dass diese mögliche Mehrarbeit zur Grundlage von Entgeltberechnungen gemacht wird, weil dadurch praktisch naturwüchsig die Mehrarbeits-Leistungsspirale in Gang gesetzt wird.

Die Schutzfunktion muss also so aussehen, dass man dem Einzelnen nicht die Souveränität der Entscheidung über eventuelle Mehrarbeit nimmt, gleichzeitig aber sicherstellt, dass dies nicht zur Norm werden kann.

Betriebsvereinbarungen zur Gruppenarbeit gibt es nur im gewerblichen Bereich. Im Zusammenhang mit der Einführung und Durchsetzung von Zielvereinbarungen stellt sich natürlich die Frage, ob es hier zu Gruppenarbeitsstrukturen kommen wird, denn bei der Vereinbarung von Zielen stellt sich immer die Frage, werden diese mit Einzelmitarbeitern vereinbart oder mit Teams oder Projektgruppen; dabei ist Teambildung insofern schwierig, als viele Mitarbeiter in cross-funktionalen Arbeitszusammenhängen arbeiten, d.h. möglicherweise Mitglied mehrerer Projektgruppen sind. Ferner stellt sich die Frage, wie sich Projektteams konstituieren: nach welchen Kriterien, nach Budgets, nach Kompetenzen oder nach Ressourcen. Das Schwierigste wird sein, inwieweit auf Ressourcen konkret Einfluss genommen werden kann.

Aufgabe der Gewerkschaften ist es, zu den Kampagnen, die jetzt in Gang gesetzt werden, eine entsprechende Bildungsarbeit aufzubauen. Diese kampagnen-begleitende Bildungsarbeit muss bis in die Umsetzung der entwickelten Konzepte reichen. ERA als nur tarifliche Lösung für diese Herausforderung zu sehen, wäre zu kurz gedacht.

Ein Problem ist, dass viele der – meist von der Gewerkschaftsspitze – angestoßenen Themen nicht nachhaltig genug diskutiert werden. Aber nur die permanente Weiterführung der Diskussionen um die brennenden Themen kann letztlich dazu führen, dass die Beschäftigten in den Betrieben sich in diese Diskussion einklinken. Es geht also darum, die Fragen der Zeit immer wieder und nachhaltig zu Themen in den Betrieben zu machen; Themen wie Arbeitsschutz, Gesundheitsschutz, Arbeitsorganisation, Gruppenarbeit, Leistungsverdichtung usw. Es kann nicht ausreichen, darauf zu verweisen, dass man in bestimmten einzelnen Themenfeldern einen Tarifvertrag abgeschlossen hat, der damit alle vermeintlich anstehenden Probleme gelöst hat (Emanzipation per Tarifvertrag ist unmöglich!).

Deshalb sollten die Arbeitsfelder »Arbeiten ohne Ende«, »Gesund Arbeiten« und »Gute Arbeit« verknüpft und zu einer inhaltlichen Offensive der IG Metall entwickelt werden. Damit haben wir die Möglichkeit, die Menschen bei ihren Problemen und Bedürfnissen abzuholen.

# Neue Steuerungssysteme bei DaimlerChrysler aus der Sicht von Betriebsräten
## Bericht: Uwe Werner

### 1. Das Unternehmen (Werk Bremen)

Das Daimler-Werk Bremen wurde 1984 auf dem Gelände des ehemaligen, 1936 gegründeten Borgward Werks errichtet und zwar als Folge der Entscheidung, den »Baby-Benz« zu produzieren. Die Grundzüge des alten Borgward Werks existieren noch.

Es handelt sich um ein reines Montage-Werk; produziert werden zwei Baureihen: zum einen die C-Klasse in ihren Ausführungen als Limousine, als Kombi und als Coupé (CLK-Ausführung). Produziert wird ferner der SL: der große Sportwagen (Roadster) und der SLK (das ist die Variante mit dem abklappbaren Metalldach, die Anfang der 1990er Jahre Furore gemacht hatte).

Das Werk Bremen ist nach Sindelfingen und Untertürkheim das drittgrößte Werk im Konzern. Es hat 15.000 Mitarbeiter, davon 12.000 im gewerblichen Bereich. Der Angestelltenanteil im Werk Bremen ist somit vergleichsweise hoch, weil hier Angestelltenbereiche angesiedelt sind, die konzernweite Aufgaben übernehmen und per Betriebsvereinbarung dem Standort Bremen zugeordnet worden sind. Diese »dekonzentrierten« Angestellten-Bereiche unterteilen sich wiederum in drei Teilbereiche: das ist zum einen die gesamte Produktionsplanung, weiter der weltweite Einkauf des nicht produktiven Materials und drittens sind Teile des konzerninternen IT-Bereichs hier ansässig.

Es wird im Drei-Schicht-System gearbeitet: Früh- und Spätschicht sowie die Dauer-Nachtschicht. Im Presswerk wird praktisch durchgehend mit Wochenendschichten gearbeitet. Das Wochenendschichtmodell ist mit einem Zusatztarifvertrag mit der IG Metall abgesichert worden.

Die Arbeitnehmervertretung des Werks Bremen ist sowohl im Gesamtbetriebsrat als auch im Konzernbetriebsrat vertreten; zugleich ist der BR-Vorsitzende als Arbeitnehmervertreter im Aufsichtsrat tätig.

Der Organisationsgrad ist von 98% auf ca. 75% gesunken, wobei vor allem die Abnahme im Angestellten-Bereich von 60% auf 40% entscheidend dazu beigetragen hat. Dieser Rückgang ist Folge des allmählichen Ausscheidens der älteren und des Zugangs neuer Mitarbeiter, die wenig mit gewerkschaftlicher Arbeit zu tun haben wollen. Diese vergleichsweise hohe Interessenlosigkeit an gewerkschaftlicher Arbeit hat auch damit zu tun, dass viele Entscheidungen, die das Werk in Bremen betreffen, in der Regel in der Konzernzentrale getroffen werden und somit die direkte Einflussnahme und die Einflussmöglichkeiten von Arbeitnehmervertretern im Allgemeinen und der Vertreter des Werks im Besonderen nicht so transparent wird.

## 2. Auf dem Weg zu einer markt- und konkurrenzorientierten Unternehmenssteuerung

### 2.1 Reorientierung: »Von der Produktions- zur Marktökonomie« – zur historischen Verortung

Historischer Ausgangspunkt für die Einführung der neuen Organisationsstruktur und der damit verbundenen neuen Kostenerfassungs- und -kontrollsysteme war der Übergang vom ersten »kleinen« Mercedes zu seinem Nachfolgemodell. Hätte man bei diesem Modell das bisherige Verfahren angewandt, um die gestiegenen Kosten abzufangen, nämlich einfach pro Jahr eine Preiserhöhung von zwei bis drei Prozent vorzunehmen, so hätte sich für die neue C-Klasse ein hoher Grundpreis ergeben. Eine Marktanalyse für dieses Modell hatte jedoch gezeigt, dass sich dieses Auto zu diesem Preis unmöglich hätte verkaufen lassen. Das heißt, der Preis musste niedriger angesetzt werden und das hatte zwangsläufig zur Folge, dass man die Kosten nicht mehr als gegeben hinnehmen konnte. In einem zweiten Schritt ging es darum, Einsparungspotenziale zu ermitteln. Nachdem man den gesamten Herstellungsprozess auf seine Kosten hin analysiert hatte, stellte man fest, dass eine Kostenkalkulation nur auf Baugruppen bezogen vorgenommen worden war. Diese Erkenntnis, die zugleich in die Zeit der 1993er Krise fiel, hat dann dazu geführt, dass das gesamte System umgestellt wurde. An erster Stelle stand nun die Marktanalyse. Danach hieß es für die Fertigung: »Ihr könnt in Zukunft das Auto nicht zu dem Preis fertigen, den es kosten soll, sondern ihr müsst die Herstellkosten danach richten, was das Auto maximal kosten darf« (Target-Costing-Prinzip). Die Kosten für die Herstellung wurden vom Preis abgeleitet und den einzelnen Werken vorgeben. Dies bedeutete für die einzelnen Cost- und Profit-Center, dass sie ihre Fertigungs- und Montageaufträge im Rahmen der vorgegebenen Kosten zu erfüllen hatten. Das war 1993/94.

Im Verlauf der Reorganisation wechseln sich Zentralisierungs- und Dezentralisierungsstrategien im Unternehmen ab: In den Jahren 1993 bis Ende des Jahrzehnts verfolgte das Unternehmen eine Dezentralisierungsstrategie; mit der Übernahme von Chrysler Ende der 1990er Jahre erfolgte eine Rezentralisierung in dem Sinne, dass die grundlegenden Entscheidungen zentral gefällt werden – auch die Entscheidungen über die Preise und damit die Kosten, die dann im beschriebenen Sinne auf die einzelnen Werke und Center herunter gebrochen werden.

## 2.2 Reorganisation: Zwischen dezentralisierter Organisation und zentralisierter Steuerung

Bis Ende der 1980er Jahre gab es bei Mercedes-Benz eine vergleichsweise einfache und klare Struktur. Über allem stand der Vorstand, darunter waren die einzelnen Werkleiter angesiedelt, die komplett für ihr jeweiliges Werk verantwortlich waren: für die Produktion, für Kosten und Finanzen, also für den ganzen Standort. Dies hatte auch zur Folge, dass Vereinbarungen zwischen Betriebsrat und Werkleiter in der Regel vom Vorstand abgesegnet wurden.

1993 wurde eine neue Führungsstruktur und eine neue Organisation eingeführt. Im Vorstand wurde unter dem Geschäftsbereich Pkw die stellvertretende Vorstandsebene mit den Aufgaben Produktion, Entwicklung und Vertrieb eingerichtet. Die Aufgabenfelder wurden in einer Matrix-Struktur, bezogen auf die Baureihen der einzelnen Pkw-Produkte, organisiert.

In dieser sich überschneidenden Organisation sitzen die Werkleiter in unterschiedlichen Funktionen. Der Grund dafür liegt darin, dass gleichzeitig Cost- und Profit-Center eingerichtet wurden. Das heißt, das Werk ist ein Cost-Center und darunter gibt es weitere Cost-Center, die man als Fabrik in der Fabrik bezeichnen kann.

Aufgeteilt ist das Bremer Montagewerk in die Baureihe der C-Klasse und die Baureihe der SL-Klasse. Beide sind jeweils in die Center Montage, Rohbau und Oberfläche (Lack) aufgeteilt.

Daneben gibt es das Karosserie- und Teile-Center (Presswerk), die gleichsam ein Werk im Werk bilden und die auch auf verschiedene Standorte verteilt sind, damit man einen Austausch von Werkzeugen vornehmen kann. Dieser Bereich ist gleichsam zentralisiert.

Diese Center sollten die volle Kostenverantwortung haben; dazu musste jedoch erst einmal Kostentransparenz hergestellt werden. Die Kosten der Dienstleistungsbereiche zählen dabei zu den Gemeinkosten (z.B. die Instandhaltung).

Zwischen den Dienstleistungscentern und den Produktions-Cost-Centern werden Dienstleistungsverträge abgeschlossen, worin die Leistungen spezifiziert festgelegt sind.

Die zuvor bestehende zentrale Planungs- und Projektleitungsabteilung, die auch die Budgetüberwachung und damit die Kostenrechnung und Kostenkontrolle für das gesamte Werk vornahm, sollte aufgelöst werden und die Mitarbeiter sollten in die Center verteilt werden. Dagegen bildete sich allerdings Widerstand aus diesen zentralen Abteilungen, sodass in den einzelnen Centern eigene Controlling-Teams aufgestellt wurden, die die Aufgabe hatten, die Kosten bis auf die einzelnen Verrichtungen herunter zu brechen und damit eine totale Kostentransparenz herzustellen. Das war insofern neu, als vorher die Feinkalkulation nur bis zur einzelnen Baugruppe getrieben wurde.

Zum gleichen Zeitpunkt (1993/94) hat man im Vorstand die Geschäftsfelder durchorganisiert. Es wurden für die Geschäftsfelder Pkw und Nutzfahrzeuge eigene Vorstandsmitglieder bestimmt, die für ihren Bereich verantwortlich waren und entsprechende Reorganisationsmaßnahmen durchsetzen mussten. Die Folge war, dass die einzelnen Centerleiter in den Werken sich wie Vorstände eigenständiger GmbHs fühlten. Sie haben auch davon geträumt, dass man den gesamten Konzern in einzelne kleine überschaubare GmbHs aufteilt und jeder sich dann als autonomer Chef fühlen konnte. (Nebenbei gab es auch den ein oder anderen Betriebsrat, der sich als Betriebsratvorsitzender einer neuen GmbH fühlte.) Diese neuen Centerleiter waren in der Regel ehemalige Hauptabteilungsleiter aus Produktions- und Montagebereichen und demzufolge Ingenieure und keine Kaufleute. Sie waren gehalten, sich das entsprechende kaufmännische Know how anzueignen.

Die Centerleiter hatten die Aufgabe, in ihrem Bereich Kostentransparenz herzustellen. Zum Teil konnte man da auf Dezentralisierungserfahrungen der 1980er Jahre zurückgreifen, die damals im Zusammenhang mit neuen Überlegungen zur Einführung von PPS (Produktions-, Planungs- und Steuerungssystemen) oder CIM (Computer Integrated Manufacturing)-Systemen gewonnen worden waren. Teilweise hat man sich auch Controller von außen oder aus anderen Abteilungen geholt, die über entsprechendes betriebswirtschaftliches Know how verfügten. Dieser Prozess dauerte bis etwa 1995/1996 und als Ergebnis zeigte sich, dass dieses Verfahren geeignet war, eine hohe Kostentransparenz in den einzelnen Bereichen herzustellen. Die im Pkw-Bereich eingeführte Matrix-Struktur, die relativ kompliziert ist, kam nun zum Tragen.

Der Vertrieb hatte nun die Aufgabe, Marktanalysen bezogen auf die einzelnen Baureihen für die nächsten Jahre vorzunehmen und aus diesen Analysen die möglichen Preise, zu denen die einzelnen Fahrzeugtypen zu verkaufen seien, zu ermitteln. Neben den möglichen Preisen sollten auch die möglichen Absatzzahlen und damit die Produktionszahlen ermittelt und vorgegeben werden. Diese Zahlen sollten an den Produktionsvorstand weitergegeben werden, der dann wiederum die entsprechenden Vorgaben an die Entwicklung weiterzugeben hatte, aus denen entsprechende Vorgaben für die Produktionsplanung abgeleitet wurden. Nachdem berechnet war, welches Fahrzeug mit welcher Ausstattung zu welchem Preis absetzbar wäre, muss der Pkw-Vorstand entscheiden, ob dieses Fahrzeug produziert wird oder nicht. Darüber hinaus legte er fest, welche Rendite mit diesem Auto zu erwirtschaften ist. Der Prozess hatte sich somit praktisch umgekehrt: Während früher die mögliche Rendite auf die Produktionskosten drauf geschlagen wurde, wird jetzt der Zielpreis, in den die Renditeerwartung eingeflossen ist, als Kostenvorgabe auf die Produktion herunter gebrochen.

Dieses System von 1996 gilt bis heute fort und wird immer weiter verfeinert, in dem Sinne, dass immer auch noch ein Quervergleich zu den Fahrzeugen vergleichbarer Größe und Ausstattung von Konkurrenten gemacht wird. Hinzu kam, dass von 1996 bis heute ein komplexes EDV-System installiert wurde, das speziell für Daimler bzw. Großbetriebe ähnlicher Struktur entwickelt wurde. Dieses System erfasst sämtliche Betriebsanweisungen (das sind Anweisungen zum Kauf oder zum Bau von Werkzeugen oder Produktionsanlagen) und kontiert diese, erfasst also sämtliche Vorkalkulationen oder auch eingeholte und verrechnete Angebote von Fremdfirmen. Es ist also genau zu verfolgen, welche Kosten bei der Herstellung etwa eines Kotflügels entstanden sind.

**2.3 Die Internationalisierung des Marktes – Instrumente der Steuerung (Benchmarking, Target-Costing, Kennzahlen, Zielvereinbarungen, Standortpolitik u.a.)**

*Steuerung über Benchmarking, Target-Costing,*
*Kennzahlen und Zielvereinbarungen*
Wird ein neues Fahrzeug geplant, schaut man sich ein vergleichbares Wettbewerbs-Fahrzeug an. Man kauft es, zerlegt es in alle Einzelteile und versucht, die Fertigungsverfahren zu rekonstruieren. Man schaut sich auch die Fertigungsverfahren in den Werken der Konkurrenten an. Der Zutritt zu den Werken ist im Prinzip kein Problem, man schaut sich ja wechselseitig in die Fertigung. Man versucht, auf diese Weise die Fertigungszeiten für dieses Vergleichsfahrzeug zu ermitteln (Fertigungszeiten: TE). Diese bilden die erste Kalkulationsgrundlage; dazu werden dann die Zeiten gerechnet, die durch die Berücksichtigung bundesrepublikanischer Spezifikationen entstehen (gesetzliche Vorgaben, Tarifverträge usw.). Auf diese Weise kommt man zu den Vorgaben für ein in Deutschland zu fertigendes Idealfahrzeug (X-TE). Daraufhin versucht man, auf der Grundlage der herrschenden Produktionsbedingungen und Verfahren, die tatsächlichen Fertigungszeiten für ein solches Fahrzeug zu ermitteln, diese liegen in der Regel höher als die ermittelten Idealgrößen.

Und diese Differenz, dieses »Delta«, *muss* im Prinzip durch innovative Verfahren und Prozesse zum Verschwinden gebracht werden. Das ist die Zielsetzung und damit kommt alles auf den Prüfstand: die Materialkosten, die Fertigungskosten, die Planungskosten, die mit der Produktinnovation verbundenen Kosten, die Kosten, die aus möglichen Sonderausstattungen resultieren usw. In dieser Entwicklungs- und Planungszeit, die etwa drei bis vier Jahre dauert, wird geprüft, ob und inwieweit man diese Zielsetzung praktisch fest vereinbaren und als feste Vorgaben bestimmen kann. Wenn die Zielsetzung steht, wird das Fahrzeug zur Fertigung freigegeben. Dann wird diese allgemeine Zielvorgabe ausdifferenziert und bis zu konkreten Zielvereinbarungen runter gebrochen.

Der Werkleiter am Standort Bremen ist Budgetverwalter für diesen Standort; er ist nicht mehr direkt dem Vorstand untergeordnet, sondern sitzt mit seiner Produktionsfunktion innerhalb der Matrixorganisation und ist entsprechend der Zielvorgabe verantwortlich für die Produktion der gesamten Baureihen am Standort. Jetzt kommt es darauf an, wer der Geschäftsführer für die jeweilige Baureihe ist. Dieser kann aus einem der drei Bereiche, also aus der Produktion, aus der Planung und Entwicklung oder aus dem Vertrieb kommen. Der Geschäftsführer muss darauf achten, dass alle drei Bereiche, die sich auf die jeweilige Baugruppe beziehen, ihre Budgetvorgaben einhalten; er macht also mit diesen Bereichen feste Zielvereinbarungen. Diese Zielvorgaben gehen dann vom Werkleiter runter in die einzelnen Center. (Die Produktionsplanung als solche ist zentralistisch organisiert; ihr Leiter sitzt in der Zentrale, er hat aber hier am Standort Mitarbeiter.) Der Vertrieb wiederum muss schauen, dass er seine Analysen jeweils den Marktveränderungen anpasst. Die Entwicklung, die Produktionsplanung, aber auch die Produktion selbst, müssen in der Entwicklungsphase absolute Kostentransparenz herstellen. Die Entwicklung selbst muss so sein, dass die sich anschließende Fertigung vorab so transparent ist, dass die erwarteten Kosten ermittelt werden können. Das heißt, es muss unbedingt vermieden werden, dass im Nachhinein ungeplante Kosten dadurch entstehen, dass bestimmte konstruktive oder Design-Lösungen nicht oder unzureichend in die entsprechenden Fertigungsaufgaben umgesetzt werden.

Aus diesen, aus der Konstruktion ermittelten Fertigungsdaten, muss die Produktionsplanung dann die erforderlichen Produktionsmittel bestimmen können. Insofern ist von der Datenlage her so etwas wie eine CIM-Lösung realisiert. So wurden eigentlich Ansätze der 1980er Jahre nun ein Jahrzehnt später realisiert, allerdings induziert durch einen vom Markt ausgehenden Kostendruck.

Bei Anlauf der Erstproduktion werden meistens jedoch die vereinbarten Zielvorgaben nur zu einem Teil erreicht. Die darüber hinausgehenden Einsparungen entsprechend der Zielvorgaben müssen dann im laufenden Betrieb, etwa durch KVP, erreicht werden. Auch dieses wird in einer Zielvereinbarung festgelegt.[1] Und hier fängt praktisch das Thema »Arbeiten ohne Ende« an. Das geht schon in der Produktionsplanung los, die genaue terminliche Vorgaben bekommt, bis wann die Planung stehen muss. Aber nicht nur enge terminliche Grenzen werden für die Planung gesetzt, sondern auch die von den Ingenieuren vorgesehenen Investitionsmittel (neue Fertigungsanlagen) werden einem harten Kostendruck ausgesetzt. Die beste technische Lösung muss nicht auch die wirtschaftlichste sein und es wird verlangt, auch hier Abstriche zu machen. Der Zeit- und Leistungsdruck entsteht bei der Planung der Fertigungsmittel dadurch, dass sich die endgültigen Kosten dieser Mittel in der Regel erst am Ende der Planung herausstellen, wenn also der Einsatz unmittelbar bevorsteht. Stellt sich nun heraus, dass die Anlage z.B. weit über den Vorgaben bei den Kosten liegt, müssen kurzfristig kostendämpfende Änderungen vorgenommen werden und dies unter einem erheblichen Zeitdruck. Inwieweit der Planungsingenieur seine Lösung durchsetzen kann, hängt zum einen von seinem Standing und von seiner Überzeugungskraft ab, klar zu machen, dass mit den gewünschten kostendämpfenden Veränderungen weder die Qualität noch der Termin zu halten ist. Dann geht es darum, in den Verhandlungen eine Kompromisslösung zu finden. Der Bezugspunkt, wie weit man bei den Kosten unbedingt zurückgehen muss, ist dann immer das Vergleichsprodukt des Konkurrenten (Benchmark). Hinzugerechnet werden die Kostenfaktoren, die durch nicht beeinflussbare Faktoren (wie gesetzliche Bestimmungen oder Tarifvereinbarungen) entstehen. Diese Zielgröße muss erreicht werden und wenn dies nicht bei Anlauf des Produkts möglich ist, dann muss es während der Laufzeit kontinuierlich erbracht werden. Man will dann aber so nah und so schnell wie möglich an dieses gesetzte Ziel herankommen.

Die nicht erreichten 25 bis 27% gehen natürlich zu Lasten des Gewinns, was den Druck auf Kostensenkung in der Produktion erheblich erhöht. Dann versucht man mit allen möglichen Mitteln auf diese Kosten zu kommen.

Für den Rohbau hatte das z.B. folgende Auswirkungen: Die Fertigungsstraße im Rohbau ist in verschiedene Einzelzellen aufgeteilt, in denen Roboter ihre Teile (beispielsweise die Motorhaube) vollautomatisch fer-

---

[1] Natürlich wird dazu auch auf die Zulieferer Druck ausgeübt, ihre Zulieferteile billiger anzubieten. Und das geht so weit, dass Leute von Daimler in die Fertigung des Zulieferers hineingehen, um dort Vorgaben zur Optimierung von dessen Prozessen zu machen.

tigen. Jeder einzelnen Fertigungszelle werden Arbeitskräfte zugeordnet, die für diesen Teil der Anlage voll verantwortlich sind. Sie sind gehalten, darauf zu achten, dass die Anlage die vorgeschriebenen Stückzahlen erreicht. Die gesamte Anlage ist datentechnisch vernetzt und computergesteuert; auftretende Fehler oder Störungen werden sofort an den Bildschirmen kenntlich gemacht, und die Bediener sind gehalten, diese Störungen möglichst umgehend selbst – soweit es ihnen möglich ist – zu beheben. Hinzu kommen gewisse Instandhaltungsarbeiten. Dies hat zu einer erheblichen Verdichtung der Arbeit geführt, die sich etwa darin ausdrückt, dass die im Rohbau beschäftigten Vertrauensleute oft nicht zu den Vertrauensleutesitzungen kommen können, auch wenn in einem gewissen Umfang auf Ersatzkräfte zurückgegriffen werden kann. Die Beschäftigten identifizieren sich jedoch weitgehend mit ihrer Aufgabe und haben deshalb selbst Interesse daran, dass die Anlage reibungslos läuft. Neben dieser anlagenbedingten Verdichtung kommen Aufgaben durch das KVP-Wesen dazu. Maßnahmen zum KVP werden in eigenständigen Workshops erarbeitet und gelehrt. Im Rahmen der KVP-Maßnahmen sollen von den Mitarbeitern kontinuierliche Verbesserungsvorschläge bezüglich der Ablaufoptimierung gemacht werden, die ihrerseits dann wieder zu einer weiteren Verdichtung der Arbeit führen. Die angestrebte Kostenersparnis wird auf die einzelnen Center als Vorgabe zur Kostensenkung herunter gebrochen. Ein gewisser Teil der Kostensenkung wird auch dem Gemeinkostensektor auferlegt.

Die Vorgaben zur Kürzung in den einzelnen Centern werden von der Werkleitung aufgestellt, in der auch die einzelnen Center-Leiter vertreten sind. Die Werkleitung teilt die Gesamtsumme der Kostenersparnis auf die einzelnen Center auf, und die Center-Leiter müssen – per Zielvereinbarung – die Umsetzung vornehmen.

Der Center-Leiter bekommt die Vorgaben vom Werkleiter und entscheidet dann, in welcher seiner Abteilungen am meisten zu holen ist. Die entsprechenden Vorgaben werden zwischen dem Center-Leiter und den Abteilungsleitern per Zielvereinbarung festgelegt; das Gleiche geschieht zwischen den Abteilungsleitern und den Teamleitern. Mit der Ebene der Teams beginnt die betriebsverfassungsrechtliche Ebene, das heißt, die darüber liegenden Ebenen sind leitende Angestellte. Der Teamleiter und der Meister stehen somit unter betriebsverfassungsrechtlichem Schutz, sind aber von der Eingruppierung wohl auch im außertariflichen Bereich (zumindest die Teamleiter) angesiedelt. Beim Teamleiter sind die Zielvereinbarungen entgeltrelevant, d.h. sie haben eine variable Vergütung. Bis hinunter zur Meister-Ebene, im Angestelltenbereich bis auf Sachbearbeiter-Ebene, können Zielvereinbarungen abgeschlossen werden. Die Zielvereinbarungen zwischen den Meistern oder den Sachbearbeitern im Angestelltenbereich sind nicht entgeltrelevant und erfolgen auf freiwilliger Basis.

Das Ganze nennt sich wertorientierte Führung und läuft über Kennzahlen. Es werden Score-Cards ausgefüllt, in denen die Kennzahlen zusammengetragen werden; die Zielsetzungen werden über die Kennzahlen klar. Die Kennziffern-Systeme wurden etwa 1999/2000 eingeführt. Die Kennziffern sind personenneutral und beziehen sich auf die Bereiche (Center). Die Gesamtziele finden sich dann wieder als Center-Ziele, als Abteilungsziele und als Teamziele. Die Ziele bzw. die Zielerreichung werden in Kennzahlen ausgedrückt. Diese werden dann zur Werkspitze hoch gemeldet und die kann dann sofort erkennen, wo Kennziffern nicht erreicht worden sind, und entsprechende Maßnahmen ergreifen.

Jedes Center ist verpflichtet, die Erfüllung bzw. die Nichterfüllung der Vorgaben quartalsmäßig an den Controlling-Bereich rückzumelden. In Bremen gibt es noch ein zentrales Rechnungswesen, das diese Daten zentral erfasst. Hier erfolgt die Kalkulation und die Budgetüberwachung für den Werkleiter. Neben dem zentralen Rechnungswesen und der Controlling-Abteilung gibt es noch Controller in jedem Center. In den Abteilungen gibt es keine ausgesprochenen Controller; hier werden monatlich die Score-Cards per EDV ausgefüllt. Auf Werkleiterebene gibt es wöchentlich Werkleiterbesprechungen. Die wesentlichen Größen, die erfasst werden, sind Fehlstände bei den Mitarbeitern, Vergleich der Produktionszahlen zur Zielsetzung, Stand der Qualität (der Qualitätsstand wird auch vor Ort in der Fertigung visualisiert). Im kaufmännischen oder Planungsbereich wird erfasst, ob die Vorgaben erfüllt sind, ob die Kostentransparenz gesichert ist und ob die Planungen ihre Zielvorgaben erreichen.

Für die Werkleitung sind die fünf wichtigsten Größen: Kostentransparenz, Stand der Produktion, Qualität, Materialkosten und letztlich Logistik-Kosten.

## 3. Neue Steuerungssysteme und die Folgen für die Beschäftigten

### 3.1 Von einer ressourcenorientierten zu einer ergebnis-/marktorientierten Steuerung von Arbeit

Der marktinduzierte Druck auf kontinuierliche Kostenersparnis reicht natürlich auch bei DaimlerChrysler bis in die Gruppe auf der Fertigungsebene. Dabei spüren die Beschäftigten den Druck weniger direkt als indirekt. Das fängt schon bei der Sprache der Betriebsleitung auf den Betriebsversammlungen an. »Wir sind nicht wettbewerbsfähig, wenn wir nicht atmen können.« Oder: »Wir müssen uns den Marktgegebenheiten anpassen«, d.h. der Absatz ist nicht gesichert, der Kunde kann heute 50 Fahrzeuge abnehmen und morgen gar keine. Und: »Wir müssen schauen, wie wir eure Beschäftigung sichern unter diesen Umständen«. Unterschwellig wird eine gewisse Angst um den Arbeitsplatz verbreitet. »Wenn wir nicht wettbewerbsfähig bleiben, werden wir vom Markt oder von den Konkurrenten überrollt«. Das zweite ist, dass es in den einzelnen Bereichen Gruppengespräche und so genannte Dialoge zwischen den Meistern und den Beschäftigten gibt. Dazu werden jede Woche eine halbe Stunde die Bänder abgestellt und der Meister referiert ein vom Unternehmen vorgegebenes einheitliches Thema und bespricht dies mit den Beschäftigten seines Meisterbereichs. Zumeist wird dabei auf Konkurrenzerfolge verwiesen, um dadurch Ansporn zu geben.

Mercedes Benz hat ein standardisiertes Produktionssystem, sodass die Abläufe im Wesentlichen in allen Werken gleich sind. Das bedeutet einerseits, dass jeder Mitarbeiter der DaimlerChrysler AG sich überall gleich zurecht findet, andererseits aber auch Vergleichbarkeit gegeben ist. Ab und an werden genauere Ablaufuntersuchung gemacht und, wenn notwendig, wird der Ablauf so verändert und die Zeiten so neu zugeteilt, dass Freiräume geschlossen werden. Dies ist im Prinzip nichts Neues im Vergleich zu früheren Zeiten. Neu ist, dass man von vornherein Leute aus der Fertigung rauszieht und von den restlichen Mitarbeitern fordert, beispielsweise 15% Einsparung zu bringen und selbst zu schauen, wie sie das erreichen können. Oder der Teamleiter kommt und sagt, dass bei der Abgabe seiner Kennzahlen festgestellt wurde, dass sein Bereich 20% über dem Budget liegt. Dann wird in Workshops darüber diskutiert, wie man die Zielvorgaben (und damit die Kennzahlen) erreichen kann. Im Anschluss daran wird versucht, die vorgeschlagenen bzw. entwickelten Lösungen umzusetzen. Der Teamleiter hat insofern ein eigenes Interesse an der Umsetzung dieser Maßnahmen, als bei ihm die Höhe seiner Tantiemen von Grad der Zielerreichung abhängt.

Obwohl diese Tantiemen-Abhängigkeit beim Meister nicht gegeben ist, steht er gleichwohl insofern unter indirektem Druck, als er im Unternehmen einer so genannten Lead-Bewertung unterzogen wird. In ihr wird festgestellt, ob er kraft seiner Führungsqualitäten in der Lage ist, die Vorgaben auch bei seinen Leuten durchzusetzen. Um dieses Bewertungssystem einigermaßen objektiv gestalten zu können, hat der Betriebsrat eine diesbezügliche Betriebsvereinbarung abgeschlossen (wohl wissend, dass dadurch nicht alle subjektiven Beurteilungsfaktoren ausgeschlossen werden können).

Im Grunde genommen verbleibt die Umsetzung von Zielvorgaben in die Fertigung auf der Ebene der Appelle und der Drohungen. Konkrete Sanktionsmöglichkeiten gibt es eigentlich nicht: »Man lockt die Mitarbei-

## Neue Steuerungsysteme bei DaimlerChrysler aus der Sicht von Betriebsräten

ter mit Verantwortung, Verantwortung für ihren eigenen Arbeitsplatz«. Daneben gibt es noch die Möglichkeit, Verbesserungsvorschläge über Incentives zu gratifizieren. Der Meister hat pro Monat dazu 500 Euro zur Verfügung.

Die Zielvorgaben werden natürlich von oben nach unten in der Hierarchie immer detaillierter und konkreter. Werden die Zielvorgaben nicht eingehalten, ruft der Abteilungsleiter die Teamleiter und die Meister zusammen und klärt bzw. bespricht, was erreicht wurde und was nicht und warum nicht. (Aber auch hier gibt es keine unmittelbareren Sanktionsmöglichkeiten als die, mehr oder weniger verbal Druck auszuüben). Ein gewisses Druckmittel stellt die Rotation dar, denn die Mitarbeiter auf den Führungsebenen bis hin zum Meister werden in regelmäßigen Abständen ausgetauscht. Sie rotieren in regelmäßigen Abständen (zwei bis vier Jahre) zwischen den einzelnen Meisterbereichen; die Teamleiter rotieren quer über die gesamte Fabrik und über alle Funktionen hinweg; die Abteilungsleiter rotieren konzernweit; und auch die Werkspitze verzeichnet eine gewisse rotationsbedingte Fluktuation; einzelne Leiter waren sogar 1 ½ Jahre an der Spitze. Eine gewisse Kontinuität wird dadurch zu erreichen versucht, dass nicht gleichzeitig z.B. Center-Leiter und Abteilungsleiter rotieren, sondern diese rotieren zeitlich versetzt, sodass das erforderliche Know how nicht verloren geht.

Die Zeitwirtschaft spielt für die Produktion nur noch eine sehr geringe Rolle. Der Leistungsgrad ist weitgehend fixiert und diesbezüglich werden auch keine Veränderungen erwartet. Damit ist das Einkommen der Mitarbeiter in der Fertigung auch keine Stellgröße, über die Kosten gesenkt werden können. Der Ansatz zur Kostensenkung erfolgt hier so gut wie ausschließlich über die Personalbemessung oder besser über die Reduzierung von Personal. Zwar sollte die Reduktion der Personalbesetzung einer Steigerung der Effizienz der Abläufe entsprechen, doch unter dem Strich führt dies letztlich immer zu einer Leistungsverdichtung für die übrig gebliebenen Werker.

Im Zusammenhang mit der ERA-Einführung will das Unternehmen eine allgemeine Analyse für jeden Montagearbeitsplatz erstellen und die entsprechenden Ergebnisse dann unternehmensweit durchsetzen. Der Betriebsrat stimmt zwar einer Allgemeinanalyse zu, stellt aber die Bedingung, dass die letzte Bewertung jeweils vor Ort stattfinden muss. Hier gibt es jedoch noch Auseinandersetzungen mit dem Management.

## 3.2 Folgen für die Arbeits- und Leistungssituation

*Zur Leistungssituation im Angestelltenbereich*
Der Angestelltenbereich in Bremen ist weitgehend geprägt von Technikern, Ingenieuren und IT-Leuten. Früher gab es noch eine eigenständige technische Planung; diese ist jetzt jedoch weitgehend in die Produktionsplanung integriert. Die Produktionsplaner – Fabrikplaner, Einrichtungsplaner und Ablaufplaner – sind gleichermaßen dem Gesamtkonzept der zentralen Zielvorgaben unterworfen. Die Arbeit wird in diesen Bereichen projektförmig organisiert und hat den vorgegebenen Zielen zu folgen, die im Zielvereinbarungsprozess festgelegt worden sind. Die konkrete Umsetzung liegt in der Verantwortung der Projektbearbeiter. Hier hat der Betriebsrat versucht, einer Leistungsverdichtung dadurch entgegenzuwirken, dass man die Gleitzeitsalden der einzelnen Mitarbeiter in diesen Bereichen monatlich kontrolliert, also eine Art Gleitzeitsalden-Controlling durchführt. Trotzdem kommt es doch immer wieder zu erheblichen Zeitüberschreitungen. In dieser Hinsicht unterscheidet sich die Situation im Werk aber nicht wesentlich von der in den anderen Werken.

Bei den Zielvereinbarungen kommt eine Überlastung streckenweise auch dadurch zustande, dass sie vielfach von Führungskräften bzw. Mitarbeitern abgeschlossen werden, die noch relativ geringe Kenntnisse über die prinzipielle Erreichbarkeit der von ihnen formulierten oder akzeptierten Ziele haben. Es ist vielfach von vornherein zu erkennen, dass die Zielvorgaben nicht einzuhalten sind. Erst nach drei, vier Jahren sind die Führungskräfte so eingespielt, dass es nicht mehr zu allzu krassen Fehleinschätzungen bei der Zielformulierung kommt. Bei den erfahreneren Vorgesetzten kommt es aber immer wieder vor, dass sie neben den formalen und offiziellen Zielvereinbarungen an die Kollegen herantreten und mit ihnen individuelle Vereinbarungen treffen wollen. Die Mittel, diese durchzusetzen, können dabei ganz verschieden sein: von Schmeichelei (»Du schaffst das doch locker!«) bis hin zur Gewährung eines zusätzlichen Jahresbonus. Und da geht dann natürlich auch die indirekte Steuerung in eine direkte über.

Zusammenfassend kann man sagen, dass natürlich die veränderten Marktbedingungen in erhöhten Anforderungen an die Mitarbeiter vor allem der Führungsebenen durchschlagen; allerdings reicht dies doch kaum bis zu dem einzelnen Mitarbeiter in der Fertigung. Dieser Druck »verwässert« sich gleichsam, bis er auf die unterste Ebene gelangt.

Der bislang noch erzielte Reingewinn, zu dem man letztendlich jedoch keinerlei Auskünfte erhält, ist offensichtlich immer noch so hoch, dass der Druck insgesamt noch vergleichsweise moderat ist. Wenn dem nicht so wäre, hätte schon längst ein viel größeres Geschrei um Kostensenkung eingesetzt. Mit der S-Klasse oder auch mit den Sportwagen wird ja offensichtlich immer noch gutes Geld verdient. Auch wenn mit der C- oder A-Klasse nicht mehr so viel Geld verdient wird, wie man das mal erwartet hatte, so sind die Gewinne in den Luxusklassen immer noch so hoch, dass die niedrigeren Gewinnmargen in der C- und A-Klasse kompensiert werden können.

Bezüglich des Leistungsdrucks auf der Fertigungsebene zeigt sich auch bei DaimlerChrysler eine ähnliche Situation wie bei VW. Auch hier steigt er nicht dadurch, dass an den einzelnen Tätigkeiten gedreht wird, sondern dadurch, dass man im Prozess die vorhandene Luft rausholt, indem man die Abläufe optimiert und mögliche »Poren« schließt. Ein Beispiel hierfür ist die Lackiererei, in der früher 1200 Mitarbeiter beschäftigt waren. Inzwischen sind durch Verfeinerung der Verfahren und Verwendung anderer Lacke nur noch 470 Leute in diesem Bereich beschäftigt und dies bei einer Erhöhung des Ausstoßes um 20%.

## 4. Neue Steuerungsformen und Betriebsräte

### 4.1 Leistungsbegrenzung, aber wie?

Die Frage, ob ERA durch die Konkretisierung der Leistungsanforderungen und -bedingungen für Angestellte den Betriebsräten mehr Möglichkeiten einräumt, auf diese Einfluss zu nehmen, muss sehr verhalten mit einem »jein« beantwortet werden. Kriterien für die Ermittlung von Leistung im Angestelltenbereich sind sehr schwer zu entwickeln. Man kann aber Kalkulationsgrößen festlegen, auf die man dann auch die Führungskräfte festnageln kann.

Ein Beispiel: Wenn ein Konstruktionsbüro zehn Mitarbeiter hat und diese haben 40-Stunden-Verträge, weiß der Konstruktionsleiter, dass er in der Woche 400 Kapazitätsstunden zur Verfügung hat. Und wer in der Konstruktion arbeitet, der kann mit einem Blick auf eine Konstruktion sofort feststellen, wie viel Zeit in etwa in sie eingeflossen sein muss. Danach kann er in etwa eine Kapazitätsplanung machen und auch ermitteln, wie viel Mitarbeiter er für das Arbeitsaufkommen braucht.

Man kann als Betriebsrat auch von den Abteilungs- bzw. Teamleitern im Werk Bremen erwarten, solche Planungen und Berechnungen anzustellen. Dass durch unvorhergesehene Dinge hier durchaus Schwankungen entstehen können, ist selbstverständlich. Auf diese Schwankungen kann er aber reagieren, beispielsweise durch die Gleitzeitvereinbarungen; er hat aber auch die Möglichkeit, das über andere Instrumente einzusteuern. Aber wenn das Zeitvolumen permanent überschritten wird, dann ist von den Führungskräften zu verlangen, hier dauerhaft Abhilfe zu schaffen (etwa durch Einsatz von mehr Personal). Oft geschieht dies aber erst dann, wenn aus der Belegschaft Widerstand kommt, weil ihr immer mehr Arbeitsaufgaben aufgebrummt werden.

### 4.2 Zur Kontrolle der Zielvereinbarung

Nachdem die Zielvereinbarungen, die die Teamleiter abgeschlossen haben, entgeltrelevant sind, deren Erfüllung also unmittelbar auf ihre Einkommen durchschlagen, wurde nach zwei Jahren zusammen mit einem externen Beratungsunternehmen eine Evaluierung dieses Prozesses vorgenommen. Dabei stellte man fest, dass in einer Vereinbarung bis zu 19 Ziele formuliert worden waren. Dies ist insofern absoluter Unsinn, als 19 Ziele nur durch eine enorme Differenzierung erreicht werden können, sodass sie sich letztlich kaum noch voneinander unterscheiden. Dieses macht sowohl ihre Realisierung als auch ihre Überprüfung hinsichtlich ihres Erreichungsgrades so gut wie unmöglich. Daraufhin gab es eine Vereinbarung mit dem Unternehmen, dass eine Zielvereinbarung maximal fünf Ziele enthalten darf, die sich auch realistisch bewerten lassen. Dazu gibt es auch gewisse Verhaltensregeln. Durch diesen Prozess der Neuformulierung hat dann auch ein gewisser Aufklärungsprozess über die gesamte Problematik stattgefunden. Daran waren sowohl Betriebsrat als auch Unternehmensvertreter beteiligt.

Das Unternehmen hat allergrößtes Interesse daran, die Zielvereinbarungen, welche entgeltrelevant sind, von der Teamleiter- auf die Meisterebene runter zu brechen. Dies stößt gegenwärtig jedoch noch auf Probleme: Der Meister, der in dem unternehmenseigenen Entlohnungssystem auf Rang 19 steht (damit liegt er im Entgelt etwas höher als der Einstiegsingenieur in seiner Tarifgruppe), hätte nun die Möglichkeit, im Rahmen der Zielvereinbarung, soweit sie entgeltrelevant ist, sein Einkommen zu erhöhen. Dagegen hat bislang ein Sachbearbeiter auf der Angestelltenebene, der im Prinzip höher eingestuft ist als der Meister, keine Möglichkeit sein Einkommen zu verbessern. Die Folge wäre, dass, wenn man den Meistern diese Möglichkeit eröffnet, fast zwangsläufig das gesamte Entlohnungssystem in Frage gestellt wird. Diese Diskussion ist aber noch nicht zu Ende. Gleichwohl versucht man, auch auf Sachbearbeiterebene Zielvereinbarungen einzuführen. Jetzt gibt es schon eine Vereinbarung, dass man freiwillig Zielvereinbarungen abschließen kann. Das ist aber auf Sachbearbeiterebene bislang noch sehr wenig verbreitet. (Bislang liegt das etwa bei 30%.) In dem Moment, in dem dies jedoch vergütungsrelevant wird, ist natürlich auch die Interessenvertretung mit im Boot. Von Seiten der IG Metall gibt es Bedenken gegen die freiwilligen, nicht entgeltrelevanten Zielvereinbarungen. Wenn schon Zielvereinbarungen, dann solche, bei denen die Betriebsräte oder die Gewerkschaft Einflussmöglichkeiten haben (zumindest gewisse Kontrollfunktionen), und die sind nur gegeben, wenn Zielvereinbarungen entgeltrelevant sind. Als bei Daimler diese Art der Zielvereinbarungsregelungen getroffen wurden, hat man sich noch nicht getraut, soweit zu gehen. Auch im GBR gab es diesbezüglich heftige Diskussionen und durchaus auch die Meinung, wir machen überhaupt keine Vereinbarung, dann gibt es auch keine Zielvereinbarungen. Aber ein Blick in die Personalrichtlinien (die sind von 1978) hat gezeigt, dass bereits dort Zielvereinbarungen als Führungsinstrument erwähnt und verankert sind.

**4.3 Betriebsratsarbeit im Übergang**
Obwohl für die Unternehmensleitung relativ große Kostentransparenz herrscht, ist der Betriebsrat selbst kaum darüber informiert. Von daher können auch mögliche Gewinne nicht gegen die entstandenen Kosten gegengerechnet werden, um daraus eventuell eigene Forderungen abzuleiten oder Forderungen der Unternehmensleitung abzuwehren. Was den Betriebsräten mitgeteilt wird, sind die Benchmarks, an denen man sich orientieren muss. Aber Informationen bekommt man auch hier nur in prozentualen Größen oder in Fertigungszeiten, die vorgegeben werden. Aber an die Zahlen, mit denen etwa der Rohbau operiert, kommt der Betriebsrat nicht heran.

Diese »blinden Stellen« in Bezug auf die kaufmännischen Stellgrößen (Kennziffern) resultieren auch aus der traditionellen Zusammensetzung des Betriebsrates. Der Bremer Betriebsrat setzt sich aus 41 Personen zusammen, davon sind lediglich sieben aus dem Angestelltenbereich (nach dem alten Betriebsverfassungsgesetz wären es sogar nur fünf). Der Bremer Betriebsrat ist produktionsgeprägt und die Produktionsbetriebsräte interessieren sich weitgehend für die traditionellen Verhandlungsfelder: Arbeitszeit, Zwei- oder Dreischichtbetrieb, Arbeitszeitlänge, Arbeitszuteilung, Bandgeschwindigkeit oder auch das Produktionssystem usw. Diese »alten traditionellen Sachen« sind demzufolge in Bremen sehr gut verankert. Von daher liegen auch die Themenschwerpunkte, mit denen sich der Betriebsrat insgesamt befasst, vorwiegend bei diesen Fragen.

Es ist im Werk Bremen noch nie die Erfahrung gemacht worden, dass es mal so richtig runter geht; es wurde gleichsam immer auf sehr hohem Niveau agiert. Es gibt im Werk Bremen auch kein Traditionsverständnis unter den Mitarbeitern, wie es etwa in Sindelfingen herrscht, wo ganze Generationen immer schon »beim Daimler« gearbeitet haben. Vielmehr mussten in Bremen auch viele branchenfremde Mitarbeiter geworben und eingestellt werden (etwa die freigesetzten Werftarbeiter), die ein vergleichsweise instrumentelles Verhältnis zu ihrer Arbeit haben, und darauf bezieht sich dann auch weitgehend die Arbeit der Betriebsräte. Das bedeutet, dass man planerische, vorausschauende oder taktisch vorgehende Verhaltensweisen hier noch wenig vorfinden wird. Das heißt auch: Das »Angebot« an das Co-Management stößt hier auf vergleichsweise geringes Interesse, denn dieses würde ja bedeuten, dass man sich auch viel stärker mit kaufmännischen oder strategischen Fragen beschäftigen müsste. Allerdings wächst die Notwendigkeit für den Betriebsrat, sich stärker in diesen Feldern zu engagieren, allein schon, um den Planungen in der Zentrale wirksam entgegentreten zu können, denn erfahrungsgemäß stehen der Zentrale die Werke ihrer unmittelbaren Nähe näher, und das Werk Bremen muss sich dagegen positionieren. Im Werk Bremen herrscht mehrheitlich immer noch die Meinung, wenn das Unternehmen was von uns will, dann werden sie sich schon rühren. Also strategisch in die Vorhand zu gehen, um bestimmte Entwicklungslinien auch selbst zu setzen, findet bislang noch kaum Interesse und Anklang.

Die Fertigungsarbeiter erwarten von ihren Betriebsräten, dass sie rund um die Uhr für alle ihre Probleme zur Verfügung stehen. Dass Betriebsräte, wenn sie wirksame Interessenpolitik betreiben wollen, immer öfter und verstärkt auch in der Zentrale verhandeln müssen, also nach Stuttgart fliegen, stößt bei den meisten Werkern auf Unverständnis. Dies macht es den Betriebsräten auch noch mal zusätzlich schwer, sich stärker strategisch und nicht zu sehr am Alltagsgeschäft zu orientieren. Um hier ein gewisses Korrektiv zu bilden, wird seit geraumer Zeit der Vertrauenskörper geschult, in größeren wirtschaftlichen Zusammenhängen zu denken und zu argumentieren; dies ist in der Vergangenheit weitgehend versäumt worden. Aber auch dies stößt nicht immer auf Verständnis der Mitarbeiter. Den Werkern ist auch noch wenig plausibel zu machen, dass der Einfluss des Arbeitnehmervertreters im Aufsichtsrat unter Umständen größer ist als der Einfluss des Werkleiters.

# Neue Steuerungssysteme bei IBM
## Bericht: Gerd Nickel

Der folgende Beitrag beschreibt einige wesentliche Änderungen, die in den letzten Jahren im Servicebereich der IBM Deutschland und ihrer Tochtergesellschaften umgesetzt wurden. Dabei handelt es sich um globale Strategieänderungen auf der Ebene des weltweiten Gesamtkonzerns, um Änderungen in den deutschen Landesgesellschaften bis hin zur Tätigkeit der einzelnen Mitarbeiter in den Serviceabteilungen und Projekten. Dabei wird beleuchtet, wie teilweise völlig neu entwickelte Wirkmechanismen in einem komplexen System sich teilweise widersprechender Einzelanforderungen zu einer effektiven Steuerung des Gesamtsystems »IBM global services« ineinander greifen.

### Wandel der Konzernstrategien

Natürlich war die IBM im erfolgreichen Teil ihrer Geschichte schon immer ein vom Markt gesteuertes Unternehmen. Die aktuelle Frage ist also lediglich, auf welche Art und Weise lässt man heute den Markt ins Unternehmen einwirken und zwar von der obersten Konzernspitze bis hinunter zum einzelnen Beschäftigten. Diesbezüglich hat es in den letzten Jahren mehrere Umbrüche grundsätzlicher Art gegeben: Früher agierte der Konzern nicht als globales, einheitliches Unternehmen, sondern im Sinne eines multinationalen Unternehmens, in dem eine Menge kooperierender Landesgesellschaften zusammengefasst waren. Jede Landesgesellschaft hatte ihr Land bzw. ihre Region als Geschäftsgebiet und konnte im Wesentlichen innerhalb dieses Gebietes machen, was sie wollte. Die Hauptsache war, dass bezogen auf das eingesetzte Eigenkapital eine angemessene Rendite erwirtschaftet wurde.

Dies hat sich in den späten 1980er, frühen 1990er Jahren geändert: Die IBM wandelte sich von einem »multinationalen« in ein »transnationales« Unternehmen. Das führte schließlich dazu, dass die Eigenständigkeit der Landesgesellschaften stark eingeschränkt wurde. Sie sollten nach strukturellen Vorgaben der weltweiten Konzernleitung mehr oder weniger einheitlich organisiert werden und auf ihren jeweiligen Märkten operieren. Vorbild war der ABB Konzern, zudem gab es intellektuelle Vordenker mit entsprechenden theoretisch fundierten Konzepten aus der Harvard Business School.

Der Übergang zu einheitlichen Prinzipien und einheitlichen Grundsätzen, die von der Konzernspitze vorgegeben wurden, hatte das Ziel, ein transnationales Unternehmen aufzubauen. Dabei gab es Erfolge, aber auch Rückschläge. Es war nicht ohne weiteres möglich, nationale Besonderheiten zu übergehen oder zu umgehen. Man hat dann versucht, die Landesgesellschaften in mehrere kleine Einheiten aufzuteilen. Diese sollten entsprechend der verschiedenen Geschäftssegmente (Hardware und Software Verkauf, technische Wartung, Ausbildung, Geschäftsprozessberatung etc.) jeweils als *teilautonome Struktur* innerhalb dieses weltweiten Konzerns organisiert werden. So gab es in Deutschland einen Global-Service-Bereich, der in ein eigenes Unternehmen gepackt wurde. Das war damals die »IBM Deutschland Informationssysteme GmbH«, die dann für Deutschland Teil des weltweiten Vertriebssystems war. Das führte unter anderem dazu, dass die einzelnen gesellschaftsrechtlich selbständigen Firmen in Deutschland sehr schnell ein Eigenleben entfalteten und häufig nicht unbedingt harmonisch, sich wechselseitig unterstützend, zusammenarbeiteten. Sie standen vielmehr als eigenständige *Unternehmen* nebeneinander, die zwar hierarchisch in den Gesamtkonzern eingeordnet waren, jedoch wenig miteinander zu tun hatten. Die Geschäftsergebnisse waren in der Konsequenz insbesondere angesichts der mit der firmenrechtlichen Selbständigkeit zwangsweise verbundenen zusätzlichen Kosten nicht besonders befriedigend, sodass das Experiment *teilweise* wieder eingestellt wurde. Mitte der 1990er Jahre des letzten Jahrhunderts wurde das Ganze *mehrmals reorganisiert,* und man ist heute immer noch dabei, die letzten der damals geschaffenen Teilorganisationen und Gesellschaften wieder zusammenzuführen, sodass sich die verschiedenen Geschäftsbereiche »Produkt«, »Vertrieb«, »Hardware«, »Software«, »Services« jetzt wieder innerhalb einer Landesgesellschaft wechselseitig zum Unternehmens- und Kundenwohl unterstützen und ergänzen können.

Begleitet wurde der Wandel von einer konsequenten Trennung von den Produktionsbereichen, mit Ausnahme der Speichertechnologie, die erst Ende 2003 aufgegeben wurde.

Derzeit ist die Situation so, dass man sich nicht mehr nach Produktgruppen, sondern branchenorientiert nach Marktsegmenten positioniert, d.h. es gibt einen Geschäftsbereich für Kunden aus dem industriellen und Herstellerumfeld, einen für den Öffentlichen Dienst, einen für Pharmazeuten, für die Chemie usw. Die Geschäftsfelder sind folglich nach Kundenbranchen und nicht mehr nach IT-technischen Produktgruppen organisiert. Innerhalb der Branchen bietet man dann das Gesamtspektrum der Leistungen an, wobei die einzelnen Branchen natürlich bestimmte Schwerpunkte haben. So wird ein Konstruktionssystem für Automobile natürlich eher im industriellen Umfeld benötigt und weniger im öffentlichen Dienst, Abteilung Sozialversicherung.

Vor 1980 waren es im Prinzip die eigenständigen Landesgesellschaften, die das gesamte weltweit verfügbare Spektrum der Produktpalette angeboten haben. Dabei konnten sie jeweils autonom über ihre Geschäftstätigkeiten entscheiden – wobei natürlich die Vorgabe bestand, Ergebnisse abzuliefern und Profite zu erwirtschaften. Wie gesagt, hat man dann später in dem Modellversuch *ausprobiert*, eine vergleichsweise strenge einheitliche globale Führung durch die Konzernspitze durchzusetzen. Und bei den sehr unterschiedlichen Kundenstrukturen in den einzelnen Ländern waren die nationalen Gesellschaften, die diese zentralen Vorgaben 1 : 1 umzusetzen hatten, natürlich mehr oder weniger erfolgreich. So gibt es z.B. in den USA vergleichsweise viele Großunternehmen, etwa große Handelsketten, wohingegen es in Deutschland viel mehr kleinere Unternehmen bis 200 Beschäftigte gibt; das bedeutet natürlich ein ganz anderes Vorgehen, wenn man geschäftlich zum Zuge kommen will.

Dieser Versuch, diese unterschiedlichen Strukturen geschäftspolitisch »über einen Kamm zu scheren«, konnte nicht funktionieren, da er in vielen Fällen den lokalen Markterfordernissen einfach nicht gerecht wurde. Insbesondere in Europa hatte das negative Konsequenzen: Die nationalen Gesellschaften etwa in Italien, Frankreich oder Deutschland hatten nicht mehr den erwarteten Erfolg. Aus dieser Erfahrung heraus wurde dann die Strategie entwickelt, branchenspezifisch und, soweit erforderlich, regional unterschiedlich zu operieren – eine Entwicklung seit etwa Mitte der 1990er Jahre. Bezüglich der überregionalen Steuerung durch die Konzernspitze hat sich seit dieser Zeit vergleichsweise wenig verändert.

## Unternehmenssteuerung in den Landesgesellschaften

Hier muss man etwas weiter ausholen, denn es sind zwei Phänomene, die sich wechselseitig unterstützen und gegenseitig bedingen. Das erste ist, dass alles, was die diversen Unternehmensgliederungen tun, in regelmäßigen Berichten für die übergeordnete Stelle zusammenfassend dargestellt wird. Diese Berichte bezogen sich in der Vergangenheit auf Verkaufs- und Umsatzdaten auf Unternehmensebene. In der nächsten Stufe wurden detailliertere Kostenrechnungen eingeführt, die auf der Basis von Abteilungen bzw. Kostenstellen die erwirtschafteten Umsätze, Erträge und Kosten (Zeiten, Personalkosten usw.) ermittelten. Diese vergleichsweise groben Kostenrechnungen dienten im Wesentlichen dazu, im Nachhinein zu ermitteln, ob die entsprechenden Kostenstellen, die meist den Abteilungen entsprachen, schwarze oder rote Zahlen erwirtschafteten.

Inzwischen hat man die Datenerhebung wesentlich verfeinert: Die Berechnung erfolgt nicht mehr auf der Basis der Abteilungen, sondern auf der Basis einzelner Projekte. Sobald ein Auftrag reinkommt, wird ein entsprechender Projektvertrag abgeschlossen, intern das Projekt formal aufgesetzt und der projektverantwortliche Leiter bestimmt. Es werden dann für die einzelnen Projekte alle geplanten sowie die tatsächlich anfallenden Leistungen und Kosten ermittelt (seien es Reisen, Arbeitszeiten der eingesetzten MitarbeiterInnen, irgendwelche firmeninternen oder extern eingekauften Unterstützungsleistungen gleich welcher Art usw.). Unternehmensweit werden nun nicht mehr nur 1000 Kostenstellen, sondern ein Vielfaches an einzelnen Abrechnungsgrößen erfasst, auf Datenbanken gespeichert und von vielen Menschen ausgewertet.

Diese Daten können auf einzelne Projekte heruntergebrochen werden, sodass der Projektleiter eine Übersicht darüber erhält, was sein Projekt an Hand der Vertragskalkulation kosten darf, und ob es unter Berücksichtigung der realen Ressourcenverbräuche im wirtschaftlichen Sinn erfolgreich ist. Man hat also die technischen Voraussetzungen dafür geschaffen, ein Projekt in seinen kostenmäßigen Bestandteilen genau erfassen und bestimmen zu können. Das heißt, die Datenerhebungssysteme wurden nicht eingeführt, um im Sinne eines Datenfriedhofs zu sehen, was die Vergangenheit gebracht hat, sondern eben auch, um durch die Verknüpfung mit den neuen geplanten Projekten zu einer Ziel- und Verhaltenssteuerung zu kommen.

Die detaillierte Ermittlung der Kosten- bzw. Ertragssituation ist bei verschiedenen Projekten unterschiedlich schwierig, denn es gibt ganz differenzierte Vertragsvarianten:

Es gibt auf der einen Seite Verträge, die sich auf die Bearbeitung eines konkreten Projekts beziehen und bei denen man genau sagen kann, welchen Akquisitionsaufwand, welchen Durchführungsaufwand und welche ggf. nachlaufenden Gewährleistungsverpflichtungen man für dieses Projekt veranschlagen muss. Nach Abschluss eines solchen Projekts kann man durchaus eine Gesamtanalyse erstellen und feststellen, ob es sich wirklich gelohnt hat, oder ob man etwa bereits ein Drittel des Gesamtaufwandes allein schon in die Akquisition gesteckt hat. Man weiß also relativ genau, *wie sich die Positionen zusammensetzen.*

Auf der anderen Seite gibt es Geschäftsbeziehungen, die wesentlich komplexer und komplizierter sind, bei denen das Verhältnis zum Kunden sich etwas *differenzierter* darstellt, und zwar sowohl, was die verschiedenen Aktivitäten betrifft, die über eine Zeitachse ablaufen und bei denen man nicht genau sagen kann, ob diese Aktivität noch der Teil des einen oder schon der Anfang des nächsten Schrittes ist, sondern auch generell, was die Beziehungen selbst betrifft. Gerade im industriellen Bereich zeigen sich die Beziehungen oft sehr vielschichtig, weil wir hier in den seltensten Fällen eine reine Eins-zu-eins-Beziehung haben (hier ist der Kunde, dort der Lieferant), sondern verschiedene Beziehungen überlagern sich. So kann es sein, dass man in einer Hinsicht Kunde, in anderer Hinsicht Lieferant ist, oder sogar in einem dritten Projekt mit eben dem gleichen Unternehmen als Kooperationspartner in einem Konsortium auftritt. So bezieht IBM einige Hardware-Bausteine von der Firma Siemens, gleichzeitig ist der Beratungszweig von IBM als Unternehmensberater bei der Siemens AG tätig, sodass hier wechselseitige Kunden-Lieferanten-Verhältnisse bestehen. Oder in einigen Lieferbeziehungen zu Dritten stehen wir gemeinsam als Kooperationspartner zusammen, in anderen wiederum sind wir heftige Wettbewerber. Das sind also fallweise sehr unterschiedliche und komplizierte Beziehungen, die man zu einem bestimmten Partner haben kann.

In der Mehrheit der Fälle lässt sich jedoch klar definieren, was ein Projekt ist. Und wir haben Erfahrungswerte, wie hoch im Firmendurchschnitt der Aufwand für Akquise, für Administration und für sonstige Managementunterstützungsleistungen sein wird. Man kann also im Allgemeinen recht gut abschätzen, welchen kalkulatorischen Ertrag ein Projekt haben wird und haben muss (zumindest bei den Serviceprojekten).

Seit der Stilllegung des Produktionswerks in Mainz hat der Teilkonzern IBM Deutschland am Standort *keine eigenständige Produktion* mehr. Entsprechend hat der Anteil der *kundenspezifischen Projektarbeiten* am Gesamtumsatz der IBM deutlich zugenommen. Früher hat man den Hauptumsatz mit Standardprodukten, sei es Hard- oder Software, oder mit Betriebssystemen gemacht. Die Projektförmlichkeit im Sinne des klassischen Servicegeschäfts hat eigentlich erst in den 1990er Jahren stark zugenommen, und zwar auch im Zusammenhang mit dem generellen Ausbau des Servicegeschäfts in all seinen Facetten: von der Geschäftsprozessberatung bis hin zur Beratung/Begleitung von Outsourcing-Prozessen. Inzwischen wird der Hauptumsatz im Servicebereich erzielt, was mit ein Grund für die immer detaillierteren Erfassungs- und Erhebungsprozesse ist.

## Steuerung über Umsatzrenditen

Es gibt firmenintern genaue Vorstellungen darüber, welche Umsatzrenditen für welche Aktivitäten angemessen sind. Selbstverständlich ist die Umsatzrendite bei Standardprodukten im Hard- und Softwarebereich anders gelagert, weil ein einmalig anfallender hoher Entwicklungsaufwand sich über viele Produkte und lange Laufzeiten amortisieren muss. Anders sieht das bei den einmaligen kundenspezifischen Serviceprojekten aus. Diese müssen sich selbst tragen. Die Erwartungen bezüglich der Profitabilität der einzelnen Produkte und Leistungen sind also sehr unterschiedlich. Bei normalen Serviceprojekten ist vor Vertragsabschluss und bevor ein Projekt offiziell als Auftrag entgegengenommen und akzeptiert wird, sicherzustellen, dass die Profitabilität garantiert ist. Es gibt also vorab eine detaillierte Untersuchung über den geschätzten Aufwand (Personal, Sachmittel, Reiseaufwand usw.). Demgegenüber steht der Preis, den man mit dem Kunden ausgehandelt hat, und wenn das alles hinreichend profitabel erscheint, wird der Vertrag unterschrieben; ist dies nicht der Fall, gibt es keine Projektfreigabe.

Im Prinzip wirkt der mit dem Kunden ausgehandelte Preis ähnlich wie ein Target-Preis, denn man muss versuchen, in der Kostenkalkulation im Rahmen dieses Preises einschließlich einer angestrebten Umsatzrendite zu bleiben. Unter Umständen muss man sich nach alternativen Möglichkeiten umschauen, um das Projekt im vorgegebenen Rahmen hinzubekommen. Dazu kann man die unterschiedlichen Potenziale der in der IBM zusammengefassten Firmen nutzen. Dort herrschen unterschiedliche Arbeitsbedingungen, und auch die Qualifikationen sind in den einzelnen Firmen unterschiedlich gestreut. Zwar ist in den einzelnen Firmen die Vergütung bezogen auf bestimmte Qualifikationen ziemlich ähnlich, aber die Unterschiede in der Qualifikationsstruktur der einzelnen Firmen führen zu unterschiedlichen Kostensätzen. Man wird also versuchen, aus dem verfügbaren Arbeitskräftereservoir des gesamten deutschen Teilkonzerns ein Angebotsteam zusammenzustellen, das der Kunde akzeptiert und das gleichwohl die kostengünstigste Lösung für IBM darstellt.

## Wie ein Projekt entsteht und wie es bewertet wird

Grundsätzlich versucht IBM, gegenüber dem Kunden einen Ansprechpartner (vertriebsmäßig) zu benennen, und zwar solch einen, der sich mit den Anforderungen und Problemen beim Kunden auskennt und auch über dessen hausinterne Besonderheiten recht gut Bescheid weiß. Wenn es um das Aushandeln von Serviceprojekten geht, nimmt man üblicherweise Fachleute aus der Kategorie *IT-Architekt*. Das ist eine Berufsgruppe bei IBM, die das gesamte Projekt betreut, die sich bezüglich einer möglichen Gesamtlösung von den Geschäftsprozessen bis hin zur technischen Infrastruktur relativ gut auskennt und somit eine fachlich qualifizierte Diskussion mit dem Kunden führen kann: Was ist das Problem, und was wäre eine mögliche organisatorische und technische Lösung dafür? Der IT-Architekt versucht, das Projekt zunächst inhaltlich abzugrenzen und geht danach in die Phase einer detaillierten Aufwandsschätzung (Personenmonate, erforderliche Qualifikationen – und wo diese in der IBM abrufbar sind). Auf diese Weise kommt man zu entsprechenden Zeit- und Kostenvorstellungen. Damit geht man dann zum Kunden, handelt weitere Rahmenbedingungen aus und verständigt sich über weitere Erfordernisse: Welchen maximalen Zeitraum hat man bis zur vollen Funktionsfähigkeit des Systems zur Verfügung; gibt es besondere Einführungsprobleme, sind Schulungsmaßnahmen beim Kunden erforderlich, wie werden mögliche Änderungen im Projektverlauf gehandhabt usw.? Am Ende steht dann eine technische Beschreibung, in der festgelegt ist, was zu tun ist und was das Ganze kostet. Kennt man den Kunden länger und gut, klappt es erfahrungsgemäß meist *problemlos*. Das Ganze kann aber relativ *lange* dauern, wenn man sich die verschiedenen Anforderungen aus den unterschiedlichen Fachabteilungen des Kunden mühsam zusammensuchen muss.

*Zur Projektgenese*: Es gibt innerhalb des IBM-Vertriebsbereiches eine systematische und formale Klassifizierung des internen Projekt- und Angebotsstatus. Als *ersten Schritt* kann jeder Mitarbeiter eine Projektidee einbringen, die er im Laufe seiner Kundenkontakte, durch Kundengespräche oder durch den Verlauf seiner bisherigen Tätigkeiten gewonnen hat. Er kann diese Projektidee, die so genannte Opportunity, über bestimmte Kanäle an die zuständigen Vertriebsstellen weiterleiten. Hat ein Mitarbeiter eine solche Idee und hat er sie vielleicht auch schon in ersten Klärungsgesprächen mit dem Kunden abgecheckt, wird diese Idee und die Vorstellung, daraus ein Projekt zu machen oder eine bestimmte Vertriebsleistung daraus zu entwickeln, formal erfasst und bewertet. Bei dieser formalen Erfassung, dem *zweiten Schritt*, werden zunächst einige formale Basisfragen beantwortet: Wer ist der Kunde, worum geht es bei dieser Idee; dies kann jeder in das System eingeben. Danach erfolgt eine Zuordnung dieser Idee je nachdem, ob es um eine bestimmte Branche, um einen speziellen schon vorhandenen Bestandskunden geht, oder ob es Vertriebsmitarbeiter gibt, die bereits an diesem Thema arbeiten, an einen für die weitere Verfolgung des Projektvorschlages Verantwortlichen (den »opportunity owner«). Dieser verifiziert dann auch, ob es tatsächlich einen Bedarf bei dem Kunden bzw. in der Branche für die Realisierung dieser Idee gibt. Wenn er feststellt, dass der Kunde tatsächlich eine solche Lösung gebrauchen kann bzw. nötig hat und bereit ist, für ein entsprechendes Angebot auch zu investieren, wird ein Projektleiter angesprochen und in das Verfahren einbezogen. Geklärt werden muss in dieser *dritten Phase* auch, ob das Ganze für die IBM von ausreichendem Interesse ist oder ob möglicherweise ein Geschäftspartner für eine solche Lösung eher in Frage käme. Erst dann wird zusätzliches eigenes Personal einbezogen, um diese Idee umzusetzen.

Wenn jetzt eine Idee für ein Projekt eingebracht ist, das geprüft und zur Weiterführung freigegeben wurde, wird standort- und abteilungsübergreifend das passende Projektteam zusammengestellt. Dieses besteht aus dem *Projektleiter*, ggf. werden für den technischen Fachverstand ein oder mehrere *IT-Architekten* hinzugezogen, und wenn man dann weiß, was gemacht werden müsste und das Projekt unterschriftsreif ausdiskutiert worden ist, wird deutschlandweit unternehmens-, abteilungs- und standortübergreifend unter Berücksichtigung der fachlichen Fähigkeiten und der zeitlichen Verfügbarkeit das geeignete *Projektteam* zusammengestellt.

Dieser Ansatz ist neu. Während es früher im Servicebereich autonom handlungsfähige Abteilungen gab, die jeweils eigene Mitarbeiter für Vertriebsaufgaben, Projektleitung, Kundenberatung und Systemimplementierungen hatten, hat man diese nun inzwischen arbeitsteilig auseinandergezogen. Es gibt jetzt spezialisierte Abteilungen, die für Kundenbeziehungen zuständig sind, andere Abteilungen, die nur aus Projektleitern bestehen, und solche, in denen Mitarbeiter nach technischer bzw. Fachkompetenz zusammengefasst sind und die gleichsam als Kompetenzgruppen für bestimmte Themen fungieren.

### Rekrutierung und Steuerung der Projektteams

Von der Vorstellung, ohne die Organisationseinheit »Abteilung« einen globalen Pool von Mitarbeitern zu bilden, deren besondere Eigenschaften, Qualifikationen, Verfügbarkeiten usw. über ein weltweites Datensystem international abrufbar sind, und aus dem dann für bestimmte Aufgaben bei Bedarf Individuen für ein Projektteam zusammengestellt werden kann, ist man inzwischen abgegangen. Nach entsprechenden Erfahrungen befürchtet man, dass dadurch nicht nur die *soziale Bindung* der Mitarbeiter an das Unternehmen geschwächt würde, sondern dass auch bestimmte s*oziale Erfordernisse* nicht hätten berücksichtigt werden können: Wenn jeder Einzelkämpfer ist, kann man nicht mehr mit wechselseitiger Unterstützung in Teams rechnen. Deshalb ist man dazu übergegangen, die verschiedenen Kompetenzen der Mitarbeiter in einzelnen Abteilungen zusammenzufassen, aus denen heraus man Projektteams zusammenstellen kann. Die in Abteilungen zusammengefassten Mitarbeiter mit ähnlichen fachlichen Kompetenzen und ähnlichen Interessenlagen haben nun das Gefühl, dass man – jenseits der Projekte – noch Kollegen hat, mit denen man sich austauschen kann. Man hat eine soziale »Heimstatt« und ist nicht länger einer von vielen. Für Projekte werden sie dann natürlich wieder voneinander getrennt und neu zusammengesetzt; dies gilt aber dann nur vorübergehend und solange das Projekt andauert; dann kehren sie in ihre verschiedenen Abteilungen zurück.

Die Projekte selbst sind hinsichtlich ihrer Dauer und ihrer zahlenmäßigen Zusammensetzung sehr unterschiedlich: Es gibt Projekte mit 50 Mitarbeitern, die über einen langen Zeitraum, etwa ein halbes Jahr, beim Kunden abgestellt sind und dort arbeiten; andere Projekte wiederum können vielleicht bis zu drei Mitarbeiter umfassen und sind nur kurzfristig, z.B. ein paar Tage, beim Kunden. Wenn der Kunde ein bestimmtes Ergebnis haben will, ist es ihm vergleichsweise egal, wo und wann und mit wem die vereinbarte Leistung erbracht wird. In diesen Fällen wird das Team entweder dort räumlich zusammengefasst, wo die meisten Mitarbeiter sitzen, oder die Mitarbeiter können auch über ganz Deutschland verstreut sein und kommunizieren mehr oder weniger auf elektronischem Wege miteinander.

Nach wie vor gibt es eine Datenbank über die Mitarbeiter, die aber in der Regel nicht mehr weltweit genutzt wird, sondern meist nur innerhalb der einzelnen Teilbereiche der IBM. Hier gibt es Teildatenbanken, in denen die Mitarbeiter des Teilbereichs mit ihren jeweiligen Interessensschwerpunkten und Erfahrungen erfasst sind. Und da man inzwischen die Mitarbeiter in Gruppen nach ihren Kompetenzen geordnet hat, braucht man auch nicht mehr weltweit zu suchen. Wird z.B. jemand gesucht, der sich mit den Gepflogenheiten des Finanzsektors auskennt, dann weiß man, wo es die entsprechenden Bereiche gibt, z.B. einen in Frankfurt, einen in Düsseldorf und zwei in Hamburg. Und es gibt jemanden, der für diesen Bereich verantwortlich ist, den »resource deployment manager«. Wenn ich jemanden für irgendwelche Projekte im Bankenbereich suche, dann kann ich mich an diesen wenden, der dann primär nach Gesichtspunkten der zeitlichen Verfügbarkeit die entsprechenden Fachleute auswählt und benennt.

In der mitarbeiterbezogenen Datenbank sind keine Bewertungen enthalten; jeder Mitarbeiter ist gehalten, seine Daten selbst auf dem Laufenden zu halten; diese beziehen sich etwa auf Projekte, die er gemacht hat, auf Interessen- und besondere Tätigkeitsschwerpunkte usw. An objektiven Daten sind nur seine Stammdaten wie Name, Abteilung, Kostenstelle, firmeninterne Personalnummer enthalten. Die darüber hinausgehenden Daten, die der einzelne selbst eingibt, kann er natürlich auch dazu nutzen, seine innerbetriebliche »Sichtbarkeit« und Verwendung nach Möglichkeit selbst zu steuern. Jemand, der sich verändern möchte oder händeringend neue Aufgaben sucht, wird seine aktuellen Fähigkeiten mit einem zielführenden Schwerpunkt eingeben, jemand, der sich ausgelastet fühlt und auch sonst an Veränderungen nicht groß interessiert ist, wird entsprechend sparsamer mit Mitteilungen sein, um keine »Begehrlichkeiten« zu wecken. Damit steuert er in gewissem Umfang sein Angebot bzw. nimmt sich partiell aus dem Angebot heraus.

**Auslastung – die wichtigste Kenngröße für den Personaleinsatz**

Normalerweise sitzt ein Mitarbeiter nicht däumchendrehend in seinem Zimmer und wartet darauf, dass ein Projektleiter ihn anfordert, sondern er kümmert sich selbst darum, in Projekten, die ihm interessant erscheinen, eingesetzt zu werden. Das heißt, jemand, dessen Projekt absehbar dem Ende entgegengeht, wird sich von sich aus umhören, um möglichst interessante Nachfolgeprojekte zu eruieren. Für Projektleiter oder IT-Architekten ist es relativ leicht, sich einen Überblick über kommende oder zu erwartende Projekte zu verschaffen, da sie meistens frühzeitig in Projektverhandlungen auch schon vor Abschluss eingeschaltet sind. Bei der letztendlichen Auswahl der Mitarbeiter ist der Abteilungsleiter in der Regel bereit, auf bestimmte persönliche oder soziale Dinge zu achten und entsprechend seine Auswahl zu treffen.

Die Abteilungsleiter selbst haben klare Vorgaben, welche durchschnittliche Auslastung sie für ihre Abteilung erreichen müssen. Sie sind für den wirtschaftlichen Einsatz der Mitarbeiter ihrer Abteilung verantwortlich. Im Durchschnitt besteht eine Abteilung aus 40 Personen, das ist jedoch in den verschiedenen Disziplinen sehr unterschiedlich; in der Beratungsbranche finden sich andere Mitarbeiterzahlen als im normalen Software-Installationsbereich. Die Bandbreite kann in den verschiedenen Disziplinen von 10 bis 80 reichen.

Die wichtigste Kenngröße bezüglich des Personaleinsatzes ist die durchschnittliche Auslastung im Sinne von: Wie hoch ist der Anteil von abrechnungsfähigen Stunden im Vergleich zur Menge der zur Verfügung stehenden Personalstunden. Dabei kann berechenbar beides sein: die Berechnung der Stunden gegenüber einem externen Kunden, aber auch die Berechnung der Stunden für IBM-intern zu erbringende Leistungen

## Neue Steuerungssysteme bei IBM ■ 255

(z.B. ein Entwicklungsauftrag für eine andere Abteilung innerhalb des Konzerns). Die Transparenz im System besteht darin, dass jeder Abteilungsleiter für seine Abteilung eine Prozentzahl über die durchschnittliche Auslastung seiner Abteilung bekommt; dies erlaubt auch einen Vergleich über die Abteilungen hinweg. Er erfährt üblicherweise auch sämtliche Kennzahlen der anderen Abteilungen seines Bereiches. Wenn er eine höhere Auslastung hat als andere Abteilungen bzw. als seine Vorgaben es festlegen, dann kann er auch einen höheren Personalbedarf anmelden. Dann hat er auch die Chance, Neueinstellungen für seinen Bereich durchzubringen, um die zu bewältigenden Aufgaben auch faktisch bewältigen zu können. Liegt er allerdings unter seinen Vorgaben, dann kommt er in Begründungsnot und muss sich durchaus mit der Frage auseinandersetzen, ob er Leute aus seiner Abteilung abgeben kann bzw. muss.

Der Abteilungsleiter, der seine Vorgaben übererfüllt, stellt einen Referenzpunkt für seine Kollegen dar. Das gibt natürlich auch einen gewissen Druck auf diejenigen Abteilungsleiter, die ihre Vorgaben nicht erreichen.»Halte deine Leute in Lohn und Brot und alles ist gut.« Wenn er das schafft, dann hat er die Chance, einen Bonus auf sein Gehalt zu bekommen. Wenn er die Vorgabe nicht erreicht, dann entfällt der Bonus. Die variablen Anteile am Gehalt sind jedoch relativ niedrig, weil die Abteilungsleiter, deren Abteilungen nicht unmittelbar mit Vertriebsaufgaben befasst sind, vergleichsweise wenig Einfluss darauf haben, in welchem Umfang Projekte reinkommen oder nicht. Da er keine eigene Vertriebsmannschaft hat, kann er im Prinzip auch nichts an der Situation einer global unzureichenden Auslastung ändern. Der Abteilungsleiter hat lediglich die Aufgabe, seine ihm jeweils zugewiesenen Mitarbeiter für eine möglichst wirtschaftliche Nutzung einzusetzen, die Mitarbeiter inhaltlich zu motivieren und sich rechtzeitig um deren Fort- und Weiterbildung zu kümmern. Insbesondere letzteres liegt in seinem ureigenen Interesse, da er sicherstellen muss, dass die Mitarbeiter seiner Abteilung auch in den kommenden Jahren wirtschaftlich eingesetzt werden können, was nur geht, wenn sie über die entsprechenden Qualifikationen verfügen und für künftige Aufgaben gerüstet sind.

Das heißt aber auch für das Unternehmen, hinsichtlich der Besetzung der Abteilungsleiterstellen eine vergleichsweise kontinuierliche Personalplanung zu machen, denn es macht wenig Sinn, in kurzen Abständen die Abteilungsleiter auszuwechseln, weil dann eben dieses langfristige Denken und langfristige Investieren in die Qualifizierung der Mitarbeiter gefährdet ist. Das liefe auch auf eine kurzfristige Ausbeutung und hochgradigen Verschleiß der Mitarbeiter hinaus. Die künftigen Personalverantwortlichen hätten dann das Nachsehen, denn sie würden nicht mehr über ein den sich verändernden Marktanforderungen entsprechendes qualifiziertes Personal verfügen können.

Die Abteilungen, die ausschließlich mit dem Vertrieb befasst sind, greifen für die Zusammenstellung von Projektteams auf diese Fachabteilungen zurück. Da diese Fachabteilungen mit durchschnittlich 40 Mitarbeitern relativ groß sind, gibt es unterhalb der Ebene des Abteilungsleiters noch eine *Teamleiterstruktur*. Das sind erfahrene, meist ältere Kollegen, die sich um die Integration der jüngeren Mitarbeiter kümmern, die fachliche Weiterentwicklung der Abteilung vorausplanen und eben auch für die abteilungsinterne Auslastungsplanung entsprechende statistische Daten sammeln, etwa wer wann verfügbar ist. Diese Teamleiterstruktur ist aber eine eher informelle Struktur. Es gibt eine Teamleiterzulage; allerdings geht man ab einer bestimmten Gehaltsstufe davon aus, dass Teamleiterfunktionen integraler Bestandteil der Tätigkeit sind und dementsprechend nicht extra vergütet werden.

**Steuerungsmöglichkeit der Prozesse durch den einzelnen Mitarbeiter**

Zur Steuerungsmöglichkeit gehört Transparenz. Die Transparenz für den einzelnen Mitarbeiter kommt vor allem über die Maßeinheit Auslastung: Wie hoch ist der Anteil der nachgefragten und von einem Kunden bezahlten Arbeit? Die Kenngröße, die die personalführende Abteilung normalerweise über den Grad der bezahlten Arbeit hat, steht auch dem einzelnen Mitarbeiter zur Verfügung. Und wenn der einzelne Mitarbeiter dann die Kenntnis darüber hat, dass seine Arbeitszeit nur zu 10-20% nachgefragt wird, weiß er, dass etwas passieren muss. Dabei muss natürlich zunächst geprüft werden, warum er nicht nachgefragt wird, wo die Gründe liegen und inwieweit er diese Gründe selbst beeinflussen kann. Liegt es am Fehlen marktfähiger Fachkenntnisse oder hat er Persönlichkeitsmerkmale, die dazu führen, dass er bereits nach wenigen Minuten beim Kunden von seinen Projektaufgaben entbunden wird, oder liegt es an außerhalb der Person liegenden Gründen? Auf jeden Fall bleibt die Maßeinheit die Einsatzauslastung.

Die erste ggf. steuernd und unterstützend eingreifende Instanz in diesem System ist der Projektleiter. Er schaut zum einen auf die Qualität der Arbeitsergebnisse der Mitarbeiter, die im Projekt arbeiten, denn er ist gehalten, entsprechende Beurteilungen abzugeben. Zwei bis dreimal im Jahr schaut auch der jeweilige Abteilungsleiter, wie das Projekt läuft, bzw. wie die Mitarbeiter darin arbeiten. Spätestens wenn er die jeweiligen Monatsstatistiken bekommt, wird er bilanzieren, wie hoch der Anteil fakturierbarer Arbeitszeiten ist. Wenn er merkt, dass ein Mitarbeiter ohne

Auftrag ist und dieses eben nicht auf bestimmte akzeptable Bedingungen zurückzuführen ist, wird er versuchen, diesen Mitarbeiter gezielt bei dem zentralen Personalmanagement auf die vordere Stelle der Vermittlungsliste zu setzen. Oder wenn sich herausstellt, dass es bei einem bestimmten Mitarbeiter irgendwelche Entwicklungs- oder Verhaltensdefizite gibt, wird er ihn auf die entsprechenden Schulungen schicken.

### Zielvereinbarungen und Entgelt

Ursprünglich wurde der Großteil der Mitarbeiter entsprechend einer festen Gehaltsstruktur bezahlt. Für die Erreichung der Ziele stand eine bestimmte Arbeitszeit zur Verfügung, und am Jahresanfang wurden für jeden einzelnen Mitarbeiter Ziele vereinbart. Ziele und Zielerreichung hatten jedoch zunächst keine unmittelbaren Auswirkungen auf das Einkommen, die *Gehaltsfindung*.

Dies hat sich geändert: Zielvereinbarungen – und dies gilt nicht nur für den Vertrieb – sind nun insofern entgeltrelevant, als es abhängig vom Grad der Erfüllung der Zielvorgabe einen Gehalts*zuschlag* gibt, der bis zu 25% eines Jahresgehaltes ausmachen kann. Die Zielvorgaben sehen im Allgemeinen so aus, dass sie aus globalen Vorgaben abgeleitet werden und von Jahr zu Jahr ganz unterschiedliche Schwerpunkte haben. Mal liegt der Schwerpunkt z.B. auf der Umsatzsteigerung, mal im Bereich der Kundenzufriedenheit oder auf der Etablierung von Partnerschaften mit anderen Unternehmen, oder er zielt auf die Unterstützung indirekter Betriebsstrukturen. Das hängt ganz davon ab, welche Probleme und Schwächen gerade identifiziert werden. Zielvorgaben werden Jahr für Jahr neu abgefasst und sind nicht unbedingt langfristig stabil. Jeder Mitarbeiter weiß, welche Zielvorgaben er gegenwärtig hat, und er weiß auch, welche Gehaltswirkung die Zielerfüllung hat bzw. nicht hat. Aber er kann nicht davon ausgehen, dass die Ziele auch für das nächste Jahr Gültigkeit haben. Dies hat Auswirkungen auf die Verlässlichkeit und Berechenbarkeit des Vergütungssystems.

Zielvereinbarungen werden zwischen dem Abteilungsleiter und den einzelnen Mitarbeitern aufgesetzt; diese werden, falls sich irgendwelche Veränderungen ergeben, im Laufe des Jahres (korrigierend) fortgeschrieben. Diese Zielvereinbarungen und der Grad ihrer Erreichung bilden dann auch die Grundlage der Arbeitsbewertung und der Gehaltsentwicklung des Mitarbeiters.

Manchmal gibt es unterschiedliche Zielvorstellungen: Das Interesse des *Abteilungsleiters* besteht z.B. darin, einen jüngeren Mitarbeiter im Lauf der Zeit (etwa drei Jahre) auf ein bestimmtes Fähigkeitsniveau zu bringen und ihn fachlich-inhaltlich weiterzuentwickeln, denn dieses erhöht – wie wir oben gesehen haben – mittel- und langfristig die Chancen des Mitarbeiters, in Projekten eingesetzt zu werden, und es bleibt natürlich auch nicht ohne Auswirkungen auf die Beurteilung der Leistungsfähigkeit der Abteilung.

Der Abteilungsleiter wird diesem Mitarbeiter also zubilligen, dass er nicht seine volle Arbeitszeit in Projekten verbringt, sondern etwa nur 70%, und den Rest der Zeit für Weiterbildungsmaßnahmen nutzt. Im Unterschied dazu ist der *Projektleiter* daran interessiert, seine Projekte möglichst schnell und den Kundenanforderungen entsprechend fristgerecht abzuschließen, also den Mitarbeiter möglichst über seine gesamte Arbeitszeit verfügbar zu haben. Dies ist von der Steuerungssystematik her gesehen eine gewünschte Konkurrenzsituation. Was jedoch letztendlich sticht, ist die Vereinbarung des Mitarbeiters mit dem personalverantwortlichen Abteilungsleiter.

Bezüglich der Entgeltrelevanz von Zielvereinbarungen gibt es bei IBM *zwei Varianten*: Zum einen Zielvereinbarungen, die sich auf die normale Arbeit in Kundenprojekten beziehen und für jeden Mitarbeiter entsprechend seiner jeweiligen Aufgabenstellung abgeschlossen werden. Daneben gibt es jedoch eine Betriebsvereinbarung, nach der für bestimmte Tätigkeiten zusätzlich zum normalen Jahresgehalt ein Bonus gewährt wird; diese Tätigkeiten sind in so genannten Bonusplänen niederlegt. Bei solchen herausgehobenen Tätigkeiten, die in zusätzlichen Zielvereinbarungen festgelegt werden können, handelt es sich etwa darum, zusätzliche Aufträge in Millionenhöhe einzuwerben, oder sich bei der Einarbeitung neuer Mitarbeiter in besonderer Weise zu engagieren, oder das persönliche Know-how in der Form entsprechender Fachbeiträge, die in firmeninterne Datenbanken eingespeist werden, IBM-weit zur Verfügung zu stellen. Die per Betriebsvereinbarung definierten Bonusrahmenpläne setzen aber nur ganz grob die Bedingungen fest, die jeweiligen Details werden dann im einzelnen Fall detailliert festgelegt.

### Formalia

Bei Zielvereinbarungen mit Bonus muss es am Anfang jeder Zielvereinbarung eine Einigung geben, d.h. Zielvereinbarungen über Boni werden grundsätzlich ausgehandelt und von beiden Seiten unterschrieben. Auch die normalen Ziele, die vereinbart werden – auch wenn kein besonderer Bonus damit verbunden ist – sind von beiden Seiten zu unterschreiben. Stellt sich im Laufe des Jahres heraus, dass aufgrund veränderter Rahmenbedingungen die Ziele irrelevant geworden sind (bzw.

nicht zu erreichen sind), dann sind die Zielvereinbarungen entsprechend anzupassen. (Beispiel: Ein Projekt mit einem Großkunden kann nicht durchgeführt werden, weil der Großkunde zwischenzeitlich Insolvenz angemeldet hat; damit können natürlich auch die vereinbarten Umsatzziele nicht erreicht werden.)

Es gibt ferner ein formales Regelwerk, in dem festgelegt ist, dass spätestens im dritten Quartal die Ziele hinsichtlich des Status und ihrer Realisierbarkeit angeschaut werden müssen. Wenn sich dabei herausstellen sollte, dass aus irgendwelchen Gründen die Ziele wahrscheinlich nicht zu erreichen sind, wird ein Mitarbeitergespräch geführt, um den Ursachen hierfür nachzugehen, ggf. diese Ursachen zu beseitigen oder die Zielvereinbarungen entsprechend anzupassen.

Beim Abschluss der Zielvereinbarungen zwischen Mitarbeiter und Vorgesetztem ist der Betriebsrat nicht eingeschaltet. Er wird lediglich dann hinzugezogen, wenn ein Mitarbeiter am Jahresende mit seiner Leistungsbeurteilung nicht einverstanden ist und Einspruch erhebt. In diesem Fall wird formal eine Einspruchskommission eingesetzt, bei der jeweils ein Personaler, ein Betriebsrat, der Mitarbeiter, die zuständige Führungskraft und eventuell andere Auskunftspersonen über den Einspruch verhandeln. Das heißt, der Betriebsrat ist nur im Negativfall dabei und nicht im positiven Fall der Gestaltung der Vereinbarung selbst.

## Wie wirkt der Markt steuernd auf das Unternehmen und die Mitarbeiter?

Zunächst sind es die Entwicklungen auf den externen Märkten, die Auswirkungen auf das Unternehmen haben; wenn bestimmte Märkte wegbrechen, können die entsprechenden Marktsegmente der IBM nicht die an sie angelegten Erfolgskriterien erfüllen und das bedeutet, dass sofort Rückwirkungen auf die Personalplanung innerhalb des Unternehmens zu erwarten sind. Ein Bereich, der die gesteckten Umsatzziele aus welchen Gründen auch immer nicht erreichen wird, wird mit dem Thema *Personalabbau* konfrontiert werden. Die einzelnen Mitarbeiter bemerken dies insofern, als keine neuen jungen Mitarbeiter mehr in diese Bereiche hereinkommen und an allen Ecken und Enden Sparmaßnahmen ergriffen werden (augenfällig etwa bei der Wahl des Ortes für die Meetings, die entweder luxuriös in Las Vegas oder sparsam im Zelt auf der grünen Wiese nebenan abgehalten werden). Jeder Mitarbeiter kann sich in der firmeninternen Datenbank die Erfolgsquote anschauen, und er kann damit rechnen, dass bei roten Zahlen bei Auftragseingang und Umsatz Personalabbau innerhalb des jeweiligen Bereichs ansteht.

Marktveränderungen können sich aber auch in reduzierter persönlicher Auslastung oder in der Auslastung einer Abteilung niederschlagen. Die Zahlen zur Auslastung sind teilweise absolute Zahlen, zum Teil sind es aber auch Vergleichszahlen, die die persönliche Auslastung etwa zur Auslastung anderer Kollegen in Beziehung setzen, oder es sind Vergleichszahlen zwischen Abteilungen. Wenn ein übergeordnetes Personalsegment, das etwa für zehn Abteilungen zuständig ist, feststellt, dass Personal abgebaut werden muss, aus welchen Gründen auch immer, wird es sich jene Abteilungen zuerst vornehmen, die über den geringsten Auslastungsgrad verfügen. Die Mitarbeiter dieser Abteilungen, die über das interne Datensystem über Auslastungsentwicklungen Bescheid wissen, werden in der Regel nicht warten, bis man auf sie zukommt, sondern sich selbst frühzeitig nach anderen Beschäftigungsmöglichkeiten innerhalb des Unternehmens umsehen, sich also an solche Abteilungen wenden, die über einen hohen Auftragsbestand verfügen und entsprechenden Personalbedarf haben.

Die allgemein flächendeckend kommunizierten Wirtschaftsdaten des Unternehmens werden quartalsweise veröffentlicht und 14 Tage nach Quartalsschluss weiß im Prinzip jedes Teilsegment, jede Abteilung, jeder Mitarbeiter den aktuellen Stand.

Die zentrale betriebliche Steuerungsgröße der durchschnittlichen Auslastung wird nicht einheitlich über alle Bereiche vorgegeben, sondern differenziert für die einzelnen Bereiche, teilweise auch für einzelne Abteilungen. So werden Abteilungen oder Bereichen, die ein neues Thema bearbeiten möchten (Einstieg in Neuentwicklungen) größere Spielräume eingeräumt, um etwa neue Kundenbeziehungen aufzubauen oder bestimmte technische Fragen und Probleme zu lösen; d.h. die Quote der kundenberechenbaren Stunden wird wesentlich niedriger sein (z.B. etwa 25% der Gesamtstunden) als bei den Bereichen und Abteilungen, die marktreife Entwicklungen vermarkten. Hier liegt die Quote der kundenberechenbaren Stunden vielleicht bei 80%. Dadurch, dass man für Teilbereiche diese unterschiedlichen Vorgaben macht, kann man auf der Ebene der Geschäftsführung und der direkt unter ihnen liegenden Ebenen steuernd eingreifen. Für die Normalbereiche ist die Orientierung an Umsatz und Auslastung kurzfristiger: zwei Quartale lang wird man sich das anschauen, beim dritten Quartal wird man nervös und nach dem vierten Quartal »schlägt der Blitz ein«.

Neben diesen unterschiedlichen Vorgaben bezüglich der berechenbaren Stunden können auch noch zusätzliche Finanzmittel für erforderliche Investitionen gewährt werden.

Generell gesehen hängt die Auslastung natürlich ab von der *Akquisition*. Dafür ist im Prinzip die Vertriebsfunktion verantwortlich. Für die

Auslastung der einzelnen Abteilungen kommt es dann darauf an, inwieweit sie von diesen Akquisitionen konkret profitieren. Das ist dann der Fall, wenn sie für die akquirierten Projekte die entsprechenden Fachkompetenzen anbieten können. Das heißt, die Abteilungsleiter müssen im Prinzip nicht nur die aktuellen Akquisitionen im Blick haben, sondern sie müssen bzw. sollten den Markt hinsichtlich künftiger Entwicklungen beobachten, damit sie das in ihren Abteilungen vorhandene Personal fit dafür machen, kommende Aufträge bearbeiten zu können. Dies heißt aber auch, dass die Abteilungsleiter die Mitarbeiter ihrer Abteilung schon aus Eigeninteresse in entsprechende Fort- und Weiterbildungsmaßnahmen schicken.

Den Projektleitern kommt ebenfalls eine gewisse Steuerungsfunktion zu, denn sie stellen fest, ob die von den Fachabteilungen angebotenen Mitarbeiter das in der Projektarbeit halten können, was sie versprechen. Falls das nicht der Fall ist, wird er sich die Mitarbeiter für kommende Projekte aus anderen Abteilungen zusammenstellen.

Der wichtigste Markt für die Beschäftigten ist der interne Markt. Eine Abteilung, die auf der globalen internen Landkarte der IBM als kompetent in bestimmten Dingen ausgewiesen ist, braucht sich im Allgemeinen keine Sorgen zu machen, dass ihre Existenz in Frage gestellt wird.

Die Zusammenstellung der Projektteams aus den Mitarbeitern verschiedener Abteilungen erfolgt nach Möglichkeit regional oder national, allein schon um Reisekosten und Spesen zu sparen; lediglich in ganz besonderen Projekten, wo das entsprechende Know-how in der Region oder national nicht zur Verfügung steht, werden die Projekte europaweit zusammengestellt – zumindest für die Anfangsphase, bis das Projekt in einem stabilen Zustand ist.

### Zur aktuellen Leistungssituation

Früher war es homogener, man hatte ein einheitliches Anforderungsniveau quer durch IBM. Inzwischen sind die Anforderungen sehr unterschiedlich. Je nachdem, ob die einzelnen Sparten/Branchen »brummen« oder nicht, ob einzelne Fachkompetenzen gefragt sind oder nicht, fallen ganz unterschiedliche Arbeitsbedingungen an. Es gibt Mitarbeiter, die 60 Stunden arbeiten, und andere, die kaum etwas zu tun haben; diese Uneinheitlichkeit gab es früher nicht in dem Umfang. Außerdem gibt es innerhalb der Projektarbeit sehr stark schwankende Anforderungen zwischen höchster zeitlicher Anspannung bis hin zu ganz ruhigen Phasen. Das (Leistungs-)Problem liegt also eher in dem Wechsel zwischen (über-)voller Belastung und Pause. Diese starken Schwankungen hängen sehr stark auch von den Investitionsneigungen in den verschiedenen Branchen ab. Branchen, in denen wenig investiert wird, erteilen weniger Aufträge, Branchen, in denen heftig investiert wird, generieren eine starke Nachfrage nach Leistungen, und entsprechend fallen die Arbeitsanforderungen in den Projekten an.

Der unterschiedliche Leistungsdruck kommt auch dadurch zustande, dass es bei IBM meist nur eine nacheilende Personalbemessung gibt. Wenn eine Branche abhebt und einen Personalbestand hat, der für den Normalbetrieb ausreichte, dann gibt es Stress einfach durch zunehmenden Auftragseingang der Branche und umgekehrt: Wenn in einer Branche *Potential* wegbricht, dann auch der Auftragseingang, damit gibt es auch intern weniger durchzuführende Arbeiten. Mittelfristig gibt es zwar einen firmeninternen Personalausgleich; kurzfristig jedoch gibt es eine ständige Wellenbewegung zwischen Über- und Unterauslastung.

### Zur Personalbemessung

Die Frage der Personalbemessung liegt außerhalb des Einflusses der Betriebsratsarbeit. Bei IBM gibt es eine zentrale Personalstellenplanung. Hier wird entschieden, wie viele Mitarbeiter ein bestimmter Bereich genehmigt bekommt, was im Wesentlichen von den Umsätzen des betreffenden Bereichs abhängt. Es gibt bestimmte Kenngrößen, die aussagen, wie viele Mitarbeiter für einen gegebenen Umsatz benötigt werden. Diese Kenngröße ist jedoch für die einzelnen Bereiche unterschiedlich, je nachdem welche Aufgaben in diesen Bereichen erledigt werden. Im Servicebereich sind schon einige 100.000 Euro Umsatz pro Mitarbeiter erforderlich, um eine vernünftige Bezahlung zu ermöglichen; auf der anderen Seite kann im Vertriebsbereich ein Mitarbeiter durchaus in einem Vertrag Softwarelizenzen für mehrere Millionen veräußern. So sind die Umsätze pro MitarbeiterIn in den Bereichen extrem unterschiedlich, aber innerhalb der Bereiche zählt grundsätzlich der Umsatz, und bezogen auf diesen gibt es einen bestimmten akzeptierten Personalbedarf.

Beim innerbetrieblichen Personalausgleich sind grundsätzlich zwei Varianten möglich: Hat eine Abteilung zu wenig Leute, um die hereinkommenen Aufträge zu bearbeiten, wird – falls einer Personalaufstockung zugestimmt wird – eine deutschlandweit sichtbare interne Stellenausschreibung generiert, auf die sich jeder Mitarbeiter von IBM bewerben kann. Der umgekehrte Fall: Stellen Bereiche oder Abteilungen fest, dass ihr Personalbestand zu hoch ist, wird dieser Bereich bzw. diese Abteilung aufgefordert, bis zu einem bestimmten Stichtag Personal abzubauen. Die Maßnahmen reichen hier von der Empfehlung für jüngere Mitarbeiter, das Aufgabengebiet und damit den Bereich zu wechseln, bis hin zu massiveren Druckmaßnahmen, mit denen die Mitarbeiter veranlasst werden sollen, ggf. in Altersteilzeit bzw. in den Ruhestand zu gehen.

## Zum Kostendruck bei Projekten

Kostenüberlegungen spielen in der Regel am Anfang und gegen Ende eines Projekts eine Rolle. Zu Beginn geht es um die Frage, welche Mitarbeiter das Projekt durchführen sollen; wenn man für ein Projekt beispielsweise zehn Personenmonate zur Verfügung hat, stellt sich die Frage, ob man hier einen jüngeren – und damit kostengünstigeren – Kollegen einsetzt, der Spezialkenntnisse nur in einem bestimmten Bereich hat, oder ob man einen wesentlich teureren, erfahrenen Kollegen auswählt, der ein komplexes Thema kenntnisreich überschauen kann. Hier kommt es darauf an, eine realistische Einschätzung darüber abzugeben, wen man für wie lange braucht, um das Projekt vernünftig abwickeln zu können. Eine zweite, kritische Phase entsteht dann eher gegen Ende des Projekts, wenn die Planungen mit dem Ist-Zustand abgeglichen werden. Wie viel Ressourcen (Personal- und Sachmittel) sind verbraucht worden im Vergleich zum Gesamtbudget; liegt man im Rahmen der Kalkulation oder hat man mit den Vorausschätzungen daneben gelegen und weit mehr Mittel verbraucht? Falls dies der Fall ist, muss man entsprechende Überlegungen anstellen, wie das Projekt trotzdem noch ohne große Verluste abzuschließen ist. Während des laufenden Projekts gibt es jedoch kaum einen besonderen Druck, und normalerweise sollten die Projekte sauber kalkuliert sein.

Eine gewisse Gefahr besteht darin, dass man schon vor Beginn des Projekts in den Verhandlungen sehr knapp kalkuliert, weil man aus irgendwelchen Gründen das Projekt unbedingt haben will. Ein weiteres Risiko ergibt sich, wenn einige der »oberen Chargen« ihre persönlichen Zielvorgaben, einen gewissen Umsatz zu machen und das dazu notwendige Auftragsvolumen einzuwerben, gleichsam »um jeden Preis« durchzusetzen versuchen. Dann kann sich im Nachhinein durchaus herausstellen, dass zwar die Umsatzzahlen stimmen, die erwirtschafteten Gewinne aber weit hinter den Erwartungen und Planungen zurückbleiben. Solche Fehlentscheidungen können nicht durch interne Maßnahmen kompensiert werden.

# Thomas Haipeter
# Fallstudie Airbus

Gegenstand dieser Fallstudie ist ein deutsches Produktionswerk des europäischen Flugzeugunternehmens Airbus. Das Werk zeichnet sich durch eine weitreichende Umsetzung marktorientierter Steuerungsformen aus. Es ist zugleich ein Beispiel für die Aushandlung und Einführung neuer Formen der kollektivvertraglichen Regulierung von Arbeitszeit und Leistung. Entsprechend ist der Frage nachzugehen, wie eigentlich neue kollektivvertragliche Regulierungsformen unter den Bedingungen marktorientierter Steuerungsformen funktionieren. Im Zentrum steht das Problem der praktischen Wirksamkeit kollektiver Regulierungen, verstanden als ihre normative Bindekraft für das individuelle Handeln der betrieblichen Akteure.[1]

## 1. Grundlinien der Unternehmensorganisation

Das europäische Flugzeugunternehmen Airbus befindet sich im Mehrheitsbesitz der in Holland beheimateten Konzernholding *EADS*. Der EADS-Konzern ist in fünf operative Divisionen mit eigener Profit- und Kostenverantwortung gegliedert, von denen Airbus sich auf das operative Geschäft der kommerziellen Flugzeugproduktion konzentriert. Airbus wird inzwischen als eigenständige Aktiengesellschaft nach französischem Recht geführt, die anteilig zu 80% der EADS und zu 20% der britischen BAE-Systems gehört. Innerhalb der *Division Airbus* werden die vormals national und regional getrennten Geschäftsprozesse der Forschung und Entwicklung, der Produktion sowie des Absatzes und Vertriebs allmählich zusammengeführt. In dem Maße, in dem die Bedeutung der Regionalorganisation des Unternehmens abnimmt, steigt die strategische Bedeutung der Unternehmenszentrale auf der einen sowie die operative Bedeutung der *Manufacturing Divisions* auf der anderen Seite an. In

---

[1] Die Fallstudie wurde im Rahmen eines von der Hans-Böckler-Stiftung finanzierten und Ende 2003 abgeschlossenen Forschungsprojektes durchgeführt. Sie gründet sich auf eine standardisierte betriebsweite Erhebung zu Fragen der Entwicklung von Arbeitszeit und Leistung, auf insgesamt 33 leitfadengestützte Interviews mit Beschäftigten und betrieblichen Experten von Management und Betriebsrat sowie schließlich auf betriebliche Arbeitszeitdaten und die Auswertung schriftlicher Quellen.

ihnen werden die Standorte zusammengefasst, die sich auf einer Wertschöpfungsstufe befinden. So gehört das untersuchte Werk mit seinen 2.000 Beschäftigten zu einer Manufacturing Division mit insgesamt ca. 7.000 Beschäftigten.

Die Divisionen und ihre Werke werden durch finanzwirtschaftliche Zielvorgaben gesteuert, die innerhalb der Geschäftseinheit Airbus auf die einzelnen Organisationsebenen heruntergebrochen werden. Während allerdings die Geschäftseinheit sowohl rendite- als auch kostenverantwortlich ist, haben die Manufacturing Divisions und ihre Werke nur Kostenziele, die aus den übergeordneten Renditezielen der Geschäftseinheit abgeleitetet werden. Die Kostenziele werden im untersuchten Werk von der Werksleitung in die Werksorganisation eingespeist.»Wertorientierte Führung«, so wird intern die Ausrichtung des Werkes auf die Kosten- und Produktivitätsziele bezeichnet. Als Voraussetzung für die Durchsetzung einer wertorientierten Führung gilt die Reorganisation des Werkes in Richtung Dezentralisierung der unternehmerischen Verantwortung. Strategische Ergebnissteuerung und operative Dezentralisierung gehen Hand in Hand.

Die Dezentralisierung erfolgte und erfolgt noch in mehreren Schritten und auf mehreren Ebenen. Die erste Ebene der Reorganisation betrifft die *Werkstrukturen*. Die alten fordistischen Werkstrukturen mit ihrer funktionalen Versäulung wurden in eine dezentrale Center-Organisation überführt. Diese auch als Segmente bezeichneten *Center* sind ihrerseits in *Subcenter* bzw. *Subsegmente* untergliedert. Segmente und Subsegmente werden über Kostenziele und Zielvereinbarungen gesteuert. Wie die Werksleitung mit der Geschäftsleitung, so vereinbaren die Segmentleiter mit der Werksleitung und die Subsegmentleiter mit der Segmentleitung individuelle Ziele. Damit finden auf allen drei Ebenen – Werk/Segment/Subsegment – in einem kaskadenförmig angelegten Aushandlungsprozess Zielvereinbarungen statt, bei denen die Kostenziele des Werkes als zentrale Kennziffern in das Werk hineingetragen werden. Die vom Werksleiter vereinbarten Kostenziele des Werkes bilden verbindliche Zielmarken für die Segmente und die Subsegmente. Auf den drei genannten Hierarchieebenen sind die Zielvereinbarungen mit variablen Entgeltbestandteilen gekoppelt. Dies gilt nicht für die vierte Hierarchieebene des Werkes, die *Meister*. Zwar verhandeln auch die Meister mit den Subsegment- und Segmentleitern Ziele, doch haben diese Ziele keine Auswirkungen auf die Entgeltfindung. Die Ziele der Meister bilden das Scharnier zu den Zielvereinbarungen der direkten Produktion.

Das Prinzip der wertorientierten Führung und der Dezentralisierung unternehmerischer Verantwortung wird bis auf die Ebene der Arbeitsorganisation verfolgt. Die Arbeitsorganisation stellt damit die zweite Ebene der Reorganisation dar. Sie hat zwei zentrale Eckpfeiler: Die Einführung der Gruppenarbeit und des »Beteiligungsmodells« der Leistungsregulierung auf der einen sowie die flexible Organisation der Arbeitszeit als zentraler Baustein einer flexiblen oder »atmenden Produktion« (Hartz 1996) auf der anderen Seite. In der Summe der Veränderungen stehen diese Eckpfeiler für ein neues Modell der wertorientierten und atmenden Produktion.

## 2. Arbeitsbeziehungen

Die Reorganisation des Betriebes und der Arbeitsorganisation ist bei Airbus ein in hohem Maße ausgehandelter und regulierter Prozess. Sowohl die Gruppenarbeit und das Beteiligungsmodell als auch das Arbeitszeitsystem gründen sich auf ausgehandelte Kompromisse zwischen den Akteuren der betrieblichen – und im Falle des Arbeitszeitsystems auch der tariflichen – Arena. Nicht eine unilaterale Managementstrategie, sondern ein Wechselspiel unterschiedlicher Interessen und Orientierungen in der »politischen Kultur der Austauschbeziehungen« im Betrieb (Bosch u.a. 1999) ist verantwortlich für die Dynamik der Reorganisation.

Dieser Sachverhalt gibt Einblick in die besondere Form der industriellen Beziehungen im Betrieb. Diese ruht auf drei Eckpfeilern. Der erste Eckpfeiler lässt sich am besten als *kooperative Konfliktbewältigung* (Weltz 1977) charakterisieren. Die Anerkennung der jeweils anderen Seite und die Legitimität unterschiedlicher Interessen werden als Selbstverständlichkeit vorausgesetzt. In diesem Rahmen haben beide Betriebsparteien eine ausgeprägte Orientierung am Kompromiss. Unterschiedliche Standpunkte werden kontrovers verhandelt und auch vor der betrieblichen Öffentlichkeit nicht verschwiegen. Am Ende der Aushandlungen sollte aber ein für beide Seiten tragfähiger Kompromiss gefunden werden. Dazu gehört auch, dass die Verhandlungsparteien Abstriche von Maximalforderungen zu machen bereit sind.

Die kooperative Konfliktbewältigung beinhaltet im Verständnis der Akteure eine *aktive Teilnahme des Betriebsrats* an Prozessen. Dies ist der zweite Eckpfeiler der industriellen Beziehungen im Werk. Der Betriebsrat hat eine »gestaltungspolitische Wende« (Haipeter 2000) durchlaufen. Ausgangspunkt dieser Wende war der Einführungsprozess der Gruppenarbeit, in dessen Verlauf der Betriebsrat dazu übergegangen ist, eigene organisatorische Gestaltungsvorschläge in die Verhandlungen mit der Betriebsleitung einzubringen und durchzusetzen. Doch nicht nur das, auch in die konkreten Prozesse der Gruppenarbeit ist der Betriebsrat auf mehreren Ebenen als gleichberechtigter Partner eingebunden. Diese Form des »Co-Management« des Betriebsrats beruht auf einer Position der Stärke, die sich vor allem auf einen hohen gewerkschaftlichen Organisationsgrad der Beschäftigten stützt, der im Arbeiterbereich bei über 70% liegt.

Deshalb ist der Betriebsrat jederzeit ein ernstzunehmender Verhandlungspartner für das Management, und deshalb bietet es sich für die Betriebsleitung auch an, dem Betriebsrat stärker als traditionell üblich und rechtlich vorgesehen Zutritt in den Bereich von Führungsentscheidungen zu gewähren.

Der dritte Eckpfeiler der industriellen Beziehungen des Betriebs ist der *Modernisierungs- und Beschäftigungspakt* als Grundlage der Konfliktbewältigung im Betrieb. Kompromissbildungen und eine aktive Rolle des Betriebsrats sind vor allem deshalb möglich, weil beide Betriebsparteien einer übergreifenden Kompromissformel folgen, die eine Schnittmenge gemeinsamer Interessen bildet. Diese Formel besagt, dass erstens der Betrieb Wettbewerbsvorteile durch organisatorische Modernisierungen erringen soll und zweitens diese Wettbewerbsvorteile direkt zur Sicherung der Beschäftigung einzusetzen sind. Dies ist die Logik von betrieblichen Wettbewerbspartnerschaften (Dörre 2002) und von Bündnissen für Arbeit (Seifert 2002). Voraussetzung dafür ist, dass sich beide Betriebsparteien die besten Wettbewerbs- und Beschäftigungseffekte von einer Erhöhung der internen Flexibilität versprechen.

### 3. Arbeitsorganisation und Leistungsregulierung

Das zentrale Thema der Arbeitsorganisation des Werks ist die Einführung der Gruppenarbeit. Die Grundlage der Gruppenarbeit war bereits 1996 durch eine Betriebsvereinbarung geschaffen worden. In der Betriebsvereinbarung wurde das Leitziel der flächendeckenden Einführung einer *teilautonomen Gruppenarbeit* formuliert. Für den in Form von Pilotprojekten vollzogenen Start der Gruppenarbeit wurden eine Reihe anzustrebender Arbeitsinhalte in Form von Leitlinien präzisiert, die das Verständnis einer teilautonomen Gruppe (TAG) eingrenzten und das Konzept für die Werkstatt operationalisierbar machen sollten. Zu diesen Arbeitsinhalten gehörten die Zeitautonomie der Gruppe, die Durchführung der Urlaubs- und Schichtplanung, die Autonomie bei der Gestaltung der Arbeitsteilung in der Gruppe, die Abstimmung mit Lieferanten und Kunden, die Zeichnungsberechtigung für Gemeinkosten und Materialien, die Disposition von Werkzeugen, die eigenständige Einhaltung von Qualitätsstandards, die Ausarbeitung von Optimierungsvorschlägen, die Termin- und Bedarfsplanung, Zugriffsrechte auf Planung und Steuerung sowie die Verantwortung für Mehraufwand und Gemeinkosten. In der Summe der Einzelpunkte ergibt sich aus den Leitlinien das Gruppenbild einer umfassenden Verantwortung sowohl für Personaleinsatz, Qualität, Termine und Kosten als auch für Zeit- und Leistungssteuerung. Angestrebt wurde damit nicht mehr und nicht weniger als der Bruch mit dem Zeit- und Leistungsregime des Taylorismus. Dieser Bruch zeigte sich auch in der Abflachung der Hierarchien. Die Ebene des Vorarbeiters wurde aufgelöst; der Meister wird zur neuen Schnittstelle für die TAGs. Der Meister vereinbart die Leistungsziele mit der Gruppe und hat zugleich die Verantwortung für die Veränderungsprozesse in seinem Bereich.

Das entscheidende Regelungsscharnier für die Leistungssteuerung und die Einbindung der Werkstatt in die Zielkaskade des Werkes ist das so genannte *Beteiligungsmodell*. Darin werden verbindliche Kennziffern für die Leistungssteuerung vorgegeben und ein neuer Leistungskompromiss für die angestrebte Rationalisierung in Eigenregie durch die TAGs zu formulieren versucht.

Konkret beruht der Rationalisierungskompromiss, den das Beteiligungsmodell formuliert, auf zwei Instrumenten. Das erste Instrument ist die Festlegung von *Kennziffern*, die der Reduzierung von Overhead-Kosten dienen sollen. Diese Kennziffern bilden verbindliche Verhandlungsgegenstände für die Zielvereinbarungen zwischen den Gruppen und den Meistern bzw. Subsegmentleitern. Insgesamt ergeben sich die Kennziffern aus der Zusammenfassung einer Reihe von Codes, in denen unterschiedliche Gründe für Unterbrechungen des Produktionsflusses aufgelistet werden. Diese Codes werden von den Teams in der Werkstatt unmittelbar in ein betriebliches Erfassungssystem eingegeben. Auf diese Weise werden nicht nur die Gruppen in ein Zielsystem eingebunden, es entsteht zugleich ein transparentes System der Zeitverwendung in der Werkstatt. Der Betrieb wird zum Informations- und Wissenssystem auch für die Beschäftigten selbst (Kocyba/Vormbusch 2000).

Das zweite Instrument ist die *Unterschreitung der über MTM ermittelten Soll-Leistungen*. Die Zeitwirtschaft unterlegt weiterhin den Arbeitsprozess mit Daten, indem sie die Vorgabezeiten für die Gruppe ermittelt. Zwar definieren diese Daten formal die Standard- oder Normalleistung für die Gruppe. Die Soll-Leistung ist aber zumindest faktisch keine einzuhaltende Höchstleistung mehr, sondern nur noch die Grundlage für Optimierungen der Gruppe. Allerdings werden im Unterschied zu den Kennziffern für die Overheads keine Ziele für die Unterschreitung der Soll-Leistung verhandelt. Trotz dieser Einschränkung kann festgehalten werden, dass sich der tayloristische Leistungskompromiss an einem entscheidenden Punkt, dem Begriff der Normalleistung, aufzulösen beginnt.

Im Kern des Beteiligungsmodells steht die Formulierung von Anreizen für die Selbstrationalisierung der Gruppe. Das Beteiligungsmodell ist damit ein *Gain-Sharing-Modell*. Die Gruppe kann sowohl durch Verbesserungen der Vorgabezeiten als auch durch Übererfüllungen der Soll-Ziele für die Kennziffern Guthaben auf ihrem Zeitkonto sammeln. Das Beteiligungsmodell sieht vor, die Gruppen an den Ergebnissen ihrer Rationalisierung zu beteiligen. Einsparungen bei den Vorgabezeiten, dem Feld der Zeitwirtschaft also, werden für den Bewertungszeitraum von einem Jahr mit einem Faktor von 1,5 multipliziert und der Gruppe vollständig gutgeschrieben. Einsparungen bei den Soll-Werten für die Unterbrechungscodes werden den Gruppen zu 60% gutgeschrieben. Die niedrigere Bewertung dieser Verbesserungen ergibt sich aus dem Charakter der Einsparungen. Einsparungen bei den Vorgabezeiten sind dauerhaft, insofern sie direkt in die Zeitbausteine der Zeitwirtschaft einfließen. Einsparungen bei den Unterbrechungen hingegen sind oftmals nur einmalig.

Die Mitbestimmung des Betriebsrates bei Überarbeitungen der Vorgabezeiten durch die Zeitwirtschaft wird nicht angetastet. Außerdem gelang es dem Betriebsrat, im Beteiligungsmodell auch Grenzen für die Leistungsintensivierung einzuziehen. Die erste Grenze besteht darin, dass Abweichungen von den Soll-Vorgaben nach unten keine Verdienstminderung zur Folge haben dürfen. Das heißt, dass die Beschäftigten zwar mit einer unternehmerischen Verantwortung konfrontiert werden, dass sie aber kein direktes unternehmerisches Risiko zu tragen haben. Und die zweite Grenze lautet, dass keine Verpflichtung zur Reduzierung von Vorgabezeiten besteht. Die Rationalisierung in Eigenregie ist – zumindest mit Blick auf die Vorgabezeiten – formal freiwillig.

## 4. Arbeitszeitregulierung

Auch die Aushandlung einer neuen Arbeitszeitregulierung verlief unter den Vorzeichen ausgehandelter Kompromisse. Auf der einen Seite stand das Interesse der Unternehmensleitung, die Produktionskapazitäten an die großzyklischen *Nachfrageschwankungen* anzupassen, die für die Flugzeugindustrie typisch sind. Eine Strategie des Hire and Fire widersprach ihrer Vorstellung einer dezentralen und flexiblen Fertigungsorganisation im Rahmen der wertorientierten Steuerung. Auf der anderen Seite verfolgte der Betriebsrat das Ziel der *Beschäftigungssicherung*, das seit den traumatischen Erfahrungen der Unternehmenskrise in den

Jahren 1994 und 1995, in der allein im Werk die Beschäftigung um mehr als ein Viertel reduziert worden war, zur wichtigsten politischen Zielgröße geworden war.

Klar war zunächst nur, dass klassische Instrumente wie Mehrarbeit ohne Freizeitausgleich zwar zu einer Ausweitung der Kapazitäten, jedoch weder zu einem Ausbau der Flexibilität noch zur Sicherung der Beschäftigung für den Fall rückläufiger Auftragseingänge genutzt werden konnten. Es bedurfte offensichtlich neuer Instrumente, um das Problem angehen zu können. Dabei schälte sich das Thema *Langzeitkonto* als mögliche Option heraus. Die Einrichtung eines Langzeitkontos mit langfristigen Ausgleichszeiträumen stand absehbar in einem problematischen Verhältnis zum Flächentarifvertrag, der seinerzeit nur kurze Ausgleichszeiträume von bis zu einem Jahr vorgesehen hatte und dies auch nur für vorab festzulegende Planzeiten, nicht für individuelle Zeitkonten. Deshalb hatte der Betriebsrat frühzeitig Kontakt zur Bezirksleitung der Gewerkschaft aufgenommen, die von da an in die Verhandlungen eingeschaltet war. Die Bezirksleitung hatte ihrerseits im Verlauf der 1990er Jahre eine eigene Strategie des Umgangs mit dem wachsenden Druck auf flächentarifliche Standards entwickelt. Ihre Strategie einer »betriebsnahen Tarifpolitik« (Schulz/Teichmüller 2001) läuft darauf hinaus, betriebsbezogene Sonderregelungen auf der Ebene der Tarifautonomie als Ergänzungs- bzw. Zusatztarifvertrag zu verhandeln.

Nicht von ungefähr also war die neue Arbeitszeitregulierung im Jahr 1999 schließlich im Rahmen eines Zusatztarifvertrags für das Werk vereinbart worden. Dieser wie auch die Betriebsvereinbarung zum Langzeitkonto hatten eine vorläufige Laufzeit von vier Jahren. Es wurde das Ziel formuliert, vor Ablauf der Laufzeit auf der Grundlage der bis dahin gesammelten Erfahrungen über Weiterentwicklungen der Vereinbarung mit dem Ziel der Weiterverlängerung zu verhandeln. Die Vereinbarung sieht keinen definierten Ausgleichszeitraum vor. Festgelegt wurde aber eine Obergrenze für den Guthabenaufbau in der Höhe von 300 Stunden im Durchschnitt der Beschäftigten.

Die Einrichtung des Langzeitkontos beruht auf dem im Betrieb so bezeichneten Prinzip der doppelten Freiwilligkeit sowohl hinsichtlich der Einrichtung des Kontos als auch hinsichtlich des Zeitaufbaus und der Zeitentnahme. Damit ist gemeint, dass Beschäftigter und Führungskraft – als Vertreter der Betriebsseite – jeweils zustimmen müssen bei den Fragen, ob ein Konto geführt werden soll, ob und welche Zeiten darauf eingezahlt werden sollen und ob und welche Zeiten dem Konto zu entnehmen sind. Das entscheidende Kriterium dafür soll die Kapazitätssituation sein. Damit wird der Aspekt des Ausgleichs von Kapazitätsschwankungen bei der Kontenregelung formal fixiert. Dem Beschäftigten wird die Möglichkeit eingeräumt, längere Abwesenheitsblöcke aus dem Langzeitkonto zu entnehmen, sofern dem keine betrieblichen Gründe entgegenstehen. Die Betriebsparteien können jedoch auch einvernehmlich eine differenzierte Steuerung des Auf- und Abbaus der Konten nach dem Beschäftigungsbedarf vornehmen.

Das Langzeitkonto baut auf ein zweites Konto auf, das *Arbeitszeitkonto*. Es speist sich aus drei Elementen. Es integriert erstens das alte Gleitzeitkonto für die Normalschicht, es ist zweitens ein Konto für in Freizeit zu entnehmende Mehrarbeit und es kann drittens Zeitguthaben enthalten, die aus dem Schichtmodell entstehen. Diese Zeitguthaben, auch als »Waschzeiten« bezeichnet, ergeben sich im Drei-Schicht-Betrieb als Ergebnis der Differenz zwischen der regelmäßigen vertraglichen Wochenarbeitszeit (IRWAZ) und der in diesem Modell höher liegenden regelmäßigen tatsächlichen Arbeitszeit. Bis zu 50% dieser Waschzeiten können auf Wunsch auch direkt in das Langzeitkonto gestellt werden.

Das Arbeitszeitkonto ist damit eine Kombination aus Regelarbeitszeit- und Mehrarbeitszeitkonto. Es wurden Zeitgrenzen von +105 und −35 Stunden festgelegt. Innerhalb dieser Grenzen sind einvernehmliche Reaktionsgrenzen zwischen den Betriebsparteien zu vereinbaren, die in der Betriebsvereinbarung auf +40, +60 und +80 Stunden festgesetzt wurden. Ein Erreichen dieser Reaktionsgrenzen verpflichtet Mitarbeiter und Vorgesetzte zu Aushandlungen über eine Zeitrückführung innerhalb der folgenden zwei Monate. Ist diese Rückführung aufgrund betrieblicher Bedarfe oder auf ausdrücklichen Wunsch des Mitarbeiters nicht möglich, ist zwischen beiden Seiten über einen Antrag auf Überführung von Zeiten in das Langzeitkonto zu entscheiden. Zeitentnahmen sind auch in ganzen oder zusammenhängenden Tagen möglich, in Abhängigkeit von den betrieblichen Belangen.

Die Regelungen des Kontensystems eröffnen neue Spielräume sowohl für die Mitbestimmung als auch für die »Arena der Arbeitsverfassung« (Müller-Jentsch 1986), die Beteiligung der Beschäftigten. Auf der einen Seite wird der Betriebsrat unmittelbar in die betriebliche Rahmensteuerung einbezogen. Er kann nicht nur einvernehmlich mit der Werksleitung Maßnahmen über den Abbau der Konten vereinbaren, er hat auch die volle Mitbestimmung bei der Festlegung der Reaktionsgrenzen, der Entscheidung über die Anträge der Übertragung von Zeiten in das Langzeitkonto und bei der Aufforderung zur Erstellung von Abwesenheitsplanungen.

Daraus entsteht ein neuartiges Einflusspotenzial auf die Steuerung der Personalkapazitäten des Werks. Und auf der anderen Seite kann der individuelle Beschäftigte seinerseits sowohl beim Zeitaufbau als auch beim Zeitabbau seine Interessen in die individualisierte Aushandlung mit dem Vorgesetzten einbringen. Das Stufensystem aus Arbeitszeit- und Langzeitkonto schafft Spielräume für die Verbindung der Arbeitszeitgestaltung mit unterschiedlichen privaten Zeitarrangements. Und schließlich kann der Beschäftigte bei Interessenkonflikten den Betriebsrat in die Verhandlungen einschalten.

Ähnlich wie bei der Gruppenarbeit werden mit der Arbeitszeitregulierung zumindest die formalen Grundlagen neuer Partizipationsformen gelegt, die eindeutig in Richtung Überwindung des Taylorismus gehen. Dabei stehen die Souveränitätsspielräume des Beschäftigten freilich unter dem Vorbehalt der betrieblichen Bedarfe und damit dem Primat der Kapazitätsentwicklung. Nicht zuletzt deshalb kann sich – ebenfalls ähnlich wie bei der Gruppenarbeit – erst in der Praxis zeigen, ob die regulativ unterfütterte Neubegründung der Arena der Arbeitsverfassung auch tatsächlich eine praktische Wirksamkeit für das konkrete Handeln der Akteure im Betrieb entfaltet.

## 5. Praxis der Arbeitszeitregulierung

Formale Regelungen und betriebliche Praxis sind zwei Paar Schuhe. Und doch ist klar, dass eine Neujustierung der betrieblichen Zeitregulierung, wie sie im Werk vereinbart worden war, zu gravierenden Veränderungen auf dem Shop Floor führen musste. Welcher Art sind diese Veränderungen? Wir werden sehen, dass sich die Probleme der praktischen Wirksamkeit vor allem um den Aspekt der Zielerreichung und der Zeitsouveränität drehen. Verantwortlich für die Probleme sind zunächst einmal Zielkonflikte in der Regelung selbst und in den Interessen der betrieblichen Akteure. Diese stehen aber auch in engem Zusammenhang zu Verwerfungen auf dem Pfad der Reorganisation, die auf Probleme der Gruppenarbeit insgesamt zurückzuführen sind.

Zunächst einmal ist festzuhalten: Das Arbeitszeitkonto wird von den Beschäftigten geschätzt. Unserer Erhebung zufolge geben über 76% der Beschäftigten an, dass sie die neuen Spielräume des Arbeitszeitkontos nutzen. Und nur gut 24% sagen, dass sie mit dem Arbeitszeitkonto ihre Arbeitszeit nicht besser gestalten können als zuvor. Diese hohe Wertschätzung gilt für alle Haushaltstypen, also für Paarhaushalte mit und ohne Kinder sowie für Singlehaushalte mit und ohne Kinder. Allerdings scheinen Singlehaushalte mit Kindern besonders von den Regelungen des Arbeitszeitkontos zu profitieren. Denn von ihnen geben knapp 83% an, die neuen Spielräume nutzen zu können, und nur gut 17% sehen keine Verbesserung der Möglichkeit der Arbeitszeitgestaltung.

Auch das Langzeitkonto hat sich zu einem wichtigen Bestandteil der betrieblichen Arbeitszeitgestaltung entwickelt, weist allerdings nicht die ungeteilte Wertschätzung wie das Arbeitszeitkonto auf. Laut unserer Beschäftigtenbefragung halten 45% der Beschäftigten das Langzeitkonto für grundsätzlich wichtig. Über 70% der Beschäftigten sind mit dem Langzeitkonto und seinen Regelungen zufrieden oder sehr zufrieden. Ebenfalls knapp 63% der Beschäftigten haben bislang ein solches Konto tatsächlich eingerichtet und genutzt. Allerdings meinen nur knapp 38%, dass daraus auch neue Möglichkeiten entstehen, Beruf und Privatleben besser zu vereinbaren. Eine Korrelation dieser Werte mit dem Familienstand der Beschäftigten weist keine signifikanten Differenzen der Einschätzungen auf. Paarhaushalte mit und ohne Kinder und Singlehaushalte mit und ohne Kinder bewerten das Langzeitkonto durchaus ähnlich. Interessanterweise sind die Werte bei der Frage nach der Vereinbarkeit von Beruf und Privatleben für die Singles ohne Kinder am niedrigsten.

Die Zeitkontenstände auf dem Langzeitkonto haben sich seit seiner Einführung mehr als verachtfacht und lagen im März 2002 bei knapp 136.000 Stunden. Das entspricht einem Durchschnitt von knapp 70 Stunden pro Beschäftigtem. Betrachtet man Langzeit- und Arbeitszeitkonto zusammen, so befindet sich der Schwerpunkt der Verteilung erwartungsgemäß bei Kontenständen von 10-100 Stunden. 50% der Beschäftigten liegen in diesem Bereich. Weitere knapp 24% haben Saldenstände unter 10 Stunden, die restlichen rund 26% weisen Salden von über 100 Stunden auf. Bei den hohen Saldenständen von über 300 Stunden dominieren eindeutig Drei-Schichtler und Meister, die zu einem erheblichen Anteil ebenfalls im Drei-Schicht-Betrieb arbeiten, angereichert durch einige Instandhalter. Erklärungsansätze für die hohen Saldenvolumen dieser Beschäftigtengruppen sind zum einen der kontinuierliche Zufluss der so genannten Waschzeiten der Drei-Schichtler in die Langzeitkonten, zum anderen aber auch die in den Interviews hervorgehobene hohe Arbeitsbelastung bei Meistern und Instandhaltern gerade auch im Zusammenhang mit der Einführung und Umsetzung von Gruppenarbeit. Grundsätzlich spiegeln sich in diesen Zahlen jedoch auch unterschiedliche Möglichkeiten zwischen den Schichtsystemen und den Beschäftigtengruppen wider, überhaupt Zeiten auf dem Langzeitkonto aufzubauen.

Die Entwicklung der Kontenstände des Langzeitkontos darf nicht darüber hinwegtäuschen, dass die Bezahlung von Mehrarbeit im Werk die Bedeutung des Langzeitkontos bei weitem überstieg. Zur Erinnerung sei angemerkt, dass die Konten in der Produktion – mit Ausnahme der Gleitzeitstunden der Normalschichtler – ja vor allem durch Mehrarbeit gefüllt werden, für die ein Freizeitausgleich vorgesehen ist. Ob aber überhaupt Mehrarbeit mit Freizeitausgleich auf die Konten gestellt wird, hängt formal betrachtet vom Wunsch des Beschäftigten ab. 19,3% der Beschäftigten gaben an, dass sie in den letzten Jahren mehr als 20 Mehrarbeitsstunden pro Jahr gemacht haben, 33,4% hatten mehr als 50 Stunden und knapp 30% mehr als 100 Mehrarbeitsstunden. Diese Stunden sind zu einem großen Teil nicht auf den Konten gelandet. Betrachtet man die Zeiten umgerechnet in Mannjahre, so ist festzustellen, dass von Dezember 1999 bis Dezember 2001 zwar das Jahresvolumen der Zeitkonten von 15 auf 25 Mannjahre gestiegen war. Im selben Zeitraum bewegte sich aber das Jahresvolumen der bezahlten Mehrarbeit mit einem Anstieg von 70 auf 93 Mannjahre auf einem rund viermal höheren Niveau.

Die Einrichtung der flexiblen Arbeitszeitregulierung hat die Flexibilität durch bezahlte Mehrarbeit zwar unterstützt und ergänzt, sie ist aber noch weit davon entfernt, diese Flexibilität zu ersetzen. Ob damit insgesamt bereits eine Trendwende von der bezahlten Mehrarbeit zum Freizeitausgleich ablesbar ist, ist auf dieser Grundlage schwer zu sagen. Aus Sicht der betrieblichen Experten jedenfalls ist der bislang erzielte Nutzungsgrad des Kontos mit Blick auf das Ziel der internen Flexibilisierung noch nicht ausreichend. Damit scheint auch die von den Betriebsparteien getragene Gleichung interne Flexibilität gegen Beschäftigungssicherung noch nicht richtig aufgegangen zu sein.

Ein erster Grund für die schwache Nutzung zeichnet sich in der diffusen Motivlage der Beschäftigten ab. Grundsätzlich sind unserer Erhebung zufolge die Motive der Beschäftigten für einen Zeitaufbau sehr heterogen. In den Interviews äußerten nur wenige Beschäftigte konkrete Verwendungsabsichten. Auch konnten die Interviewpartner auf keinen im Betrieb bekannten Fall einer Blockzeitentnahme im Sinne langer Abwesenheiten verweisen. In jedem Fall scheint, darauf wies selbstkritisch auch der Betriebsrat hin, eine von vielen geteilte und öffentlich vermittelte Vision für die Nutzung des Kontos im Betrieb zu fehlen.

In den Interviews wurde zweitens deutlich, dass viele Beschäftigte auf den Einkommenszuwachs durch Mehrarbeit kaum verzichten wollten, sofern sie sich an diesen bislang gewöhnt hatten. In einigen Bereichen hat sich die informelle Regelung eingespielt, dass Mehrarbeit am Wochenende ausbezahlt wird, während Mehrarbeit in der Arbeitswoche in Freizeit entnommen wird. Von der Ersetzung der eingespielten »Auszahlungskultur« durch eine »Freizeitkultur« im Zuge der Einführung der neuen Arbeitszeitregelung kann jedenfalls keine Rede sein. Allenfalls findet eine Ergänzung statt.

Drittens mahnten viele Beschäftigte Verbesserungsbedarf bei den Regelungen des Langzeitkontos an. Nur 35% der Beschäftigten sehen dort keinen Verbesserungsbedarf. Laut unserer Erhebung sind die dominierenden Aspekte der Kritik Probleme bei der Gewährung der Teilnahme am Langzeitkonto auf der einen und die Freiwilligkeit beim Auf- und Abbau der Konten auf der anderen Seite. In einer offenen Frage unserer Erhebung nach Verbesserungsbedarf haben 55 von 338 Antworten Kontenaufbauprobleme benannt, und sogar 162 von 338, knapp die Hälfte der Antworten also, Kontenabbauprobleme beklagt. Diese Aspekte haben sich in den Interviews bestätigt. Die Regelungsgestalt der doppelten Freiwilligkeit, die Rolle der Vorgesetzten und, damit verbunden, das spannungsreiche Verhältnis der ursprünglichen Ziele Zeitsouveränität, Kapazitätsanpassung und Beschäftigungssicherung stehen im Zentrum der Kritik. Hier dürfte der entscheidende Grund für die zurückhaltende Nutzung des Kontos liegen.

Der Zielkonflikt entzündete sich vor allem an Problemen des Abbaus von Langzeitguthaben. An diesem Punkt wurden die größten Schwierigkeiten der Regelungspraxis gesehen. Es war eine weit verbreitete Einschätzung unter den Interviewteilnehmern, dass die Entnahme von Zeiten aus dem Langzeitkonto in ihrer Wahrnehmung problematisch bis unmöglich ist.

»Ich habe nur in einem von zehn Beispielen gehört, dass ein Kollege mal Zeiten aus dem Langzeitkonto bekommen hat, als er sie eingefordert hatte. Da spielen dann halt die Belange des Unternehmens die entscheidende Rolle. Das kann man zwar verstehen. Andererseits fragt man sich: Wozu brauche ich dann das Langzeitkonto?« (Beschäftigter)

Viele Aussagen in den Interviews reflektieren den Zielkonflikt, der letztlich der Regelung der doppelten Freiwilligkeit zu Grunde liegt. Teilweise war die Kritik gepaart mit Verständnis für Restriktionen in Phasen hoher Kapazitätsauslastung. Die Beschäftigten äußerten sich bereit, die betrieblichen Belange in ihren Entscheidungen zu reflektieren. Außerdem sei es schon eine Frage der Solidarität, die anderen Beschäftigten nicht im Stich zu lassen. Allerdings wurde auch betont, dass die Entscheidungen der Vorgesetzten eben nicht immer in einem zwingenden Verhältnis zur Auslastungssituation in den Bereichen stünden. Und an diesen Fällen entzündete sich die Kritik. Die mangelnde Verfügungsgewalt wurde von einigen Beschäftigten als Grund dafür bezeichnet, das Konto nicht oder nicht mehr zu nutzen.

Umso mehr ist es eine offene Frage in den Interviews geblieben, warum die Beschäftigten eigentlich bei Zeitkonflikten nicht die in der Regelung vereinbarten Konfliktlösungsmechanismen ausgelöst haben und beispielsweise den Betriebsrat eingeschaltet haben. Denn tatsächlich wurden die in den Regelungen vereinbarten Mechanismen und Stufen der Konfliktlösung bislang kaum genutzt. Die meisten Beschäftigten haben in den Interviews betont, dass es keine Kommunikationsprobleme mit dem Betriebsrat gäbe und sie seine Hilfe jederzeit in Anspruch nehmen würden, wenn sie dies als nötig empfänden. Aber zur Lösung ihrer Probleme haben sie davon keinen Gebrauch gemacht. Dafür könnten mehrere Gründe verantwortlich sein. Vielleicht sind die Probleme doch nicht so gravierend wie geschildert, oder die Beschäftigten haben keine hinreichenden Informationen über die Möglichkeiten der Konfliktlösung, oder die individualisierten Aushandlungskulturen sind einfach noch nicht eingespielt.

Für den letzteren Punkt spricht, dass die bilaterale Kommunikation zwischen Führungskraft und Beschäftigtem im Werk generell noch nicht so weit entwickelt ist, wie dies beispielsweise bei hochqualifizierten Angestellten häufig unterstellt wird. Dies hat gravierende Konsequenzen für die Regelungspraxis. Denn dadurch verlieren die Reaktionsgrenzen ihre steuernde Funktion. Die bei Erreichen der Reaktionsgrenzen formal geforderten Gespräche finden zumeist nicht statt. Die Zeitübernahme vom Arbeitszeit- in das Langzeitkonto ist nicht Grundlage einer grundsätzlichen Verständigung über die Arbeits- und Arbeitszeitsituation des Beschäftigten, sondern wird eher als Automatismus gehandhabt. Repräsentativ dafür ist die Aussage eines Beschäftigten der Instandhaltung:

»Das Zeitgespräch ist ganz unkompliziert. Wir überweisen einfach die Stunden in das LZK.« (Beschäftigter)

Auf diese Weise entfällt die Steuerungs- und Kontrollfunktion, die der Definition einer Reaktionsgrenze erst den Sinn gibt. Weder findet eine Klärung der Entstehung und des Verbrauchs von Zeiten statt, noch kann eine wirkungsvolle Eindämmung des Zeitverbrauchs erzielt werden. Engpässe bei der Personalbemessung oder zu hohe Arbeitsvolumina geraten nicht in das Blickfeld der Kommunikation. Mehr noch, eine individualisierte Aushandlung im Sinne der Arbeitszeitregulierung kann sich nicht etablieren; die normative Neubegründung der Arena der Arbeitsverfassung ist von geringer praktischer Wirksamkeit.

In welche Richtung die Praxis flexibler Arbeitszeiten in der Produktion aber trotz der aufgezeigten Zielkonflikte gehen kann und bereits geht, zeigt ein Beispiel aus der Blechverformung im Segment Komponentenfertigung. In diesem Bereich arbeitet eine TAG im Zwei-Schicht-Betrieb. Die TAG steuert die Zeiten autonom, und zwar sowohl die Urlaubs- als auch die Abwesenheitsplanung. Die Gruppe organisiert ihre Arbeitszeiten, An- und Abwesenheiten, nach dem Arbeitsanfall. In den Worten des für die Zeitsteuerung in der Gruppe verantwortlichen Beschäftigten:

»So bin ich auch mal ein halbes Jahr lang zur Frühschicht schon um 4.30 gekommen, weil so viel zu tun war. Das war mein persönliches

Interesse, denn morgens schafft man mehr. Ich habe in dieser Phase etwa zehn Stunden pro Tag gearbeitet. Ich takte mir die Schichten Früh und Spät auch so ein, wie ich es brauche und versuche das auch mit meiner Gruppe zu koordinieren. Ich setze die Leute dann ein, wenn sie gebraucht werden. Wenn keine Arbeit da ist, gebe ich auch kurzfristig schon mal Urlaub.

Das ist etwas, was sich heute geändert hat. Inzwischen nehmen die Kollegen freie Tage und Urlaub auch nach Arbeitsanfall. Das läuft auch sehr gut bei uns. Früher hat das der Meister bestimmt. Heute machen wir das eigenverantwortlich. Wir suchen uns die Arbeit selber.«

Diese autonome kapazitätsorientierte Zeitsteuerung der Gruppe entspricht ziemlich exakt dem Idealbild der atmenden Fabrik. Der Bruch mit der tayloristischen Zeitsteuerung könnte nicht größer sein. Früher war es die Verantwortung des Arbeitgebers, den Beschäftigten während standardisierter Arbeitszeiten auszulasten, also seine Arbeitskraft in Arbeitsleistung umzuwandeln. In der atmenden Fabrik ist es der Beschäftigte, der selbst für seine Auslastung sorgt und seine Arbeitszeiten an den Arbeitsanfall anpasst. Er gewinnt dadurch an Teilhabe und Partizipation, übernimmt aber zugleich zumindest Teile des Transformationsproblems von Arbeitskraft in Arbeitsleistung in die eigene Regie.

### 6. Praxis der Leistungsregulierung

Jedoch stellt diese Gruppe im Werk nicht die Regel, sondern eher die Ausnahme dar. Verantwortlich dafür sind vor allem die kaum übersehbaren Probleme bei der Einführung und Ausgestaltung der Gruppenarbeit. Und im Zentrum dieser Probleme steht die Leistungsregulierung.

In unserer Befragung haben 60% der Befragten angegeben, dass sie in einer teilautonomen Gruppe arbeiten. Nach Schätzungen des Betriebsrates ist derzeit in den beiden Produktionssegmenten für 90% der Beschäftigten die Gruppenarbeit angelaufen, mit insgesamt 52 Gruppen in den Montagen und 40 Gruppen in der Komponentenfertigung. Insgesamt sprechen diese Zahlen für eine fast flächendeckende Umsetzung der Gruppenarbeit in der direkten Produktion.

Doch bei näherem Hinsehen bietet die Arbeitsorganisation im Werk ein extrem heterogenes Bild; die Gruppenarbeit im Werk gleicht einem bunten Flickenteppich. Ein Teil der Gruppen hat sich tatsächlich nach dem groben Leitbild entwickelt, dass mit der teilautonomen Gruppenarbeit von den Betriebsparteien angedacht worden war. Die oben beschriebene Gruppe ist ein Beispiel dafür. Die teilautonome Gruppenarbeit ist aber nicht die flächendeckende Regel. Daneben existieren Gruppen, die einen eher restriktiven Aufgaben- und Funktionszuschnitt haben. Weiterhin finden sich Gruppen, die sich für kurze Zeit als teilautonome Gruppen etabliert hatten, dann aber ihre Gruppenaktivitäten entscheidend eingeschränkt haben und nun nur noch der Bezeichnung nach eine Gruppe bilden. Schließlich läuft in einigen Bereichen die Gruppenarbeit auch gerade erst an.

Fragt man nach den Gründen für das Scheitern von Gruppenarbeitsprojekten, so stößt man im Werk zunächst auf zwei Faktoren, die aus der Literatur zur Gruppenarbeit gut bekannt sind, nämlich die *Führungskulturen* und die Anforderungen der *diskursiven Koordinierung* innerhalb der Gruppen (vgl. Minssen 1999; Pekruhl 2001).

Die Führungskulturen und die Führungspersönlichkeiten spielen eine große Rolle. Im bilateralen Aushandlungsprozess ist die Person des Meisters von kaum zu überschätzender Bedeutung. Er hat vielleicht die größten Zumutungen zu tragen. Er ist für die Gruppen in seinem Arbeitsbereich sowohl disziplinarisch verantwortlich als auch verantwortlich für ihr Arbeitsergebnis gegenüber seinem Vorgesetzten. Er verbindet damit in einer Person die Rolle des disziplinarischen Vorgesetzten gegenüber der Gruppe, die Rolle des ergebnisverantwortlichen Vorgesetzten gegenüber dem Subsegment und die Rolle des Förderers der Autonomie und Selbststeuerung. Und zugleich kommen die meisten Meister aus einer tayloristischen Arbeitskultur, in der ihr Wort Gesetz war. In dieser Situation sind Überlastungen, Rollenkonflikte und Orientierungsprobleme vorprogrammiert. Dementsprechend unterschiedlich gehen die Meister mit ihrer Rolle um. Manche haben ihrer Gruppe nur langsam Freiraum gegeben oder gar nicht, manche haben den einmal gegebenen Freiraum wieder eingeschränkt, weil die Leistungsergebnisse unbefriedigend waren oder die Gruppe bei der Zeitsteuerung Probleme bekommen hat, manche gewähren Freiraum, lassen die Gruppe aber mit ihren Problemen alleine und manche verhalten sich tatsächlich entsprechend des Leitbildes.

Die Selbstorganisation der Gruppe steht unter Entscheidungsvorbehalt (Kühl 2001). Meister als betriebliche Führungskräfte begleiten die Gruppenprozesse und entscheiden zugleich weiter als Experten und verantwortliche Vorgesetzte. Die Gruppenarbeit bleibt in eine Hierarchie eingebunden, in deren Rahmen die betriebliche Führungskraft jederzeit delegierte Entscheidungen wieder an sich ziehen kann, wenn nach ihrer Wahrnehmung die Situation dies erfordert. Zu bedenken ist dabei insbesondere, dass die Verantwortung für die Zielerreichung ihres Bereichs weiterhin bei den Meistern verankert ist. Daraus entsteht ein erheblicher Druck, in Problemsituationen in die Selbstorganisation der Teams einzugreifen.

Doch nicht nur die Meister müssen sich in eine neue Welt einfinden. Dies gilt auch für die Produktionsarbeiter. So mancher betriebliche Experte wies auf den Kulturwandel hin, der für Produktionsarbeiter nötig ist, um den Schritt von der Bevormundung in der tayloristischen Kommandostruktur hin zu Selbstorganisation und Kooperation bewältigen zu können. Die Zumutungen und Schwierigkeiten einer verständigungsorientierten Koordinierung sind nur auf der Grundlage langfristiger und offener Lernprozesse von den Beschäftigten tragbar (Minssen 1999). Die Beschäftigten müssen lernen, sich zu artikulieren, ihre Interessen gegenüber anderen zu formulieren und Kompromisse mit den Positionen anderer zu schließen. Dies gilt sowohl für die Beziehungen zum Vorgesetzten als auch für die internen Beziehungen der Gruppe. Dafür ist eben nicht nur der Meister verantwortlich, sondern auch die Gruppen selbst.

»Außerdem haben wir noch ein besonderes Problem, acht Frauen untereinander, das ist nicht ganz so einfach. Die Klärung untereinander ist da immer mal notwendig. Die Kommunikation ist insgesamt schwer hinzukriegen, vor allem wenn es um sachliche Themen geht. Da schalten einige sofort ab. Manche blocken sofort ab, gerade und vor allem auch bei Gesprächen mit dem Vorgesetzten. Mir war das insgesamt zuviel. Ich war zwar zunächst Gruppensprecherin, habe dann aber nach einem Jahr das Handtuch geschmissen. Ich bin doch nicht der Sündenbock, ich lasse doch nicht alles auf mich schieben, was nicht läuft. Jemand anderes dafür haben wir aber auch nicht. Deshalb haben wir derzeit in der Normalschicht keine Gruppensprecherin.« (Ehemalige Gruppensprecherin)

»Unsere Gruppe ist zerstritten. Sie hat sich in mehrere Untergruppen aufgespalten.... Bei der Gruppe war es so, dass viele Probleme nicht ausgesprochen und ausdiskutiert wurden. Die Leute müssen halt zusammenpassen, das war bei uns nicht der Fall. Die Leute wurden ja gewissermaßen zueinander gezwungen. Es wäre aus meiner Sicht viel besser gelaufen, hätte sich die Gruppe freiwillig zusammensetzen können.« (Gruppensprecher)

Das wohl zentrale Problem der Gruppenarbeit aber, das eng mit der Rückkehr der Hierarchie zusammenhängt, ist die Herausbildung eines neuen Leistungskompromisses. Die verständigungsorientierte Koordinierung und Steuerung der Gruppenarbeit erfolgt über Kostenziele, Zielvereinbarungen und Kennziffern. Hier liegt der Hauptakzent der eingeforderten Rationalisierung in Eigenregie, und hier soll die Leistungsregulierung neu austariert werden.

Zunächst einmal ist festzuhalten: Die betriebswirtschaftlichen Ergebnisse der Gruppenarbeit sind aus der Sicht der Experten von Unternehmensseite unbefriedigend. Dabei sind die grundsätzlichen Bekenntnisse aller Seiten zur Gruppenarbeit ungebrochen. Im Zentrum der Kritik steht vielmehr der Prozess der Leistungsregulierung auf der Grundlage des Beteiligungsmodells. Aus der Sicht der meisten Experten lag die Sache klar: Das Beteiligungsmodell biete zu wenig Anreize, und es delegiere zu wenig Ergebnisverantwortung. Kritisiert wurde vor allem, dass das Modell keine negativen Anreize setze. Die Beschäftigten tragen weder die Kosten für Verfehlungen der vereinbarten Leistungsziele noch für Unterschreitungen der zeitwirtschaftlich ermittelten Normalleistung. Hinzu kommt, dass in den Zielvereinbarungen als feste Kennziffern bislang nur bestimmte Codes für Unterbrechungen der Abläufe verankert waren. Eine echte Kostenverantwortung entsteht dadurch nicht.

Aus der Sicht der Gruppen stellt sich das Problem erwartungsgemäß etwas anders dar. In unserer Umfrage haben fast 88% der Beschäftigten angegeben, dass für sie die Arbeitsanforderungen in den letzten Jahren gestiegen sind. Es ist schwer zu sagen, ob sich diese Aussage auf die allgemein nach betrieblichen Anforderungen gehaltene Frage bezieht, auf die Belastungen des Hochlaufs, oder auf die bereits angesprochenen neuen Belastungen durch Gruppenarbeit generell. Vor allem aber ist offen, ob es sich bei einer möglichen Leistungsintensivierung um ein Ergebnis der Rationalisierung in Eigenregie handelt, oder ob dies eher ein Ergebnis traditioneller Rationalisierungsformen ist.

In der Tat wurden in den Interviews Hinweise darauf deutlich, dass es in der Rationalisierungspraxis beide Rationalisierungsansätze gibt und zumindest in einzelnen Bereichen auch eine Kombination dieser Ansätze vorfindbar ist. Gerade der letzte Fall ist von Interesse. Zwar ist formal die Unterschreitung der Vorgabezeiten und damit die Freigabe von Zeiten freiwillig. Dennoch haben einige Beschäftigte von einem faktischen Druck durch das Industrial Engineering (IE) berichtet. Dort verfolgt das IE den Auftrag, in die Gruppen hineinzugehen und die Vorgabezeiten auf traditionelle Weise zu kürzen, wenn die Beschäftigten nicht freiwillig Zeiten in das Beteiligungsmodell abgeben:

»Grundsätzlich können alle Cost Improvement Potenziale von den Gruppen angezeigt werden, auch Layout-Veränderungen. Wenn die Gruppen aber von selber keine Potenziale benennen, dann gehen wir als Industrial Engineering in die Gruppen hinein. Dabei ist klar, dass die Verbesserungen, die wir dann feststellen, nicht in das Beteiligungsmodell eingehen. Kommt nichts von der Gruppe, dann setzt unser Vorgehen wieder ein wie vor der Gruppenarbeit. Das läuft dann wie gewohnt ab.« (Mitarbeiter IE)

Das IE fungiert auf dieses Weise faktisch als Drohpotenzial, das die Beschäftigten zu Verbesserungen anhalten soll:

»Insgesamt muss ich aber sagen, Zeitrückgaben, das ist schon schwierig. Wir machen es aber. Wir erwirtschaften was. Wir sind uns einig, dass wir lieber Zeit zurückgeben, als das wir bei uns das IE drin haben. Wir machen lieber eine Zeitrückgabe, denn da können wir selber bestimmen, was wir zurückgeben. Wenn das IE reingeht, muss man mit allem rechnen.« (Gruppensprecher)

»Wenn es aber keine Verbesserungen gibt, wird uns gedroht, dass das IE reinkommt und die Zeiten neu aufnimmt. Ich sehe das so. Mit dem Verbesserungsmodell hat es der Betrieb geschafft, die alte Prämienlohnregel zu unterlaufen. Früher war das so, wenn man die Vorgabezeiten geschafft hat, hatte man sein Geld. Schneller zu arbeiten, davon hatte man keinen Vorteil. Das unterschied die Prämie ja vom Akkord. Jetzt hat man über das Beteiligungsmodell doch wieder den Druck wie im Akkord, und hat ihn in die Prämie hineingebracht. Und wenn man die Prozentzahlen nicht reinbekommt, werden die Zeiten neu festgelegt. Das ist aus meiner Sicht eine Abkehr vom Prämienmodel.« (Beschäftigter)

Diese Art der Mobilisierung des IE stellt einen mindestens mittelschweren Eingriff in die Leistungsautonomie der Gruppen dar. Zudem scheint das System durch die Rolle des IE überdeterminiert. Die entsprechenden Bereiche wollen den Kuchen essen und ihn behalten, indem sie die Rationalisierung in Eigenregie der Gruppen und die traditionelle Rationalisierung mit Hilfe der Ablaufstudien des Industrial Engineering kombinieren. Es ist schwer vorstellbar, dass sich unter diesen Bedingungen eine Rationalisierung in Eigenregie als Bestandteil einer selbstorganisierten Leistungssteuerung der Gruppen langfristig einspielen kann. Im Gegenteil, viel spricht dafür, dass auf diese Weise die mit den Gruppenkonzepten verfolgte Ausweitung des internen Unternehmertums im Keim erstickt wird. Zwar mag diese Strategie kurzfristige Rationalisierungserfolge nach sich ziehen; in langfristiger Perspektive aber dürfte die angestrebte Stärkung der Selbstrationalisierung untergraben werden. Dann wäre der Rückschritt in die traditionelle Rationalisierungspraxis unvermeidlich.

Nach Aussage des Betriebsrats beschränkt sich diese Praxis jedoch auf einzelne Bereiche und hat sich zudem erst mit dem Produktionsrückgang eingespielt, in dessen Folge die Erreichung der verbindlichen Kostenziele für Segmente und Subsegmente deutlich erschwert wurde. In dieser Lesart ist es auch weniger das IE, das für die Eingriffe verantwortlich ist, sondern es sind die jeweiligen Vorgesetzten, die unter Kostendruck auf die Karte der klassischen Rationalisierung setzen. Anders gewendet lässt sich daraus folgern, dass die Meister die an die Gruppen delegierten Entscheidungskompetenzen wieder an sich ziehen, sofern ihre eigenen Kostenziele Gefahr laufen, an den langfristigen Lernprozessen der Gruppen zu scheitern. Es ist in dieser Sichtweise das Steuerungssystem kaskadierter Ziele, das dysfunktionale Nebenfolgen für die Gruppenarbeit hat und deshalb zu einem guten Teil für die Rückschritte auf der Ebene der Arbeitsorganisation verantwortlich ist. Die im Rahmen marktorientierter Steuerungsformen formal bestehende operative Gestaltungsfreiheit der dezentralen Ebene wird durch die strategischen Zielvorgaben der Zentrale faktisch eingeschränkt und damit ein »Rückschwung des arbeitspolitischen Pendels« (Dörre 2002) eingeleitet.

In jedem Fall kann jedoch festgehalten werden, dass sich ein neuer Leistungskompromiss unter den Rahmenbedingungen der Gruppenarbeit noch nicht eingespielt hat. Auch hier ist die Praxis in den Gruppen sehr unterschiedlich. In einigen Gruppen wird geklagt, dass die Vorgabezeiten inzwischen auf ein solches Maß hinuntergefahren wurden, dass die Freigabe von Zeiten nicht mehr möglich sei. In anderen Gruppen ist die Situation deutlich entspannter. Aber auch in diesen Gruppen finden sich unterschiedliche Praktiken. Einige Gruppen haben verabredet, gerade so viele Zeiten abzugeben, dass das IE nicht kommt. Sie dosieren ihre Selbstrationalisierung. Andere Gruppen haben sich entscheiden, überhaupt keine Vorgabezeiten selbst zu kürzen. Damit nehmen sie bewusst den Eingriff des IE in Kauf. Teilweise spielen sich also gruppenspezifische Leistungskompromisse ein, die der Selbstrationalisierung bewusste Grenzen setzen. Die Attraktivität der Anreize des Beteiligungsmodells wird unterschiedlich beurteilt. Viele Beschäftigte haben aber darauf hingewiesen, dass es aus ihrer Sicht wenig lukrativ ist, Zeiten dauerhaft gegen einmalige Zahlungen zu kürzen. Hier könnte ein weiterer Grund für die Probleme der Rationalisierung in Eigenregie liegen.

## 7. Schlussbemerkung

Die aufgezeigten Probleme neuer Steuerungs- und Regulierungsformen sind nicht einfach zu lösen und mit schwierigen politischen und organisatorischen Problemen verbunden. In der Praxis der Arbeitszeitgestaltung dominiert der Konflikt zwischen unterschiedlichen Zielsetzungen. Kapazitätssteuerung, Beschäftigungssicherung und individuelle Zeitsouveränität stehen sich unversöhnlich gegenüber. Die praktische Wirksamkeit der Arbeitszeitregulierung bricht sich aber auch an der Rückkehr der Hierarchie in die Gruppenprozesse und damit der Unterbindung individueller Zeitsouveränität. Dasselbe gilt für die Leistungssteuerung, in der zunehmend auf traditionelle Rationalisierungsmuster zurückgegriffen wird. Beides wiederum hängt eng zusammen mit den Widersprüchen marktorientierter Steuerungsformen der Organisation, deren Wurzeln offenbar vor allem in der Verbindung operativer Dezentralisierung und strategischer Zentralisierung liegen. Denn es sind in unserem Fallbeispiel die zentral definierten (Kosten-)Zielvorgaben, die, wenn sie am »Boden« der Organisation ankommen, einen restriktiven Rahmen bilden, unter dessen Druck die praktische Wirksamkeit neuartiger kollektivvertraglicher Regulierungen beschnitten wird, deren Inhalt auch die normative Begründung einer erweiterten Produzentensouveränität ist.

In der Konsequenz geraten die zarten Keime partizipativer Organisationsformen in den Sog tayloristischer Praktiken unter den Bedingungen gesteigerten Marktdrucks.

## Literatur

Bosch, Aida, Peter Ellguth, Rudi Schmidt und Rainer Trinczek (1999), Betriebliches Interessenhandeln. Zur politischen Kultur der Austauschbeziehungen zwischen Management und Betriebsrat in der westdeutschen Industrie, Opladen.

Dörre, Klaus (2002), Kampf um Beteiligung. Arbeit, Partizipation und industrielle Beziehungen im flexiblen Kapitalismus, Wiesbaden.

Haipeter, Thomas (2000), Mitbestimmung bei VW. Neue Chancen für die betriebliche Interessenvertretung?, Münster.

Hartz, Peter (1996), Das atmende Unternehmen. Jeder Arbeitsplatz hat einen Kunden, Frankfurt/Main, New York.

Kocyba, Hermann, Vormbusch, Uwe (2000), Partizipation als Managementstrategie. Gruppenarbeit und flexible Steuerung in Automobilindustrie und Maschinenbau, Frankfurt/Main, New York.

Kühl, Stefan (2001), Die Heimtücke der eigenen Organisationsgeschichte. Paradoxien auf dem Weg zum dezentralisierten Unternehmen, in: Soziale Welt 4: 383-402.

Minssen, Heiner (1999), Von der Hierarchie zum Diskurs? Die Zumutungen der Selbstregulation, München, Mering.

Müller-Jentsch, Walther (1986): Soziologie der industriellen Beziehungen. Eine Einführung, Frankfurt/Main, New York.

Pekruhl, Ulrich (2001), Partizipatives Management. Konzepte und Kulturen, München/Mering.

Schulz, Hartmut, Teichmüller, Frank (2001), Betriebsnahe Tarifpolitik. Die IG Metall stärken – den Flächentarif verteidigen, in: Wagner, Hilde (Hrsg.), Interventionen wider den Zeitgeist, Hamburg: 194-208.

Seifert, Hartmut (2002), Betriebliche Bündnisse für Arbeit – Beschäftigen statt entlassen, in: Seifert, Hartmut (Hrsg.), Betriebliche Bündnisse für Arbeit. Rahmenbedingungen – Praxiserfahrungen – Zukunftsperspektiven, Berlin: 65-86.

Weltz, Friedrich (1977), Kooperative Konfliktverarbeitung – Ein Stil industrieller Beziehungen in deutschen Unternehmen, in: Gewerkschaftliche Monatshefte, Heft 5: 291-302.

## Thomas Haipeter
# Neue Steuerungsformen der Arbeit und ihre kollektivvertragliche Regulierung
## Ansatzpunkte einer neuen Arena der industriellen Beziehungen?

### 1. Auf dem Weg zu einer neuen Arena der Arbeitsverfassung?

Der Aufschwung partizipativ ausgelegter Managementkonzepte der Arbeitsorganisation in den frühen 1990er Jahren hatte in der industriesoziologischen Literatur zu der verbreiteten Hoffnung geführt, dass eine Überwindung der Taylorismus für größere Teile der abhängig Beschäftigten in erreichbare Nähe gerückt wäre. Die von Horst Kern und Michael Schumann (1984) aufgeworfene Hypothese einer neuen Form der Nutzung und Freisetzung von Produzentenintelligenz und einer umfassenden Re-Professionalisierung der Arbeit im Zuge der Einführung neuer Produktionskonzepte schien eine verspätete Bestätigung zu finden. Die neuen Produktionskonzepte versprachen, auf neue Weise Aspekte der Wirtschaftlichkeit und der Humanisierung zu verbinden. Zum zentralen Hoffnungsträger dieser Idee entwickelte sich schließlich das Konzept der Gruppenarbeit (vgl. dazu auch Minssen 1999; Pekruhl 2001).

Ein entscheidendes Element der Humanisierung der neuen Konzepte bestand in der Aussicht auf erweiterte Partizipationschancen der Beschäftigten. Die Beteiligung an der Gestaltung der eigenen Arbeit und Arbeitsbedingungen galt als wohl größter Schritt auf dem Weg der Reorganisation der Arbeit. Doch nicht nur das. Von den deshalb auch als partizipativ bezeichneten Managementkonzepten wurden zugleich tief greifende Folgewirkungen für das System der industriellen Beziehungen erwartet. Denn immerhin stellte sich ja die »demokratische Frage im Betrieb« (Dörre 1996), und diese Frage konnte nicht ohne Auswirkungen auf die etablierten Institutionen der deutschen industriellen Beziehungen bleiben. Dies galt in erster Linie für die Mitbestimmung des Betriebsrates und die Austarierung von repräsentativer Mitbestimmung und individueller Partizipation, in zweiter Linie aber auch für die Tarifautonomie und den Tarifvertrag, denn eine betriebliche Regulierung partizipativer Managementkonzepte ist zwingend mit einer relativen Aufwertung des Betriebes als Regulierungsebene gegenüber der Tarifebene verbunden.

Auch bei der Beurteilung der Folgewirkungen für die industriellen Beziehungen waren die Interpretationen durchaus optimistisch. So wurde argumentiert, dass sich im Betrieb ein positives Wechselspiel zwischen klassischer Mitbestimmung und individueller Partizipation einspielen könnte (Müller-Jentsch 1998; Müller-Jentsch 1999). Diese Sichtweise beruht auf der Annahme, dass sich mit den neuen Managementkonzepten die »Arena der Arbeitsverfassung« (Müller-Jentsch 1986) als vollwertige Ebene der industriellen Beziehungen etabliert, die neben die beiden traditionellen Ebenen der Betriebverfassung und der Tarifautonomie tritt. Die Arena der Arbeitsverfassung bezieht sich als Regulierungs- und Konfliktebene einer individualisierten Aushandlung auf die mikropolitischen Aushandlungs- und Konsensprozesse zwischen den einzelnen Beschäftigten und ihren Vorgesetzten. Erwartet wurde in diesem Zusammenhang die Herausbildung einer neuen Balance zwischen den Arenen der industriellen Beziehungen, mit der betrieblichen Arena als »Schaltstelle« im System der industriellen Beziehungen und mit einem ganz neuen Zuschnitt der Betriebsratsrolle als Co-Manager gegenüber dem Management und als Interest-Manager gegenüber den Beschäftigten (Müller-Jentsch 1998).

Allerdings sind in den letzten Jahren auch Zweifel an diesen optimistischen Erwartungen formuliert worden, auch und gerade mit Blick auf die Arena der Arbeitsverfassung. So wurde schon recht früh darauf hingewiesen, dass mit den neuen Managementkonzepten keine institutionalisierten Partizipationsrechte verbunden wären, die mit den rechtlich abgestützten Institutionen der Tarifautonomie oder der Betriebsverfassung auch nur annähernd vergleichbar wären. Vielmehr handele es sich um vom Management gewährte Rechte, die auf unsicheren Füßen stünden und jederzeit auch wieder rücknehmbar wären, wenn dies aus betriebs- und unternehmenspolitischer Perspektive als sinnvoll erscheint (Dörre 1996).

Darüber hinaus wurde ein Trend zur Re-Taylorisierung der Arbeitsorganisation diagnostiziert, in dessen Zuge nicht nur bereits erfolgte Ansätze der Re-Qualifizierung der Arbeit, sondern auch erweiterte Möglichkeiten der individuellen Partizipation wieder beschnitten würden. Verantwortlich gemacht dafür wurden neue Steuerungsformen der Unternehmen, die darauf hinausliefen, die Organisation der Unternehmen gegenüber dem Markt zu öffnen und strategische Unternehmensentscheidungen zunehmend an den Normen und Erwartungen der Finanzmärkte auszurichten. »Internalisierung des Marktes« (Moldaschl 1997; Moldaschl/Sauer 2001) und »Shareholder-Value« (Schumann 1998) lau-

## Neue Steuerungsformen der Arbeit und ihre kollektivvertragliche Regulierung 287

ten die damit verbundenen Analysekonzepte. Dabei wird davon ausgegangen, dass einerseits in marktorientierten Steuerungsformen der Marktdruck zur eigentlichen »Triebkraft der Rationalisierung« wird, die der Partizipation als Instrument der Steigerung wirtschaftlicher Effizienz nicht mehr bedürfe, und dass andererseits die Dominanz kurzfristiger Erfolgserwartungen der Shareholder langfristige Reorganisationsprojekte ersticke (Dörre 2002).

Mehr noch, auch in den Segmenten höher und hoch qualifizierter Arbeit in Angestelltenbereichen, wo partizipative Strukturen fester verankert sind und die »Subjektivierung von Arbeit«, die umfassende Nutzung der Produzentenintelligenz und -motivation (Moldaschl/Voß 2003), strukturierendes Prinzip der Arbeitsorganisation ist, offenbaren sich im Gefolge der Marktsteuerung Schattenseiten der individuellen Partizipation. Die alte Gleichsetzung von Partizipation und Humanisierung wird dadurch infrage gestellt. Autonomie habe einen Preis, der sich in »widersprüchlichen Handlungsanforderungen« zeige, die sich aus einem wachsenden Spannungsfeld zwischen Handlungsmöglichkeiten und den für das Handeln zur Verfügung stehenden Ressourcen ergeben (Moldaschl 2001). Damit wird der Blick auf mögliche Dilemmata der Autonomie gerichtet. In der »indirekten Steuerung« werden die Beschäftigten direkt mit den systemischen Zwängen des Marktes konfrontiert, und ihre Handlungsautonomie wird einer Autonomie systemischer Prozesse untergeordnet (Glißmann/Peters 2001).

Marktorientierte Steuerungsformen ziehen in diesen Sichtweisen also entweder die Rücknahme partizipativer Organisationsformen oder Ambivalenzen der Partizipation nach sich. In beiden Fällen wird der Etablierung einer neuen Arena der Arbeitsverfassung der Boden entzogen. Ein Punkt wird dabei allerdings selten thematisiert, der für die Frage des Zusammenhangs von Marktsteuerung und individualisierter Aushandlung von einiger Bedeutung ist. Dieser Punkt bezieht sich darauf, dass im Zuge der Einführung marktorientierter Steuerungsformen in vielen Fällen auch neue Regulierungsformen zwischen den Akteuren der industriellen Beziehungen ausgehandelt werden, die in Unternehmen und Betrieben eine Arena der Arbeitsverfassung institutionell begründen könnten (Haipeter 2002). Dies gilt für kollektivvertragliche Regulierungen sowohl der Arbeitszeit als auch der Leistung. In beiden Bereichen sind mittlerweile kollektive Normen für die individualisierte Aushandlung entstanden, die möglicherweise der individualisierten Aushandlung neue und gefestigte Grundlagen geben könnten.

Über die Wirkungsweise dieser kollektiven Regulierungen ist jedoch wenig bekannt. Können sie Partizipationsansprüche der Beschäftigten unter den neuen Bedingungen der Marktsteuerung nachhaltig begründen? Oder sind sie wenig mehr als eine kosmetische Maßnahme, die an den negativen Nebenfolgen der Marktsteuerung für die Partizipation der Beschäftigten nichts Substanzielles ändert? Oder bieten sie zumindest Ansatzpunkte, die für eine zukünftige Neuregulierung der Arbeitsbeziehungen im Betrieb nutzbar wären? Diese Fragen wurden jüngst in einem von der Hans-Böckler-Stiftung finanzierten Forschungsprojekt untersucht (dazu auch Haipeter 2004; Haipeter/Lehndorff 2004).[1] Bevor jedoch die Ergebnisse des Projekts vorgestellt werden, sind die Zusammenhänge zwischen neuen Steuerungs- und Regulierungsformen etwas detaillierter auszuleuchten.

## 2. Marktsteuerung und neue Regulierungsformen

Inwiefern besteht eigentlich ein Zusammenhang zwischen marktorientierten Steuerungsformen von Organisation und Arbeit und neuen Formen kollektivvertraglicher Regulierungen von Arbeitszeit und Leistung? Und wie sieht dieser Zusammenhang aus? Ist er eher von Widersprüchen oder eher von Kohärenzen geprägt? Zu diesen Fragen sollen in diesem Abschnitt einige Hypothesen formuliert werden. Zunächst aber ist zu klären, was genau unter Marktsteuerung und neuen Regulierungsformen zu verstehen ist.

Marktsteuerung spielt sich auf zwei Ebenen ab, der Ebene der strategischen Unternehmensführung, der Corporate Governance, und der Ebene der operativen Steuerung dezentraler Einheiten. Die Aufspaltung beider Ebenen, die Zentralisierung strategischer Entscheidungen und die Dezentralisierung operativer Entscheidungen, ist ein Kernbestandteil marktförmiger Steuerungssysteme (Haipeter 2003). Auf der Ebene der Corporate Governance besteht das Neue der Marktsteuerung darin, dass die Unternehmensleitungen mehr als zuvor strategische Entscheidungskompetenzen bündeln und zugleich ihre Strategien an Marktsignalen und -erwartungen ausrichten. Dabei gewinnen kapitalmarktorientierte Strategiebildungen an Gewicht, die auf Renditemaximierung und

---

[1] Im Zentrum des Projekts stand die Frage der normativen Bindekraft neuer kollektivvertraglicher Regulierungsformen in der betrieblichen Praxis des Beschäftigtenhandelns. Zu diesem Zweck wurden fünf Intensivfallstudien durchgeführt, sämtlich in Unternehmen, Betrieben oder Unternehmensbereichen mit neuen Regulierungsformen von Arbeitszeit und Leistung und zumindest formal partizipativen Strukturen der Arbeitsorganisation. Die Fallstudien beruhten sowohl auf Experteninterviews mit Vertretern von Management und Betriebsrat als auch auf Beschäftigteninterviews. In einem Fall konnte ergänzend eine betriebsweite standardisierte Erhebung durchgeführt werden.

Erhöhung des Aktienwertes der Unternehmen an den Börsen abzielen. In diesem Zusammenhang wird auch von einer grundlegenden Neukonfiguration der Corporate Governance in Deutschland und der »Abwicklung der Deutschland AG« gesprochen (Streeck/Höppner 2003). Wie weit auch immer sich dabei die Unternehmen im Einzelnen einem Management des Shareholder Value verschreiben, ist umstritten (siehe Jürgens u.a. 2000). In jedem Fall aber verhilft der Verweis auf die Kapitalmärkte den Unternehmensleitungen zur internen Legitimierung steigender Verzinsungsanforderungen an das eingesetzte Eigenkapital. Diese »Finanzialisierung« der Unternehmensentscheidungen dürfte weit verbreitet sein (Kädtler 2003).

Der zentralen Finanzialisierung strategischer Entscheidungen entspricht eine Dezentralisierung der operativen Entscheidungskompetenzen. Zentrale Strategien definieren Rahmenbedingungen, an denen sich operative Einheiten verantwortlich ausrichten müssen, sei es kosten-, sei es profitverantwortlich. Dabei lassen sich strategische Vorgaben auf unterschiedliche Weise an die dezentralen Einheiten weiterleiten. Eine traditionelle Form ist die Definition von Budgets und damit der Ressourcen, mit denen die dezentralen Einheiten wirtschaften können. Eine neuere Form ist die Festlegung von Kennziffern. Kennziffern stellen finanzwirtschaftliche Vorgaben für bestimmte Zielgrößen wie Rendite oder Kosten dar, die dezentrale Einheiten zu erfüllen haben. An diesen Zielgrößen richten sich zugleich die variablen Vergütungsbestandteile von Managern aus. Es bleibt im Rahmen der operativen Dezentralisierung (Faust u.a. 1994) den dezentralen Einheiten überlassen, wie sie mit den ihnen zugewiesenen Budgets zurechtkommen oder auf welche Weise sie versuchen, die Kennziffern zu erfüllen.

Die für die Entwicklung der Arbeitsorganisation entscheidende Folge der Marktsteuerung ist, dass die Beschäftigten direkt mit den Anforderungen des Marktes als einer sachlichen Notwendigkeit konfrontiert werden. Sei es in »konventionalisierten«, also eher hierarchischen, oder »innovativen«, eher partizipativen Formen der Arbeitspolitik (Schumann 1998), die Beschäftigten haben einen eigenen Beitrag zur Erfüllung der marktgebundenen Ziele zu entrichten, um das Überleben ihrer Einheit zu sichern oder ihren Arbeitsplatz zu verteidigen. Die Hierarchie wird als Koordinationsmechanismus durch Marktprozesse wenn nicht ersetzt, so doch entscheidend ergänzt.

Marktorientierte Steuerungssysteme dieser Art setzen starke Anreize für die Reorganisation von Arbeitszeit und Leistung in der Organisation. Auf der einen Seite verleiht die mit der indirekten Steuerung verbundene Bearbeitung von Marktanforderungen einer Flexibilisierung der Arbeitszeiten eine große Schubkraft. Eine Übertragung unternehmerischer Verantwortung an dezentrale Einheiten oder gar einzelne Beschäftigte ist ohne flexible Gestaltungsmöglichkeiten der Arbeitszeit kaum vorstellbar. Nur auf dieser Grundlage kann spontan auf Markt- und Kundenwünsche eingegangen werden, nur auf dieser Grundlage sind marktorientierte Prozesse organisatorisch darstellbar. Je mehr die Spielräume der Beschäftigten bei der eigenständigen Organisation ihrer Arbeit auf der Grundlage einer kollektiven Regulierung der Arbeitszeit vergrößert werden sollen, desto mehr enthält die Regulierung zwangsläufig partizipative Elemente. Kollektiv regulierte Flexibilität hat einen partizipativen Gehalt, sofern sie individuelle Gestaltungsmöglichkeiten der Beschäftigten für die Selbstorganisation ihrer Arbeitszeit eröffnet und sie diesen Möglichkeiten auch einen verbindlichen kollektiven Rahmen gibt. Die dominierende Form solcher flexiblen Regulierungen bilden in Deutschland Arbeitszeitkonten (Bauer u.a. 2002). Sie sind Instrumente der Verwaltung schwankender Regelarbeitszeiten. Auf den Arbeitszeitkonten werden Abweichungen von der Regelarbeitszeit saldiert. Sie sind üblicherweise mit bestimmten materiellen Regeln wie Obergrenzen der Konten und Zeiträumen für den Ausgleich von Kontensalden sowie mit bestimmten Verfahrensregeln zur Steuerung der Arbeitszeiten versehen. Es sind diese Verfahrensregeln, die Art und Umfang des partizipativen Charakters der Arbeitszeitregulierungen bestimmen.

Gleiches gilt auf der anderen Seite für die Frage der kollektiven Leistungsregulierung. Auch hier geraten vormalige Regulierungsmuster unter Druck – in den Bereichen, in denen solche bestanden haben – oder werden ganz neu bestimmt. Diese Entwicklung wurde als Ersetzung der Normalleistung durch die Marktleistung beschrieben (Lacher/Springer 2002). Nicht mehr die tayloristische Standardisierung einer physischen Mengenleistung, sondern die flexible Orientierung an der Erzielung marktgerechter betriebswirtschaftlicher Ergebnisse steht demnach im Zentrum der Leistungsregulierung. Die Orientierung an Ergebnissen wurde auch als Finalisierung des Leistungsbegriffes bezeichnet (Bahnmüller 2001).

Sie beruht auf einer diskursiven Steuerung der Kontexte der Arbeit (Bender 1997), in der Leistungs- und Ergebnisziele individuell zwischen Beschäftigten und Vorgesetzten verhandelt werden. Das zentrale Instrument der Aushandlung ist die Zielvereinbarung. Zielvereinbarungen schaffen zugleich Anknüpfungspunkte für die Unternehmenssteuerung über Kennziffernsysteme, lassen sich doch die Kennziffern auch zur Bewertung individuellen Arbeitshandelns nutzen. In diesem Rahmen eröffnen die Zielvereinbarungen analog der Verfahrensregeln der Arbeitszeitgestaltung normative Grundlagen für eine partizipative Neubestimmung der Arena der Arbeitsverfassung.

## Neue Steuerungsformen der Arbeit und ihre kollektivvertragliche Regulierung

Zwischen der Marktsteuerung und den neuen Formen kollektivvertraglicher Regulierungen von Arbeitszeit und Leistung besteht also ein enger entwicklungsgeschichtlicher Zusammenhang. Doch ist dieser Zusammenhang nicht frei von möglichen Widersprüchen. Vielmehr lässt sich vermuten, dass an der Schnittstelle von Selbstorganisation und Marktsteuerung Probleme angelagert sind, in deren Gefolge die Bindekraft kollektiver Arbeitszeit- und Leistungsregulierungen grundsätzlich infrage gestellt werden und damit ihr partizipativer Gehalt unterlaufen werden könnte.

So ist es denkbar, dass die Auseinandersetzungen mit den Anforderungen des Marktes die Beschäftigten zu der Erkenntnis führen, dass die kollektive Regulierung der Arbeitszeit für sie zu einem Hindernis wird, ihre Arbeit zu bewältigen. Arbeitszeit würde dann zu einer abhängigen Variablen für die Beschäftigten bei der Bewältigung ihres sachlich vom Markt vorgegebenen Arbeitsvolumens. In dieser Situation würde die kollektive Norm ihre Bindekraft verlieren, weil sie nicht mehr den individuellen Interessen der Beschäftigten bei der Organisation ihrer Arbeit entspräche. In der Dominanz von Marktanforderungen enthält die Marktsteuerung damit Elemente, die geeignet sind, die Bindekraft jeder Arbeitszeitregulierung zu unterlaufen. Denn die Steuerung der Leistung über Ergebnisse berücksichtigt Arbeitszeit als unabhängige Variable nur am Rande. Zumindest ist der Bezug zur Arbeitszeit offen.

Dies gilt insbesondere dann, wenn auch in der Leistungssteuerung partizipative Elemente durch die Marktsteuerung unterlaufen werden. Dies kann auf zwei Weisen geschehen. Erstens können zentrale Zielsetzungen in den Zielvereinbarungen als Vorgaben behandelt werden, sodass es zu einer partizipativen Aushandlung von Zielen gar nicht kommt. In diesem Fall werden Ziele nur hierarchisch »kaskadiert«. Zweitens kann der Marktdruck auch ganz ohne Zielvereinbarungen das Arbeitsvolumen bestimmen, sei es in der Gestalt konkreter Kunden- oder Terminvorgaben oder in der Gestalt des wirtschaftlichen Existenzdrucks für bestimmte Bereiche, Betriebe oder Projekte. In diesen Fällen ist der Marktdruck allein »Triebkraft der Rationalisierung«.

Schließlich kann der neuartige Rendite- und Kostendruck, der mit der Finanzialisierung strategischer Unternehmensentscheidungen in der Marktsteuerung verbunden ist, zu einer Beschneidung der Ressourcen führen, die den operativen Einheiten zur Verfügung stehen. Das Ergebnis ist eine Personalpolitik der unteren Linie in den operativen Einheiten, die darauf hinausläuft, die Personalausstattung zu minimieren. Je restriktiver diese Linie gefahren wird, umso mehr werden Schwankungen des Arbeitsvolumens durch Ausweitungen der tatsächlichen Arbeitszeiten und durch Steigerungen der Leistungsintensität ausgeglichen. In diesem Fall wird die Partizipation durch die Restriktivität der Ressourcenbedingungen erstickt.

## 3. Drei Varianten

Die Frage der konkreten Zusammenhänge von Marktsteuerung und neuen Regulierungsformen auf der einen und einer Neubegründung der Arena der Arbeitsverfassung auf der anderen Seite erfordert eine empirische Analyse. Auf theoretischer Ebene lassen sich zwar Kohärenzen und Widersprüche ausloten, welche Varianten von Zusammenhängen sich aber tatsächlich ergeben, kann nur anhand konkreter betrieblicher Entwicklungen nachgezeichnet werden, die ihrerseits das Resultat des sozialen Handelns betrieblicher Akteure sind. Im Folgenden werden deshalb einige Ergebnisse aus dem oben beschriebenen Forschungsprojekt zur praktischen Wirksamkeit neuer Regulierungsformen dargestellt. Die in diesem Projekt durchgeführten fünf Fallstudien lassen zunächst auf ein ernüchterndes Ergebnis schließen. Denn insgesamt ist festzustellen, dass die individualisierte Aushandlung als neue Arena der industriellen Beziehungen weitgehend brachliegt, weil bislang faktisch bilaterale Aushandlungen auf der Grundlage neuer Verfahrensnormen zwischen Beschäftigten und Vorgesetzten kaum stattfinden oder weil sie wenig wirkungsmächtig sind. Verantwortlich dafür sind jeweils Auswirkungen der Marktsteuerung. Diese können aber unterschiedliche Konsequenzen haben. So war in einem Produktionswerk ein Rückfall in tayloristische Organisationsformen zu verzeichnen. In zwei untersuchten Angestelltenbereichen hingegen kam es eher zu einem Rückzug der Vorgesetzten und einer Freisetzung der Sachzwanglogik des Marktes. In einem Fall jedoch ließ sich studieren, unter welchen Voraussetzungen neue Regulierungsformen unter den Bedingungen neuer Steuerungsformen praktisch wirksam sein und zu einer Neubegründung der Arena der Arbeitsverfassung führen können.

### 3.1 Rückfall in die Hierarchie

In dem untersuchten *Produktionswerk* sind die Hinweise darauf zahlreich, dass die Hierarchie im Werk die dominierende Einflussgröße bei der Arbeitszeitgestaltung der individuellen Beschäftigten ist (vgl. dazu auch die Fallstudie Airbus in diesem Band). Verantwortlich dafür sind vor allem Probleme der Gruppenarbeit. Gruppenarbeit mit teilautonomem Zuschnitt war im Werk vor wenigen Jahren flächendeckend eingeführt worden. Sie gründet sich auf ausgefeilte neue Zeit- und Leistungsregulierungen, die in Form von Tarif- und Betriebsvereinbarungen zwischen

# Neue Steuerungsformen der Arbeit und ihre kollektivvertragliche Regulierung

den Akteuren der industriellen Beziehungen ausgehandelt worden waren. Hinsichtlich der Arbeitszeit war ein gestaffeltes Kontensystem entwickelt worden, das ein Arbeitszeitkonto für kurzfristige Schwankungen mit einem Langzeitkonto kombiniert. Dieses System ist mit umfassenden Beteiligungsrechten der Beschäftigten und Mitbestimmungsrechten des Betriebsrates zur Intervention bei Problemsituationen und zur Kontensteuerung ausgestattet. Die Ausgestaltung einer partizipativen Arena der Arbeitsverfassung hat hier eine breite kollektivvertragliche Grundlage erhalten. Ähnlich, wenn auch nicht so ausgeprägt, ist die Situation in der Leistungssteuerung, wo die Gruppen mit den Meistern Leistungsziele vereinbaren, die sich auf Gemeinkostenelemente und auf die Reduzierung von MTM-Zeitbausteinen beziehen.

Die partizipative Zeit- und Leistungssteuerung steht und fällt mit der Etablierung der Gruppenarbeit. Es ist die Gruppenarbeit, mit deren Hilfe im Werk Hierarchie durch Diskurs und Partizipation wenn nicht ersetzt, so doch wenigstens entscheidend ergänzt werden soll. Und hier sieht die Lage alles andere als günstig aus. Die Gruppenarbeit hat sich im Werk bislang nicht als durchgängiges Organisationsprinzip der Produktion ausbreiten können. Das derzeitige Bild der Gruppenarbeit im Werk gleicht einem bunten Flickenteppich. Ein Teil der Gruppen hat sich tatsächlich nach dem groben Leitbild entwickelt, das mit der teilautonomen Gruppenarbeit von den Betriebsparteien angedacht worden war. Die teilautonome Gruppenarbeit ist aber nicht die flächendeckende Regel. Daneben existieren Gruppen, die einen eher restriktiven Aufgaben- und Funktionszuschnitt haben. Weiterhin finden sich Gruppen, die sich für kurze Zeit als teilautonome Gruppen etabliert hatten, dann aber ihre Gruppenaktivitäten entscheidend eingeschränkt haben und nun nur noch der Bezeichnung nach eine Gruppe bilden. Schließlich läuft in einigen Bereichen die Gruppenarbeit auch gerade erst an.

Fragt man nach den Gründen für das Scheitern von Gruppenarbeitsprojekten, so stößt man im Werk zunächst auf zwei Faktoren, die aus der Literatur zur Gruppenarbeit gut bekannt sind (vgl. Pekruhl 2001), nämlich die Führungskulturen und die Anforderungen der diskursiven Koordinierung innerhalb der Gruppen. Im bilateralen Aushandlungsprozess ist die Person des Meisters von kaum zu überschätzender Bedeutung. Er ist für die Gruppen in seinem Arbeitsbereich disziplinarisch verantwortlich, übt zugleich aber die Rolle des Förderers der Autonomie und Selbststeuerung aus. In dieser Situation sind Überlastungen, Rollenkonflikte und Orientierungsprobleme vorprogrammiert. Hinzu kommt, dass die Selbstorganisation der Gruppe unter Entscheidungsvorbehalt steht (Kühl 2001). Die Gruppenarbeit bleibt in eine Hierarchie eingebunden, in deren Rahmen die betriebliche Führungskraft jederzeit delegierte Entscheidungskompetenzen wieder an sich ziehen kann, wenn nach ihrer Wahrnehmung die Situation dies erfordert. Zu bedenken ist dabei, dass die Verantwortung für die Zielerreichung ihres Bereichs weiterhin bei den Meistern verankert ist. Daraus entsteht ein erheblicher Druck, in Problemsituationen in die Selbstorganisation der Teams einzugreifen.

Doch nicht nur die Meister müssen sich in eine neue Welt einfinden. Dies gilt auch für die Produktionsarbeiter. So mancher betriebliche Experte wies auf den Kulturwandel hin, der für Produktionsarbeiter nötig ist, um den Schritt von der Bevormundung in der tayloristischen Kommandostruktur hin zu Selbstorganisation und Kooperation bewältigen zu können. Die Zumutungen und Schwierigkeiten einer verständigungsorientierten Koordinierung sind nur auf der Grundlage langfristiger und offener Lernprozesse von den Beschäftigten tragbar (Minssen 1999). Die Beschäftigten müssen lernen, sich zu artikulieren, ihre Interessen gegenüber anderen zu formulieren und Kompromisse mit den Positionen anderer zu schließen. Dies gilt sowohl für die Beziehungen zum Vorgesetzten als auch für die internen Beziehungen der Gruppe.

Das zentrale Problem der Gruppenarbeit im Werk aber ist die Herausbildung eines neuen Leistungskompromisses. Die verständigungsorientierte Koordinierung und Steuerung der Gruppenarbeit erfolgt über Kostenziele, Zielvereinbarungen und Kennziffern. Hier liegt der Hauptakzent der eingeforderten Rationalisierung in Eigenregie, und hier soll die Leistungsregulierung neu austariert werden. In unserer Umfrage haben fast 88% der Beschäftigten angegeben, dass für sie die Arbeitsanforderungen in den letzten Jahren gestiegen sind. Offen ist dabei, ob es sich bei einer möglichen Leistungsintensivierung um ein Ergebnis der Rationalisierung in Eigenregie handelt oder ob dies eher ein Ergebnis traditioneller Rationalisierungsformen ist.

In der Tat wurden in den Interviews Hinweise darauf deutlich, dass es in der Rationalisierungspraxis beide Rationalisierungsansätze gibt und nicht nur in einzelnen Bereichen auch eine Kombination dieser Ansätze vorfindbar ist. Gerade der letzte Fall ist von Interesse. Zwar ist formal die Unterschreitung von Vorgabezeiten und damit die Freigabe von Zeiten freiwillig. Dennoch haben nicht wenige Beschäftigte von einem faktischen Druck durch das Industrial Engineering (IE) berichtet. Dort verfolgt das IE den Auftrag, in die Gruppen hineinzugehen und die Vorgabezeiten auf traditionelle Weise zu kürzen, wenn die Beschäftigten nicht freiwillig Zeiten in das Beteiligungsmodell abgeben. Das IE wird von den Meistern auf diese Weise faktisch als Drohpotenzial genutzt, das die Beschäftigten zu Verbesserungen anhalten soll.

Diese Art der Mobilisierung des IE stellt einen schweren Eingriff der Hierarchie in die Leistungsautonomie der Gruppen dar. Und dieser Eingriff wird vor allem dann vorgenommen, wenn die Gefahr besteht, dass die ambitionierten Kostenziele, denen sich die Vorgesetzten ihrerseits ausgesetzt sehen, von den Gruppen nicht erreicht werden. Es ist die marktorientierte Steuerung über Kennziffern und Kosten, die die Vorgesetzten systematisch dazu bewegt, gegenüber den Gruppen die Zügel der Hierarchie wieder anzuziehen und die Partizipation der Beschäftigten zu umgehen. Das Produktionswerk hat ein kontinuierliches Kostenverbesserungsziel von 5% im Konzernverbund zu erfüllen, das in der Organisation bis auf die Schultern der Meister »kaskadiert« wird. Unter diesem Druck der Ergebniserfüllung können die langfristigen Lernprozesse einer Rationalisierung in Eigenregie kaum bestehen.

Mit der Rückkehr der Hierarchie und traditioneller Rationalisierungsmuster steht auch die Zeitsouveränität der Gruppen als Grundlage der individualisierten Aushandlung auf prekärer Grundlage. Fragt man sich, warum die Beschäftigten in dieser Situation nicht auf die Einhaltung ihrer Beteiligungsrechte drängen und beispielsweise den Betriebsrat zur Unterstützung einschalten, stößt man vor allem auf das angesprochene Sozialisations- und Kulturproblem. Viele der Beschäftigten weisen eine mangelnde Vertrautheit mit den neuen Prozessen und einen Mangel an kommunikativer Kompetenz auf, die die Nutzung dialogischer Verfahren erschweren. Daraus entsteht ein Kulturproblem des Umbruchs von der tayloristischen in die post-tayloristische Fabrik. Und dieses Kulturproblem ist umso schwerer zu lösen, je weniger sich an den tatsächlichen Strukturen etwas ändert.

Die Situation des Produktionswerkes ist für Industriebetriebe sicherlich nicht untypisch. In diesem Szenario führt die Beharrungskraft der Hierarchie auch und gerade als Folge marktorientierter Steuerungsformen zu einer Blockade für individualisierte Aushandlungen.

### 3.2 Die Dominanz der Marktsteuerung

Das Schwergewicht des Fallstudiensamples liegt auf Bereichen hoch qualifizierter Angestellter. Dort sind die Probleme anders gelagert. Subjektivierung und Selbstorganisation gehören zu selbstverständlichen Tatbeständen der Unternehmensorganisation und -kultur. Und doch konnten auch in diesen Bereichen die Verfahren der individualisierten Aushandlung kaum Fuß fassen. Der Grund dafür war aber nicht die Rückkehr der Hierarchie, sondern die erdrückende Dominanz der Marktsteuerung. Dafür sind zwei Beispiele anzuführen.

Das Unternehmen *Kommunikator* ist ein Beispiel dafür, dass sich unter den Bedingungen der Marktsteuerung eine neue Arena der Arbeitsverfassung nicht herausbilden kann, wenn der Rückhalt durch die Prozessnormen und den Betriebsrat nur schwach ausgeprägt ist. Die kollektive Regulierung bei Kommunikator zur Arbeitszeit sieht explizite Konfliktregelungen nur für den Fall vor, dass Guthaben auf dem Langzeitkonto bis zur Beendigung der Anstellung nicht entnommen werden können und Streit über ihre Verwendung entsteht. Ein solcher Fall ist uns aber nicht begegnet. Ansonsten ist die Regelung von Verfahrensautomatismen geprägt; ein wichtiges Beispiel dafür ist die Kappung von Arbeitszeiten bei Überschreitung der Obergrenzen des Gleitzeitkontos. Eine Überleitung von Zeiten auf andere Konten existiert ebenso wenig wie dialogische Verfahren der Problemlösung bei drohenden Kappungen. Dies aber sind die in der betrieblichen Praxis eigentlich relevanten Fragen. Es liegt in der Logik der Regelung, den Umgang mit diesen Instrumenten ganz in die Sphäre der individuellen Selbstorganisation zu stellen. Der Vorgesetzte tritt als Aushandlungspartner in den Hintergrund. Es ist der Beschäftigte, der seine Zeitgestaltung autonom in Auseinandersetzung mit den Anforderungen seiner Arbeit steuert. Und diese Anforderungen werden zumindest scheinbar nicht mehr von der Hierarchie vorgegeben, sondern entstehen aus den sachlichen Ansprüchen, die der Markt und der Kunde an den Beschäftigten stellen. Wenn der Kunde ruft oder der Termin drängt und die eigene Arbeitszeit aus den Fugen gerät, macht es keinen Sinn, den Vorgesetzten um Hilfe zu rufen, denn er ist es ja nicht, der die Anforderungen gesetzt hat. Der Druck des Marktes trifft die Beschäftigten direkt, und die Arbeitszeitregulierung liefert dafür sogar die Regulierungsgrundlagen.

Vor diesem Hintergrund stellt sich mit Blick auf den Stellenwert der individualisierten Aushandlung die Frage, ob nicht vielleicht von der Seite der Leistungsregulierung Impulse für die Etablierung einer neuen Arena der Arbeitsverfassung ausgehen könnten. Denn im Unternehmen wurde auch die Leistungsfrage mit der Einführung von Zielvereinbarungen und variablen Vergütungsbestandteilen kollektiv in Form einer Betriebsvereinbarung reguliert. Es wurden zwei Zielvereinbarungstypen geschaffen, eine Zielvereinbarung, die sich auf die Arbeitsziele bezieht und eine, die Qualifizierungs- und Entwicklungsziele enthält. Bei den Arbeitszielen wurde ein Spielraum von bis zu 60% für individuelle, vom Beschäftigten ausgehende Ziele fixiert, während die restlichen Anteile von kaskadierten, im Top-Down-Verfahren vorgegebenen Unternehmenszielen ausgefüllt werden. Beide Typen kennen bestimmte Verfahrensregeln. So wird in beiden die Hinzuziehung des Betriebsrates in Konfliktfällen legitimiert. In beiden ist aber auch das Letztentscheidungsrecht des Fachvorgesetzten festgeschrieben. Damit haben beide Typen, analog der Arbeitszeitregulierung, einen nur schwachen partizipativen Gehalt. Und ähnlich wie bei der Arbeitszeitregulierung spielen partizipative Verfahren auch in der Praxis der Leistungssteuerung bislang keine entscheidende Rolle. Denn es dominieren die sachlichen Zwänge der Arbeit. Zwar werden diese sachlichen Zwänge auch teilweise durch Ziele formalisiert. Dies geschieht aber nicht vollständig, weil die Ziele nur einen Ausschnitt des gesamten Tätigkeitsspektrums der Beschäftigten bilden.

Hinzu kommt, dass die Ziele die Marktzwänge eher noch unterstützen und verstärken. Dies liegt vor allem daran, dass sich das Verhältnis von Vorgaben und Vereinbarungen bei den Zielen inzwischen eindeutig in Richtung Vorgaben verschoben hat. Nach übereinstimmender Schätzung der Beschäftigten beläuft sich der Anteil von Vorgaben an den individuellen Zielen inzwischen bei 80%, die sich ihrerseits wieder zusammensetzen aus allgemeinen Unternehmenszielen und abteilungsbezogenen Zielen. Vor dem Hintergrund knapper Ressourcen und schwacher Arbeitszeitregulierungen lauten die Konsequenzen Zeitverfall und Verstöße gegen die gesetzlichen Vorgaben. Unter diesen Voraussetzungen ist auch die Regelung, dass 50% der Ziele in der vereinbarten Arbeitszeit erreichbar sein sollen, weitgehend Makulatur. Denn die Vorgesetzten erwarten eine höchstmögliche Zielerfüllung. Spielräume für individuelle Wahlhandlungen bestehen kaum. Allerdings beklagen einige Beschäftigte auch den Verlust an Steuerungsfunktion der Ziele, der damit verbunden ist, dass der Stellenwert unternehmensbezogener Ziele steigt. Je weniger die Ziele durch das eigene Handeln beeinflussbar sind, umso weniger dienen sie dafür als Orientierungsdatum.

Eine Einschaltung des Betriebsrates in Problemsituationen kommt für die Beschäftigten bei Kommunikator nicht in Frage, auch wenn diese zumindest in der kollektiven Regulierung der Zielvereinbarungen durchaus vorgesehen ist. Ebenso wie bei der Arbeitszeit geschieht in dieser Richtung nichts, obwohl die Beschäftigten offensichtlich nicht in der Lage sind, ihre Probleme individuell zu lösen oder eigene Vorstellungen durchzusetzen. Entscheidend dafür ist, dass der Betriebsrat als ebenso ohnmächtig wahrgenommen wird, wie man als Beschäftigter selbst ist. Der Betriebsrat kann die Beschäftigten weder vor den sachlichen Notwendigkeiten des Marktdrucks schützen noch vor den Konsequenzen aus der Hierarchie, mit denen die Beschäftigten rechnen zu müssen glauben, sollten sie den Betriebsrat als Vertreter ihrer Interessen aufsuchen und in den Konflikt schicken. Mehr noch, der Betriebsrat wird als Störfaktor wahrgenommen, wenn er auf die Einhaltung der Arbeitszeitnormen pocht, weil er damit die Beschäftigten an der Bewältigung ihres Arbeitsvolumens hindert.

Unter diesen Voraussetzungen kann sich eine neue Arena der Arbeitsverfassung nicht entfalten. Zwar wurden Aushandlungskompetenzen an die Arena der Arbeitsverfassung delegiert, doch wirksame Schutzmechanismen sind damit nicht verbunden. Mehr noch, das Beispiel Kommunikator zeigt, wie lose der Zusammenhang von Partizipation und Marktsteuerung ist. Marktsteuerung kann ohne partizipative Verfahren blendend funktionieren. Sie braucht eine institutionalisierte Partizipation nicht. Es genügt, den Beschäftigten zum zentralen Akteur für die Lösung der Probleme des Unternehmens zu machen.

Schwache Verfahrensregeln begünstigen diese Entwicklung, sind dafür aber keine notwendige Bedingung. Dies lehrt das Beispiel *IT-Services*. Dort existieren Regelungen mit starkem Partizipationsgehalt, doch auch sie spielen keine entscheidende Rolle in der betrieblichen Praxis. Dies gilt vor allem für die tariflich ausgehandelte und ausgefeilt konstruierte kollektive Arbeitszeitregulierung, deren Instrumente bislang kaum Verbreitung im Unternehmen gefunden haben. Die Regulierung sieht ein gestaffeltes Kontensystem aus einem erweiterten Gleitzeitkonto und einem Langzeitkonto vor. Das Gleitzeitkonto dient der Verwaltung kurzfristiger Schwankungen der Arbeitszeit. Auf das Langzeitkonto sollen Zeiten fließen, die als Arbeitszeitbudgets zwischen Beschäftigten und Vorgesetzten zur Abdeckung von Arbeitsvolumen auszuhandeln sind, die absehbar die Grenzen der Regelarbeitszeiten überschreiten werden. Gedacht ist dabei an Phasen hohen Projekt- oder Kundendrucks. Arbeitszeitbudgets wurden ausdrücklich als Alternative zur klassischen beantragten und bezuschlagten Mehrarbeit konzipiert. Die Aushandlungsprozeduren wurden ebenso verfahrenstechnisch normiert wie das Recht der Beschäftigten, in Problemsituationen den Betriebsrat heranzuziehen. Zusätzlich wurden Mindestansprüche für die Zeitentnahme von den Langzeitkonten definiert.

Die Verbreitung von Arbeitszeitbudgets und den daran anschließenden verfahrenstechnischen Regelungen im Unternehmen ist aber sehr gering. Verantwortlich dafür ist zunächst einmal ein erstaunlich geringer Bekanntheitsgrad der Regulierung. Obwohl die Regulierung vor einigen Jahren auch unter Einbeziehung von Beschäftigten ausgehandelt worden war, stellte sich in den Interviews heraus, dass einige Beschäftigte die Möglichkeiten der Regulierung gar nicht kennen. Arbeitszeitbudgets sind für sie eine unbekannte Größe. Offensichtlich hatte es im Unternehmen gewisse Probleme bei der Kommunikation der Regulierungsgrundlagen gegeben.

Doch dies ist nur eines der Probleme. Denn auch von den Beschäftigten, denen die Regulierungen bekannt sind, werden sie nicht genutzt. Dies gilt insbesondere für die Arbeitszeitbudgets und die daran gekoppelten Langzeitkonten. An dem von uns untersuchten Standort des Unternehmens waren gerade einmal 29 Arbeitszeitbudgets beantragt worden, die sich auf 23 Personen verteilten – bei insgesamt mehr als 400 Beschäftigten.

Die geringe Nutzung der Arbeitszeitbudgets liegt nicht etwa daran, dass die Beschäftigten keine strukturelle Mehrarbeit leisten müssen, für die die Arbeitszeitbudgets ja vorgesehen sind. Vielmehr greifen die Beschäftigten in diesen Fällen auf das Instrument der bezahlten Mehrarbeit zurück. Die Arbeitszeiten sind, wie auch bei Kommunikator, sehr hoch. Teilweise haben einzelne Beschäftigte in Spitzenmonaten bis zu 60 Mehrarbeitsstunden kumuliert. Ein erster wichtiger Grund für die Dominanz bezahlter Mehrarbeit als Instrument zur Bearbeitung struktureller Mehrarbeit ist, neben dem schlechten Informationsstand der Belegschaft, das geringe Vertrauen in die Nutzung kumulierter Arbeitszeiten auf den Langzeitkonten.

Zwar werden von den Beschäftigten Sabbaticals als neue Zeitgestaltungsmöglichkeiten prinzipiell sehr geschätzt. Doch fehlt bei allen interviewten Beschäftigten der Glaube an die tatsächliche Umsetzbarkeit solcher Ansprüche in der betrieblichen Praxis. Positive Beispiele einer Zeitentnahme vom Langzeitkonto gibt es in der Organisation nicht. Verantwortlich dafür wird die knappe Personaldecke gemacht, die in der Wahrnehmung der Beschäftigten längerfristige Vertretungsmöglichkeiten für Abwesenheiten ausschließt.

Ein zweiter wichtiger Grund ist die Unkompliziertheit der Handhabung von Mehrarbeit. Das Mehrarbeitsverfahren wurde individualisiert. Mehrarbeit ist nicht mit einem aufwändigen Beantragungsvorgang verbunden oder mit möglicherweise problematischen Aushandlungen wie bei den Arbeitszeitbudgets. Vielmehr ist es der individuelle Beschäftigte, der sein Mehrarbeitsvolumen selber plant und beantragt. An diesem Punkt wurde die traditionelle Mehrarbeitsregelung der Logik der indirekten Steuerung angepasst. Mehrarbeit wird wie ein Automatismus gehandhabt. Mit wenigen Ausnahmen leiten die Vorgesetzten die Anträge der Beschäftigten weiter, die dann vom Betriebsrat genehmigt werden. Eine Arena individualisierter Aushandlungen kann sich auf dieser Grundlage zumindest mit Blick auf die Arbeitszeit nicht etablieren.

Ähnlich ist die Situation auch bei der Leistungssteuerung. Diese war zusammen mit der Arbeitszeit durch die Einführung von Zielvereinbarungen und Leistungsbeurteilungen sowie ein daran gekoppeltes System variabler Vergütungsbestandteile auf neue Weise kollektiv reguliert worden. Während Leistungsbeurteilungen eher auf die Bewertung des Arbeitsverhaltens abzielen, beziehen sich Zielvereinbarungen auf die Festlegung und Bewertung des Arbeitsergebnisses. Für beide Systeme wurden Verfahrensregeln festgelegt, die den Beschäftigten, ähnlich wie in der Arbeitszeitregulierung, nicht nur Beteiligungsrechte zuerkennen, sondern ihnen auch die Unterstützung durch den Betriebsrat in Konfliktfällen zusichern. Deshalb war es kaum überraschend, dass sich auf den ersten Blick der Eindruck vermittelte, die Praxis der Zielvereinbarungen sei eine partizipative Sache. Ziele werden in den Interviews als Ergebnis eines Konsenses beschrieben, und ihre gute Erreichbarkeit in der vertraglichen Arbeitszeit wird betont. Auch ein möglicher Konflikt zwischen Zielen und Arbeitszeit wird in diesen Fällen nicht gesehen. Wichtig ist aus Sicht der Beschäftigten, dass Ziele auch unterjährig veränderten Rahmenbedingungen angepasst werden können. Ist dies der Fall, ist eine Quelle für möglichen Stress und längere Arbeitszeiten gebannt.

Damit entsteht eine scheinbar paradoxe Situation. Auf der einen Seite befinden sich die partizipativ ausgelegten Zielvereinbarungen mit Zielen, die im Diskurs vereinbart werden und aus denen sich keine direkten Konsequenzen für die Arbeitszeit ergeben. Auf der anderen Seite aber existieren um Unternehmen unzweifelhaft lange Arbeitszeiten. Diese Paradoxie löst sich auf, wenn man sich den Charakter der Ziele genauer anschaut.

Die Ziele sind teilweise banal. Sie haben häufig keinen Bezug zu den eigentlichen Tätigkeiten der Beschäftigten. Ein Beispiel dafür ist das Ziel, innerhalb eines Jahres den Urlaub zu entnehmen. Was ein Beschäftigter tut und wie erfolgreich er es tut, bestimmt sich demnach auch nur sehr bedingt aus den vereinbarten Zielen. Es sind vielmehr die sachlichen Notwendigkeiten der Arbeit, mit denen die Beschäftigten konfrontiert werden und aus denen sich ihre konkreten Arbeitsanforderungen ergeben. Zwar existiert ein partizipatives Zielvereinbarungssystem, doch hat es nur eine marginale Bedeutung in einer durch die indirekte Steuerung geprägten Organisation. Dies würde sich erst dann ändern können, wenn die Ziele stärker an den konkreten Arbeitsanforderungen orientiert wären und diese zum Gegenstand der individualisierten Aushandlung machen würden.

### 3.3 Regulierte Marktsteuerung

Die Dominanz der indirekten Steuerung in oder über Zielvereinbarungen ist aber kein Naturgesetz. Ebenso wenig ist es ein Naturgesetz, dass Arbeitszeitgespräche entweder nicht stattfinden oder aber keine steuernde Wirkung für die Entwicklung der tatsächlichen Arbeitszeiten hätten. Der Gegenbeweis dafür ist die betriebliche Praxis bei *Software*. Software ist ebenfalls ein Unternehmen aus der IT-Branche, das sich zum Zeitpunkt der Untersuchung in einer ähnlichen betriebswirtschaftlichen Lage wie IT-Services befand. Ähnlich wie bei IT-Services sind auch bei Software die Prozessnormen der individualisierten Aushandlung schon in der Regelung stark ausgeprägt. Aber anders als bei IT-Services haben diese eine hohe normative Bindekraft für das Handeln der Akteure im Betrieb.

# Neue Steuerungsformen der Arbeit und ihre kollektivvertragliche Regulierung

Im Zentrum der individualisierten Aushandlung bei der Arbeitszeit steht das Gespräch über Arbeits- oder Zusatzzeitbudgets. Mit dem Arbeitszeitbudget werden zusätzliche Zeitkapazitäten für absehbare Mehrbelastungen vereinbart, die über die Grenzen der vertraglichen Arbeitszeiten und der Gleitzeitspielräume hinausgehen. Anders als bei IT-Services haben Zusatzzeitbudgets ihren festen Platz in der betrieblichen Praxis gewonnen. Die praktische Wirksamkeit des Instruments ist hoch. In der Praxis der Regelung ist es zumeist so, dass die Vereinbarungen zwar mit dem direkten Vorgesetzten ausgehandelt werden, sie aber durch die Bereichsleiter genehmigt werden müssen. Die Initiative für die Zusatzzeitbudgets geht vor allem von den Mitarbeitern aus. Sie sind es, die Überlastungssituationen heraufziehen sehen und deshalb ein Interesse an Mehrarbeit artikulieren. Damit aber geben sie auch Informationen an die Vorgesetzten weiter, die diese aufgrund der Komplexität und der Einmaligkeit einer Projektsituation gar nicht haben können. Vereinbarungen über Zusatzzeitbudgets stellen deshalb auch Verfahren der Generierung und Vermittlung von Informationen über Projektstände im Bottom-Up-Verfahren dar. Dies ist ein positiver Nebeneffekt der Zusatzzeitbudgets.

Die meisten Interviewpartner haben betont, dass die Genehmigung von Zusatzzeitbudgets nicht prinzipiell problematisch ist. Das heißt aber nicht, dass alle Anfragen positiv bewilligt werden. So ist ein Zusammenhang von Zusatzzeiten und Umsatz unverkennbar. Wenn ein Zusatzzeitbudget in einem Projekt umsatz- und ertragssteigernd wirkt, wird es ohne Probleme bewilligt. Ist dies nicht der Fall, sieht die Sache anders aus. Ein Zusatzzeitbudget ist ein Kostenfaktor, der die Budgets der Bereiche belastet. Diese Verknüpfung von Kosten und Mehrarbeit wird aber von allen Experten als gewollt angesehen. Denn über die Kosten soll eine Schranke für Mehrarbeit in das System gezogen werden.

Ein weiterer zentraler Aspekt der Zusatzzeitbudgets ist die Verbindung von Arbeitszeit und Effizienz. Laut Betriebsvereinbarung gilt es vor Vereinbarung eines Zusatzzeitbudgets drei Fragen zu stellen: Ist die Arbeit notwendig? Kann sie umverteilt werden? Ist ein zeitnaher Freizeitausgleich möglich? Erst wenn alle drei Fragen negativ beantwortet werden, sollen Zusatzzeitbudgets vereinbart werden. Die betriebliche Praxis löst diese Vorgabe zwar nicht durchgängig ein. Die grundsätzlichere Durchleuchtung der Tätigkeiten und ihrer Verteilung ist sicherlich noch nicht allgemeine Praxis. Aber es wurde in Einzelfällen auch von normgerechten Praktiken berichtet. So im Bereich der Entwicklung, wo ein an Effizienz orientiertes Vorgehen gepflegt wird, das offensichtlich zur Reduzierung der tatsächlichen Arbeitszeiten beigetragen hat. Effizienzsteigerung entsteht hier durch das kritische Hinterfragen der Funktionen und Tätigkeitsfelder eines Projektes. Dabei wird den Zeitangaben des Beschäftigten als Experten seiner Arbeit vertraut.

Diese Praxis wird in diesen Fällen auch auf der Seite der Leistungssteuerung, in den Zielvereinbarungen, konsistent eingehalten. Ziele, Leistung und Arbeitszeit werden in den Zielvereinbarungsgesprächen als ein Zusammenhang hergestellt. Ziele werden diskursiv vereinbart, und sie werden explizit an der Arbeitszeit ausgerichtet. Und die Arbeitszeit ihrerseits wird zum Gradmesser für das Arbeitsvolumen, das von den Beschäftigten zu erfüllen ist. Mehr noch, die Arbeitszeit wird auch zum Anknüpfungspunkt für organisationales Lernen. Erst die Orientierung an den vertraglichen Arbeitszeiten schafft Ansatzpunkte für die Verbesserung der Effizienz und damit der Produktivität. Diese Praxis unterscheidet Software grundlegend von Kommunikator oder IT-Services. Dort werden die Probleme der Organisation an die Beschäftigten delegiert. Ihre Arbeitszeit dient als Puffer für die Bewältigung von Problemen. Bei Software hingegen besteht dieser Puffer so nicht oder nicht mehr. Damit werden Probleme zwangsläufig Gegenstand der internen Kommunikation und ermöglichen auf diese Weise auch interne Problemlösungen.

Ein entscheidender Faktor für die praktische Wirksamkeit der Regulierungen ist der offene Umgang mit dem Betriebsrat in Konfliktsituationen. Auch wenn vielleicht noch nicht der Regelfall in der betrieblichen Praxis, so wird doch der Betriebsrat als Moderator in Konflikten mehr und mehr geschätzt. Die Voraussetzungen für eine weitere Verbreitung dieser Praxis stehen nicht schlecht, zumal der Betriebsrat eine für einen IT-Betrieb außergewöhnlich starke Stellung in der Belegschaft genießt. Der Gang zum Betriebsrat wird nicht als Gang in eine andere Kultur von Interessenvertretung empfunden. Mehr noch, der Betriebsrat verfolgt im Unternehmen eine offensive Politik der Durchsetzung der neuen Regulierungsformen. Er hat die praktische Wirksamkeit der Regulierungen zu einem Problem seiner Politik gemacht. Dies gilt sowohl für die Frage der Einhaltung der Regulierungen als auch für die Sicherung der Souveränitätsspielräume der Beschäftigten. Er begründet und stützt damit ein partizipatives Milieu im Unternehmen. Es ist dieses partizipative Milieu, das eine wirkungsvolle Barriere für die Entfesselung der Marktsteuerung darstellt. Und eine entscheidende Voraussetzung dafür ist die Etablierung einer Arena der Arbeitsverfassung und eines funktionierenden Wechselspiels zwischen den Mitbestimmungsarenen.

## 4. Zusammenfassung

Bei der Herausbildung einer neuen Arena der Arbeitsverfassung im Zuge neuer Formen der kollektiven Zeit- und Leistungsregulierung dominieren zwei Problemlagen. Die erste Problemlage ergibt sich aus der Beharrungskraft der Hierarchie. Sie fand sich im untersuchten Sample zwar nur in den Hallen des Produktionswerkes, dürfte aber in der Landschaft bundesdeutscher Produktionsbetriebe eine weite Verbreitung haben. Die misslungene, ausgesetzte oder gar nicht erst begonnene Abkehr vom Taylorismus hat zur Folge, dass sich eine Partizipation bei der Zeitgestaltung kaum etablieren kann. Dies ist aber kein Rückschritt in alte Zeiten. Denn der Taylorismus wird zum Bestandteil marktorientierter Steuerungsformen. Genauer gesagt sind es diese Steuerungsformen und der von ihnen ausgehende Rendite- und Kostendruck, die für das Scheitern der Gruppenarbeit und die Rückkehr von Hierarchie und Taylorismus vornehmlich verantwortlich zeichnen.

Damit ist die zweite Problemlage angesprochen, die für die Bereiche hoch qualifizierter Angestelltenarbeit der anderen Samplefälle charakteristisch ist. Dort dominiert eindeutig die Marksteuerung das Geschehen. Die Fälle zeigen, dass das Funktionieren der Marktsteuerung, sei sie durch Kundenanforderungen oder allgemeinen Marktdruck oder beides begründet, auf partizipative Aushandlungen nicht angewiesen ist. Im Gegenteil, partizipative Prozesse werden systematisch ausgehebelt. Dafür ist im Fall Kommunikator auch die Qualität der Regulierung verantwortlich.

Schwache Prozess- und Aushandlungsnormen leisten dieser Entwicklung Vorschub. Die Ausgestaltung von Normen ist wichtig. Doch auch starke Prozessnormen liefern keine hinreichende Bedingung für die praktische Wirksamkeit einer Regulierung. So können sich bei IT-Services die partizipativen Elemente der Regulierungen nicht entfalten, weil sich Aushandlungen auf Themen konzentrieren, die für eine Eindämmung des Marktdrucks nicht geeignet sind. Dort werden auch vom Betriebsrat keine entgegengesetzten Signale ausgesandt.

Die sachlichen Anforderungen des Marktes unter den Bedingungen knapper Personalressourcen bilden die Haupttriebkraft für Leistungsintensivierungen und strukturelle Mehrarbeit. Die Beschäftigten haben diese Anforderungen in einem erstaunlich hohen Maß internalisiert. Kritische Anmerkungen dazu kamen in den Interviews jedenfalls kaum. Marktanforderungen werden als Sachzwang begriffen, an dem weder durch das eigene Handeln noch durch das Handeln der Vorgesetzten etwas geändert werden kann. Damit entziehen sie sich auch der Verhandlung; was nicht gestaltet werden kann, muss auch nicht diskutiert werden. Anders formuliert: Wo keine partizipativen Milieus bestehen, trifft die Marktsteuerung auch auf keine ernsthaften Grenzen.

Das Beispiel Software zeigt allerdings, dass die Entfesselung der Marktsteuerung keine Naturgewalt ist. Auch in Prozessen, die auf Ergebnisorientierung ausgelegt sind, können sich partizipative Milieus entwickeln und partizipative Verfahren eine tragende Rolle spielen. Kollektivvertragliche Vereinbarungen über Arbeitszeiten und Ziele können auch unter den Bedingungen der Marktsteuerung tatsächlich geeignet sein, betriebliche Prozesse zu prägen. Mehr noch, indem dies der Fall ist, werden Ansatzpunkte für organisationales Lernen freigesetzt, die überall dort verschüttet werden, wo die Probleme des Unternehmens zu den Problemen der Beschäftigten gemacht werden und Arbeitszeit und Leistung als Puffer für Organisationsprobleme dienen.

Trotz dieser positiven betriebswirtschaftlichen Folgewirkungen ist die Entstehung einer Arena der Arbeitsverfassung kein Selbstläufer. Partizipative Milieus, so lehrt die Fallstudie, hängen in entscheidender Weise von der Mitbestimmung und der starken Position des Betriebsrates ab. Diese gründet sich auf eine Politik, die den Betriebsrat nicht als klassischen Stellvertreter der Belegschaftsinteressen, sondern als Garant der praktischen Wirksamkeit kollektivvertraglicher Regulierungen und als Moderator für die individuellen Probleme der Beschäftigten sieht. Auf dieser Grundlage können sich im Zusammenspiel der Arenen der industriellen Beziehungen Prozesse der Politisierung von Arbeitszeit und Leistung entwickeln, die ein wirkungsvolles Gegengewicht zu den scheinbaren Sachzwängen einer marktgesteuerten Organisation bilden. In konzeptionellen Überlegungen zur Neugestaltung der Arbeitsorganisation wie auch der Zeit- und Leistungsregulierung darf daher die Stärkung der Mitbestimmung der Betriebsräte als Grundlage einer Neubegründung der Arena der Arbeitsverfassung nicht fehlen. Hier dürfte eine entscheidende Aufgabe auch für die Tarifpolitik der Gewerkschaften liegen.

**Literatur**
Bahnmüller, Reinhard (2001): Stabilität und Wandel der Entlohnungsformen. Entgeltsysteme und Entgeltpolitik in der Metallindustrie, in der Textil- und Bekleidungsindustrie und im Bankgewerbe, München, Mering
Bauer, Frank u.a. (2002): Arbeits- und Betriebszeiten 2001. Neue Formen des betrieblichen Arbeits- und Betriebszeitenmanagements. Ergebnisse einer repräsentativen Beschäftigtenbefragung, Köln 2002
Bender, Gerd (1997): Lohnarbeit zwischen Autonomie und Zwang. Neue Entlohnungsformen als Element veränderter Leitungspolitik, Frankfurt/Main, New York
Dörre, Klaus (1996): Die »demokratische Frage« im Betrieb. Zu den Auswirkungen partizipativer Managementkonzepte auf die Arbeitsbeziehungen in deut-

schen Industrieunternehmen, in: SOFI-Mitteilungen Nr. 23: 7-23.
Faust, Michael/Peter Jauch/Karin Brünnecke/Christoph Deutschmann (1995): Dezentralisierung von Unternehmen. Bürokratie- und Hierarchieabbau und die Rolle betrieblicher Arbeitspolitik, München, Mering
Glißmann, Wilfried/Klaus Peters (2001): Mehr Druck durch mehr Freiheit. Die neue Autonomie in der Arbeit und ihre paradoxen Folgen, Hamburg
Haipeter, Thomas (2004): Normbindung unter Marktdruck? Problembereiche neuer Formen der Arbeitszeitregulierung in der betrieblichen Praxis, in: Industrielle Beziehungen 11, Heft 3: 221-245
Haipeter Thomas (2003): Erosion der Arbeitsregulierung? Neue Steuerungsformen der Produktion und ihre Auswirkungen auf Arbeitszeit und Leitung, in: Kölner Zeitschrift für Soziologie 55, Heft 3: 521-542
Haipeter, Thomas (2002): Innovation zwischen Markt und Partizipation: widersprüchliche Arbeitsgestaltung im Bankgewerbe, in: Zeitschrift für Soziologie 31: 125-137
Haipeter, Thomas/Steffen Lehndorff (2004): Atmende Betriebe – atemlose Beschäftigte? Erfahrungen mit neuen Formen der kollektivvertraglichen Arbeitszeitregulierung, Berlin
Jürgens, Ulrich/Joachim Rupp/Katrin Vitols (2000): Corporate Governance and Shareholder Value in Deutschland. WZB-Discussion Papers, Berlin
Kädtler, Jürgen (2003): Globalisierung und Finanzialisierung. Zur Entstehung eines neuen Begründungskontextes für ökonomisches Handeln, in: Dörre, Klaus/ Berndt Röttger (Hrsg.), Das neue Marktregime. Konturen eines nachfordistischen Produktionsmodells, Hamburg: 227-249
Kern, Horst/Michael Schumann (1984): Das Ende der Arbeitsteilung? Rationalisierung in der industriellen Produktion, München.
Kühl, Stefan (2001): Die Heimtücke der eigenen Organisationsgeschichte. Paradoxien auf dem Weg zum dezentralisierten Unternehmen, Soziale Welt 52: 383-402
Lacher, Michael/Roland Springer (2002): Leistungspolitik und Co-Management in der Old Economy, in: WSI-Mitteilungen 6: 353-358
Minssen, Heiner (1999): Von der Hierarchie zum Diskurs? Die Zumutungen der Selbstregulation, München, Mering
Moldaschl, Manfred (2001): Herrschaft durch Autonomie – Dezentralisierung und widersprüchliche Arbeitsanforderungen, in: Lutz, Burkhard (Hrsg.), Entwicklungsperspektiven von Arbeit, Weinheim: 132-164
Moldaschl, Manfred (1997): Internalisierung des Marktes. Neue Unternehmensstrategien und qualifizierte Angestellte, in: IFS u.a. (Hrsg.), Jahrbuch Sozialwissenschaftliche Technikberichterstattung. Schwerpunkt: Moderne Dienstleistungswelten, Berlin: 197-250
Moldaschl, Manfred, Dieter Sauer (2000): Internalisierung des Marktes – Zur neue Dialektik von Kooperation und Herrschaft, in: Minssen, Heiner (Hrsg.), Begrenzte Entgrenzungen. Wandlungen von Organisation und Arbeit, Berlin: 205-224
Moldaschl, Manfred/Voß, G. Günter (2003) (Hrsg.): Subjektivierung von Arbeit, München, Mering
Müller-Jentsch, Walther (1999): Die deutsche Mitbestimmung – Ein Auslaufmodell im globalen Wettbewerb?, in: Nutzinger, Hans G. (Hrsg.), Perspektiven

der Mitbestimmung, Marburg: 287-303

Müller-Jentsch, Walther (1998): Der Wandel der Unternehmens- und Arbeitsorganisation und seine Auswirkungen auf die Interessenbeziehungen zwischen Arbeitgebern und Arbeitnehmern, in: MittAB Heft 3: 575-584

Müller-Jentsch, Walther (1986): Soziologie der industriellen Beziehungen. Eine Einführung, Frankfurt/Main, New York

Pekruhl, Ulrich (2001): Partizipatives Management. Konzepte und Kulturen, München, Mering

Schumann, Michael (1998), Frißt die Shareholder-Value-Ökonomie die Modernisierung der Arbeit?, in: Hirsch-Kreinsen, Hartmut/Harald Wolf (Hrsg.), Arbeit, Gesellschaft, Kritik. Orientierungen wider den Zeitgeist. Berlin: 19-30

Streeck, Wolfgang/Martin Höppner (Hrsg.) (2003): Alle Macht dem Markt? Fallstudien zur Abwicklung der Deutschland AG, Frankfurt/Main, New York

# Neue Steuerungsformen der Arbeit und gewerkschaftliche Handlungsperspektiven
## Eine Diskussion

### Indirekte Steuerung – neue Herrschaftsform

*Lange Zeit galten »command and control« als Herrschaftsform kapitalistischer Produktion schlechthin. Heute lauten die Stichworte: indirekte Steuerung und Selbststeuerung. Handelt es sich dabei tatsächlich um etwas qualitativ Neues, oder haben wir es mit einer zeitgemäßeren Form der ideologischen Verbrämung althergebrachter Ausbeutungsformen zu tun?*

**Wilfried Glißmann:** Wir sind mit qualitativen Veränderungen von enormer Reichweite konfrontiert. Mit der indirekten Steuerung hat sich eine neue Organisationsform entwickelt, die zugleich eine neue Herrschaftsform ist. Die wesentlichen Elemente: Die Beschäftigten sind unmittelbar konfrontiert mit unternehmerischen Problemen, sogar mit strategischen Herausforderungen des Unternehmens; sie müssen selber darauf reagieren und ein unternehmerisches Ergebnis herbeiführen. Diese Herrschaftsform kommt ohne inhaltliche Vorgaben aus – Vorgaben gibt es allerdings auf der Metaebene z.B. in Gestalt einer bestimmten Eigenkapitalrendite. Der Kern des Neuen ist das Ingangsetzen von Prozessen der Selbstorganisation.

**Klaus Peters:** Man muss noch einen Schritt weiter gehen und nicht nur von einer qualitativen, sondern sogar von einer revolutionären Neuerung sprechen. Die gegenwärtige Entwicklung wurde ja nicht nur nicht vorausgesehen, sondern sie wurde vorher für unmöglich gehalten – und zwar, das ist das Entscheidende daran: *aus guten Gründen.* Das heißt: Wir haben es hier mit einer Entwicklung zu tun, die nicht nur die betriebliche Situation qualitativ verändert, sondern die in eins damit unsere überlieferten Vorstellungen von betrieblicher Herrschaft und Arbeitnehmerselbständigkeit *widerlegt.* Nehmen wir nur die Einführung von Vertrauensarbeitszeit. Wer vor 20 Jahren eine Abschaffung der Kontrolle der Arbeitszeit gefordert hätte, wäre *mit guten Gründen* für verrückt erklärt worden. Dass die Gründe *gut* waren, ist das Problem! Um ein Bild zu gebrauchen: Wir haben es heute nicht nur mit einer neuen Entwicklung in einem alten Spiel zu tun, sondern mit der Einführung eines neuen Spiels. Die größte Gefahr besteht deswegen darin, das Neue mit Hilfe der alten Spielregeln erklären zu wollen.

**Klaus Pickshaus:** Ihr sprecht – wie ich finde zu Recht – von indirekter Steuerung als »neuer Herrschaftsform«. Könntet ihr diesen Herrschaftsaspekt etwas ausführen? Versprochen wird doch mehr Freiheit, mehr Autonomie. Wie hängt beides zusammen?

**Wilfried Glißmann:** Die neue Freiheit in der Arbeit ist ein realer Gewinn an Selbständigkeit, und sie sieht aus wie das Gegenteil von Herrschaft. Wenn es aber wirklich die Freiheit des menschlichen Individuums wäre, dann könnte diese Freiheit nicht Mittel der Steuerung (und somit Mittel der Beherrschung) sein. Tatsächlich ist die neue Freiheit der Beschäftigten vom Typ *unternehmerischer Freiheit,* und bei dieser Gelegenheit wird deutlich, dass die unternehmerische Freiheit zugleich mit einer unternehmerischen Unfreiheit verbunden ist: der Abhängigkeit von spezifischen Rahmenbedingungen. Deshalb kann dieser Typ von Freiheit ein Mittel von Herrschaft sein: Das Setzen von Rahmenbedingungen ist das wesentliche Moment indirekter Steuerung.

**Klaus Peters:** In der Tat geschieht hier etwas sehr schwer Fassbares. Wir bekommen es mit einer Art von betrieblicher Herrschaft zu tun, die das Gegenteil von sich selbst – die individuelle Autonomie der abhängig Beschäftigten – in sich aufnimmt, besetzt, integriert, verschlingt. Was dabei herauskommt, hat aber zwei Seiten. Einerseits wird die Vereinnahmung der Beschäftigten durch die Unternehmen total, sie werden mit Haut und Haaren für das Unternehmen funktionalisiert. Andererseits wird dieser Totalitarismus genau dadurch erreicht, dass die abhängig Beschäftigten de facto die Betriebe übernehmen. Wenn nämlich die unternehmerischen Funktionen auf abhängig Beschäftigte übertragen werden, bleibt für die Kapitaleigner keine produktive Funktion mehr übrig – wodurch die betriebliche Herrschaft ihre Grundlage verliert. Wenn Herrschaft total wird, entsteht etwas, was man einen unhaltbaren Zustand nennen kann. In einem solchen befinden wir uns gerade.

## Freiheit und Notwendigkeit

*Ein Beispiel für Selbststeuerung ist in der VW-Betriebsstudie in diesem Buch geschildert: »Die in den Projekten zu realisierenden Arbeitsaufträge werden in hoher Verantwortung durch die Projektgruppen getätigt. Der einzelne Mitarbeiter bekommt hier kaum noch einzelne Arbeitsaufträge zugeteilt, sondern die Projektgruppe muss das Gesamtprojekt vergleichsweise autonom bearbeiten und die Verteilung der einzelnen Arbeitsaufgaben intern regeln. Von den betrieblichen Vorgesetzten bekommen sie dazu Rahmeninformationen.« (S. 222)*

**Mathias Möreke:** Rahmeninformationen heißt, dass der Vorgesetzte die generelle Richtung aufzeigt. Im Grunde wird das Wissen unter dem Regime der Marktsteuerung im Unternehmen sozialisiert. Alle Informationen, die eine Gruppe oder ein Team für ihren Auftrag, z.B. für das Produkt Achse, benötigt, werden zur Verfügung gestellt bzw. sind jederzeit abrufbar. Auf dieser Grundlage werden dann Angebote kalkuliert usw., wie in Target-costing-Prozessen beschrieben. Für das Handling wurde bei VW in Braunschweig jetzt ein Prozessmanagement eingerichtet, denn die Anforderungen an derart selbst organisierte Arbeitsprozesse sind hoch.

*Selbststeuerung heißt: unternehmerisches Denken aneignen, unternehmerische Zielgrößen verfolgen und entsprechend die Arbeit organisieren. Wie kommt diese Ineinssetzung von – sagen wir es klassisch – Arbeit und Kapital, das scheinbare Verschwinden der Gegensätzlichkeit zustande? Steckt mehr dahinter, als dass der Unternehmer als anweisende und kontrollierende Instanz in den Hintergrund tritt und der Marktsteuerung das Geschäft überlässt?*

**Klaus Peters:** Wenn die Arbeitgeber den abhängig Beschäftigten die Möglichkeit geben (und die Forderung stellen!), innerhalb der Arbeitszeit zu tun, was sie selber wollen, stellt sich die Frage: Warum endet damit nicht die Steuerbarkeit des Unternehmens? Warum löst sich das Unternehmen nicht in einen unorganisierten Haufen auf? Wir sind es gewohnt, die Ausübung unternehmerischer Macht mit der Ausübung von Kommandogewalt zu identifizieren. Heute wissen wir: Die Abschaffung von Kommandostrukturen ist mit einem Zuwachs an Macht vereinbar und kann zu einem höheren Grad von Organisiertheit führen. Möglich wird das dadurch, dass durch eine kalkulierte Nutzung der Eigendynamik sozialer Prozesse und Systeme im Unternehmen erreicht werden kann, dass genau dann, wenn die abhängig Beschäftigten tun, was sie selber wollen, etwas herauskommt, was auch die Unternehmensführung will – wobei man immer im Auge behalten muss, dass das nicht gegen die Abschaffung des Prinzips von command-and-control spricht.

**Dieter Sauer:** Indirekte Steuerung lässt sich auch als Ausdruck eines neuen Verhältnisses von Markt und Organisation begreifen: Es vollzieht sich eine Freisetzung der abhängig Beschäftigten aus den Strukturen des alten bürokratischen Kommandosystems in das Marktgeschehen und zwar in doppelter Weise: Die Grenzen des Unternehmens zum Markt öffnen sich, die individuelle Arbeitskraft wird unmittelbar mit Markt- und Kundenanforderungen konfrontiert. Selbstorganisation, Ergebnisorientierung, flexible Arbeitszeiten u.ä. bauen die bisherigen Puffer zwischen Individuum und Markt ab. Gleichzeitig fungieren Markt- und Konkurrenzmechanismen als interne Steuerungsprinzipien, bestimmen auch das Verhältnis der Beschäftigten oder von betrieblichen Organisationseinheiten untereinander.

Auch die historische Ausprägung der Lohnarbeit verändert sich, was im Begriff des Arbeitskraftunternehmers zumindest angedeutet wird ...

**Wilfried Glißmann:** Der Begriff »Arbeitskraftunternehmer« suggeriert m.E. ein isoliertes Individuum, das dem Markt gegenübersteht. Tatsächlich haben wir es unter Bedingungen indirekter Steuerung wesentlich mit neuen Formen kooperierenden Handelns großer Beschäftigtengruppen zu tun. Und zwar als ein Handeln, das in der Konfrontation mit den unternehmerischen Problemen von selbst in Gang kommt.

**Dieter Sauer:** Das ist richtig. Dennoch verbindet sich die Tendenz der Vermarktlichung mit einer forcierten Individualisierung der Arbeits- und Beschäftigungsbedingungen. Dies lässt sich deutlich an den Veränderungen in der Arbeitszeit- und Leistungspolitik erkennen, die dem individuellen Beschäftigten weitgehend die Steuerung seiner Arbeitsverausgabung übertragen. Aber Individualisierung betrifft ja nicht nur die veränderte Stellung von Arbeitskraft im Betrieb, sie meint auch die Herauslösung des individuellen Lohnabhängigen aus kollektiven Sicherungssystemen und die zunehmende individuelle Verantwortung für Verkauf und Reproduktion der Ware Arbeitskraft. Soweit erfasst der Begriff des »Arbeitskraftunternehmers« schon wesentliche historische Veränderungen. Was er jedoch nicht oder nur sehr oberflächlich in den Blick nimmt, sind die neuen Steuerungsformen von Arbeit im Betrieb und die damit einhergehende Veränderung von Herrschaft.

Es wurde schon gesagt: Die neue Freiheit im Kapitalismus ist eine unternehmerische Freiheit. Es wird eine Freiheit gesetzt, aber eine un-

### Neue Steuerungsformen der Arbeit und gewerkschaftliche Handlungsperspektiven  311

ternehmerische Freiheit von abhängig Beschäftigten. Die Unternehmensleitung ist autonom im Setzen der Rahmenbedingungen und es bleibt beim Status der abhängigen Beschäftigung. Es findet eine Durchmischung statt: Diese Zwitterform erschwert die inhaltlichen Auseinandersetzungen. Denn während die einen den Gewinn an Freiheit und Autonomie betonen, verweisen die anderen zu Recht darauf, dass der Unternehmer keineswegs lautlos von der historischen Bühne abgetreten ist, sondern dass er als Shareholder oder als dessen Manager härter denn je die Rahmenbedingungen setzt.

Neue Freiheit heißt deswegen Radikalisierung von Herrschaft.

**Hilde Wagner:** Es kommt darauf an zu verstehen, dass beides gleichzeitig stattfindet. Für die Beschäftigten kann die neue »abhängige« Freiheit durchaus mit einem Zugewinn an Autonomie einhergehen. Die Unternehmen setzen allerdings den Rahmen dafür. Zum Beispiel kam die Initiative, über die Arbeitszeit ohne äußere Kontrolle selbst zu disponieren, also z.B. Vertrauensarbeitszeiten einzuführen, von den Arbeitgebern. Das haben sich die Belegschaften nicht erkämpft. Ich will damit sagen: Wenn Beschäftigte unternehmerische Probleme lösen, dann handeln sie keineswegs durchgängig aus freien Stücken und verrichten selbstbestimmte Arbeit. Auf ihnen lastet der intensivierte Druck der Konkurrenz. Die Unternehmen können sich darauf verlassen, dass dieser Druck dazu führt, dass die Beschäftigten ihre Leistung steigern und ihre Arbeitszeit ausdehnen. Die Beschäftigten würden ihre Arbeit vielleicht ja gerne anders organisieren: weniger gesundheitsgefährdend, weniger stressig. Doch das lässt der Wettbewerb nicht zu.

**Dieter Sauer:** Die »Sicherung der Wettbewerbsfähigkeit« als allgemeine Formel, die die Anpassung an den Markt zur unausweichlichen Überlebensfrage macht, hat ja nicht nur längst Eingang in zahlreiche betriebliche Vereinbarungen gefunden. Mit dem Abschluss in der Metallindustrie im Frühjahr 2004 findet sie sich jetzt auch in Tarifverträgen – das hat eine neue Qualität.

**Hilde Wagner:** Ja, aber der Tarifabschluss 2004 in der Metall- und Elektroindustrie hat eine Vorgeschichte. Bereits in den 1990er Jahren führte der verstärkte Konkurrenzdruck zu einer deutlichen Zunahme firmenbezogener Tarifverträge im Metallbereich. Waren die inhaltlichen Standards dieser Tarifverträge in den 1980er Jahren in der Mehrzahl noch wertgleich mit dem Flächentarifvertrag, kehrte sich dies in den 1990er Jahren um. Von 1993 bis heute hat sich die Anzahl der firmenbezogenen Tarifverträge mit meist nach unten abweichenden Regelungen nahezu verdreifacht und seit 1998 knapp verdoppelt. In unserem Tarifarchiv wurden im Jahr 2003 insgesamt 254 abweichende Firmentarifverträge registriert, im Jahr 2004 bis Oktober 310. Seit dem Tarifabschluss 2004 haben die Fälle abweichender Tarifregelungen – vor allem aber die Begehrlichkeiten der Unternehmen – zugenommen, ausgelöst wurde diese Entwicklung dadurch allerdings nicht.

Um den Gefahren dieser Entwicklung entgegenzuwirken, müssen wir uns über inhaltliche Grundsätze und Verfahren für betriebliche Tarifpolitik verständigen und uns Regeln der Koordination geben.

Soll man die Wettbewerbsorientierung unterstützen und einzelne Standorte durch Abweichungen von den Flächenregelungen optimieren bzw. retten, oder setzt man der Maßlosigkeit des Kapitals engere Grenzen? Diese Grundsatzfrage berührt die Kernaufgabe der Gewerkschaften, vergleichbare Mindestbedingungen für alle Beschäftigten zu schaffen und die Konkurrenz untereinander einzudämmen. Sie lässt sich für Gewerkschaften dennoch nicht unabhängig von den Kräfteverhältnissen in den Betrieben beantworten. Auch für Betriebsräte und Belegschaften stellt sich die Frage, ob wirksame Interessenvertretung gegenwärtig eher durch Forderungen, die sich im Wettbewerbszusammenhang bewegen, zu erreichen ist, oder eher durch Widerstandslinien und die Betonung eigenständiger Interessen der Beschäftigten. Wenn existentielle Zukunfts- und Arbeitsplatzängste ins Spiel kommen, wird es allerdings schwierig, die eigenständigen Interessen der Beschäftigten zu bestimmen und sich darauf zu konzentrieren.

### Triebkräfte des Umbruchs

*Wir sind uns einig: Wir haben es mit grundlegenden Veränderungen in der gesellschaftlichen Betriebsweise, in der Organisation von Produktion und Dienstleistungen, kurz des gesamten Ensembles der Arbeitspolitik zu tun. Wir wollen an dieser Stelle nicht die Debatte vertiefen, ob die Krise des Fordismus bereits durch die Etablierung eines Typus von flexiblem Kapitalismus überwunden ist, oder ob wir in einer Zeit des Übergangs leben ...*

**Wilfried Glißmann:** Kurz dazu: Ich denke, wir stehen nach wie vor am Anfang eines Prozesses. Er begann Anfang der 1990er Jahre, und es wird noch einmal 10 bis 15 Jahre dauern, bis sich die neue Herrschaftsform entfaltet hat.

**Dieter Sauer:** Wir betrachten die 1990er Jahre als Umschlagsphase, in der die Krise des Fordismus endgültig manifest wird und sich gleichzeitig die neuen Strategien und Reorganisationskonzepte flächendeckend durchsetzen. Vieles davon wurde allerdings schon in den 1980er Jahren entdeckt und teilweise entwickelt (neue Produktionskonzepte, systemische Rationalisierung u.a.), sodass diese Zeit als Inkubationsphase bezeichnet werden kann. Die Frage, in welcher Phase wir uns gegenwärtig befinden und inwieweit hier der Begriff des Übergangs und seiner prägenden Merkmale angemessen ist, halte ich allerdings schon für wesentlich, da nur so eine zeitdiagnostische Deutung und damit eine Einschätzung zukünftiger Entwicklungen möglich wird. Nur auf so einer Grundlage lässt sich die Frage nach der Reichweite und Dynamik indirekter Steuerung beantworten.

*Was hat denn die konstatierten Transformationsprozesse ausgelöst, was sind die Grundlagen und Triebkräfte?*

**Hilde Wagner:** Aus den Betriebsberichten in diesem Buch – und das stimmt mit Wilfrieds und Dieters These überein – lassen sich die Umbrüche in der Unternehmenssteuerung ziemlich genau terminieren. Der Ausgangspunkt ist die weltweite Krise Anfang der 1990er Jahre nach dem kurzen Vereinigungsboom in Deutschland. Die Konkurrenz hat sich seitdem verändert. Sie ist nicht nur stärker geworden, sondern hat sich zu einem Verdrängungswettbewerb entwickelt. Die Unternehmen mussten darauf reagieren, dass sie nicht mehr in Wachstumsmärkten agieren. Die neue Unmittelbarkeit des Marktes ist der zentrale Ansatz, sich auf diese veränderten Bedingungen einzustellen. Es hat eine Verkehrung stattgefunden: Ausschlaggebend sind nicht mehr die Kosten der Produktion, sondern Marktpreise, die in tendenziell stagnierenden Märkten nicht mehr über-, sondern möglichst unterschritten werden müssen, um für das Unternehmen Wachstum durch Marktanteilsgewinne zu ermöglichen. Die Folgen für die Lohn-/Leistungspolitik sind weitreichend: Die Löhne sind nicht mehr vertraglich der Produktion vorausgesetzt, sondern werden zu einer abhängigen Variable beispielsweise im Prozess des target costing. Wir haben es mit veränderten ökonomischen Rahmenbedingungen und einem Strukturwandel der Konkurrenz zu tun.

**Dieter Sauer:** Hinzu kommt die Dominanz der Finanzmärkte (Shareholder Value), der Tatbestand, dass das produktive Kapital zunehmend zum Anlageobjekt des zinstragenden und spekulativen Kapitals wird. Daraus leitet sich – neben der verschärften Konkurrenz auf den schrumpfenden Absatzmärkten – die neue Maßlosigkeit der Kapitalverwertung ab. Indirekte Steuerung heißt, die Beschäftigten – und ihre Interessenvertretungen – unmittelbarer als es je zuvor für möglich gehalten wurde, dem Markt auszusetzen. Worauf Mathias schon hingewiesen hat: Sie bekommen alle erforderlichen Informationen über das Marktgeschehen – und je mehr sie Bescheid wissen, umso stärker setzen sie sich den maßlosen Imperativen des Marktes aus. Da werden Kalkulationen akribisch und exakt durchgerechnet, um eine bestimmte Produktion am Standort zu halten, also auch Arbeitsplätze zu sichern – und dann lautet die Botschaft nach entsprechendem Benchmarking, dass die Kosten immer noch um 15% über denen der Konkurrenz liegen, was sofort weitere Rationalisierungs- und Optimierungsprozesse auslöst. Diese Maßlosigkeit hat zum einen mit dem Verdrängungswettbewerb zu tun, zum andern mit der Radikalisierung von Renditeansprüchen. Diese Form der Maßlosigkeit stellt eine radikale Qualitätsveränderung im Kapitalismus dar.

**Mathias Möreke:** Zum System des Marktdrucks gehört auch die massive Angst der Beschäftigten um den eigenen Arbeitsplatz. Das Thema Beschäftigungssicherung bestimmt somit ganz wesentlich das Handeln der Betriebsräte. Gegenüber simplen Cost-cutting-Modellen haben wir gegenüber dem Management immer betont: Nutzt das Gold in den Köpfen der Beschäftigten, betreibt intelligente Prozessoptimierung. Das Dilemma dabei ist, dass es auch hierbei im Ergebnis zu einer Beschleunigung von Ausbeutung kommt.

Hinzu kommt, dass man nicht verkennen darf, dass über zwei Jahrzehnte neoliberale Herrschaft das Denken in den Köpfen verändert hat.

*Die Angst um den Arbeitsplatz macht deutlich, dass die »Befreiung« aus fordistischen Strukturen mit der Zerstörung alter Sicherheiten und erkämpfter sozialer Rechte einhergeht. Wie hängt dies mit den gestiegenen Anforderungen in selbstgesteuerten Produktionsprozessen zusammen? Auch mit höheren arbeitsinhaltlichen Ansprüchen der Beschäftigten? Oder bringt diese Angst gar nichts Neues, sondern den prekären Charakter von Lohnarbeit im Kapitalismus schlechthin zum Ausdruck?*

**Klaus Peters:** Nein, auch im vermeintlich Alten steckt das Neue. Die Angst vor dem Verlust des Arbeitsplatzes ist alt, aber die indirekte Steuerung verändert ihre Form. Früher handelte es sich um eine Angst vor einer einsamen Arbeitgeberentscheidung, für die der Arbeitgeber als Täter verantwortlich gemacht werden konnte. Durch die indirekte Steuerung entsteht eine Situation, in der der einzelne die Arbeitslosigkeit als Ergebnis seines eigenen wirtschaftlichen Misserfolgs interpretieren lernt. Er lernt, sich selbst und seine Tätigkeit aus einer betriebswirtschaftlichen Perspektive zu bewerten und sich selbst als Kostenfaktor zu sehen. Die so genannte Desinvestment-Drohung steht ausgesprochen oder unausgesprochen in jeder Betriebsversammlung im Raum; jeder soll die Rendite im Kopf haben, die erreicht werden muss, wenn sein Arbeitsplatz Zukunft haben soll.

**Wilfried Glißmann:** Die spürbare Maßlosigkeit der Verhältnisse und das eigene Tun kommen somit in ein neues Verhältnis. Durch die Analyse des Wirksamwerdens der neuen Steuerungskonzepte kann gezeigt werden, dass sich das eigene Tun der Beschäftigten verselbständigt, aber diese Verselbständigung wird wahrgenommen als ein scheinbar fremder Mechanismus, an den man sich anzupassen habe. Das ist der Prozess einer Fetischisierung: Eigenes erscheint als scheinbar Fremdes. Selbstorganisation kann unter diesen Bedingungen von den handelnden Individuen so wahrgenommen werden, als reagierten sie nur auf einen fremden Mechanismus. Somit ist Selbstorganisation als »Selbständigkeit der Prozesse« erkennbar etwas anderes als die Autonomie der Individuen.

Die beiden neuen Prinzipien »Tu, was du selber willst« und »Tu, was zu tun ist« sind Ausdruck des Gegensatzes von Freiheit und Notwendigkeit. Im betrieblichen Alltag findet somit die Auseinandersetzung mit einer Grundfrage menschlicher Existenz statt. Dass das so ist, ist eigentlich positiv, aber dieses an sich Positive ist deshalb schwer zu erkennen, da diese Auseinandersetzung vom betrieblichen Herrschaftsverhältnis übergriffen und somit nur als fortwährendes Dilemma erlebt wird.

**Dieter Sauer:** Dieses Dilemma als Erfahrung im Umgang mit indirekter Steuerung verbindet sich mit existenzieller Unsicherheit, vor allem dann, wenn die individuellen Ressourcen (Gesundheit, sozialer Rückhalt, Kompetenzen u.ä.) sich erschöpfen. Hier zeigt sich auch der Zusammenhang zum Umbau des Sozialstaats. Die Entgrenzungsprozesse sind nicht auf die Unternehmen beschränkt, sondern vollziehen sich in der ganzen Gesellschaft. Sie verschärfen die existenzielle Unsicherheit und schüren die Angst, die dann als Schmiermittel zum Abbau sozialer Rechte dient.

Allerdings besteht dieser Zusammenhang auch in einer für die Unternehmen letztlich negativen Hinsicht. Die Unternehmen sind bei indirekter Steuerung auf die individuellen und kooperativen Potentiale von Arbeitskraft angewiesen: zur Selbststeuerung gehören erweiterte Qualifikationen und die Bewältigung ständig wechselnder Anforderungen, was nur auf der Basis von Sicherheit möglich ist. Eine Ökonomie der Unsicherheit gefährdet diese Voraussetzungen neuer Steuerungssysteme.

**Hilde Wagner:** Wird die Ökonomie der Unsicherheit dominant, kann es auch zu Problemen im stofflichen Produktions- und Dienstleistungsprozess kommen, ebenso wie zu einem übermäßigen Verschleiß des Leistungsvermögens der Beschäftigten. Dies kann die Effizienz und Produktivität im Unternehmen einschränken. Die Unternehmen handeln kurzsichtig und wenig nachhaltig, wenn sie dies einfach in Kauf nehmen.

### Verallgemeinerung und Differenzierung

*Was kann man über die Reichweite der Umwälzungen in den Betrieben und Unternehmen sagen? Wie weit haben die qualitativen Veränderungen ausgestrahlt, sind normbildend und zu neuen Standards geworden?* Von Daimler in Bremen wird in diesem Buch berichtet, dass »die veränderten Marktbedingungen in erhöhten Anforderungen an die Mitarbeiter vor allem der Führungsebenen durchschlagen; allerdings reicht dies kaum bis zu dem einzelnen Mitarbeiter in der Fertigung. Dieser Druck ›verwässert‹ sich gleichsam, bis er auf die unterste Ebene gelangt.« (S. 244) Ebenso VW: Führen mit Zielen: »das sagt schon, worauf es im Wesentlichen konzentriert ist, nämlich auf bestimmte Führungsbereiche«.

**Dieter Sauer:** Indirekte Steuerungssysteme verbreiten sich in kunden-/marktorientierten Dienstleistungsbereichen massiver, schneller und stärker durchschlagend auf den Einzelnen – IBM ist solch ein Fall –, als in hochkomplexen Produktionsbereichen von DaimlerChrysler und VW. Die Umsetzung von Zielvereinbarungen zeigt, dass es dort Grenzen, Puffer auch technisch-organisatorischer Art gibt, die verhindern, dass der Markt- und Renditedruck sich in der Produktion 1 : 1 umsetzt. Formen der Selbstorganisation und der Selbststeuerung finden sich stärker bei den höherqualifizierten Beschäftigtengruppen, während bei den niedrig Qualifizierten immer noch standardisierte Arbeitsvollzüge vorherrschen. Ergebnis- und marktorientierte Leistungssteuerung findet sich in den klassischen Leistungslohnbereichen weniger als in den indirekten Zeitlohn- und Gehaltslohnbereichen. Diese Differenzierung hilft den Gewerkschaften nicht, sondern wirft enorme Probleme sozialer Spaltung in den Unternehmen auf.

Die Grenzen werden zugleich fließender. Das VW-Modell Auto 5000 ist ein Beispiel dafür, wie versucht wird, indirekte Steuerung mit Ergebnisorientierung auch in die Produktions- und Montagearbeit einfließen zu lassen. Dieses Modell entwickelt sich gegenwärtig zum Benchmark für den Gesamtkonzern. Das gilt nicht nur im Hinblick auf einzelne Modelle. Der Verlust von Maßstäben für Arbeit generalisiert sich – in der

Zeitfrage, in der Leistungsfrage. Das ist massiv. Die Ablösung der menschlichen Arbeitsverausgabung von der Anforderungsseite und von den stofflich-technischen Bedingungen ist eine durchgängige Tendenz, die sich in den Angestelltenbereichen nur sehr viel schneller durchsetzt.

**Mathias Möreke:** Ich kann das unterstreichen. Am weitesten vorangeschritten ist die Entwicklung im Angestelltenbereich. Aber auch dort muss man differenzieren. Diejenigen, die Karriere machen wollen, bilden gleichsam die Speerspitze der Entgrenzungsprozesse. Jemand, der sich auf den Tarifvertrag beruft und nach 30 Stunden bei VW nach Hause geht, hat den vollen Schutz des Betriebsrats. Aber derjenige, der an seinem Projekt arbeitet, der ein besonderes Interesse daran hat, der auch Interesse an einer persönlichen Weiterentwicklung hat, der kommt in eine Ausbeutungsbeschleunigung hinein, die ohne Grenzen ist. Extrem bei denjenigen, die sich auf eine Managementlaufbahn vorbereiten. Hier wird über Jahre Maßlosigkeit zur Maxime erhoben.

### Gute Arbeit!?

*Rationalisierung und Humanisierung der Arbeit fallen auch unter dem Regime indirekter Steuerung auseinander. Vielleicht mehr denn je, da der Verschleiß der Arbeitskraft aufgrund intensivierter Leistung und flexibilisierter Arbeitszeiten enorm zugenommen hat. Doch auch diese gesundheitsgefährdenden Rationalisierungsprozesse geschehen in Eigenregie, sind selbstgesteuert. Was heißt also unter diesen Bedingungen »gute Arbeit«?*

**Wilfried Glißmann:** Auch hier muss man unterscheiden: Die Forderung nach einer Humanisierung der Arbeit erfolgte in den 1970er Jahren unter den Bedingungen eines Kommandosystems. Es ging darum, Handlungsspielräume innerhalb eines Systems von Anweisungen zu erlangen. Und so wurde die Forderung nach »mehr Autonomie« verstanden als Forderung nach der Erweiterung von Handlungsspielräumen. Heute haben wir es mit Autonomie ganz anderer Art zu tun. Unter Bedingungen indirekter Steuerung kann man deshalb die alte Humanisierungsdebatte nicht einfach nur weiterführen.

**Klaus Pickshaus:** Im alten Humanisierungszyklus ging es in der Tat vorrangig um die Zumutungen und inhumanen Auswirkungen tayloristisch-fordistischer Arbeitsverhältnisse. Mit dem Umbruch in der Arbeit hat sich auch ein Belastungswandel vollzogen: Alte, klassische Belastungen sind nicht verschwunden – keineswegs. Aber neue, insbesondere psychische Belastungen haben enorm zugenommen und verschränken sich mit den klassischen Belastungen. Im atmenden Untenehmen geht den Beschäftigten immer mehr der Atem aus. Die Widersprüchlichkeit, dass die Handlungsspielräume und gleichzeitig der Druck wachsen, erfordert in der Tat eine Weiterentwicklung unseres Verständnisses von guter Arbeit. Im Projekt »gute Arbeit« haben wir einen Slogan aufgegriffen, der deutlich macht, dass das Bewusstsein über Verletzungen, Zumutungen insbesondere durch den Arbeits- und Leistungsdruck in der Tat gewachsen ist: »der Arbeit ein gesundes Maß geben«. Es geht darum, deutlich zu machen, dass die massiven leistungs-, qualifikations- und arbeitszeitpolitischen Belastungen im Widerspruch stehen zu den Versprechungen von Zugewinnen an Selbständigkeit, Handlungsfreiheiten usw.

Das wird zunehmend auch ein Problem für die Unternehmen. VW-Personalvorstand Peter Hartz versuchte das zu instrumentalisieren, indem er Gesundheitsbausteine anbot. Damit findet eine Perspektivverschiebung statt: Medizinische Leistungen wie Rückenschulen sowie Fitness- und Gesundheitskurse außerhalb der Arbeit wurden angeboten. Dafür sollten nach der Vorstellung von Hartz die Beschäftigten ihre krankheitsbedingten Fehlzeiten oder Zeiten für Arztbesuche im Betrieb nacharbeiten.

Damit sind wir wieder bei der Debatte, wie die Auseinandersetzung mit restriktiven Rahmenbedingungen und verweigerten Ressourcen am Arbeitsplatz geführt werden kann. Darin sehe ich unseren betriebspolitischen Auftrag. Nun ist ja im Tarifvertrag für Volkswagen vom November 2004 ein Verhandlungsauftrag festgeschrieben worden, Regelungen einer alterns- und gesundheitsförderlichen Arbeitsgestaltung auszuhandeln. Damit wird Gesundheit bei der Arbeit auch zum tarifpolitischen Thema.

*Kommt es unter den neuen Bedingungen indirekter Steuerung zu neuen Krankheitsverläufen? In der Betriebsstudie zu VW ist dargestellt, dass der normale Zyklus kurzfristiger Erkrankungen – Erkältungen z.B. – eingeebnet ist, dass aber langfristig aufgebaute psychosomatische Erkrankungen sehr stark zugenommen haben. Auch hier wäre dann zu differenzieren im Hinblick auf die Bereiche retaylorisierter Arbeit mit klassischen Formen der Entleerung, der Vernutzung und des Verschleißes von Arbeitskraft.*

**Klaus Pickshaus:** Die Beobachtung bei VW lässt sich verallgemeinern. Krankheitsbedingte Fehlzeiten sind in einem Rekordtief, aber auch deshalb, weil ein immer größerer Teil von Beschäftigten bei leichter Erkrankung dennoch zur Arbeit geht. Andererseits ist die Zahl der Arbeitsunfälle deutlich zurück gegangen und das Niveau der registrierten Berufserkrankungen ist stabil. Dies hängt damit zusammen, dass die neuen Belastungen sich eher in »Volkskrankheiten« niederschlagen, die zu einem hohen Anteil auch arbeitsbedingt verursacht werden. Das heißt, es nehmen chronische, psychosomatische Erkrankungen, sei es des Muskel-Skelett-Systems, des Herz-Kreislauf-Systems bis hin zu unmittelbar psychiatrischen Krankheitsbildern wie Depressionen stark zu. Ein Journalist titelte mal: »Die Depression ist der Arbeitsunfall der Postmoderne«. Das bezeichnet zugespitzt die neue Situation.

Neue Instrumente sind erforderlich, um solche langwierigen Erkrankungsverläufe verfolgen und vor allem betriebsöffentlich thematisieren und enttabuisieren zu können. Das ist unerlässlich, damit die Betroffenen selbst als Experten ihrer Sache zu Wort kommen können, möglichst angstfrei in Räumen, die Betriebsrat und Gewerkschaften schaffen müssen. Denn es handelt sich um Erkrankungen, die ein hohes Maß an Individualisierung mit sich bringen. Den Verursachungsbereich Arbeitsplatz oder Arbeitsbedingungen aufzudecken ist da besonders schwierig.

**Klaus Peters:** Auch hier stellt sich die Frage: Was ist daran neu? Früher gab es den Ausdruck der Managerkrankheit, der bereits viele der heutigen Symptome beinhaltete. Das Neue besteht m.E. in der Tendenz, sich aus den oberen Etagen nach unten hin auszubreiten. Phänomene, die sich zuerst in den Manageretagen, dann bei Forschung und Entwicklung, bei hochqualifizierten Angestellten usw. abspielen, pflanzen sich nach unten hin fort. Bei aller notwendigen Differenzierung weist indirekte Steuerung insofern eine gleichmacherische Tendenz auf.

Wir bekommen es auch mit einem neuen Verhältnis von Krankheit und Politik zu tun. Die psychomentalen Störungen sind sozusagen Krankheiten mit einer politischen Qualität. Das Individuum wird nicht mehr durch schwere Lasten oder giftige Stoffe krank, sondern durch den Druck des Marktes und der Konkurrenz sowie die daraus resultierenden Pervertierungen der sozialen Beziehungen im Betrieb. Solche Gesundheitsgefährdungen sind gar nicht mehr bearbeitbar, ohne dass man ihren politischen Kontext einbezieht.

**Dieter Sauer:** Die Veränderungen gehen in beide Richtungen. Verallgemeinerung findet nicht nur dadurch statt, dass psychosomatische Erkrankungen auch beim verantwortungsbewussten Produktionsarbeiter in der Gruppe zu beobachten sind, sondern auch umgekehrt, dass die Erfahrung der Unsicherheit des Arbeitsplatzes, die traditionell eher die Niedrigqualifizierten getroffen hat, zunehmend in die höheren Angestellten- bis in die Führungsbereiche hochsteigt. Das geht mittlerweile so weit, dass einzelne Beschäftigte sich überlegen, bestimmte Karrierestufen nicht mehr zu erklimmen, weil sie dann möglicherweise noch schneller austauschbar sind. Auch die Unsicherheitszonen, die früher den Niedrigqualifizierten vorbehalten waren, verallgemeinern sich.

**Hilde Wagner:** Neben der Unsicherheit des Arbeitsplatzes hat die wachsende Unsicherheit auch den Hintergrund, dass sich feste Zuständigkeiten auflösen. Wenn dafür gekämpft werden muss, dass der eigene Arbeitsbereich überschaubar und die Arbeit bewältigbar bleibt, und dies immer in Auseinandersetzung mit den Vorgesetzten und den anderen Kollegen, die selbst ihre Arbeit managen müssen, dann ist dies eine ganz neue Form von Anforderung und Unsicherheit.

In der unmittelbaren Produktion sind die Arbeits- und Leistungsanforderungen in der Regel zwar noch definiert, aber auch dort nehmen die übergreifenden Anforderungen zu. Die Muster der indirekten Steuerung dehnen sich auch durch den Strukturwandel aus, der mit einem Wachstum der industriellen Dienstleistungstätigkeiten und dem Rückgang des direkten Arbeiterbereichs verbunden ist. Bei Siemens ist letzterer mittlerweile auf weniger als ein Drittel der Beschäftigten gesunken.

Überall dort, wo definierte Formen der Arbeitsorganisation, wie wir sie von der Band- und Schichtarbeit her kennen, nicht mehr prägend sind, entsteht ein Sog der Marktflexibilisierung, der regulierte Arbeits- und Leistungsbedingungen immer mehr fortreißt. Dieser Wandel muss in der Initiative »gute Arbeit« seinen Niederschlag finden. Während bei der alten Humanisierungsinitiative der Abbau von Belastungen durch technisch-organisatorische Veränderungen und durch Verbesserungen einzelner Arbeitsvollzüge im Vordergrund stand und die Forderungsperspektive sich auf die Mitbestimmung am Arbeitsplatz richtete, müssen jetzt die mit der indirekten Steuerung verbundenen Belastungen in den Blick genommen werden. Die neue Steuerung entgrenzt Arbeitszeit und Leistung, sie zielt auf eine stärkere Selbstorganisation der Beschäftigten, ohne allerdings die damit verbundenen Versprechungen wirklich einzulösen.

Der Wunsch nach wirklich befriedigender und selbstbestimmter Arbeit wird konterkariert durch den Druck, Ergebnisse immer schneller auf den Markt zu werfen. Die Beschäftigten gehen an die Grenzen ihrer Leistungsfähigkeit und vernachlässigen das Leben außerhalb der Arbeit. Gesundheitsgefährdungen, wie sie von Klaus Pickshaus beschrieben wurden, sowie Motivationsprobleme sind die Folge. An diesen Widersprüchen muss die Initiative »gute Arbeit« ansetzen. Sie kann die Beschäftigten darin bestärken, ihre individuellen und subjektiven Interessen in und an der Arbeit gegen die Maßlosigkeit der Ökonomie zu behaupten.

## Unternehmenssteuerung: das Beispiel VW

*Die neuen Produktionsmodelle und neuen Formen der Unternehmenssteuerung führen zu einer Aufwertung der Betriebe als Regulierungsebene. Wir wollen einige der Veränderungen im Hinblick auf die Funktionen und Handlungsmöglichkeiten des Betriebsrats exemplarisch am Beispiel des Braunschweiger VW-Werks diskutieren. Die These in der Betriebsstudie in diesem Buch lautet: Hätte sich der Betriebsrat nicht auf die Restrukturierungsprozesse im Unternehmen und damit auch die neuen Steuerungskonzepte eingelassen, gäbe es das Werk möglicherweise nicht mehr. Die neuen Steuerungsmodelle sind verortet in einem Spannungsfeld von zentralisierten strategischen Unternehmensentscheidungen und Dezentralisierung. Kern der Restrukturierungen bei VW in Braunschweig ist die so genannte Business Unit. Was steckt dahinter?*

**Mathias Möreke:** Die Entscheidung für eine Business Unit war ökonomisch und politisch begründet. Uns war klar, dass der Standort Braunschweig nur dann eine Überlebenschance in dem sich extrem verändernden Automobilzuliefermarkt hat, wenn wir die gleichen Strukturen und Rahmenbedingungen wie externe Zulieferer haben: eine eigene technische Entwicklung und vernünftige Kostenrechnungssysteme, aus denen man ersehen kann, wo die Probleme in den Prozessen zu finden sind.

Die Auftragsvergabe bei VW erfolgt durch das corporate sourcing committee, das noch unter Lopez eingeführt wurde. Zur Veranschaulichung, wie das läuft: Für Audi ist eine neue Achskonzeption in Planung; die entscheidende Frage für uns ist: bekommt das Werk Braunschweig den Entwicklungsauftrag? Im Fall einer negativen Entscheidung müssen wir davon ausgehen, dass die Achse auch nicht in Braunschweig gefertigt wird. Das würde beim Auftragsvolumen von Audi – und dazu gehört auch SEAT – bedeuten, dass ein Drittel unseres gesamten Produktionsvolumens und damit die Arbeitsplätze bedroht wären. Folglich sind Projektteams damit beschäftigt, ein wettbewerbsfähiges Angebot abzugeben. Nun stellt sich heraus, dass wir im Angebot über den Wettbewerbern liegen. Also beginnen die Abläufe, die u.a. in target-costing-Prozessen beschrieben werden: Strategien zu entwickeln, mit denen wir in der Lage sind, das Produkt am Standort Braunschweig zu entwickeln und möglicherweise auch zu fertigen. In diesen Prozess ist der Betriebsrat eingebunden. Im Übrigen ist im Zukunftstarifvertrag geregelt, wie dieser Prozess zu erfolgen hat. Auch konnten wir die so genannten Standortsymposien tariflich verankern. Hier beraten einmal im Jahr der Betriebsrat mit dem Werkmanagement und dem Konzern- und Markenvorstand über die Standort- und Beschäftigungsentwicklung.

*Das ist ein bedeutsamer Unterschied zu der in diesem Buch beschriebenen Situation bei DaimlerChrysler in Bremen. Dort wird eine »vergleichsweise hohe Interesselosigkeit an gewerkschaftlicher Arbeit« u.a. darauf zurückgeführt, »dass die Entscheidungen, die das Werk Bremen betreffen, in der Regel im Konzern getroffen werden.« (S. 234) Das ist bei VW in Braunschweig anders. Der Betriebsrat ist in die strategische Planung eingebunden.*

**Mathias Möreke:** Das ist unerlässlich, wenn wir so etwas wie Beschäftigungssicherung betreiben wollen. Zur Zeit wird der VW-Konzern umgebildet: von der unter Piech eingeführten Plattformstrategie zu einer Modulstrategie. Grundlage ist nicht mehr der Produktlebenszyklus eines Automodells, sondern der mit zehn bis zwölf Jahren längere Zyklus einer Plattform. Das bedeutet möglicherweise, dass weniger Entwickler gebraucht werden, weil wir nicht mehr mit jedem neuen Produkt eine neue Achse entwickeln, sondern nur noch eine Applikationsentwicklung brauchen. Wenn wir die Beschäftigung halten wollen, müssen wir weitere Angebote an Land ziehen bzw. Umbesetzungen vornehmen.

*Aber die Auftragsvergabe erfolgt in einem normalen target-costing-Verfahren. Angebote werden abgegeben, werden unterboten, müssen nachkalkuliert werden, was entsprechende Kostensenkungen erforderlich macht, werden neu eingereicht usw. Welche Rolle kann dabei der Betriebsrat spielen?*

**Mathias Möreke:** Das Besondere an der Mitbestimmung bei VW besteht möglicherweise darin, wie wir einen Interessenausgleich hinbekommen zwischen Beschäftigungssicherung auf der einen und Profit auf der anderen Seite. Ein Betriebsrat geht anders zum Konzernvorstand als ein Werkleiter. Der Unterschied liegt in der Funktion, die sich aus der Mitbestimmung ableitet. Ein Werkleiter geht in der Kostenverantwortung, der Betriebsrat mit einer beschäftigungspolitischen Verantwortung. Als Betriebsrat bekommen wir allerdings keinen Benefit, wir müssen in der Lage sein, unsere Forderungen auch wirtschaftlich zu untermauern. Zum Tarifvertrag Zukunftssicherung haben wir in einer Betriebsvereinbarung geregelt, welche Produkte und Entwicklungen an den Standorten zur Beschäftigungssicherung umgesetzt werden. Dazu zählt auch, dass die

## Neue Steuerungsformen der Arbeit und gewerkschaftliche Handlungsperspektiven ■ 323

Rahmenbedingungen für eine nachhaltige Zukunfts- und Beschäftigungsentwicklung an den Standorten sichergestellt werden. Dies schafft die Basis für Wettbewerbsfähigkeit insbesondere im umkämpften Zuliefermarkt.

*In der Automobilindustrie bestehen weltweit enorme Überkapazitäten und entsprechend stark ist der Verdrängungswettbewerb zwischen und der Kostendruck in den Unternehmen unterhalb des Premiumsegments...*

**Mathias Möreke:** Kapazitätsmäßig hat VW gegenwärtig zwei Fabriken zu viel. Ich denke, dass man in nahezu jedem VW-Standort auf der Welt Achsen bauen kann. Ob man sie im Zusammenspiel von technischer Entwicklung bis hin zur Vermarktung so effektiv bauen kann, wie das zur Zeit in Braunschweig geschieht, bezweifle ich. Aber der Kostendruck ist gigantisch und die Drohung, dass die Produktion auch an anderen Standorten stattfinden kann, ist allgegenwärtig.

Das sind die Rahmenbedingungen für Betriebsräte. Wir können uns dem Druck nicht entziehen, Prozesse zu optimieren, Produktion zu verschlanken, um am Standort konkurrenzfähig zu sein. Langfristig muss ein Zulieferer in der Lage sein, als Systemintegrator die immer komplexer werdenden Prozesse zu steuern. Nur dies sichert Arbeitsplätze an Hochlohnstandorten. Der Anteil von Engineeringfunktionen wird zunehmen und dafür braucht man hochqualifizierte Beschäftigte.

*Mit dem Anfang November 2004 abgeschlossenen »Zukunftstarifvertrag« realisiert VW Kosteneinsparungen in einer Größenordnung von einer Milliarde Euro, u.a. durch schrittweisen Ausstieg aus dem VW-Haustarifvertrag. Im Gegenzug werden betriebsbedingte Kündigungen bis 2011 ausgeschlossen, unter der Voraussetzung, dass die Automobilkonjunktur nicht dramatisch einbricht. Man ist also strikt auf die Optimierung der Wettbewerbsfähigkeit verpflichtet.*

**Mathias Möreke:** Wir bewegen uns mit dem Werk Braunschweig in einem Zuliefererumfeld, von dem wir wissen, dass es tarifpolitisch statt mit uns gleichzuziehen eher noch schneller übertarifliche Leistungen abbaut. Der Druck hat in den letzten Jahren noch zugenommen. Nur weil es uns gelungen ist, den tariflichen »Kostennachteil« durch strukturelle Wettbewerbsvorteile auszugleichen, konnten wir Produktion und damit Beschäftigung im Werk sichern. Gegenwärtig fahren wir mit 6.700 Beschäftigten durch eine schwierige wirtschaftliche Situation; 1993/94 war die Beschäftigung auf 5.600 abgebaut worden, weil wir bestimmte Anschlussaufträge nicht bekommen hatten. In den Tarifauseinandersetzungen 2004 ging es entscheidend darum, das Unternehmen konkret auf das Ziel der Beschäftigungssicherung zu verpflichten: durch vertraglich geregelte Produktzusagen und Zukunftsentwicklungen für die einzelnen Standorte, mit entsprechendem Mitbestimmungs-Controlling.

**Dieter Sauer:** Im Grunde betreibt ihr eine intelligentere Anpassungsstrategie, indem der Betriebsrat Erpressungsversuche nicht abwartet, sondern aktiv versucht, eine Kompromissstrategie auf der Grundlage von Innovationen auszuloten. Nun werden die so genannten »Privilegien« des VW-Tarifs sukzessive abgebaut. Da gibt es Verteilungsspielräume, die in anderen Unternehmen ggf. durch Unterschreiten des Flächentarifvertrages erschlossen werden. Diese Form wettbewerbsorientierter Betriebspolitik mag Beschäftigung am Standort sichern. Sie steht jedoch im Widerspruch zur gewerkschaftlichen Aufgabe, die Konkurrenz zwischen Belegschaften und Beschäftigten möglichst auszuschalten.

**Mathias Möreke:** Unser Ansatz war immer, offen über die strategischen Konzepte zu diskutieren, z.B. in dem Buch »Vom Klassenkampf zum Co-Management?«[*] Nur so kommen wir zu einer tragfähigen Positionsbestimmung gewerkschaftlicher Betriebspolitik. Ob das eine linke Politik ist, ob andere Belegschaften diesen Weg mitgehen können, kann ich nicht beantworten. Wir müssen für uns betriebspolitische Lösungen finden und verantworten. Bleibt die Frage, wie die Konkurrenz ausschalten? Ich habe da im Moment wenig Hoffnung. Die IG Metall könnte mal mit allen Experten im Bereich der Automobil- und Zulieferindustrie ein nationales Standort-Symposium veranstalten, das alle Betriebsräte einbezieht.

**Hilde Wagner:** Was du, Mathias, beschreibst, ist ein neues Agieren des Betriebsrats im Standortwettbewerb, dem sich auch die Interessenvertretung nicht entziehen kann. Dies schließt gegenwärtig ein, das Überleben eines Betriebes durch Ausnutzen von materiellen und sozialen Disparitäten sicherzustellen. In der VW-Studie in diesem Buch ist nachzulesen, dass auch der Betriebsrat Mischkalkulationen mit Low-cost-Standorten einfordert. Billigere Lohnfertigung, Leiharbeit, Outsourcing von Bereichen, die nicht zur Kernfertigung gehören, Absenkung von Vergütungen für Neueingestellte – alles Maßnahmen, die zeigen, wie schwer es momentan ist, aus einer problematischen Form von Wettbewerb her-

---

[*] Udo Klitzke/Heinrich Betz/Mathias Möreke (Hrsg.) (2000): Vom Klassenkampf zum Co-Management? Perspektiven gewerkschaftlicher Betriebspolitik. Hamburg

# Neue Steuerungsformen der Arbeit und gewerkschaftliche Handlungsperspektiven

aus zu kommen. Eigentlich müsste man sich hierzulande dafür einsetzen, Gewerkschaften in Slowenien oder anderswo zu stärken, um dort die Einkommens- und Lebensbedingungen zu verbessern. Dies muss zumindest ergänzend geschehen, einige Ansätze dazu gibt es ja auch bereits. Produkt- und Prozessinnovationen und schrittweise Aufhebung der Billiglohnkonkurrenz – in diese Richtung sollte es gehen. Das wissen die Betriebsräte – sie können sich der Standortkonkurrenz dennoch nicht entziehen.

**Mathias Möreke:** Alle Standorte arbeiten mit Mischkalkulationen, auch mit Fertigungen in Polen, Ungarn, Slowenien usw. BMW setzt in erheblichem Umfang Leiharbeitskräfte ein. In dieser Hinsicht gibt es keine jungfräulichen Verhältnisse mehr. Im SPIEGEL konnte man vor geraumer Zeit nachlesen, dass in Rumänien mittlerweile Autos für 5000 Euro gebaut werden.

Die Frage unterschiedlicher Entlohnungsbedingungen ist schon lange keine mehr zwischen drinnen und draußen. Zu den Bedingungen des VW-Haustarifs sind seit geraumer Zeit kaum Neueinstellungen erfolgt. Die Differenzierung gibt es doch längst im Konzern. Logistikdienstleister haben sich mittlerweile zu Montagespezialisten entwickelt, sind ins Kerngeschäftsfeld der Automobilproduktion vorgedrungen – nicht mit Metall-, sondern mit um ein Drittel niedrigeren Dienstleistungs-Tarifen. Gerade im Bereich der Logistiktätigkeiten werden an allen VW-Standorten gemeinsam mit der 2001 gegründeten Autovision GmbH (hundertprozentige Volkswagen Tochter) Logistikkonzepte entwickelt. Ziel der Betriebsräte dabei ist: Wenn schon in anderen tariflichen Strukturen, dann aber unter dem gemeinsamen Dach Volkswagen. Als Referenz steht natürlich auch immer mehr das Modell 5000 X 5000. Ich könnte die Liste verlängern. Angesichts dieser externen und internen Bedingungen können wir uns nicht mehr allein auf den VW-Haustarif zurückziehen, wenn wir im Werk Braunschweig Wettbewerbspreise bieten müssen und die Gesamtverantwortung für das Produkt Achse behalten wollen. Da sind wir bereit, Dienstleistungsvereinbarungen mit der Autovision zu machen. So entstehen Mischkalkulationen.

Der entscheidende Punkt aber bleibt: Es kann nicht nur Kostenwettbewerb geben. Mit schlichtem cost-cutting gäbe es den Standort in der jetzigen Form längst nicht mehr. Wir setzen auf Innovationen, auf Investitionen in neue Produkte und Technologien. Nur so wird Arbeit am Standort Deutschland konkurrenzfähig bleiben. Das ist der qualitative Unterschied zu Billiganbietern.

**Klaus Pickshaus:** Intelligente, wettbewerbsfähige Produkte – schön und gut. Aber was passiert auf der Ebene der Prozessinnovationen, vor allem der sozialen Innovationen? Ein Kollege von VW Hannover schilderte kürzlich, dass auf diesen Feldern wenig gemacht wird, dafür sei kein Geld mehr vorhanden. Momentan wird eine Strategie der sehr kurzen Frist gefahren. In zehn Jahren überschreitet die Hälfte der Konzernbelegschaften die kritische Grenze von über 50 Lebensjahren. Das gegenwärtige Arbeitstempo ist auf Dauer nicht durchzuhalten. Statt hier vorzubeugen und alternsgerechte Arbeitsbedingungen zu schaffen, schafft man auch noch Fortschritte wie die Abschaffung der Überkopfarbeit wieder ab. In dieser Gleichgültigkeit des Kapitals gegenüber den konkreten Arbeitsbedingungen tickt eine Zeitbombe.

*Kostensenkungsstrategien werden immer gefahren. Allerdings besteht ein großer Unterschied darin, ob sie im Wesentlichen über Produktivitätseffekte oder über Kürzungsprogramme bei Personal, Lohn und Arbeitszeitverlängerung gefahren werden. Letzteres wird immer mehr zum Thema so genannter Standortsicherungsvereinbarungen.*

**Hilde Wagner:** Noch Anfang der 1990er Jahre wurden Standortsicherungsvereinbarungen nur dann abgeschlossen, wenn ein Unternehmen tatsächlich in einer ökonomischen Notsituation war. Heute werden sie zur Sicherung zukünftiger Wettbewerbsfähigkeit aufgefordert. Mehr noch: Die Beschäftigten sollen von sich aus kostensenkend initiativ werden, damit die Unternehmen höhere schwarze Zahlen schreiben können. Senkt die Kosten, die ihr selbst verursacht, damit euer Standort im Wettbewerb überlebt und eure Beschäftigung gesichert wird – das ist zur Alltagslosung in den Betrieben geworden. Das Beispiel VW macht aber auch deutlich, dass Betriebsräte nicht mehr nur Verteidigungsgräben ausheben, sondern sich – indem sie sich in die Auseinandersetzung um die Wettbewerbsbedingungen einschalten – auch als Impulsgeber für Zukunftskonzepte und Beschäftigungssicherung sehen. Und dass sie dabei auch ihr Selbstbewusstsein als Interessenvertretung ausbauen. Das ist etwas anderes als defensive Anpassung.

**Dieter Sauer:** Aber die Perspektive geht über eine einzelbetriebliche Wettbewerbspolitik nicht hinaus. Für gewerkschaftliche Politik reicht das nicht.

**Hilde Wagner:** Die Aufgabe der Gewerkschaft besteht immer darin, die Konkurrenz zwischen Betrieben und zwischen Beschäftigten einzudämmen. Deshalb ist und bleibt die überbetriebliche Regulierung und der

Flächentarifvertrag so wichtig. Das bedeutet auch, dass wir Belegschaften, die gegeneinander ausgespielt werden sollen, zusammenholen, um zu verhindern, dass einzelne ausbrechen und mit billigeren Abschlüssen alle anderen unter Druck setzen. Das hört sich selbstverständlich an, ist es aber nicht, wenn man weiß, wie schwierig es ist, überhaupt eine offene Diskussion zu führen, bei der alle Karten auf dem Tisch liegen. Betriebsräte sehen meist ihre vornehmliche Aufgabe darin, möglichst viele Arbeitsplätze im Betrieb zu sichern. Wie sie dies versuchen und tun, ist unterschiedlich. Wenn es ihnen gelingt, dabei auf Produkt- und Prozessinnovationen zu setzen, statt stillschweigend auf niedrigere Standards, lässt sich dies mit einer überbetrieblichen und zukunftsgerichteten Perspektive vereinbaren.

### Leitplanken und Haltegriffe

*Betriebsräte sind in einer Erpressungssituation. Die Beschäftigten direkt den Marktanforderungen auszusetzen und auf unternehmerisches Handeln zu verpflichten, schaltet eine eigensinnige betriebliche Interessenvertretung immer mehr aus. Von DaimlerChrysler Bremen wird berichtet, dass die Verdichtung der Arbeit so weit vorangeschritten ist, dass auch Vertrauensleute ihrer Interessenvertretungsfunktion kaum noch nachkommen. Was tun?*

**Dieter Sauer:** Wenn die Anpassung an die Marktverhältnisse auf dem Weg der Erpressung fortschreitet, ist die Betriebspolitik am Ende. Das ist eine Spirale, die immer weiter nach unten geht. Aber es ist nicht nur der Prozess der permanenten Infragestellung und Absenkung von Mindeststandards. Die grundlegendere Frage ist, wer künftig diese Standards durchsetzen soll: der in der Standortkonkurrenz eingekeilte Betriebsrat, die in den Verteilungsauseinandersetzungen in die Defensive gedrängte Gewerkschaft, die keinerlei Unterstützung aus dem politischen Raum mehr erfährt? Die Interessenbasis wird zunehmend schwächer. Das Negativszenario ist nur zu überwinden, wenn es systematischer gelingt, neben den notwendigen Verteidigungskämpfen durch Mobilisierung der individuellen Beschäftigten etwas Neues in Gang zu setzen.

**Klaus Peters:** Ich stimme zu: Betriebsrat und Gewerkschaften sind grundlegend gefährdet, aber als Institutionen sind sie noch vorhanden, und durch die Veränderungen, über die wir hier reden, *steigt* potentiell ihre Bedeutung. Unsere Diskussion über VW ging darum, wie der Betriebsrat seine *vorhandene* Macht für die Interessenvertretung nutzt. Diese

Macht ist ein historisches Erbe, auf das man sich stützen kann. Die entscheidende Frage ist aber: Wie entsteht unter den Bedingungen indirekter Steuerung *neue* Macht? Und wie können die Betriebsräte sich als institutioneller Faktor machtpolitisch reproduzieren? Wenn wir diese Frage nicht beantworten, sprechen wir über ein Auslaufmodell. Der potentielle Bedeutungszuwachs der Betriebsräte unter den Bedingungen indirekter Steuerung liegt darin, dass sie wahrscheinlich die einzigen sind, die den Widerspruch zwischen der Logik der Finanzmärkte und der, wenn man so sagen kann, Logik der Humanität im Betrieb, vor Ort zum Thema machen, kommunizierbar machen, Selbstverständigungsprozesse organisieren und damit die Artikulation von Interessen überhaupt erst ermöglichen können. Die indirekte Steuerung zielt darauf, die Artikulation solcher Widersprüche schon im Keim zu ersticken. Wer sein eigenes Interesse als Arbeitnehmer mit den Überlebensinteressen des Unternehmens restlos identifiziert, kann sich am Ende selbst vorrechnen, dass er seinen Lohn sofort vermindern und seine Arbeitszeit sofort ausdehnen – das heißt: das Interesse des Unternehmens *gegen sich selbst* wahrnehmen muss. An dieser Stelle findet in dem neuen machtpolitischen Spiel die erste, entscheidende Weichenstellung statt, und darum brauchen wir an dieser Stelle ein koordiniertes Vorgehen von Betriebsräten und Gewerkschaften zur Behauptung des einfachen Gedankens, dass menschliche Individuen Selbstzwecke sind – und kein bloßes Mittel, das vor den globalisierten Finanzmärkten seine Existenz und Lebenstauglichkeit rechtfertigen müsste.

**Dieter Sauer:** Die Erpressungsmanöver konzentrieren sich gegenwärtig auf große Unternehmen, wo noch vermeintliche »Privilegien« einzukassieren sind: Haustarifverträge, übertarifliche Zahlungen, regulierte Arbeits- und Leistungsbedingungen. In kleineren Betrieben und Branchen ist das zumeist längst gelaufen. Deshalb haben wir heute die Diskussion über Mindestlöhne und andere Mindeststandards. Es geht darum, eine neue untere Auffanglinie gegen die Maßlosigkeit des Kapitals zu schaffen. Da dies nicht einzelbetrieblich geht, kommt die Gewerkschaft wieder ins Spiel, die ansonsten in betrieblichen Anpassungsprozessen unterzugehen droht. Entscheidend ist, dass damit auch eine neue Ausrichtung der Arbeitspolitik erkennbar wird, die nicht nur für die Formulierung von Mindeststandards gilt: Die Begründung arbeitspolitischer Forderungen erfolgt aus den autonomen Interessen von Arbeitskraft an der Sicherung ihrer Reproduktion und der Entfaltung ihrer Potentiale und nicht mehr aus ihrem Beitrag, den die Arbeit für die Ökonomie, für das Unternehmen leistet. Die der Vermarktlichung eigenen Maßlosigkeit erzwingt diese grundsätzliche Umorientierung von Arbeitspolitik.

## Neue Steuerungsformen der Arbeit und gewerkschaftliche Handlungsperspektiven

*Eine neue Arbeitspolitik hängt entscheidend von einer starken Rolle des Betriebsrats ab. Um dahin zu gelangen, fordert Thomas Haipeter in diesem Buch eine Politik, »die den Betriebsrat nicht als klassischen Stellvertreter der Belegschaftsinteressen, sondern als Moderator für die Individuellen Probleme der Beschäftigten sieht«. (S. 308)*

**Dieter Sauer:** Ihre Stellvertreterrolle werden die Betriebsräte verlieren, das ist richtig. Statt dessen die Rolle eines Moderators einzunehmen, wird nicht ausreichen. Betriebsratsarbeit muss sich erneuern, und dies könnte vor allem dort gelingen, wo die Beschäftigten selber neue Maßstäbe setzen. Der Betriebsrat muss an den Interessen der einzelnen Beschäftigten ansetzen und dabei u.a. identifizieren, welche positiven Ansatzpunkte die indirekte Steuerung bietet. Nicht nur im Hinblick auf individuelle Autonomie und Selbständigkeit, sondern auch auf neue Kooperationsformen, die Elemente solidarischen Handelns beinhalten.

**Hilde Wagner:** Das ist eine sehr voraussetzungsvolle Politik. Der Betriebsrat muss Unterstützer einer Interessenvertretung in der eigenen Person sein, daran führt in Zukunft kein Weg vorbei. Gleichzeitig muss er die Rahmenbedingungen für Interessenvertretung im Betrieb erst mal absichern, indem er kollektive Vereinbarungen abschließt. Dazu reichen seine personellen und politischen Ressourcen oftmals kaum aus. Sie reichen ja schon oft nicht mehr, noch vorhandene kollektive Widerstandslinien zu halten. Hinzu kommt, dass die Unternehmen systematisch bestrebt sind, die gesetzlich garantierte Mitbestimmung des Betriebsrats im Prozess indirekter Steuerung außen vor zu halten. Beispiel Zielvereinbarungen: Ich kenne bislang keine Vereinbarung, die dem Betriebsrat eine starke Mitbestimmungsposition verschafft hat. Die neuen Regelungen des Entgeltrahmentarifs (ERA) schaffen hier bessere Ausgangsbedingungen. Zu hoffen ist, dass diese auch genutzt werden können.

**Klaus Pickshaus:** Die Botschaft, die uns seit geraumer Zeit aggressiv entgegentritt, lautet: Gegen den Markt habt ihr keine Chance. Die Empfehlung lautet dann: Man muss sich anpassen und Interessenvertretung als Teil eines Wettbewerbskorporatismus verstehen. Da rächt es sich, dass es in der IG Metall seit längerem schon keine strategische Debatte über die Neuausrichtung gewerkschaftlicher Betriebspolitik gibt. Die Betriebsräte sind überfordert und die Gewerkschaft verfügt kaum noch über eigene effektive Vertretungsstrukturen in den Betrieben. Wie wir uns im Spannungsfeld von Klassenkampf und Co-Management, von Gegenmachtbildung und Contra-Management verorten, ist unklar. Wenn indirekte Steuerung eine neue Herrschaftsform ist, dann bedarf es zur Herstellung von Gegenmacht bestimmter Schutzräume, wo Selbstverständigungsprozesse stattfinden können. Das könnte der erste Schritt sein, um auf der Grundlage der Klärung von Interessen Widerstandslinien aufzubauen und konkrete Projekte beispielsweise zur Regulierung von Zielvereinbarungen oder der Nutzung der Mitbestimmung im Gesundheitsschutz bearbeiten zu können. Hier ist die Gewerkschaft organisatorisch, aber ebenso sehr konzeptionell gefordert.

**Wilfried Glißmann:** Es geht in der Tat um die Entdeckung der neuen Rolle der Betriebsräte, aber »Betriebsräte als Moderatoren«, wie Thomas Haipeter es formuliert, das ist mir viel zu passiv. Wir Betriebsräte sind gefordert, eine aktive Auseinandersetzung mit einer verwirrenden neuen Realität zu leisten, gerade angesichts von Steuerungskonzepten wie *Activity Based Costing*. Diese sind durch und durch sachlich und rational, aber ihre Anwendung führt zu Mechanismen eines »immer mehr« und »nie genug« – es wird somit eine Maßlosigkeit und Grenzenlosigkeit in Gang gesetzt. Wenn dann die Irrationalität dieser Prozesse – als »der Weltmarkt« – zum Maßstab für Realismus und Rationalität genommen werden, dann stellt sich auch die Frage der Rationalität. Die Aktion »Meine Zeit ist mein Leben« der IBM-Betriebsräte war – in diesem Zusammenhang betrachtet – eine sehr persönliche Kampfansage an den Weltmarkt: Ich mache mein eigenes Leben zu Kriterium und Maßstab meines Handelns.

Es geht unter den Bedingungen der indirekten Steuerung um eine Auseinandersetzung mit dem Unternehmerischen, denn das Unternehmerische wird Gegenstand des eigenen Tuns der Beschäftigten. Zu dem Unternehmerischen gehören auch Steuerungskonzepte wie *Activity Based Costing*. Unter den Autor/inn/en dieses Buches gab es zu Anfang eine Debatte, ob es einen Unterschied macht, wenn wir Steuerungskonzepte wie *Activity Based Costing* nicht aus der Perspektive der Steuerer, sondern aus der Perspektive der Beschäftigten analysieren. Ich bin zu der Überzeugung gekommen, dass diese andere Perspektive von entscheidender Bedeutung ist, wenn wir diese Konzepte in einem begreifenden und emanzipatorischen Sinne untersuchen wollen. Eine kritische wissenschaftliche Debatte um die neuen Steuerungskonzepte findet nach meiner Wahrnehmung in Deutschland nicht statt (anders ist es im angelsächsischen Raum, in dem eine solche Debatte z.B. in Zeitschriften wie *Accounting, Organziations and Society* und *Critical Perspectives on Accounting* geführt wird). Für die Entwicklung von Handlungsfähigkeit wäre eine solche Debatte von Wissenschaftlern gemeinsam mit betrieblichen Akteuren und Gewerkschaftern wichtig und produktiv. Die Gewerkschaft könnte hier eine wichtige Funktion wahrnehmen, wenn sie dazu beiträgt, die unterschiedlichen Kompetenzen und Akteure zusammenzubringen (wie es bereits bei der Autor/inn/en-Gruppe dieses Buches der Fall gewesen ist!).

**Klaus Pickshaus:** Ich denke, dass die Prozesse der Selbstverständigung und Interessenartikulation begleitet sein müssen von etwas, was wir vielleicht auch als ökonomische Alphabetisierung – und zwar in diesem Fall an der Schnittstelle von Mikro- und Makroökonomie – bezeichnen können. Ich meine damit die Aufklärung über die immanenten Dysfunktionalitäten und Widersprüche, die sich u.a. aus den der Produktion aufgeherrschten Verwertungsansprüchen der Finanzmärkte ergeben. Solche Widersprüche sind Ansatzpunkte für Bewusstwerdung, für die Delegitimierung derjenigen, die die Rahmenbedingungen setzen. Das Management tritt doch in der Regel mit dem Argument auf, als seien die Markterfordernisse ein unveränderbares Naturgesetz und eine Standortsicherung nur durch Senkung der Arbeitskosten zu erreichen. Solche Vorgaben des Managements kritisch zu hinterfragen, die Dysfunktionalitäten im Unternehmen aufzuzeigen und die Planungen zu delegitimieren, kann in einem Contra-Management des Betriebsrats die eigenen Spielräume erweitern helfen. Zu den Widersprüchen gehört auch, dass der Marktdruck an die Beschäftigten weiter gereicht wird, diese aber nicht die zur Erledigung nötigen Ressourcen erhalten. Die Folgen: sinkende Arbeitszufriedenheit, aber auch eklatante Qualitätseinbußen bei den Produkten und Dienstleistungen. Solche Widersprüche können Ansatzpunkte für Handeln und Gegenkonzepte sein.

**Wilfried Glißmann:** Das sehe ich ganz anders. Es geht nicht darum, »Dysfunktionalitäten« und »Widersprüche« zu entdecken, um dadurch dann Handlungsfähigkeit zu erreichen. Die indirekte Steuerung ist voller Widersprüche: Sie besteht gerade darin, die Beschäftigten mit allen Widersprüchen zu konfrontieren, die in der Sache liegen. Es kommt deshalb nicht darauf an, »Lücken« oder »Grenzen« des Funktionierens zu entdecken. Der Ausgangspunkt für die Erarbeitung von Handlungsfähigkeit ist viel grundsätzlicher: Es ist die begreifende Aneignung (praktisch wie theoretisch) der Verselbständigung des eignen Tuns. Wie ist es möglich, dass mein eigenes Tun mir als scheinbar fremder Mechanismus entgegen tritt? Wie ist es möglich, dass sich mein eigenes Denken gegen mich wendet? Dies begreifend (und praktisch erprobend) entsteht nach und nach jener Typ von Wissen, auf den es ankommt, um unter den neuen Bedingungen das eigene Interesse bestimmen und behaupten zu können. Das Erstaunliche ist doch, dass die Grundfrage des *Activity Based Costing* – »Was kostet das? Welchen Effekt hat das? Lohnt der

Effekt den Aufwand?« – weit über den kapitalistischen Kontext hinausweist. Es geht hierbei zugleich um die Frage eines rationalen Umgehens mit Ressourcen überhaupt. Auch die Frage von Kaplan und Cooper nach den »wirklichen Ursachen der Kosten« verweist die Beschäftigten (wie ich in meinem Beitrag gezeigt habe) auf sich selbst: auf ihre eigene Produktivkraft.

Diese neuen Momente gilt es in einer begreifenden Aneignung zum Gegenstand zu machen – ein Gestus der Entlarvung oder Enthüllung läuft Gefahr, dass unter der Hand die alten Begriffe und Verhältnisse zum Maßstab der Kritik werden. Für unser Denken und für die Politikentwicklung gilt es an dem Positiven – dem tatsächlichen Gewinn an Selbständigkeit – anzusetzen, um dann zunehmend zu begreifen, warum dieses Positive ins Negative umschlägt: in Verhältnisse einer neuen Maßlosigkeit. Diese Verkehrung der Verhältnisse – dass die Personen, die produktiv und unternehmerisch agieren, als defizitär erscheinen (als täten sie nie genug), und dass die Produktivkraft der Individuen nur als Kostenfaktor in den Blick kommt – gilt es in einer geeigneten betrieblichen Bewegungsform nach und nach zu bearbeiten. Das ist eine Aufgabe für die nächsten zehn bis zwanzig Jahre.

**Klaus Peters:** Ich will es theoretisch zuspitzen: Das Kapital setzt sich absolut – der Weltmarkt als ultimativer Maßstab für Rationalität und Realismus. Es kann sich aber nicht absolut setzen, ohne sich selbst zu widersprechen. Die Vereinnahmung der Beschäftigten mit Haut und Haaren hat darum für das Kapital den Preis, dass gleichzeitig das Gegenteil passiert, eine de facto Übernahme der Unternehmen durch die Belegschaften. Nur setzt sich das nicht automatisch in einen Zuwachs politischer Durchsetzungskraft der Beschäftigten um. Automatisch geschieht das Gegenteil, dass nämlich durch die unternehmerischen Problemstellungen und Zielsetzungen die Menschen im Betrieb ihr eigenes Überlebensinteresse mit demjenigen des Unternehmens identifizieren und dadurch das Potential zur Durchsetzung ihrer Interessen als Arbeitnehmer verringern oder verlieren. Die Aufgabe besteht darin, diesen Automatismus zu durchbrechen.

**Klaus Pickshaus:** Einspruch! Für die gewerkschaftliche Strategiebildung und betriebspolitische Handlungsfähigkeit ist sicherlich eine realistische und zeitgemäße Analyse des Kapitalismus wichtig.

Ebenso wichtig ist allerdings, die praktischen Interventionspunkte und konkreten Handlungsansätze für die alltäglichen Auseinandersetzungen zu bestimmen. Dies fehlt mir. Daran wird auch der Gebrauchswert einer Analyse zu messen sein.

Es gibt solche Interventionspunkte auf verschiedenen Ebenen: Dies beginnt damit, dass der Maßlosigkeit und den Zumutungen des Marktdrucks Grenzen gezogen werden müssen, dass hier Widerstandslinien aufgebaut werden. Zur Kernkompetenz und zum Kerngeschäft der Gewerkschaften gehört doch der Schutz der Arbeitskraft. Dies schließt ein, die inhaltlichen Ansprüche der Beschäftigten an ihre Arbeit und an die Gestaltung der Arbeitsverhältnisse aufzugreifen und den Kampf um die notwendige tarifliche und auch sozialpolitische Absicherung zu organisieren.

**Dieter Sauer:** Das Aufgreifen von Widersprüchen kann nicht heißen, sich darauf zu konzentrieren, wo die neuen Steuerungskonzepte nicht funktionieren. Da müsste man u.U. lange warten. Es geht um die Entwicklung einer neuen Arbeitspolitik, die gegen die Maßlosigkeit der Ökonomie den Eigensinn menschlicher Arbeit setzt. Die Einflussnahme auf Steuerungskonzepte ist ein zentrales Kampffeld, z.B. durch Ausweitung von Mitbestimmung auf Fragen der Personalbemessung in einer Zeit, in der die Entsorgung der Mitbestimmung von den Unternehmerverbänden betrieben wird. Das andere Terrain ist die Auseinandersetzung mit den Rahmenbedingungen individueller Autonomie, in der auch Kooperationsformen und Solidarisierungsmöglichkeiten liegen. Die KollegInnen wollen aus den alten Widerstandslinien raus, sie wollen die Versprechen selbstgesteuerter Arbeit ernst nehmen und den Herrschaftscharakter zurückdrängen. Nach dem Niedergang der new economy und dem Platzen der spekulativen Blase hat – wie wir aus neueren Untersuchungen wissen – ein Bruch stattgefunden, weil sehr viele die Erfahrungen gemacht haben, dass Versprechen nicht eingelöst werden. Da liegen Ansatzpunkte für Interessenpolitik und Mobilisierungspotentiale.

# VSA: Zukunft der Arbeit

Wie können sich die Beschäftigten gegen die negativen Konsequenzen flexibler Arbeitszeitmodelle wehren?
186 Seiten; € 14.80
ISBN 3-89965-108-1

Paul Oehlke
**Arbeitspolitik zwischen Tradition und Innovation**
Studien in humanisierungspolitischer Perspektive
232 Seiten; € 15.50
ISBN 3-89965-077-8

Dieter Sauer zeichnet den Formwandel von Industrie- und Dienstleistungsarbeit nach.
176 Seiten; € 12.80
ISBN 3-89965-112-X

Michael Schumann
**Metamorphosen von Industriearbeit und Arbeiterbewusstsein**
Kritische Industriesoziologie zwischen Taylorismusanalyse und Mitgestaltung innovativer Arbeitspolitik
176 Seiten; € 14.80
ISBN 3-89965-008-5

Wilfried Glißmann/Klaus Peters
**Mehr Druck durch mehr Freiheit**
Die neue Autonomie in der Arbeit und ihre paradoxen Folgen
200 Seiten; € 15.30
ISBN 3-87975-811-5

Prospekte anfordern!

VSA-Verlag
St. Georgs Kirchhof 6
20099 Hamburg
Tel. 040/28 05 05 67
Fax 040/28 05 05 68
mail: info@vsa-verlag.de

**www.vsa-verlag.de**

# VSA: Bücher für GewerkschafterInnen

Mit diesem Buch soll die Diskussion um existenzsichernde Einkommen und Teilhabe befördert werden.
112 Seiten; € 9.80
ISBN 3-89965-110-3

Jürgen Peters/
Horst Schmitthenner (Hrsg.)
**»Gute Arbeit«**
Menschengerechte Arbeitsgestaltung als gewerkschaftliche Zukunftsaufgabe
280 Seiten; € 16.80
ISBN 3-89965-025-5

Prospekte anfordern!

VSA-Verlag
St. Georgs Kirchhof 6
20099 Hamburg
Tel. 040/28 05 05 67
Fax 040/28 05 05 68
mail: info@vsa-verlag.de

Die AutorInnen stellen sich der Tatsache, dass auch die Gewerkschaften ihre verteilungspolitischen Konzepte neu diskutieren müssen.
248 Seiten; € 16.80
ISBN 3-89965-081-6

J. Beerhorst/H.-J. Urban (Hrsg.)
**Handlungsfeld europäische Integration**
Gewerkschaftspolitik in und für Europa
120 Seiten; € 8.90
ISBN 3-89965-124-3

Berthold Vogel (Hrsg.)
**Leiharbeit**
Neue sozialwissenschaftliche Befunde zu einer prekären Beschäftigungsform
184 Seiten; € 14.80
ISBN 3-89965-076-X

**www.vsa-verlag.de**